TRUMP 1.0

북미 대립과 친서 외교

노딜Walking Away 전략의 덫과 수정주의 북한

TRUMP 1.0
북미 대립과 친서 외교
노딜Walking Away 전략의 덫과 수정주의 북한

초판 1쇄 발행 2025년 7월 1일
초판 2쇄 발행 2025년 11월 10일

지은이 이정철

펴낸곳 서울대학교출판문화원
주소 08826 서울 관악구 관악로 1
도서주문 02-889-4424, 02-880-7995
홈페이지 www.snupress.com
페이스북 @snupress1947
인스타그램 @snupress
이메일 snubook@snu.ac.kr
출판등록 제15-3호

ISBN 978-89-521-3953-5 93340

TRUMP 1.0

북미 대립과 친서 외교

노딜Walking Away 전략의 덫과 수정주의 북한

이정철 지음

서울대학교출판문화원

머리말

트럼프 대통령의 당선 이후 세계가 시끌벅적하다. 학자연하는 많은 사람들은 이 모든 현상들의 배후에 트럼프의 비민주적 행태와 그의 'MAGA 이데올로기'가 자리하고 있다고 주장한다. 하지만 글로벌 질서의 변화가 한 사람으로부터 출발하는 경우는 드물다. 불만과 변화에 대한 요구가 축적된 결과가 이 같은 변환을 급진적·점진적으로 만들어 가게 마련이다. 좌우를 각각 대표하는 포퓰리스트로서 버니 샌더스의 주장과 J. D. 밴스의 주장이 놀랄 만큼 같다는 마이클 샌델 교수의 평가는 트럼프 현상의 원인에 대한 시각 교정을 요구한다.

트럼프 대통령을 우리가 지금껏 공유해 온 민주주의 관념과 그것에 근거한 도덕의 잣대로 바라보면, 그는 우리가 겪어 보지 못한 캐릭터라는 점에서 많은 비난의 대상이 되며, 따라서 생경한 변화에 대한 책임론으로부터 자유롭지 못하다. 하지만 이런 잣대만으로는 외교, 특히 급속하게 변하는 글로벌 질서를 제대로 파악하기 어렵다. 최초의 흑인 대통령이자 소수자 보호의 기수로 기억되는 오바마 대통령이 외교 영역에서 자행한 수많은 회색 지대 전략을 보면 정나미가 떨어지기도 한다. 정권을 막론하고 강대국의 '미소 외교' 뒤에는 여전히 강압과 힘이 교차하고 있음을 잊어서는 안 된다.

'거래주의자 트럼프'를 상대하기 위해서는 그와 무엇을 교환할 것인가를 고민하기 마련이다. 과연 그런가? 다음과 같은 주장에 귀 기울여 보자.

> "동맹국들은 트럼프 대통령에게 칭찬을 퍼붓든, 국빈으로 그를 맞이하든, 미국산 제품을 더 많이 구매하는 것과 같은 선제적 양보를 제공하든 여러 전략들로 트럼프를 기쁘게 해주자는 유혹에 빠질 것이다. (…) 그러나 트럼프 대통령은 그러한 승리를 날름 그리고 기꺼이 챙기면서도, 그것을 자신이 주장해 온 '힘이 곧 정의'라는 접근 방식의 증거라고만 생각할 것이다. 그러면서도 그는 미국이 오랫동안 지켜 온 글로벌 리더십이라는 망토를 걸치지는 않을 것이다. 결국 트럼프의 존경을 얻으려는 미국의 벗들은 힘(strength)을 보여 줘야 한다. (…) 팍스 아메리카는 끝나고 권력 정치(power politics)의 시대가 돌아왔기 때문이다."(Ivo H. Daalder and James M. Lindsay, 2025, "The Price of Trump's Power Politics: Why China and Russia Stand to Win in a Might-Makes-Right World," *Foreign Affairs*, January 30.)

이런 점에서 보면, 트럼프를 다루는 솜씨는 김정은 위원장이라고 해서 그리 뒤처질 것 같지는 않다. 시진핑 주석이나 푸틴 대통령 같은 강대국의 스트롱맨들과는 결이 다를 수 있지만 김정은 위원장 역시 힘에 의한 외교나 권력 정치에는 남다른 이력이 있는 정치인이기 때문이다. 부정적 이미지이기는 하지만 핵실험, 숙청, 도발, 파병 등 21세기 현대사의 굵직한 사건들이 김정은이라는 이름을 따라다니는 것은 그의 독특한 정치 방식에 연유하는 것이기도 하다. '선군정치'로 출발했지만 이내 '우리국가제일주의'로 탈바꿈한 그의 정치 이력은 북한이 주장하는 '특수성의 일반화'를 반영하고 있다고 해도 과언이 아니다. 젊은 지도자로서 곧 붕괴될 것 같던 체제를 짊어진 그가 멀쩡하게 미국의 세 대통령을 상대하고 있는 데는 북한 노동당이 가진 독특한 통치 노하우가 작동하고 있다고 볼 수밖에 없다. 30여 년째 북한 붕괴론만 외치는 학자들의 예상과 달리, 15년간 북한 체제의 생존을 주도하고 있는 그의 능력이 더 돋보이는 현상은 현실주의 세계관에서는 어찌할 수 없다. 이 책이 트럼프-김정은의 대결과 대화를 분석하는 것은 어쩌면 트럼프 2기 행정부의 특대형 이벤트를 대비하기 위한 매우 큰 실증 작업의 기초라는 직관도 언급하지 않을 수 없다.

*

이 책은 트럼프 행정부 시절 북한과 미국 간의 세 차례 정상회담을 둘러싼 여러 이슈를 다룬다. 주지하다시피 2018~2019년 사이 북미 간에는 세기의 정상회담이라 불리는 싱가포르 정상회담을 필두로, 노딜 혹은 결렬이라 평가받는 하노이 정상회담, 그리고 중간 다리 회담의 성격을 갖는 판문점 회동이 진행되었다. 이 책은 이 세 차례 정상회담이 가능하게 된 과정을 비롯해 결렬 혹은 노딜(No Deal)을 둘러싼 여러 쟁점, 그리고 파경을 딛고 다시 미래 회담의 가능성을 제기하는 마지막 회동 등 숨가쁘게 돌아갔던 트럼프-김정은의 대립과 대결, 그리고 그 대화의 과정을 서술 및 분석하고 있다. 필자는 집권 당국자들의 입을 빌려 그들의 회고록에 근거해 당시 상황을 재론하고, 동시에 당시 남·북·미에서 발간된 여러 문헌을 교차 비교함으로써 진실을 찾아가는 방식을 추구하고 있다. 물론 이 모든 과정의 배경에는 필자가 한국과 미국 정부 및 싱크탱크 관계자들과의 인터뷰를 통해 음으로 양으로 파악하고 있던 맥락적 이해가 있다.

이 책에서 가장 중요한 근거로 삼는 문서는 북미 정상 간 교환된 친서 원문이지만, 필자는 이에 더해 해당 시기를 분석하는 네 권의 도서를 추가로 중요하게 다룬다. 2022년 9월 『한미저널』 10호를 통해 공개된 27편의 친서는 당시 북미관계를 연구하는 데 기본 문헌이다. 당시 한미클럽의 회장이었던 이강덕 이사장이 입수하여 공개한 이 친서들은 작성 시점을 정확히 표기하고 있어 중요한 교차 분석의 자료가 되었다. 친서의 교환 방식, 즉 대화 채널 등에 대해서는 확인하기 어려우나 친서가 위서라는 비판은 어디에서도 제기되지 않았다. 다음으로 중요한 자료는 친서의 존재를 가장 먼저 공개한 밥 우드워드(Bob Woodward)의 3부작(공포, 분노, 위험) 저서다. 이는 2018년과 2020년, 그리고 2021년 각각 발표된 세 권을 묶어 3부작으로 내놓은 책인데, 앞의 두 책 『공포』와 『분노』는 북핵위기를 집중적으로 다루며 트럼프-김정은 간 친서 외교의 실체를 처음 밝혔다는 점에서 매우 중요한 자료이다.

다음은 2020년 발간된 존 볼턴(John Bolton) 전 백악관 안보보좌관의 회고록이다. 이 책의 진실성에 대해서는 논란이 제기되고도 있으나, 그가 4장과 11장에서 각각 다루고 있는 세 번의 정상회담에 대한 기록은 상당 부분 정확하다는 게 필자의 판단이다. 여러 교차 분석된 자료를 바탕으로 판단할 때 볼턴의 서술은 매우 꼼꼼한 기록에 근거한 '기억'이라는 점에서 자료 가치는 충분하다. 실제 친서에 대해서 그가 언급한 내용들을 검증해 봐도 볼턴의 기록은 틀리지 않다.

나아가 시그프리드 헤커(Siegfried Hecker) 박사가 2022년 쓰고 2023년에 한국어로 번역 출간된 『핵의 변곡점』은 위 글들을 종합 검증한 책이다. 이 책은 북핵 40년을 다루는 종합서이고 앞의 책들에 비해 그 방대한 지식과 전문성에서 견줄 바 없으며, 특히 트럼프 대통령 시기를 다룬 부분이 18~20장 3개 장에 불과하다는 점에서 위의 책들과는 성격이 다르다. 하지만 헤커 박사는 누구보다도 애정을 가지고 북핵 문제를 연구해 온 전문가로서, 북한을 한 번도 방문해 보지 못한 볼턴이나 우드워드에 비해 내재적이고 맥락적인 이해를 통해 각 등장인물들을 평가하고 비판할 능력과 자격이 있어 보인다. 이런 점에서 적은 분량이지만 18~20장에서 그가 다루고 있는 내용은 북핵 문제에 대한 가장 객관적인 비판일 것이다.

마지막은 2024년 문재인 전 대통령이 발간한 회고록이다. 이 또한 문재인 대통령이 중재자이자 당사자로서 임기 동안 경험했던 사건, 사고 그리고 고민을 진솔하게 담고 있다는 점에서 이 시기에 대한 교차 분석의 근거로는 백미다.

*

필자는 미국 대외 정책, 그중에서도 대북 정책의 역사를 검토하여, 그 근간에 있는 정책 요체를 분석하는 것으로 이 책을 시작하였다. 오바마-바이든 행정부 시기를 관통하는 대북 정책인 '전략적 인내' 시즌 1과 시즌 2는 기본적으로 미국의 대북 무시 전략에 근거하고 있다는 전제하에서 그 이유와 결과를 분석하고 있다. 북한의 벼랑 끝 전술에 직면해 원치 않는 대북 관여로 강제 유인되는 것을 피하기 위해 고안된 '비금지선 정책(No Red Line)'의 철학을 출발점으로 삼고 있는 전략적 인내는 강압 외교(coercive diplomacy), 징벌적 조치(punitive action), 조건부 관여(conditioned engagement)의 3요소를 핵심으로 한 대북 정책이었다. 북한의 핵 보유와 핵 확산을 억지하는 다자주의적 억지 레짐을 형성·유지하기 위한 강압 외교, 핵실험과 로켓 발사에 대한 징벌적 제재, 선(先)비핵화 조치를 전제 조건으로 한 조건부 관여 등이 그것이다. 이 세 가지를 관통하는 실체는 '다자 체제에 의한 징벌적 억지 레짐을 미국의 외교적 자산을 통해 유지하는 방식의 강압(coercion)'이라고 할 수 있다.

바이든 행정부는 오바마 행정부의 대북 정책을 아무것도 하지 않는 'None for None' 정책이었다고 비판했지만, 사실은 전략적 인내와 무시 정책의 철학을 계승하고 있다는 점에서 오바마 정부와 큰 차이가 없는 대북 정책을 고집한 정부로 기록될 듯하나. 결과적으로 탈냉전기 미국 행정부 중 북한과 단 한 차례의 회동도 하지 못한 정부로 임기를 마치게 되었다는 점도 지적하지 않을 수 없다. 이 책은 바이든 행정부가 트럼프 행정부의 대북 정책을 빅딜, 즉 'All for All'이라고 비판하면서 오바마와 바이든의 양극단을 벗어나는 뭔가를 해보겠다는 의지를 밝혔지만, 결국 그들의 대북 정책이 오바마 정부보다 더 지독한 'None for None'이 되는 과정을 트럼프 행정부의 대북 정책과 비교하는 것으로 1장을 시작하고 있다.

이어서 2~4장에서는 각각 2017년 북미 위기의 시간, 2018년 싱가포르 회담을 전후한 협상 과정, 그리고 2019년 하노이 회담과 그 이후 상황을 다루고 있다. 당시 각국의 행위자들이 어떻게 움직였는지, 그들 내부 조직의 표준운영절차(SOP)가 작동한 것인지, 리더십 캐릭터는 어떠했는지, 그리고 관료 조직 간 경쟁과 거래가 있었는지 등에 대한 분석은 외교 정책 분석의 교과서적 접근이다. 특히 세 번의 남북정상회담이 각각 북미회담을 견인하는 데 어떤 역할을 했는지, 이에 대한 문재인 대통령의 주장과 볼턴의 비판, 그리고 이 시기에 오고 간 친서를 통해 드러나는 당시의 진실이 무엇인가를 다루는 이 장들은 북미관계나 한국 외교를 다루기 위해서는 반드시 성찰해야 할 내용이기도 하다. 북미 간 '톱다운(Top-Down)'과 '보텀업(Bottom-Up)' 논쟁, 고위급 실무자들이 드러낸 회담 상대방에 대한 상호 편견과 몰이해, 북한 특사의 오만함, 볼턴의 회담 붕괴를 위한 치밀한 설계, 트럼프 대통령의 심리 변동, 김정은 위원장의 유연성 부족 등 여러 요인이 교차한 이 회담들에 대한 세부 내역은 더없이 중요한 외교 교과서다.

주지하다시피 2장이 다루는 2017년 7월에서 9월 사이는 북미 대립이 확대되면서 상상을 초월한 말 폭탄이 오갔던 시기였다. 당시에는 의례적인 위기 정도로 생각했지만 당시 미 국방부장관이었던 제임스 매티스의 회고에는 지독한 위기와 대립의 순간들로 기억되고 있다. 그것들은 마치 제1차 세계대전 전야를 묘사하는 '8월의 포성', 그 확장의 기억으로 남았음이 우드워드에 의해 드러났다.

3장은 2018년 시작된 협상 국면에서 한국 역할론에 대한 검증, 그

중에서도 4·27 1차 남북정상회담, 5·26 2차 남북 '번개' 정상회담 그리고 9·19 3차 남북정상회담이 각각 북미회담을 견인하는 데 어떤 역할을 했는가를 분석하는 데서 시작한다. 주로 문재인 대통령의 주장과 볼턴의 비판 그리고 이 시기 오고 간 친서를 통해 드러나는 당시의 진실은 때로는 충격적이고 때로는 허망하기도 하다. 북미 고위급 실무회담의 대부분이 회담 장소 문제를 논의하는 데, 즉 평양, 판문점, 백악관, 마러라고, 제네바, 몽골 등을 에돌아 싱가포르로 회담 장소가 정해지는 과정에 허비되거나, 종전선언과 비핵화의 진정성을 둘러싼 북미 간의 논란 과정에서 이미 합의된 종전선언 초안이 폐기되거나 하는 안타까움을 떨쳐 버릴 수가 없다.

4장은 이 책의 백미다. 여러 우여곡절을 거쳐 2차 북미정상회담 논의가 시작되었지만 결국 또 장소 문제로 많은 시간을 허비하는 과정이 반복되었고, 그 결과 2차 정상회담은 해를 넘기게 되었다. 그러나 우여곡절 끝에 다시 정해진 하노이 회담은 핵 신고와 검증(full baseline declaration)을 둘러싼 이해의 차이로 좌초하게 되었다. "'스몰딜'보다는 '노딜'이 낫다(No Deal is better than small Deal)."라는 볼턴의 설득은 트럼프 대통령에게 레이건식 노딜, 즉 걸어 나가기(Walking Away) 안으로 각인되었고, 트럼프 대통령은 "김정은 위원장이 준비되지 않았다."라는 말로 다음 회담을 기약하고 하노이를 떠났다.

한편 문재인 대통령이 2018년 9·19 남북정상회담 과정에서 김정은 위원장의 영변 해체론을 미국에 전달한 후, 답방 방식의 4차 남북정상회담을 통해 북미 2차 정상회담을 견인하겠다는 생각은 북미 모두의 반대에 막혔다. 9·19 남북정상회담 이틀 뒤 트럼프 대통령에게 전달한 친서에서, 김정은 위원장이 한국의 중재를 주제넘는 '과도한 관심'이라고 비판한 내용은 이해할 수 없는 수준을 넘어 충격적이기까지 하다. 미국 역시 4차 남북정상회담에 대한 속도조절론을 요구하여 남북관계가 북미관계를 너무 앞서가지 않게 요구했다는 문재인 대통령의 술회는 다시 한번 우리의 위치를 고민하게 한다. 하노이 노딜 이후 문재인 대통령은 4·12 한미정상회담 그리고 6·30 판문점회담까지의 전 과정에서 중재자 역할을 자처하였지만, 북한은 문 대통령을 '오지랖 넓은 중재자'가 아니라 당사자가 되라는 비판으로 대응했다. 문재인 대통령이 6·30 판문점회담을 중재하며 트럼프 대통령이 판문점 대화에 나서게 한 밑거름이 되었다는 이 책의 분석은 부인할 수 없는 사실이지만, 북한은 하노이 당시와는 달리 대미 외교에만 올인하지 않고 그 전 과정을 헤징(hedging) 외교로 임해 푸틴 대통령과의 정상회담이나 시진핑 주석의 방북을 이끌어 내는 카드로 활용하기도 했다.

하노이 이후 더 당하지 않겠다는 김정은 위원장의 달라진 모습은 판문점에서도 그대로 드러났다. 시진핑 주석의 방북을 이끌어 낸 김정은 위원장은 8월 한미군사연습의 중단 없이는 추가 대화가 없다는 사실상의 조건부 대화론을 내걸었고 이후 북미관계는 한 발짝도 진척되지 못했다. 바이든 행정부의 '조건 없는' 대화 제안이 사실상 '조건 없는 조건'이라는 평가는 여기에서 연유한다.

하노이 회담의 주요 쟁점이었던 '영변+α'나 '단계적 접근'에 대한 해석의 차이는 거대한 벽처럼 느껴졌다. 이후 시작된 최종 상태(end state)에 대한 논의는 개념 사전(concept paper)의 필요성을 논할 만큼 복잡한 전제와 논의 과제들을 제기했다. 한반도 비핵화냐 북한의 비핵화냐, 스몰딜이냐 빅딜이냐, 군비통제냐 핵군축이냐, CVID냐 완전한 비핵화냐, 이도 저도 아닌 통합억지(Integrated deterrence)를 통한 미래전 태세만이 정답이냐 등 수많은 논란이 제기되고 있지만 현재는 이 모든 것들이 정답 없는 메아리일 따름이다. 바이든 행정부 4년간 진행된 북한의 발빠른 군비 증강 과정은 모든 이를 놀라게 하고 있고, 심지어 중국의 영향력마저 벗어나 전개되고 있는 초유의 북러 군사동맹화는 북한이라는 변수가 관리 가능한가에 대한 근본적 의문을 던지고 있기 때문이다. 바이든 행정부 기간 남북은 서로를 주적이라 부르기 시작했고, 미국과의 대화 채널은 4년간 끝내 열리지 않은 채 지나가고 말았다. 북한은 스스로를 전략국가라고 부르며 북러 군사동맹을 향한 발빠르고 위험한 행보를 보이고 있다. 대북 억지의 일환인 3축 체제와 확장억지 그리고 그것을 미래전 역량인 '통합억지'로 업그레이드시키더라도 한국인들의 불안감은 해소되지 않을 듯하다. 국내에서 피어오르는 핵무장론이 단기간에 해소되지 않을 것으로 보는 것은 그래서다.

친서와 볼턴의 회고에 이어 나온 문재인 대통령의 회고록은 한반도의 위기를 보는 존재론적 절박함이며, 이 격랑을 헤쳐 나가기 위한 한국 외교의 비사(祕史)다. 중재자가 아니라 당사자가 되라는 독설에 얻어터지면서, "삶은 소대가리가 앙천대소할 일"이라는 비아냥도 마다하지 않고, 연락사무소 폐기라는 희대의 폭파 쇼에 마음 상한 국민들의 자존심을 달래 가며, 평화를 향한 노력을 포기하지 않은 일관성만은 평가하지 않을 수 없다.

'정면돌파전'을 진행한 북한은 2022년에 들어서며 스스로를 전략국가라고 부르는 새로운 행보를 시작한다. 결론에 해당하는 5장은 북한이 어떤 동기와 전략 전환을 통해 이런 전략국가 지위를 활용하는지, 이런 시각에서 볼 때 북러 군사동맹을 대하는 북한의 접근법은 무엇인지, 그리고 그 후과가 어떻게 될 것인지에 대한 전망을 다룬다. 북한의 미래 행보에 대한 정책적 함의이기도 한 5장의 내용은 우리 외교의 거울 이미지이기도 하다는 점에서 매우 조심스럽다.

*

이 책이 '북미 대립'이라는 명칭을 사용하고 있는 것은 김정일 시대 북핵 협상 과정을 다룬 『북미 대립』의 영향이 크다. 지금은 은퇴한 은사인 장달중 교수님의 지도하에 수년간 진행한 합동 세미나의 결과로 출간된 이 책은 북핵 문제에 대해서 미국과 북한의 여러 원자료에 근거해 작성된 실감 나는 연구서이자 북한에 대한 편견을 떨쳐 버린 과감한 실증 작업의 하나라 자부할 만하다. 그러면서도 『북미 대립』이 미국 측의 입장을 정교하게 반영하는 데 실패하지 않은 것은 장달중 교수님과 필자가 미국 워싱턴의 싱크탱크 전문가 30~40명을 상대로 진행한 몇 번의 인터뷰 작업들에 근거해 미국의 대북 정책 변환의 흐름을 놓치지 않고 있었기 때문이기도 하다.

『북미 대립』이 출간된 후 15년이 지나갔다. 김정일 시대가 지나고 김정은 시대가 자리 잡은 지도 이미 10여 년이 흘렀다. 이런 상태에서 필자가 2024년 미국 조지워싱턴대학교 한국학센터(GWIKS)에서 연구년 생활을 보내게 되면서 『북미 대립』 후속편을 작업하게 되었다. 이미 이 작업을 위해서 서울대 사회과학대학에서 지원을 받았지만, 게으른 나머지 연구년으로 미뤄 놓고 있던 글을 이제 와서 쓰게 된 것이다.

포기 보텀(Foggy Bottom)의 엘리엇 스쿨 5층은 그런 점에서 필자에게는 안식의 장이자 치열한 정책 현장이기도 했다. 2014년에 이어 2024년에도 같은 장소, 같은 책상에서 연구년을 보내면서 수많은 생각과 고민 그리고 성찰을 하게 되었다. 김지수, 설레스트 애링턴(Celeste Arrington), 그레그 브래진스키(Gregg Brazinsky) 교수 등 GW의 수준 높은 연구자 인프라는 필자에게 많은 영감과 도움을 주었다. 특히 '동네 한바퀴'라는 이름의 산책을 하면서 수많은 이야기를 주고받은 김연호 부소장은 동생이자 보스인 동반자였다. 이미 오래된 인연이었지만 이렇게 속을 터놓고 이야기할 기회는 지금껏 없었다. 오랜 워싱턴 생활이 녹아 있는 그의 직관이나 그와 함께 진행한 싱크탱크 전문가 인터뷰는 나의 시각을 벼리는 데 큰 도움이 되었다. 또한 김연호 박사와 함께 베를린을 오가며 쌓은 자유대의 이은정 교수님과의 학문적 교류도 많은 영감을 주었음은 물론이다.

한편 이 책의 탄생에는 워싱턴 D.C.에서 필자를 도와준 존경하는 제임스 차(차성철) 선생의 노고가 가장 크게 기여했음을 실토하지 않을 수 없다. 2014년 이웃집 친구로서 우리 가족과 연을 같이하며 타향살이 교수의 희로애락을 돌봐 준 차 선생과 그의 재능 있는 현모양처 윤재화 씨, 그리고 우리 아이들과 동급생으로 놀고 지내던 노아와 은지는 강산이 바뀌어도 여전히 고마운 한 가족이다. 헌신적으로 나를 도와준 그에게 어떤 다른 감사의 표현도 적절하지 않다.

또한 차 선생의 도움이 박제된 수많은 노던버지니아의 디아스포라 인연들을 빼놓을 수 없다. 차 선생의 오랜 지인이자 추석과 설, 때로는 숙박까지 챙겨 준 나의 벗 김형회 회장과 그의 사랑하는 자식, 견공 럭키의 풍모는 지친 필자의 마음을 보듬어 주는 양식이기도 했다. 제프 안(안용호)-안젤라 최 회장님 내외분처럼 진심으로 마음을 준 분들이나 샌프란시스코의 토머스 김 회장님처럼 서울대 통일평화지도자 과정의 여러 인연들도 잊을 수 없다.

이 책을 마치는 이 순간 가장 생각나는 고국의 마음은 역시 어머니와 나의 처다. 그냥 고개만 들어도 하염없이 눈물이 나는 것은 어쩔 수 없는 내 마음의 빚 때문이리라. 어릴 적부터 수도 없이 다치고 앓기를 거듭하던 막내를 그리도 힘겹게 안고 다니신 어머니를 참 많이도 실망시키곤 했다. 철들기 전에 쾌락에 빠져 부모님의 기대를 저버린 것은 누구나 하는 일탈이겠지만, 철들어 무슨 나라를 구한답시고 청춘을 저버릴 당시, 어머니 그리고 작고하신 아버지가 받은 상처는 어찌해도 메우기가 어렵다. 백 년, 천 년, 만 년의 반성으로도 메워지지 않는 그 아팠던 청년기를 자랑이라고 외쳐 대는 것은 오만이지만, 그래도 한 번쯤은 통우회 친구들과 함께한 그 빛바랜 전대협 시절의 영광을 나의 어머니

께만이라도 바치고 싶다.

철 지난 나와 만나 결혼한 나의 어린 처는 학문적 동지다. 때로는 조교이기도 했고 때로는 서당 훈장이기도 했다. 언제나 말없이 내가 가는 길을 응원하고 받아 준 나의 처에게 영겁의 빚이 있음은 부인하기 어렵다. 만난 지 한 달 만에 눈이 맞아 아무것도 없는 나와의 동행을 결심한 그 용감한 청춘에게 준 상처를 생각하면 지금도 하염없이 눈물이 난다. 잔소리는 있으나 큰소리는 없는, 그래서 그 사랑을 확인시켜 주는 아내의 지혜는 내내 내 삶의 든든한 좌표다. 자랑스러운 두 아들 재형, 재우는 이제 의젓한 성인이 되고 있다. 못난 아비를 이해할 수 있는 판단력을 갖게 되었다는 뜻이다. 2024년 가족들과 함께 그리스, 이집트, 튀르키예, 호주, 뉴질랜드, 피지, 독일, 크로아티아를 같이 다니며 조금씩 교정한 원고가 이렇게 살아 빛을 보게 되었음은 기적 같기도 하다. "아~빠 탓, 아빠 탓" 놀리던 우리 아이들의 사랑스러운 목소리가 지금도 귓가를 맴돈다.

너무 잡말이 길었나 보다. 정서적 공감 능력이 떨어지는 학문 세계 인간들로 가득 찬 곳에 살고 있지만, 애쓴 책이라 조금 잘난 척하는 사적인 이야기도 그만큼 빛을 보리라 생각해서 그러니 혜량을 구한다. 가진 것 없는 필자가 세상에 진 빚을 말글을 통해서라도 갚고 싶어서이니 고깝게만 보지 말아 달라는 부탁이다. 서울대학교 이직 후 출간된 필자의 첫 책이라 감상이 담긴 머리말을 쓰고 있음도 감안해 달라고 강변하고 싶다. 풍찬노숙했던 수많은 날들 언젠가는 빚을 갚으리라 다짐하고 뻔뻔스럽게 신세 졌건만, 그 변제의 과정은 멀고도 험하기만 하다. 그래서 이런 기회라도 빌려야 하지 않겠는가 하는 마음이다.

끝으로 두 가지 감사의 연을 더하고 싶다. 먼저 내가 몸담았던 숭실대 제자들을 언급하지 않을 수 없다. 나의 원픽들, 그냥 선생님이 시키는 일이라 그 길만 묵묵히 해왔던 조성권, 유도일, 함승용, 나혜일 그리고 황주은, 이들에게도 빚을 갚을 날이 오기를 바랄 뿐이다. 그리고 필자의 이런 학문적 훈련 과정을 절차탁마해 주시고 그 성장 과정을 인내로 지켜봐 주신 장달중 교수님 내외분과 최대석 교수님 그리고 최진욱 원장님과 같은 학계의 스승님들이 바로 이 책의 직접적 산파라는 진실도 재론하지 않을 수 없다.

*

이 책의 장점은 지난 트럼프 행정부 시절 북미 대화의 숨은 퍼즐을 맞춰 놓았다는 것이다. 이면에 가려진 진실을 마주함으로써 모든 사건의 맥락을 꿰뚫을 수 있다는 점에서 이 책은 매우 중요한 기록서다. 그리고 바이든 행정부의 북핵 억지 정책 혹은 대북 무시 정책을 역대 미국 행정부의 대북 접근법에 근거해 분석했다는 점에서 작은 개념서이자 역사서이기도 하다. 어려운 이론이나 분석을 요하진 않지만, 학부생들이 알아야 할 북한의 핵전략, 수정주의 국가 북한의 전략 전환, 나아가 평화를 위한 북핵 문제 해법의 최종 상태(end state) 논의 등 최소한의 비확산 전략들을 미국 행정부의 대북 정책과 연계해 다루고 있기 때문이다.

끝으로 이 책은 트럼프 2기 행정부가 시작된 2025년, 지난 1기 트럼프 행정부가 무엇을 원했고 이를 위해 무엇을 했으며, 그 결과에 대해 어떻게 평가하고 있는가에 대한 함의를 추적해 보는 정책 제언서이기도 하다. 이 점에서 한 가지 분명한 것은 지난 트럼프 1.0을 돌아보면 회담을 둘러싼 장소 문제가 지닌 거대한 정책적 파급력을 지적하지 않을 수 없다. 그 말인즉슨 북미 대화가 성사될지 예측하기는 어렵고 심지어 그 가능성에 대해서는 부정적 견해가 더 많기도 하지만, 만일 대화가 시작된다면 트럼프 대통령의 평양 방문이 그 하이라이트가 될 것이라는 말이다. 여기에는 이 책을 읽은 누구라도 동감할 것이다. 조금 더 극적인 이벤트를 원하는 분들에게는 미국의 항공모함이 동해에 들어와 벌어지는 함상 정상회담도 이미 제기된 바 있음을 다시 한번 상기시키지 않을 수 없다.

끝으로 생략해서는 안 되는 마지막 인사로 머리글을 마치고 싶다. 먼저 늙은 신입 교수의 연구년을 보장해 준다고 희생해 주신 모든 정치외교학부 선생님들과 대학원 지도 학생들 모두에게 죄송하고 감사한 마음을 금할 길 없다. 그리고 늦어진 원고를 기다려 주시고 이 책이 적절한 시점에 출간되게 조정해 주신 서울대학교출판문화원과 사회과학대학의 '사회과학과 미래산업 융합연구를 위한 저술 지원 사업' 관계자 분들께도 이 자리를 빌려 감사의 마음을 표한다.

2025년 5월

이정철

| 차례 |

머리말 5

I 미국의 '무시' 전략과 수정주의 북한

1. 미국의 대북 정책: 무시 전략의 근원과 후과 23
2. 북한의 벼랑 끝 전술: 지속성과 전략적 전환 49
3. 비핵화 협상의 최종 상태와 과정적 접근의 탄생 61

II '8월의 포성'과 평창의 평화

1. 오바마 임기 말 협상의 진실: 평화협정 아니면 핵실험 94
2. 트럼프 행정부의 등장: 2017년 '8월의 포성' 108
3. 쌍중단과 북미정상회담의 서막 122

III 싱가포르 회담: 톱다운의 공과

1. '완전한 비핵화'론과 판문점 선언 165
2. 친서 외교의 시작 172
3. 종전선언 논란: 트럼프의 종전선언과 바이든의 종전선언 179
4. 싱가포르 회담과 폼페이오 논란: 톱다운 vs. 보텀업 198
5. 2차 북미정상회담으로의 험로와 남북관계 속도조절론의 부상 211

IV 하노이 회담: 결렬 vs. 노딜

1. 또다시 논란이 된 장소 문제 229
2. 비건 초안의 진실과 하노이 테이블의 네 가지 메뉴: 빅딜, 스몰딜, '스몰딜 + α' 그리고 노딜 234
3. 볼턴의 묘안: 노딜 혹은 걸어 나오기 242
4. 하노이 회담의 쟁점과 양측의 논리 245
5. 6·30 판문점으로 가는 길 273
6. 롤러코스터를 탄 북미관계와 '삶은 소대가리'마저 웃을 일이 된 남북관계 279
7. 볼턴 해임과 스톡홀름 회담 결렬 그리고 공포의 '크리스마스 선물' 290

V 북한의 전략국가론

1. 북한의 정면돌파전: 세 가지 해석론과 불확실성으로의 재진입 315
2. 남북연락사무소 폭파 사태와 김여정 7·10 담화 319
3. 정면돌파전과 전략국가론의 결합 327
4. 트럼프 2기, 트럼프-김정은 '브로맨스' 어디로 가나? 334

찾아보기 341

부록: 트럼프 - 김정은 친서 345

I

미국의 '무시' 전략과 수정주의 북한

북미관계는 숙적관계다. 대국 미국의 입장에서 볼 때 터무니없는 소리로 보이지만 한국전쟁 이래 형성된 관계성 자체는 그러하다는 뜻이다. 미국이 한사코 북한의 정상성을 인정하지 않고 체제 승인을 거부하며 무시로 일관하는 이유다.

반면 1990년대의 위기를 겪은 이래 피포위 의식에 사로잡힌 북한은 오로지 자강력만이 체제 생존의 버팀목이라는 점을 유훈으로 대물림해 왔다. 주체라는 이름으로 자율성을, 선군이라는 이름으로 자강력을 국시로 내세워 온 북한 체제의 생존전략은 기형적으로 발전한 국방 산업을 낳았다. 과정이야 어쨌든 오늘의 북한은 푸틴의 수정주의 친구로 불리고 있다.

이런 상황에서 오랫동안 유지되어 온 '한반도 비핵화' 전략에 대한 회의감은 높아지고 있다. 한반도 군사 관리 전략의 최종 상태 그리고 이를 향한 전략적 퍼즐은 무엇인가?

1 미국의 대북 정책: 무시 전략의 근원과 후과

미국에서 북한 문제를 이야기하면 대다수가 그건 관심 밖이라고들 말한다. 맞는 말이지만 또한 틀린 말이기도 하다. 사실 미국인에게 외교 사안 자체는 모두의 관심 밖이라 해도 과언이 아니다. 전통적으로 사회가 강한, 그래서 약한 국가(weak state) 체제인 데다가 시민들의 의식에 고립주의 성향이 뿌리 깊기 때문이다.[1] 또한 연방 체제이기 때문에 연방 정부의 외교 사안 자체에 일반 시민들이 직접 개입할 여지가 많지 않은 것도 하나의 이유로 제기된다. 역설적으로 미국의 외교는 엘리트의 전유물이고 대중의 관심에서 벗어나 있기에 포퓰리즘의 제약을 넘어 엘리트 간의 국익 협의, 즉 '초당파(bipartisanship)' 외교가 가능하다는 장점도 있다. 따라서 모든 엘리트들이 그러하듯이 미국 외교는 자신의 관심 영역에 대해서 매우 정교하고 치밀하다. 글로벌하게 전진 배치된 미국의 군사 및 정보 역량이 치밀한 능력을 바탕으로 해당 사안을 관리하며 개입한다. 이스라엘의 '모사드 전설' 못지않다. 바로 그 점에서 그들이 현재 무엇에 관심이 있는가가 공개되고 밝혀지는 순간 그들의 외교는 제약된다. 미디어가 추적하는 순간 민주주의 체제의 비효율성은 고스란히 외교에도 전가된다. 그래서 외교의 우선순위가 비밀인 것은 상식에 속하고 미국의 경우 이런저런 이유로 그 정도가 더 강력하다. 그들에게는 자신의 관심 분야가 드러나지 않게 하는 것, 또는 무관심이 중요한 외교 자산인 이유이다.

한국 미디어나 외교 엘리트 중에서도 북한 이슈가 미국 외교의 주요 관심사가 아니라고 평가하는 경우가 적지 않다. "한미 간의 협력을 통해 북한 문제를 풀고, 그렇게 미국을 설득해야 하는데… 한국 외교부는 뭘 하고 있나?"라는 3단 논법식 불평과 불만에 대응하는 데는 미국의 무관심론이 유용한 반론법이고, 그런 식의 비난성 문제 제기에 대해서는 또한 정답이기도 하다. 우리가 아무리 미국을 들볶는다고 해도 미국인들이 관심을 갖지 않는 사안에는 미국 외교가 작동하지 않는다는 반론은 진실이고 그럴듯하기 때문이다.

하지만 외교의 속내를 조금 더 깊게 들여다보면 동맹국이 미국을 들볶아서 미국이 움직이지 않는 경우는 없다. 최근의 포괄동맹론이나 동맹현대화론에 천착하면 이런 주장은 더욱 긴요하다. 냉전기 한미동맹론과 같은 맹목성 논리나 보은성 논리를 벗어던지면 더 많은 가능성이 열린다. 미국이 유럽 중심의 동맹만 가지고 세계를 운용하는 시대는 이미 오래전에 종식되었다. 이런 유의 맹목적 한미동맹론은 뒤집어 보면 한미동맹에 대한 미국의 태도를 욕하는 것에 다름 아닐뿐더러, 비확산 즉 핵 문제가 미국 외교의 우선순위 중 하나임을 망각하는 자조성 논리다. 워싱턴에서 때로는 한국보다는 북한 이슈가 더 많은 청중을 끌어모은다는 사실을 잊어서는 안 된다.

사실 내로라하는 한국과 미국의 외교관들이 한국 사람들이 미국을 몰라도 너무 모른다는 인상을 풍기며 북핵 문제에 대해 냉소적 표정을 짓는 것은 고도의 심리적 계산이 담긴 '의도적 무시'다. 청중을 위축시켜 자신들에게 돌아올 비난의 화살을 무마하기 위한 수단이기도 하다. 그들의 그런 표정과 말에 주눅 들어 그런가 하고 고개를 내리는 순간 이미 북핵 문제의 해법은 요원해진다. 해법이 없는 북핵 문제를 이슈화한들

뾰족한 수가 없고 오히려 북한의 벼랑 끝 전술에 말려들 수 있다는 그들의 속내는 이해할 만하다. 하지만 주지하다시피 외교는 생물이어서 뛰면서 해법을 찾다 보면 길이 나오기도 하고, 최소한 군사적 대치로 치닫는 상호 패배의 게임은 피할 수 있게 마련이다.

돌아보면 동맹의 힘으로 미국이 북핵 문제를 풀어 가도록 협상의 장을 마련해 내는 것은 한국 외교의 중요한 특징이었고, 그 같은 역량은 한국 진보 정부들이 우리 외교관들에게 특별히 요구해 온 특장점이다. 북한과의 협상이 어렵다는 점 때문에 내심 나서기를 꺼리는 미국 외교관들에게 협상 실패에 대한 보상과 보호막을 제공하는 한미동맹이 건재함을 보여 주는 한 우리 협상력은 부족하지 않다. 실제 몇몇 경우에 주한 미국 대사를 역임한 외교관들이 북한 문제에 대한 깊은 이해를 갖고 그 해법에 올인한 경우를 찾는 것은 어렵지 않다.[2]

새롭고 다양한 시도에 소극적인 한 외교관의 창의력은 제한된다. 그 점에서 인텔리전스에 근거한 '사실(facts)'이 주는 시급성, 그리고 이에 근거해 물밑(back-channel)에서 고안된[3] 창의적 협상안은 전통적 레토릭과 인적 네트워크에 의거한 공식 외교가 상상하지 못한 성과를 내는 경우가 발생한다. 오바마 정부 시기 오랫동안 북핵 문제에 손을 놓고, 미국의 한국 때리기(bashing)에 지쳐 있던 한국 외교관들의 자조감이 키워낸 '북핵 문제 후순위론'이야말로 북핵 외교에 대한 무기력증과 피로도가 정당화한 자조적 신화였을 따름이다. 그 신화의 허구성을 대놓고 폭로하고 위기의 본질을 드러낸 것이 트럼프 대통령이었다.

1) 미국의 대북 무시 전략,[4] 그 근원

북핵 문제가 후순위라는 인식의 근원을 추적하다 보면, 미국의 대북 '무시 전략(negligence)'을 빼놓고 이야기할 수는 없다. 그것은 북한의 '벼랑 끝 전술'이 의도하는 바를 좌절시키겠다는 전략에서 출발한 것으로서, 부시 행정부 시절 입안된 '비금지선 정책(no red line policy)'[5]을 출발점으로 하고 있다.

'비금지선 정책'은 북한의 벼랑 끝 전술(brinkmanship)에 대한 대응 과정에서 출발했다. '벼랑 끝 전술'이란 북한이 남북 간의 '전쟁과 공멸'이라는 배수의 진을 치고 한국과 미국의 양보와 이를 위한 협상을 강제하는 위협 외교를 행한다는 의미에서 생겨난 용어다. 1993년 1차 북핵위기 당시 북한이 보여 준 행태가 전형적인 벼랑 끝 외교였다. 북한은 동년 3월 8일 한미군사연습을 빌미로 준전시 상태를 선언하며 전쟁 준비 태세로 돌입하였다.[6] 미국의 대북 강압이 위기의 원인이라는 점을 부각시켜 효과를 극대화한 이후, 북한은 전격적으로 핵확산금지조약(NPT)을 탈퇴하여 북핵 문제를 국제적 이슈로 부각시켰다. 이후 협상이 시작되었지만 다시 협상 체제가 교착과 소강 상태를 이어 가던 어느 날인 1994년 3월 19일, 북한은 '서울 불바다' 운운하면서 다시 한번 북핵 문제의 위기 수준을 고조시켰다. 미국을 전쟁 아니면 협상이라는 양자택일의 외통수에 밀어 넣는 전략이었다. 미국이 자신의 동맹국인 한국을 전시 상태로 몰아넣어 가면서까지 대북 강압(coercion) 정책을 고집하기는 어려울 것이라는 계산이 깔려 있었기 때문에, 겉으로 드러난 북한의 태도는 단호하기 이를 데 없었다.

주지하다시피 1994년 1차 북핵위기를 해결하기 위한 북미 합의안인 '제네바 체제'는 미국이 북한에게 보상을 주고 북한이 핵 개발을 포기하는, 지금으로서는 터무니없어 보이는 해법을 전제로 하고 있었다. 소위 '보상을 통한 억지(deterrence by promise)' 방안이었다.[7] 당시 남아공이나 우크라이나, 카자흐스탄 등 냉전 시기가 근원인 몇몇 나라들의 핵 문제 해결 사례들이 대체로 보상을 통한 비핵화, 즉 협력적 위협감소(CTR) 방식에 근거하고 있었기 때문에 국무부가 북한에 대해 이런 접근법을 내민 것이 전혀 근거가 없는 것은 아니었다. 그러나 앞선 국가들의 사례는 이미 보유한 핵을 해체하는 특정 행동인 작위(action)에 대해 대가를 제공하는 방식, 즉 '보상을 통한 강제(compellence by promise)'였다면, 북한의 사례는 핵 개발 '시노'를 중시하는, 다시 말해 핵 개발을 시도하지 않는다는 부작위(inaction) 조치에 대해 보상을 제공하는 것이었기 때문에, 이런 '보상을 통한 억지'는 '공갈에 대한 굴복' 즉 유화(appeasement) 조치로 비춰지기도 했다.

제네바 체제는 북한의 핵 보유 의지를 꺾는 대신에 원자력 발전 능력을 보상으로 제공하는 것을 내용으로 하고 있었다. 이 협상은 북한이 핵 개발을 포기하는 대신, 한미일 3국이 2기의 경수로를 지어 주고 그 경수로가 완성될 때까지 북한의 전력 손실분을 대체하기 위한 보상으로 화력 발전을 돕기 위해 연 50만 톤의 중유를 제공한다는 합의였다. 북한이 제공해야 하는 의무 사항은 특정 행동을 하지 않겠다는 부작위 의무, 즉 핵 개발을 하지 않는다는 약속을 지키는 것이었던 데 반해, 한미일 3국은 행동(action)으로 물리적 보상을 제공하는 방식이었기 때문에 불평등 거래라는 불만이 제기되지 않을 수 없었다. 특히 북한이 '준전시 상태', '서울 불바다' 등으로 위협하는데도 미국은 북한에 물질적 보상을 주는 협상을 했다는 데 대한 불만은 미국 내에서 확산되어 가고 있었다. 클린턴 행정부의 이 같은 합의에 대해 공화당 주류는 잘못된 외교의 전형이라며 공세를 퍼부었고, 북핵 협상은 클린턴 외교를 공격하는 중요한 이슈가 되었다. 42년 만에 상하원 모두를 장악하여 공화당 혁명이라고 불리는 1994년 11월의 중간선거에서, 바로 그 한 달 전의 제네바 합의는 클린턴 외교의 유약함을 상징하는 실패 외교의 전형으로 비판받고 있었다.

이후 미국 외교 팀들은 북한과의 협상 그 자체가 미국의 외교적 패배라는 생각에 사로잡히게 되었고, 미국 협상 팀이 이런 실패한 협상안에 서명하게 된 이유를 고민하게 되었다. 두 가지 이유가 거론되었다. 첫째로 동구권 국가들처럼 북한 체제 역시 곧 붕괴할 것이라고 생각했기 때문에, 북한에 제공하는 보상에 대해서 그 규모나 제공 기간에 큰 의미를 두지 않았다는 점이 패착이었다. 도미노처럼 사회주의 체제들이 붕괴한 직후였기 때문에 그런 협상 팀들의 전제를 이상하게만 볼 것은 아니었다. 특히 사후적으로 볼 때 1994년 당시 북한이 최악의 경제난인 '고난의 행군' 체제로 들어가고 있었기 때문에, 당시 미국 정보 당국이 당면한 물리적 충돌을 피하기 위해 북한 붕괴 상황을 염두에 두고 일시적 보상 전략을 세운 것은 용인할 만한 것이었다.

둘째로는 앞서 지적한 북한의 '벼랑 끝 전술'이 문제였다. 사실 북미 협상이 위기에 도달했을 때마다 미국 측은 북한의 도발에 대한 반격 시나리오를 검토하고 이로부터 발생하는 피해를 파악해 온 것으로 알려졌다. 주기적으로 한국전 발발 시 몇십만 명이 죽네, 서울이 어떻게 되네 하는 정보들이 떠돈 것은 그래서였다. 한반도의 동맹 전략이 직면하고 있던 치명적 약점이기도 했다. 이런 상황에서 북한이 대형 도발에 나설 경우 미국이 북한을 징벌할 수는 있으나, 동맹국 한국의 국민뿐만 아니라 한국에 주둔 중인 미국 국적자들이 뜻하지 않은 피해자가 될 수 있다는 점이 문제가 되었다. 이 같은 대량 희생을 감내하고 미국이 북한을 타격하는 시나리오에 드러난 손익계산서의 결론은 너무나 분명해서 클린턴 대통령도 오바마 대통령도 그리고 트럼프 대통령마저도 어찌해 볼 도리가 없었다. 이 같은 북한의 '한국' 인질화 작전이 갖고 있는 비교불가의 대규모 희생이라는 갈등 속에서, 미국은 '전쟁 아니면 협상' 사이의 선택이 아니라 '협상 그리고 협상'의 상황에 내몰려 왔다는 것이다.

요컨대 힘의 비대칭 관계에 있는 상대에게 강국이 금지선을 공지하고 이를 준수하지 않을 경우 불이익을 주겠다고 공언하면, 약소국은 일반적으로 그 금지선을 준수함으로써 위협, 즉 불이익을 피하게 된다. 이 점에서 금지선 정책은 비대칭 관계에서 흔한 일반적 외교 협상의 논리이고 불필요한 폭력 없이 평화가 유지되는 방식이기도 하다. 그런데 북한의 벼랑 끝 전술은 이를 역이용하는 정책으로서, 상대방이 금지선을 긋는 순간 그것을 넘어섬으로써 상대방으로 하여금 양자택일의 길에 내몰리게 하는 것이었다. 다시 말해, 금지선을 도발함으로써 사전에 미국이 공지한 위협, 즉 무력충돌 상황이 발생해 동맹과 시민을 위협에 빠뜨리는 선택을 하게 하든가, 아니면 금지선 위반에도 불구하고 미국이 위신(prestige) 감소를 감내하고 협상의 길로 들어서든가라는 양자택일의 처지에 내몰린 미국의 선택은 매번 도돌이표였다.

따라서 2000년 집권한 부시 행정부의 백악관 팀들은 북한의 '벼랑 끝 전술'에 대항하는 가장 효과적인 방법이 북한의 위협에 일희일비하지 않고 이를 '무시'하는 것이라고 판단했다. 북한의 위협에 굴복할 수는 없고 더 이상의 보상을 제공하는 것은 패배를 자인하는 것이므로 북한의 위협을 잘 '무시'하는 것이 나름의 방법이라는 대안이었다. 시간은 우리편, 기다리면서 지켜보기(wait and see), 다자적 제재 레짐의 구축 등 좋은 '무시' 전략을 가능하게 하는 각종 정책 수사들이 뒤따라 붙었다. 클린턴 정부의 대북 협상을 실패라고 평가한 부시 정부는 벼랑 끝 전술을 피하는 방법으로 먼저 북한과의 일대일 협상을 피할 것, 다음으로 금지선 정책을 폐기할 것이라는 두 가지 원칙을 정하였다. 전자의 원칙인 양자협상 거부론이 부시 행정부의 '6자회담 체제'를 만들었다면, 후자의 비금지선 정책이 오바마 행정부와 바이든 행정부의 '전략적 인내(strategic patience)' 정책으로 이어진 것이었다.

하지만 부시 행정부가 무시 전략을 입안하였다고는 하지만, 결국 부시 행정부는 북한과의 일대일 협상을 거부하지 않았고 끊임없이 협상을 통해 문제를 해결하려고 하였다. 김대중, 노무현 정부 시기 동맹국 한국의 요청 때문이라는 설명도 있지만 동시에 그들 역시 북핵 문제의 심각성을 인정하고 있었기 때문이기도 하다. 심지어 부시 행정부는 2006년 10월 9일, 북한이 실제 1차 핵실험을 감행하여 금지선을 넘어섰지만, 넉달 뒤인 이듬해 북한과의 2·13 협상을 시작하였다. 2006년 11월, 북핵 실험 직후 실시된 중간선거에서 참패한 부시 대통령은 당시 네오콘의 핵심 인사이자 대북 강경론자였던 럼즈펠드 국방부장관과 볼턴 전 유엔대사를 교체함으로써 대북 협상론자들의 손을 들어 줄 수밖에 없었다. 다행스럽게 평화는 지켰지만 북한의 벼랑 끝 전술에 대한 미국의 고민은 더욱 깊어졌다.

이 같은 고민이 축적된 결과가 오바마 행정부의 전략적 인내 조치였다.[8] 클린턴 및 부시 행정부 시절 내내 한국을 인질로 한 북한의 벼랑 끝 전술에 시달렸던 미국은 핵실험마저도 금지선에서 제쳐 놓음으로써 역설적으로 진정한 '비금지선 정책'을 입안하였다. 오바마 행정부의 8년 임기 동안 북한은 2009년의 2차, 2013년의 3차 그리고 2016년의 4차 핵실험 등 무려 세 차례의 핵실험을 감행하였지만 사실상 북핵 문제에서 오바마 행정부의 뚜렷한 해법은 없었다.[9] 2012년의 2·29합의(Leap Day Deal)가 있었지만 그런 임시 합의로 문제를 해결하기는 어려웠고 결국 그 합의는 두 달 만에 휴지 조각이 되고 말았다. 북한의 속임수와 거짓말이 원인이었다고는 하지만 그 실패에 대한 비판은 맹렬했고, 벼랑 끝 전술에 더 이상 당하지 않겠다는 오바마 행정부의 의지는 더 확고해졌다. 이 시기 북한은 핵실험 외에도 연평도포격사건, 목함지뢰사건과 같은 재래식 도발, 그리고 인공위성 및 ICBM 실험 등과 같은 대량살상무기 형태의 도발을 감행했지만, 오바마 대통령의 무시 정책은 흔들림이 없었고 전략적 인내는 오히려 더욱 강화되었다.

비금지선 정책과 무시 철학에 기반을 둔 전략적 인내는 민주당 전문가들의 신조가 되어 격세유전처럼 바이든 행정부에서 되살아났다. 트럼프 행정부의 모든 것에 비판적이었기 때문이기도 하지만, 어쨌든 그들은 트럼프 행정부의 대북 협상 과정에 대해서 맹렬한 비판을 멈추지 않았다. 그렇게 들어선 바이든 행정부는 '조건 없는 대화'라는 '조건'을 걸고 무시 전략을 이어 갔다. 바이든 행정부의 대북 정책은 두 가지 점에서 전략적 인내의 두 번째 버전으로 평가받았다. 논사에 따라서는 오바마 행정부보다 더 일관된 무시 전략이라는 평가를 하기도 했다.

먼저 바이든 행정부는 불량국가의 독재자에 대한 공식 호칭을 한 번도 사용하지 않는 '도덕과 가치에 근거한' 접근법을 대북 정책의 첫째 원칙으로 내세웠다. 선거 기간 중 바이든 대통령이 김정은 위원장을 '불량배(thug)'로 지칭한 이래, 북한의 지도자(the leader of North Korea)라는 호칭 외에 다른 공식 명칭은 사용되지 않았다. 이것은 오바마 행정부 시절의 전략적 무시에 한술 더 떠, 사실상 비인정(non-recognition)에 가까운 것으로서, 트럼프 전 대통령이 김정은을 '체어맨(chairman)'이라고 호칭한 것과는 매우 대조적이었다. 사실 북한과 같은 권위주의 체제나 독재국가의 경우 지도자의 호칭은 외교 협상에서 매우 중요한 요소다. 예를 들면 2004년 1월, 부시 대통령이 취임식 연설에서 북한을 '폭정의 전초기지(outposts of tyranny)'라고 지칭하여 북한이 6자회담을 거부하는 사태가 발생했다. 당시 한국 정부는 6자회담의 교착 상태를 탈피하기 위한 협상 모멘텀을 만들기 위해 부시 행정부에 김정일에 대한 공식 호칭을 써줄 것을 요청하였다. 이에 부시 대통령은 동맹국 한국의 요청을 수용하여, "Mr. 김정일"이라는 호칭으로 북한 지도자를 지칭했다. 이에 북한은 김정일에게 "선생이라는 용어를 사용한 것을 평가"한다면서 이내 6자회담에 응했고, 그것이 2005년 9·19 공동성명을 낳는 중요한 계기가 되었다는 외교 일화는 유명하다. 이런 사정을 모를 리 없는 바이든 행정부가 북한에 대한 의도적 무시로 일관한 것은 트럼프 행정부가 북한 체제를 인정한 것에 대한 심리적 거부감과 우크라이나 전쟁 이후 더 심해진 독재국가들의 연대(the axis of upheaval)에 대한 혐오를 유지하는 것이 민주주의 체제의 의무라는 외교 철학에 근거했던 것으로 보인다.

두 번째는 레토릭상으로는 '전제 조건 없는 대화'를 강조하였지만, 북한의 다양한 대량살상무기 실험이나 위협 능력 강화에 대해서 사실상 어떤 조치도 취하지 않았다는 점이다. 지난 4년간 북한의 무장 능력은 질량적으로 급증하였으나 바이든 행정부의 대응은 신속하지도 않았고 효과적이지도 못했다. 북한에 대한 제재를 강화하려고 하였지만 러시아와 중국의 반대에 막혀 번번이 제재 레짐 강화 조치는 실패했고, 심지어 2024년에는 러시아의 거부권 행사로 제재위원회 산하 전문가 패널의 연장이 부결되고 말았다. 기존 패널 그룹에서 중국, 러시아, 싱가포르가 빠진 서방국가 중심의 다국적 제재 모니터링팀(MSMT)을 창설하며 대응했지만, 사실상 제재 레짐의 복원은 기대하기 어려웠다. 바이든 행정부가 북한의 도발에 대해서 3축 체계 강화와 전략 자산 배치 등과 같은 군사적 대응 조치로 일관한 것은 인정되지만, 대화나 협상을 통한 반전에는 관심이 없었다. 바이든 행정부와는 대조적으로 일본의 기시다 내각이 김정은 정권과 대화를 진행하여 왔음이 확인되자, 바이든 행정부 대북 정책의 무시 기조는 더욱 두드러져 보였다.

부시 대통령 시절 미국이 사용했던 "모든 옵션이 검토 가능하다(all options on the table)."라는 표현은 매우 유연한 협상 태도를 의미하는 것처럼 보였지만, 실제 그 의미는 북한에 대한 선제공격이나 전쟁이 선택지에 있다는 매파적 용례였다. 마찬가지로 '전제 조건 없는 대화'라는 바이든 행정부의 용어 역시 자구대로의 용례는 협상파의 그것이지만, 그 실질(substance)은 현상 유지를 강제하는 용례일 따름이다. 북한이 줄기차게 요구해 온 대화의 전제 조건이 있었고, 트럼프 정부는 이 전제 조건을 수용함으로써 대화를 실현시켰던 경험이 있었다. 이런 간단한 사실을 생각해 보면 전제 조건 없는 대화라는 것은 외교적 용어로 보면 '전제 조건 없음'이 아니라, 현상 불변을 '조건'으로 하여 무조건 대화에 나오라는 강제(compellence)였다. 이런 점에서 북한이 보기에 바이든 행정부의 대북 전략은 트럼프 행정부 시절에 비하면 퇴행이었다.

북한은 '대북 적대시 정책'의 일부인 한미군사연습의 축소나 중단 혹은 철회, 북한 정권에 대한 인정을 대화의 공식적인 전제로 삼아 왔다. 북미 협상의 역사가 북한이 요구하는 이런 '조건'하에서 주로 이루어져 왔음을 조금이라도 아는 논자라면 '전제 조건 없는'이라는 외교적 수사가 북한에게는 수용할 수 없는 하나의 '조건'이고, 따라서 그런 대화는 북한의 굴복을 요구하는 것이라는 역사적 경험을 협상의 출발점으로 삼게 마련이다. 이에 더해 외교적 상대방에 대한 공식 호칭조차 호명되지 않는 상황이라면, 북한이 대화에 나올 것이라는 기대는 버려야 한다.

물론 북한이 강조해 온 대화의 전제 조건을 우리가 무조건 수용하는 것도 불가능한 일이다. 또한 북한은 자신이 필요하면 이것이 없더라도 대화에 나오기도 하고, 상황이 여의치 않으면 이런 조건이 이루어지더라도 판을 깨는 예측 불가능한 협상 전략(madman theory)을 사용해 온 것도 사실이다. 그럼에도 불구하고 대체로 북한 외교관들을 비롯한 모든 독재국가의 외교관들은 다른 무엇보다도 지도자의 위신과 이를 위한 인정투쟁(struggle for recognition)의 연장선에서 외교를 대한다. 따라서 자신의 지도자를 불량배로 간주하는 국가와 협상을 시작하자고 제안할 관료는 없으리라는 상식에서 출발하면, 적대국의 관료들이 자신의 최고지도자에게 협상에 나가자고 제안할 조그마한 명분도 제공해서는 안 된다는 미국식 외교 철학은 경직된 것이거나, 아니면 다른 계산이 있는 것이라고 해석할 수밖에 없다. '조건 없는 대화'를 '조건'으로 제기했던 바이든 행정부의 대북 전략의 합리성은 존중받아야 하지만, 다른 성서나 계산 방식을 갖고 무시하는 것이 전형적인 선략적 인내라는 점을 감안하면, 바이든 행정부의 대북 정책은 그들의 부인에도 불구하고 '전략적 인내'를 못 벗어난, 아니 이를 더욱 강화한 '전략적 인내 두 번째 버전'이었다고 보는 것은 사실에 부합한다.

2) 바이든 행정부가 무시로 되돌아간 까닭

이쯤 되면 바이든 행정부가 대북 정책에 진심이지 않았던 이유가 궁금해진다. 바이든 행정부 인사들을 만나면 미국은 여러 가지 통로를 통해 북한 측에 미국의 협상안을 전달했다고들 한다. 하지만 북한은 어떤 제안도 수용하지 않았고 아무런 반응이 없었다고 한다. 그것은 사실일까?

먼저 바이든 행정부의 대북 정책을 요약해 보자. 바이든 행정부의 고위 관료는 2021년 4월 30일 대북 정책 리뷰가 끝났다면서 '조율되고 실용적인 접근법(calibrated practical approach)'이라는 생소한 이름의 노선을 발표했다. 그리고 『워싱턴포스트』를 통해 대북 정책 입안 과정의 문제의식을 소개했다.[10] 고위 관계자라는 익명의 인터뷰에서 털어놓은 대북 정책은 한마디로 오바마와 트럼프의 중간 정책(something in the middle)이라는 이해하기 어려운 명칭을 달고 있었다. 오바마 행정부의 전략적 인내와 트럼프 행정부의 대북 빅딜 정책 그 중간 정도의 정책 수준을 목표로 하고 있다는 것이었다.

하지만 악마는 디테일에 숨어 있다는 상식, 그리고 그 디테일이 북핵 문제 해법을 수십 년간 실패의 나락으로 끌어간 역사가 반복되고 있는 점을 잘 알고 있는 전문가들의 입장에서, 불확실성에 가득 찬 이런 개념으로는 해법을 찾기 어려울 것이라는 예측은 조금도 틀리지 않았다. 그 고위 관계자는 그해 12월 미국외교협회(CFR) 인터뷰에서 본명을 드러내고 강연에 나선다. 외교 천재로 불린 백악관 안보보좌관 제이크 설리번(Jake Sullivan)이 바로 그 익명의 고위 관료였다. 그는 CFR 인터뷰에서 4월 대북 정책에서 나왔던 단어들을 술술 풀어놓았다. 4월 인터뷰 당시 그는 오바마 행정부의 대북 정책을 '아무것도 교환하지 않는 정책(Nothing for Nothing)'으로, 트럼프 대통령의 대북 정책을 빅딜, 즉 '단번에 모든 것을 교환하는 정책(Everything for Everything)'이라고 지칭하면서 두 행정부의 대북 정책을 모두 비판했다. 하지만 12월 그의 연설에서
11 그는 'None for None'과 'All for All'이라는 보다 단순하고 명료한 용어를 사용하면서 바이든 행정부의 정책이 '두 행정부의 중간 정도의 정책 수준(to come in between those two)'이라는 점을 재강조했다. 그해 4월 『워싱턴포스트』에서 사용한 용어인 중간 수준의 정책(something in the middle)을 좀 더 쉽게 표현했지만 그 의미에 변화가 있는 것은 아니었다. 이 연설에서 설리번 보좌관은 오바마 행정부의 'None for None' 정책은 사실상 '방치(just let things go)'라고 비판하며, 바이든 행정부는 오바마 행정부가 '전략적 인내'로 북한을 방치한 것과는 다른 정책을 입안하였다고 말하였다.

그의 연설에 담긴 진정성을 수용하면, 2021년 당시까지는 바이든 행정부가 오바마 행정부의 대북 정책인 '전략적 인내'가 사실상 무시와 방치라며, 이를 비판하고자 했던 것은 분명하다. 당연히 트럼프 행정부가 하노이에서 실패한 것은 단번에 모든 것을 거래하고자 했던(All for All) 무리한 빅딜(Grand-Bargain) 때문이라고 본 것도 틀림없다. 설리번 보좌관은 '한반도의 비핵화'를 강조하며, 외교를 통해(be prepared to engage in diplomacy) 그리고 단계적 접근법을 통해(to make step-by-step progress) 그 목표를 달성하겠다고 연설했다. 연설 자체의 논리로만 보면 명답이다.

하지만 설리번 보좌관의 이 같은 발언이 어떤 청중을 의식했는지는 불확실하다. 협상 의지로만 보면 가장 중요한 청중은 북한이었어야 하지만, 그의 발언이 북한이라는 청중을 염두에 둔 것 같지는 않다는 비판도 제기되었다. 오바마 행정부와 트럼프 행정부에 대한 양비론을 통해 바이든 행정부의 철학을 확인하는 것 이상의 대안 제시가 없었다는 점도 이런 비판을 뒷받침한다. 바이든 대통령의 대북 정책이 애초부터 레

토릭뿐이었는지, 아니면 그 협상 의지에도 불구하고 북한이 대화를 거부했기 때문에 성과를 내지 못하고 있었던 것인지 설왕설래가 오가는 가운데, 이후 벌어진 두 가지 사태, 우크라이나 전쟁 발발과 윤석열 정부 출범이라는 변수는 바이든 행정부의 대북 정책의 진정성에 대한 평가를 불가능하게 만들고 말았다. 우크라이나 전쟁이라는 변수는 북한에 대한 더 철저한 무시 전략을 불러왔고, 그것은 북러동맹과 북한의 우크라이나 전쟁 파병이라는 뜻하지 않은 상황으로 이어졌다. 결국 바이든 정부는 4년의 집권 기간 동안 북한을 방치하고 북한과 단 한 번의 공식 접촉이나 협상도 하지 않은 (탈냉전 이후) 최초의 미국 정부라는 기록을 갖게 되었다.

바이든 행정부의 대북 정책이 결국 무시 정책으로 회귀한 것과 관련해서는 몇 가지 해석이 있다. 첫째는 북한 책임론이다. 북한이 트럼프 대통령의 귀환을 기다리면서, 바이든 행정부와의 대화를 거부했기 때문이라는 것이다. 실제 북한은 뉴욕 채널에도 응하지 않은 채 미국과의 모든 대화를 거부했다. 바이든 행정부는 미국의 대북 정책의 일단을 담은 문서를 뉴욕 채널을 통해 전달했다지만 북한은 문서만 수령한 채 답이 없었다고 한다. 2019년 스톡홀름 회담에서 미국을 비난하고 대화를 단절한 이후로 북한이 미국과의 대화에 관심을 보이지 않고 억지력 강화에만 몰두했다는 해석도 이와 유사한 논리를 담고 있다. 이는 북한이 2021년 바이든 행정부의 출범과 동시에 개최된 8차 당대회를 통해 국방 발전 계획을 달성하기 전까지는 미국과의 대화를 거부한다는 전략을 세웠기 때문에, 북한이 어떤 종류의 협상도 거부했다는 주장으로 귀결된다. 언제나 북한 책임론은 일정한 진실에 근거하고 있다. 하지만 2021년 하반기를 달군 2차 종전 선언과 이에 대한 북한의 관심 그리고 바이든 행정부의 냉랭한 대응 과정을 복기해 보면,[12] 바이든 행정부가 주장하는 북한 책임론에 고개를 갸웃하게 되는 것도 사실이다.

둘째는 트럼프 대통령의 대북 협상을 혐오했던 미국 민주당 관계자들의 북한에 대한 정서가 클린턴 시절의 비둘기파들과는 입장을 달리하는 새로운 접근법에 근거하고 있었다는 해석이다. 실제 오바마 행정부를 거치면서 북한과의 숙적관계(rivalry)를 경험한 민주당 대북 정책 담당자들의 머릿속에는 북한과의 협상에 대한 회의론이 깊숙이 들어 있었다. 실제 설리번 보좌관도 오바마 정부 시절에 바이든 부통령의 주요 참모였던 것을 감안하면 그 또한 이런 숙적관계에서 오는 대북 혐오 DNA를 갖고 있었을 것이라는 우스갯소리도 터무니없지만은 않다. 트럼프 대통령의 대북 협상을 지켜보았던 그들의 입장에서는 트럼프 행정부가 불량국가 북한 정권을 인정하는 것 자체를 수용하기 어려웠고, 야당으로서 트럼프 행정부의 정책 자체를 비판하지 않을 수 없었으며, 그리고 북한 핵 문제를 어설프게 봉합하는 것 자체가 협상의 패배라는 결기를 공유하고 있었던 것으로 추론된다. 결국 바이든 행정부가 이야기하는 오바마와 트럼프 행정부의 '중간 수준의 정책'이라는 것은 트럼프 행정부를 비판하는 데 방점이 있는 오바마 집행부들의 자평이지, 실제 북한과의 협상 의지를 드러낸 것으로 보기는 어렵다. 숙적관계에 있는 북한의 입장에서 설리번의 연설은 오바마 시절의 데자뷔일 뿐이고, 따라서 북한이 그에게서 (대북) 협상 의지를 읽어 내지 못했을 것이라는 추론도 부인하기 어렵다.

셋째 해석은 동맹 관계다. 북핵 문제는 잘못 건드리면 한국과 일본에 대한 동맹 방기(abandonment)로 이어질 수 있다. 즉 한국과 일본을 무시하고 미국이 북한과 협상하는 순간 한국과 일본은 미국과의 동맹에 대한 회의를 갖고 심지어 독자 핵 무장론의 깃발을 들게 마련이다. 북한을 달래고자 일본과 한국의 핵무장을 조래할 수는 없다는 동맹 논리 역시 매우 중요한 해석이다. 반대로 동맹이 북한과의 협상을 중재하는 순간, 동맹 중심 철학에 기반한다고 밝힌 바이든 행정부가 마냥 이를 거부하고 있을 수만은 없다. 2021년 출범 당시 바이든 행정부에 동맹 변수는 한국의 문재인 정부와 일본의 스가-기시다 내각 사이의 상반된 제안이 공존하는 상황이었고, 결과적으로 바이든 행정부의 대북 정책은 다소 불확실할 수밖에 없었다. 어느 동맹의 태도를 수용하는가에 따라 그들의 진정한 대북 정책 목표가 무엇인지가 드러나는 상황이었기 때문에 바이든 행정부의 레토릭은 신중하고 또한 이중적이었다.[13]

바이든 행정부의 입장에서 볼 때 문재인 정부가 교체된 이후 대북 정책에 대한 동맹 변수는 매우 조화롭게 전개되었다. 2022년 이후 윤석열 정부는 일본과 대북 정책을 공유하고 있었기 때문에 미국으로서는 한일 간 정책 차이 때문에 고심할 이유가 없었다. 한일 정부 모두가 원하는 정책과 레토릭을 마련하는 가운데 바이든 행정부는 북한에 대해서 자연스럽게 무시에 무시를 거듭해 갔고, 그 결과 북한과의 대화는 더욱 멀어져 갔다.

네 번째 견해는 음모론이다. 미국의 민주당은 오바마 행정부 이래 일본에 대한 친밀감을 더 높여 왔고 미일관계를 한일관계보다 우위에 두는 전략 구상을 입안해 왔다. 소위 워싱턴 '국화파'[14]들의 입장에서 볼 때 트럼프 행정부의 대북 정책은 탄생해서는 안 되는 것이었다. 볼턴 전 백악관 안보보좌관이 회고록에서도 서술하고 있지만, 트럼프 대통령의 대북 협상 전 과정은 문재인 정부가 창출한 것이고[15] 외교를 모르는 트럼프 대통령이 전적으로 끌려 들어간 것이라는 해석은 워싱턴 국화파들이 갖고 있는 공통의 인식이었다. 이들은 기본적으로 한국 진보 정부가 남북관계를 화해 국면으로 전환시키는 것이 가져올 동아시아 안보 불확실성에 대한 거부감을 공유하고 있었다고 알려져 있다. 한일관계보다 남북관계가 더 빠른 속도로 진전되는 것이 아시아 안보 구조의 불확실성을 조성한다는 점에서 그들의 입장은 분명했다. 이 점에서 음모론자들은 국화파들이 똘똘 뭉쳐 북미회담이 성과를 내는 것을 반대해 왔다고 주장한다. 이들은 볼턴으로 대표되는 국화파들이 싱가포르 회담 당시 장소 문제부터 특사 면담까지 회담 진전 과정에 사사건건 시비를 걸었고, 하노이 회담 당일 미국 민주당이 트럼프 대통령의 개인 변호사였던 마이클 코언의 청문회를 개최하여 하노이 회담에 참석한 트럼프 대통령을 공격했던 것도 같은 이유라고 손꼽는다. 코언 청문회를 여기에 결부하는 것은 전형적인 음모론이기도 하지만, 미국 민주당 전체가 트럼프를 반대하는 과정에서 북한에 대한 적대감을 더 갖게 되었고, 일본 아베 정부의 입장에 더욱 경도되었다는 음모론의 논리는 결과적으로 틀린 것만은 아니었다. 음모론자들의 이런 해석에 바이든 행정부 담당자들은 억울해하겠지만, 북한과의 교착 상태와 북한의 '도발' 앞에서 미국은 확장억지를 전제로 한 한미일 안보협의체를 더 쉽게 만들어 낼 수 있었던 것도 사실이다. 이 점에서 바이든 행정부와 민주당의 동아시아 전략 변화의 중심에 미일동맹이 자리하고 있고, 한일 협력에 저항력을 주는 남북관계보다는 한일관계를 더 밀착시키는 긴장된 남북관계가 더 필요하다는 음모론적 해석은 사라지지 않고 있다. 이 점은 대북 정책에 관한 한 클린턴의 민주당과 바이든의 민주당이 달라진 결정적 환경이기도 했다.

한편 바이든 행정부에 북한 문제는 중국 문제의 부수 문제이므로 북한과의 직접 대화는 무의미하며, 북한의 도발은 한국 정부가 중국 책임론을 제기하게 하여 한중관계에 이격을 조성하고 나아가 한미일 집단안보체제, 즉 최근의 격자형(latticework type) 동맹으로의 전환을[16] 촉진시킨다는 군사주의적 음모론은 바이든 정부의 인도-태평양 안보 전략을 해석하는 또 다른 시각이다. 한미일 집단안보체제 촉진론, 북중 마찰론, 그리고 '시간은 우리 편' 등의 내용을 조합한 이런 전략적 사고는 워싱턴 국화파들의 존재와는 무관하게 미국의 군사주의 전략을 바라보는 또 다른 음모론과 연결되어 있기도 하다.

요컨대 이상의 여러 해석에도 불구하고, 바이든 행정부의 대북 정책이 대북 무시 전략으로 일관되었고 결과적으로 '전략적 인내 두 번째 버전'이었다는 평가를 부인하기는 어려워 보인다. 일부 바이든 행정부 인사들이 북한과의 협상에 대해서 군비통제론(arms control)이나 중간단계론(interim steps)[17] 등을 언급하며 변화를 꾀했지만, 한국 정부의 강한 항의 그리고 미국 국무부 내부의 견제 혹은 다른 선택지에 밀려 곧바로 메아리 없는 외침이 되고 스스로 목소리를 낮추게 되었음은 주지의 사실이다.

3) 전략적 인내의 대북 인식론[18] 재론

이쯤 되면 오바마 정부 시절 탄생한 '전략적 인내'에 대해서 보다 더 면밀한 이론적·인식론적 검토가 필요하다. 사실 이라크 전쟁에 대한 파병 반대에서 출발한 오바마 대통령의 정치 여정에서 집권 이후 그의 대외 전략은 '우세(primacy)' 대 '자제(restraint) 및 축소(retrenchment)'라는 큰 프레임 논쟁의 영향을 피하기 어려웠다.[19] 이런 논쟁 과정을 겪으며 정립된 오바마 행정부의 대외 정책은 부시 행정부의 유산을 넘어서려는 다자주의적 축소(multilateral retrenchment)와 해당 유산을 발전적으로 계승하려는 강경 대응(counter punching)이라는 두 가지 성격을 모두 가진 절충적인 것이었다.[20] 특히 후자의 요소는 소위 비밀공작(covert action)과 아랍 스프링(아랍 민주화 운동)식 대중 봉기를 결합하는 방법론에 관심이 있다는 점이 특징이었다.

이렇게 '우세-자제' 간 논쟁을 절충하면서도 전통적 미국의 전진 배치 전략을 보장하기 위한 방향으로 자신의 외교 철학을 정립한 오바마 대통령은 2014년 5월 28일 웨스트포인트 연설에서 오바마 독트린(Obama Doctrine)을 제시하는데, 이 연설의 주요 요지는 미군의 우세를 유지하기 위해 전통적인 '군사력' 외에 '제재와 동맹'이라는 외교적 수단을 강조한 데 있었다. 집권 초기 오바마 대통령이나 힐러리 당시 국무부 장관은 완결된 대외 정책 원칙을 제시할 필요가 없다는 입장을 갖고 있었다.[21] 그러나 오바마 정부가 세계를 매우 위험한 곳으로 만들어 놓았다는 등 대외 정책에 대한 내외의 비판이 불거지자, 오바마 행정부는 외교 정책 원칙을 제시하는 쪽으로 선회했다. 그는 미국 국민이 직접적인 위협에 빠질 경우 일방주의적 군사력을 적시에 사용할 것이라며 우세 전략의 필요성과 이에 대한 공약과 의지를 분명히 하면서도, 동시에 국제법과 다자적 군사 행동을 강조하여 동맹과 파트너를 동원하여 집단적 행동으로 문제를 해결한다는 원칙을 내세웠다. 결국 오바마 독트린은 부시의 일방주의를 비판하며, 군사력을 사용할 때 누구에게 이익이 되는가(might doing right)와, 누구와 연대할 것인가(collective approach), 그리고 군사적 개입 이후의 대안을 되묻는 외교 철학임을 분명히 하였다. 그럼에도 불구하고 오바마 독트린의 실체(substance)가 분명하지 않다는 비판이 제기되자, 오바마 대통령은 그 실용주의적 성격을 분명히 드러내는 표현인 'DDSS(Don't do stupid shit)'로 대응했다.[22] 이후 비용 효율성에 근거한 정책 집행, 다자적·일방적 군사력 동원도 거부하지 않는 실용성을 전제로 하는 DDSS가 오바마 대통령의 외교 철학의 모토가 되었다.

북한과 같은 불량국가의 벼랑 끝 전술에 말려들어 전쟁이냐 협상이냐의 이분법에 놓이는 것 자체가 '멍청한 짓'이었기 때문에, 오바마 대통령에게 '무시'는 자신의 새로운 외교 철학에 매우 부합하는 것이었다. 오바마 1기에 비해 DDSS를 정립한 오바마 2기에 그의 대북 무시 전략이 '전략적 인내'로 한 단계 진화하고 더욱 명료해진 것은 이런 외교 철학 정립에 연원이 있었다. 이로써 미국의 대북 정책도 단순한 무시에서 DDSS에 근거한 개념 정립으로 나아가게 되었고, '전략적 인내'는 오바마 행정부의 대북 철학을 설명하는 중심 개념이 되었다.

오바마 정부 시기의 대북 정책은 세 가지 요소로 되어 있었다. 강압 외교(coercive diplomacy), 징벌적 조치(punitive action), 조건부 관여(conditioned engagement)가 그것이다. 북한의 핵 보유와 핵 확산을 억지하는 다자주의적 억지 레짐을 형성·유지하기 위한 강압 외교, 핵실험과 로켓 발사에 대한 징벌적 제재, 선비핵화 조치를 전제 조건으로 한 조건부 관여 등이다.[23] 그리고 이 세 가지를 관통하는 실체는 '다자 체제에 의한 징벌적 억지 레짐을 미국의 외교적 자산을 통해 유지'하는 데 있었다. 이 점에서 오바마 행정부의 대북 접근법의 본질은 관여와 협상이라기보다는 제재를 통한 관리에 중점을 두었다고 볼 수밖에 없었다. 논자에 따라서는 더욱 비판적이어서 전략적 인내는 제재와 압박, 봉쇄 그리고 저강도 전쟁이라는 3요소를 담고 있다고 힐란하기도 했다.[24] 특히 '저강도 전쟁'은 오바마 독트린이 비밀공작 등과 같은 (비밀) 강경 대응 요소를 담고 있다는 주장과 일맥상통하여 주목을 끈다. 물론 오바마 행정부의 담당자들은 자신들의 대북 정책을 '전략적 인내'라고 부르는 것에 대해 불편해했지만, 이미 그 표현이 보편화되었고 오바마 대북 정책의 요체에 대한 일반적 평가가 되어 버린 마당에 그들의 '뒤늦은' 부인은 정책 실패에 대한 사후적 변명이라는 인상을 줄 뿐이었다. 실제 워싱턴에서 성 김 등 국무부 내부자와 면밀히 대북 정책을 논의해 온 것으로 보이는 빅터 차 역시 오바마 정부의 대북 정책을 '전략적 인내'라고 정의하고 있었다는[25] 점에서 성 김 등의 뒤늦은 입장 표명은 고려의 여지가 없다.

4차례나 핵실험을 강행한 상대방의 위협을 '무시'하고 이 같은 제재와 관리 중심의 정책을 오랫동안 유지할 수 있었던 전략적 인내 정책의 동력, 즉 그 인식론적 전제는 무엇일까?

전략적 인내는 북한 정권의 '비합리성', 북한 (도발)행동의 '예측 불가능성', 그리고 독재 정권의 '붕괴 불가피성' 즉 시간은 우리 편이라는 낙관론, 이 세 가지를 철학적 전제로 하고 있었다고 볼 수 있다. 앞의 두 가지가 북한과의 협상 불가론으로 이어졌다면, 세 번째 철학은 제재 레짐의 유용성으로 전환했다.

그러나 사실 이상의 세 가지 전세의 유효싱에 대해서는 의문이 제기된 지 오래다.[26] 첫째, 북한은 비합리적 정권인가라는 문제다. 『뉴욕타임스』가 이미 지적했듯이 북한 정권은 자기 이익을 정확하게 이해할 능력이 있고, 심지어 무모해 보이는 도발마저도 상대방과의 협상을 위해 의도적으로 무기화하고 있을 만큼 북한의 정책 결정 과정은 비도덕적이지만 나름 '합리적'이었다.[27] 김정은은 '광인(madman)'이라기보다는 '합리적 광기, 합리적 비합리성(rational irrationality)'을 띤다는 개념에서 보듯이 그는 비합리성을 가장한 위협을 통해 자기 이익을 극대화하는 행위자일 수 있다. 즉 '냉정과 자제'로 되돌아가면 북한의 도발마저 우세를 점하기 위한 의도적 광기(madman theory)로 번역해 볼 여지는 있다는 것이다. 물론 이는 합리성을 가치나 도덕이 체현된 두터운 것으로 생각하지 않고, 엷게(thin) 전제할 경우다. 북한의 행태는 '두터운' 합리성 즉 글로벌 도덕과 가치에는 반하지만, 자기들이 지켜온 역사적 경로와 그에 내재한 이익을 사수한다는 견지에서의 '엷은' 합리성 즉 일관성을, 그리고 때로는 효율성마저 갖고 있다는 의미다. '합리적 광기, 합리적 비합리성'이 전략적 인내의 첫 번째 인식론적 전제에 대한 비판으로 제기되는 이유다.

둘째는 북한의 행태가 정말 예측 불가능한가라는 문제다. 독재국가들은 쟁점을 둘러싼 (물밑) 협상이 결렬될 경우 이에 대한 반응으로 도발을 선택하고는 했다. 과거부터 공산 독재국가나 권위주의 체제의 최고 시도부는 공식 협상보다는 비공식 협상에 더 많은 비중을 두는 경우가 많기 때문에, 공식적인 협상만 관찰할 경우 독재자들의 행태는 예측 불가능하게 묘사되는 경우가 많다. 그러나 공식·비공식 접촉을 모두 복기해 보면 때로는 다른 그림이 그려지기도 한다. 북한 역시 예측이 불가능하고 외교 행태가 일관되지 않는다는 통념과는 달리 도발이나 특정 사건이 지난 후 인과관계를 역추적해 보면, 우리 측 정보 기관의 한계였거나 우리 내부의 민관 인지부조화 혹은 정보 능력 비대칭의 결과로 판명 나는 경우도 많다.[28] 결국 공식·비공식 프로세스를 모두 종합해 볼 때, 북한의 전략은 양비론과 에스컬레이션으로 설명되는 단순한 '맞대응전략(tit-for-tat)'의 성격을 띠는 경우가 많다는 점에서, 북한의 불확실성은 소위 '예측 가능한 예측 불가능성(predictable unpredictability)'이라는 평가도 주목할 만하다. 소위 참주식 폭정을 보여 주기 위해 북한의 예측 불가능성을 부각하는 것은 대적 선전으로는 유의미하지만, 때로는 그것이 우리의 무능력을 광고하거나 협상의 발목을 잡는 양날의 검이 되기도 한다는 점을 잊어서는 안 된다. 이 점에서 전략적 인내가 스스로 유연성을 떨어뜨리게 되는 이유를 확인하게 된다.

세 번째로 북한 붕괴론은 유효한가라는 문제의식으로, 소위 독재국가의 회복탄력성 등으로 번역되는 '리질리언스(resilience)' 문제다. 살아남은 권위주의 독재국가들이 생각보다 리질리언트하게 반응하는 것을 본 정치학자들은 최근 이들 국가에 대한 제재가 곧 레짐 붕괴로 이어지는 것은 아니라는 결론에 이르렀다.[29] "잔 매 앞에 장사 없다."라는 우리 속담이 말하듯 지속적이고 일관된 '제재'가 상대방을 굴복시키고 협상의 장을 강제한다는 주장은 매력적이다. 차단(interdiction)과 강압(coercion)의 강도가 높을수록 제재가 더욱 힘 있게 작동한다는 논법은 탈냉전 시기나 아랍의 봄의 경험을 통해 더욱 큰 힘을 받은 가설이다. 그런데 그런 시민 봉기의 미래가 민주적 기대를 충족시키지 못한 현실은 봉기의 원인이 된 제재가 인도주의적 결손이라는 단점을 갖고 있고, 그 결과 질서 없는 미래를 야기하는 것 아니냐는 의구심을 낳기도 했다. 그뿐만 아니라 일부 신권위주의 체제들이 국제 제재 레짐 앞에 무릎 꿇고 붕괴하기보다는 오히려 국제 제재 레짐에 대항하는 공동 전선을 형성하는 것 또한 예사롭지 않다. 쿠바, 이란, 베네수엘라, 미얀마에 이어 북한을 보면 회복탄력성이라는 단어가 민주주의 체제의 전유물이 아님을 느끼게 된다. 제재가 타깃 정권의 정책 수단을 '붕괴'시키면 좋겠지만, 때로는 독재 권력의 정당성을 더 높여 가는 역설도 재연되고 있기 때문이다. 중국이나 러시아뿐 아니라 아시아 국가들에서 경제발전과 민주화의 비대칭성을 연구해 온 신권위주의 체제론의 주제인 독재 국가의 회복탄력성(autocratic resilience) 논법이 적용될 수 있느냐는 질문은 제재와 생존의 경계를 넘나드는 북한을 읽는 세 번째 키워드다.

북한 역시 오랜 제재를 견뎌 낸 노하우가 있고, 잔인한 권력 정치의 결과도 예상과는 달리 권력 안정성으로 나타나고 있음을 부인하기 어렵다. 국내 정치에서의 폭정이 꼭 국제관계에서의 비합리성과 연관되는 것도 아닐뿐더러 국내 정치에서의 광기마저도 김정은의 권력 안정으로 나타난다면, 결국 시간은 우리 편이라는 도덕적 정당성은 현실 국제 정치와 남북관계에서 신기루일 수 있다. 이는 국제 정치와 권력 정치가 꼭 도덕적 정당성을 담보해야 하는 것이 아니라는 진리가 대북 인식에서도 일관되게 작용되어야 한다는 점을 새삼 확인시켜 준다.

요컨대 전략적 인내는 처음부터 정교하게 고안된 정책은 아니었음에도 이런 세 가지 전제를 자신의 이론적 전제로 갖추며 정책적 완결성을 추구해 갔지만, 역설적으로 그것이 도리어 정책적 경직성을 초래한 원인이 되었다. 이에 8년간 미국 오바마 정부와 한국 보수 정부의 궁합이 만들어 낸 '전략적 인내'가 왜 성공하지 못했고, 왜 다른 접근법이 요구되는가라는 문제가 제기되기 시작했다. 결국 트럼프 행정부가 들어서면서 북한의 비합리성과 정치 잔혹극을 핵심으로 하는 북한 예외주의에 대한 대안적 개념이 요구되기 시작했고 전략적 인내의 대안을 찾는 요구는 더욱 높아졌다.

[표 1] 전략적 인내의 인식론적 전제

전략적 인내의 3대 전제		반론
비합리성	→	합리적 비합리성(Rational Irrationality)
예측 불가능성	→	예측 가능한 예측 불가능성 (Predictable Unpredictability)
붕괴 불가피성(시간은 우리 편)	→	독재국가의 회복탄력성(Autocratic Resilience)

전략적 인내, 즉 대북 무시 정책에 대해서 오바마 행정부 스스로가 부정적 평가를 했다는 것은 뜻하지 않은 경로를 통해 전해졌다. 밥 우드워드가 그의 저서에 오바마 대통령이 정권 인수 과정에서 트럼프 대통령에게 전달한 북한 문제의 내용을 기록한 것이 그중 하나였다. 우드워드에 따르면, 오바마 대통령은 트럼프 대통령에게 북한 문제가 미국에 '가장 큰 문제이고 오랜 시간을 요할 가장 위험한 문제'라고 했다는 것이다.[30] 오바마 대통령의 무시, 즉 전략적 인내는 사실 북한 문제가 위험하지 않아서 무시한 것이 아니라 무시하지 않을 수 없는 '전략적' 문제였다는 것을 시인한 셈이었다. '전략적'의 의미가 무엇이었는가를 잘 보여 주는 장면이었다. 우드워드에 따르면, 트럼프 백악관의 아시아 선임이었던 매슈 포틴저(Matthew Pottiager)가 '전략적 인내' 정책을 '재앙'으로 보고 있었다고 한다. 핵을 가진 '북한 정권이 스스로 무너져 무릎 꿇고 협상 테이블로 기어들어 오기를 기대'하는 희망적 사고(wishful thinking)에 근거한 전략이었기 때문이다.[31] 트럼프 행정부의 대북 정책의 출발점이 바로 오바마 대통령의 이 같은 인수인계 설명이었다는 사실은 오바마 행정부의 무시 전략에 내재한 인내의 '불가피성'을 다시 한번 보여 주는 장면이었다.

앞서 보았듯이 바이든 행정부 인사들 역시 전략적 인내를 비판하지 않을 수 없었다. 그들 스스로도 전략적 인내가 상호 무시(None for None)

로서 성과 없는 외교정책임을 잘 알고 있었음은 분명하다. 나아가 북한 정권과 단 한 번도 대화해 보지 못하고 물러나는 대통령이 된다는 것이 불량국가와 타협하지 않은 정권이라는 자부심을 줄 수도 있겠지만, 위험과 위협의 실체를 간과해 온 정권으로 간주되어 두고두고 오점이 될지도 모를 일이다. 오바마 정부 임기 말에 북한은 벌써 연간 7~8개의 핵무기를 생산할 수 있는 능력을 갖춰 놓았던 것으로 평가받았다. 트럼프 행정부가 북한과의 협상 과정인 임기 2년간 이를 동결시켰고 전체 임기 동안에 적어도 ICBM 발사를 동결시켰던 데 비해, 바이든 행정부는 임기 4년 내내 북한의 핵 능력이 질적·양적으로 성장하는 것을 지켜만 보았고 그사이 북한은 ICBM의 고체화 능력을 완성하고 다탄두화의 문턱까지 내다보고 있었다. 바이든 행정부가 북한을 무시하고 방치한 지난 4년간 북한이 이룩한 군사적 성장은 상상 이상이다. 핵무기 숫자만 보더라도 바이든 정부의 임기 동안 북한은 최소 30개를 더 늘렸다고 보는 것이 정설이다. 그사이 북한은 한국에 대한 핵 선제 사용 교리까지 공식화하였다. 위협이 아니라고 그러니 걱정 말라고 하기에 우리 국민의 위협 인지도는 쉽게 넘어갈 수 있는 수준이 아니다.

반복해서 지적하지만 바이든 행정부는 확장억지와 제재를 통해 '북한 정권이 스스로 무너져 무릎 꿇고 협상 테이블로 기어들어 오기를 희망'하는 그런 유의 '전략적 인내 두 번째 버전'에 다시 기대었다. 하지만 그사이 유엔 제재 레짐은 무너졌고[32] 북한 정권의 내구력은 북러동맹화 과정에서 더 강건해지고 있다.

전략적 인내에는 어쨌든 시간은 우리 편(time is on my side)이라는 탈냉전기 초기 경험에 근거한 막연한 낙관주의가 깔려 있다. 30년 전 클린턴 정부 시절 제네바 합의를 도출할 때도, 20년 전 부시 정부가 비금지선 전략을 입안할 때에도, 그리고 오바마 정부가 전략적 인내로 치달을 때에도 미국의 전략가들은 '시간은 우리 편'이라고 주창해 왔다. 지난

20년간 우리는 도대체 무엇을 한 것인가? 20년이라면 충분히 시간 싸움의 결론이 날 때가 되지 않았을까? 시간은 결국 우리 편이 아니었고 오히려 시간이 자기 편이라던 북한의 주장이 현실화되었음을 인정해야 하지 않을까? 그러나 아직도 바이든 행정부와 한국 정부의 고관들은 '시간은 우리 편'이라며 고색창연한 북한 경제 붕괴론을 주장하고 있다. 한국의 구태 정보 요원과 일부 탈북민들의 조합이 만들어 낸 김정은 사망론과 북한 아사론, 탈북 쓰나미론 등 김정은 시대에만도 수많은 가짜 뉴스들이 쏟아졌다. 지난 30년간 학자들의 칼럼에서도 북한 경제 붕괴론은 사라지지 않고 있다. 희망적 사고는 햇볕론에만 있는 것이 아니라 북한 붕괴론에도 공존하고 있다는 증거다. 북한 붕괴론이 대안 없음의 대명사가 되고 있는 현실을 직시하지 않는다면 대북 정보 실패는 반복될 수밖에 없다. 음모론은 이런 무능을 타고 기지개를 편다. 북한에 대한 무시가 결과적으로 한미일 군사협력을 정당화한 것이라면 그것은 결과론적일 뿐이라고 말하고 싶다. 물론 논리적으로 그 역은 성립하지 않는다. 한미일 군사협력을 정당화하기 위해 북한에 대한 무시 전략을 유지했다고 보기는 어렵다는 뜻이다. 그러나 그것은 논리학의 영역이지 음모론과 사이버 공간에서 이 모든 것은 상상의 나래를 펴고 돌아다니게 마련이다. 그렇다면 바이든 행정부는 스스로 폐기했던 '무시'를 통해 무엇을 얻었는지, 진정 그들이 원했던 것은 무엇인지를 되묻지 않을 수 없다.

2 북한의 벼랑 끝 전술: 지속성과 전략적 전환

1) 김정은 시기 벼랑 끝 전술의 변화 과정

북한의 대미 전략을 벼랑 끝 전술이라고 부르는 것은 오래된 관행이다. 앞서 보았듯이 미국은 벼랑 끝 전술에 말려들지 않기 위해 무시 전략을 마련했다. 이런 두 대응 방식은 서로 길항 관계로 보인다. 하지만 최근 한미의 일부 전문가들은 김정은이 전략적 전환을 결심했고, 따라서 더 이상 벼랑 끝 전술 따위는 없다는 주장을 펴기 시작했다. 그렇다면 이 길항 관계는 유지되고 있는 것일까? 혹시 바이든 행정부의 전략적 인내가 실체도 없는 대상을 상대로 한 허무한 전략 실패는 아닐까?

북한의 첫 번째 대미 전략 전환: 평화협정 우선론

사실 북한의 첫 전략 전환은 2009~2010년 사이에 이루어졌다. 당시 북한 외무성은 평화협정과 북미수교 간의 연관 고리에서 항상 최우선시해 왔던 미국과의 수교보다는 평화협정에 우선순위를 둔다는 성명을 처음으로 냈다.[33] 2009년 1월 17일 "미국과의 관계 정상화가 없이는 살아갈 수 있어도 핵 억제력이 없이는 살아갈 수 없는 것이 조선반도의 현실이다…. 관계 정상화와 핵 문제는 철두철미 별개의 문제이다. 우리가 갈망하는 것이 있다면 조미관계 정상화가 아니라 우리 민족의 안전을 더욱 믿음직하게 지키기 위한 핵 억제력을 백방으로 강화하는 것이다."라며 먼저 포문을 연 북한은 1년 후인 2010년 1월 11일 자 외무성 대변인 성명을 통해 다음과 같이 협상 우선순위의 변경 문제를 재론하였다.

> 평화체제를 론의하기 앞서 비핵화를 진척시키는 방식은 실패로 끝난 것…. 9·19 공동성명에도 평화협정을 체결할 데 대한 문제가 언급되여 있는 조건에서 그 행동순서를 지금까지의 6자회담이 실패한 교훈에 비추어 실천적 요구에 맞게 앞당기면 될 것이다. 평화협정이 체결되면 조미적대관계를 해소하고 조선반도 비핵화를 빠른 속도로 적극 추동하게 될 것이다.

당시 『조선신보』는 협상 우선순위 변경론에 대해서 "10년 전에 그러했던 것처럼 조선은 교전국의 《선의》에 기대하여 상황이 바뀌어지는 것을 기다리지는 않을 것이다."라며 "오바마 정권이 조선과의 교전관계를 더 이상 지속시키지 못하게 되는 조건을 마련하여 《변혁》을 현실로 만들어 낼 수 있게 하는 대전환의 결단력이 조선에는 있다."[34]라는 의지를 과시하였다. 자신들의 전략 변환과 정책 변경 의지는 돌이킬 수 없다는 점을 분명히 했던 것이다. 그리고 이듬해인 2011년 10월 4일 『조선신보』는 다시 "3년 전에는 《조선의 핵시설 무력화, 핵계획 신고》 대 《미국을 포함한 5자의 정치경제적 보상》의 구도였다. 앞으로 회담이 재개되어도 당시의 론의가 그대로 되풀이되지 않을 것으로 보인다. 조선은 6자회담이 목표를 달성하지 못한 채 중단된 교훈에 비추어 행동 순서의 변경을 주장하고 있다."라며 명시적으로 핵 협상의 행동 순서 변경론을 제기했다. 또한 "조선은 핵 문제의 당사자인 조미가 교전상태에 종지부를 찍고 먼저 신뢰를 조성해야 비핵화 실현의 추동력이 생긴다고 보고 평화협정의 체결을 선차적인 과제로 제시하고 있다."라며 평화협정 우선론을 북한의 핵심 요구로 반복 요구하였다. 이것은 6자회담 당시 합의되었던 '행동 대 행동'의 순서 변경이었다는 점에서 사실상 2005년 채택된 9·19 공동성명의 폐기론을 의미하는 것이었고, 6자회담이 아니라 미국과 직접 협상을 통해 평화협정을 맺는 것이 가장 우선순위임을 분명히 한 것이었다.

이상과 같은 북한의 새로운 요구, 즉 김정은 위원장의 평화협정 우선론이 전략적 전환이라고 보는 견해도 있었지만, 다른 한편으로는 그것은 젊은 후계자이자 새로운 지도자가 된 상황에서 자신의 리더십을 공고히 하고 카리스마를 정착시키기 위한 김정은의 대미 긴장 조성 전략이라는 해석도 만만찮았다. 전환기에는 대외 강경책을 사용하는 것이 국내 권력 안정화에 유리하다는 전제하에서 평화협정론은 대외관계에서의 강경책을 평화협정으로 포장하여 던진, '위장 조건'이라는 해석이었다. 어떤 해석이 맞는지는 당시로서는 결론을 내리기 어려웠지만, 지금에 와서 평가해 보면 당시 정책 우선순위의 변경은 단순한 국내 문제를 무마하기 위한 위기 조성 전략으로만 보기에는 더 큰 전략적 함의와 지속성을 지니고 있었다.

당시 젊은 후계자 김정은은 이 같은 주장을 제기한 1년 후인 2010년 연평도 포격전과 같은 도발, 2012년 4월과 11월의 ICBM(위성) 발사[35] 등과 같은 강경책을 주도했다. 이어 2013년에는 3차 핵실험에 이어 친중파로 알려진 장성택을 숙청하는 등 '대외 도발'과 '국내 정치 강화'라는 두 마리 토끼를 동시에 잡는 모험주의에 기대는 모습을 보였다. 국내 정치와 대외 정책 중 무엇이 우선순위에 있었는지 그 속내는 알 수 없지만, 이 시기를 지나면서 김정은의 입지는 더욱 공고해졌고 그만큼 북한의 대미 정책도 분명해졌다. 이후 2014년에 이르면서 북한은 평화협정과 비핵화의 병행 안과 군비통제 협상의 초기 수준에 해당되는 조건부 군사훈련 중단 안을 내걸기 시작했다. 2014년 북한이 핵실험 중단과 한미군사연습 중단을 하나로 묶는 협상안, 소위 '동시 동결' 혹은 중국식 표현인 '쌍중단' 안을 제기한 것은 이런 맥락에서였다. 북한의 전략 전환이 더 분명해진 순간이었다. 이에 대해서는 다시 다루기로 한다.

북한의 두 번째 대미 전략 전환: 전략국가론

두 번째 대전환이 표명된 것은 전략국가 개념이 제출될 즈음이다. 사실 전략국가론은 김정은 위원장이 2017년 12월 21일 세포위원장 대회 개막사에서 처음 언급하였다. 처음 그 개념은 "미국에 실제적인 핵 위협을 가할 수 있는 전략국가로 급부상한 우리 공화국의 실체를 이 세상 그 누구도 부정할 수 없게 됐다."[36]며 사실상 핵 보유국 지위에 상응하는 개념으로 사용하였지만, 당시까지 전략국가 개념은 '핵보유 국가'라는 이미지가 주는 거부감 때문에 '전략국가'라는 포괄적인 의미의 단어를 선택한 정도로만 받아들여졌다.

트럼프 행정부 시절 상호 군사훈련 중단을 목표로 한 평화협정 프레임이 트럼프 정부에서 수용되었고, 그 결과 두 번의 북미 협상이 진행되었지만, 주지하다시피 그것은 실패로 돌아갔다. 이후 김정은 위원장은 2019년 연말 '정면돌파전'을 선언하고, 남북관계가 '고도의 격동 상태'라며 자신의 수정주의 공세를 계속해 갔다. 평화협정안마저도 이젠 북한의 관심사가 아니라는 추측이 제기되는 가운데, 북한은 2022년 "전략국가 지위"라는 개념을 다시 강조하기 시작했다. 2017년의 전략국가론이 단순히 핵보유국 개념이었다면, 이 시기 전략국가론은 명실공히 시작된 우크라이나 전쟁과의 연관성 속에서 거론된 것이었다. 이에 북러관계 변동과 관련된 북한의 지전략 전환을 의미하는 개념이 아닌가 하는 추론이 제기되었다.

전략국가론이 집중적으로 제기된 2022년 1~2월은 2021년 하반기 종전선언을 둘러싼 문재인 정부와 바이든 행정부 그리고 북한 간의 3각

협상이 허무하게 실패하고 물밑 힘겨루기에 종지부를 찍은 직후였다. 따라서 당시의 북한은 더 이상 남북관계나 북미관계에 대한 기대를 가질 이유가 없었고, 다가올 우크라이나 전쟁에 대해 자국의 전략을 정리할 필요가 있었다.

조총련 기관지 『조선신보』는 "《신랭전》 구도가 심화되고… 현 정세하에서 조선과 중국, 로씨야 사이의 공동전선이 더욱 다져지는 형세가 조성되고 있다."라며 시대가 달라졌다는 입장을 견지했다. 나아가 이 신문은 "조선의 국제적 지위도 달라졌다. 로동당은 전략국가의 지위와 국력에 상응한 사업계획을 세우고 그 목표를 완강하게 점령해 나가고"[37] 있으며, "강대한 자위적 핵억제력을 가진 전략국가의 지위에 올라서고 세계 정치구도를 전면적으로 변화시켰다."[38]라며 전략국가의 역할이 '신냉전' 체제하의 북방 협력과 연관되고 있음을 시사했다. 심지어 "우리국가의 전략적 지위에 상응하게 자주적 대를 확고히 견지하면서 대외관계를 전면적으로 확대 발전시켜 나가는 것이다. 우리국가제일주의시대는 공화국의 존엄과 위상이 최상의 경지에 올라선 위대한 새 시대이다."[39]라며 전략국가 지위로의 변화에 걸맞은 김정은의 '우리국가제일주의론'이 김정일 시대의 '선군정치론'을 대체하였다고 쓰고 있다.

2022년 새해 벽두부터 북한의 도발이 시작되었고 결과적으로 남북관계나 북미관계는 더욱 꽁꽁 얼어붙었다. 북한이 극초음속 활공체(HGV)와 중거리 탄도미사일(IRBM) 테스트를 연이어 재개한 것이다. 한국 대선을 앞두고 북한은 한국 정부가 보수 세력으로 대체되는 것도 나쁘지 않고, 그리하여 형성될 '신냉전 체제'는 자신들의 핵무장을 강화하는 데 더 유리할 수 있다는 듯이 행동했다. 마침 당시 국민의힘 대통령 후보가 내건 '북한 주적론'도 북한의 전략국가론과 맞물려 동아시아 정세를 더욱 가파른 긴장으로 몰고 갔다. 일체의 남북미 대화를 거부하고 러시아 파병에 이르기까지 강성 일변도로 치닫는 북한의 입장 변화는 바로 이 같은 2021년 하반기의 마지막 남북미 협상의 파국 이후 '전략 대전환'으로서 전략국가론의 성격을 잘 보여 준다.

소위 전략국가 북한은 미국에 대해서 '제압에 의한 굴복'[40]전략을 채택했다며, 그것은 '우리국가제일주의시대'의 '궤도가 다른' 대외정책[41]이라고 주장했다. 미국이나 한국을 의식하는 벼랑 끝 전술이 아니라 스스로 전쟁 억지를 위해 국방 자위력을 기르며 글로벌 역할론, 즉 북방협력에 고개를 돌리는 것일 뿐이라는 의미였다. 물론 북한은 '신냉전'이라는 표현을 즐겨 사용했으나 중국의 거부감을 고려한 듯, 2024년 신년사부터는 '신냉전'이라는 표현도 버리고, 북러 군사동맹 등 러시아와의 협력에 한층 공을 들이기 시작했다. 요컨대 남북관계에서는 '고도의 격동태세,' 대외관계에서는 '전략국가 지위'라는 표현이야말로 북한의 전략 전환을 가장 잘 설명하는 용어가 되었다.[42]

대전환 정책의 함의

2010년대의 첫 번째 전략 전환이 군비통제 협상의 일환으로 비핵화 문제를 다루고자 하는 것이었다면, 2020년대 두 번째 전략 전환은 핵보유국 지위에 근거해 억지력과 전략적 동맹을 확보하고자 하는 것이었다. 전자가 북미수교와 평화협정 간의 순서 변경 문제이자 다자 체제, 즉 6자회담 폐기 및 북미 직접 협상으로의 전환이었다면, 후자는 핵억지력 강화와 북방 동맹 부활 전략이라고 볼 수 있다. 다시 말해, 두 번째 전환기에 미국과의 관계 개선이나 평화협정론만을 포기한 것이 아니라 남북관계를 적대적 두 개 국가 체제로까지 명시한 것도 같은 의미에서 해석 가능하다.

사실 2010년대 첫 번째 전환은 '한반도 비핵화'를 수용하되, 남북미 간 군비통제 체제를 수립하기 위한 협상 체제를 최종 목표로 하는 것이었다. 이런 의도는 2010년 평화협정과 북미수교 간의 우선 순위를 변경시키고 6자회담을 폐기하는 데서 시작되었고, 2014년에는 소위 '쌍중단' 제안으로 구체화되었다. 2014년 10월 제임스 클래퍼 국가정보국(DNI) 국장의 방북에 맞춰 북한은 한미가 군사연습을 중단하면 북한이 핵실험과 대량살상무기 실험을 중단하겠다는 '쌍중단' 제안을 던졌다. 이 세안의 수용 어부를 두고 시작된 오바마 행정부와 북한 간의 시소 게임은 결국 북한의 4차, 5차 핵실험으로 이어져 양국 모두에게 성과 없는 메아리로 남고 말았다.

한편 싱가포르 회담부터 하노이 회담 기간 동안 트럼프 대통령은 북한의 요구를 수용하여 사실상 북한이 요구한 '쌍중단' 체제를 가동시켰다. 하지만 하노이 회담이 실패하자 미국은 곧바로 한미군사연습을 강행하였고, 결국 북미 대화의 대전제였던 쌍중단 체제가 무너졌다. 이에 북한은 더 이상 비핵화를 전제로 한 군비통제 협상이 진행되기 어렵다며 두 번째 전략 전환, 즉 '정면돌파전'을 선언했다. 정면돌파전으로 시작된 2020년대의 북한은 코로나 셀프 봉쇄라는 상황에도 불구하고 끊임없이 도발 역량을 강화해 왔고, 더 이상 작동하지 않는 군비통제 체제하에서 '완전한 비핵화' 따위의 최종 목표에 구애받지 않는다는 입장을 분명히 했다. 이후 전개된 북러동맹의 강화는 북한으로 하여금 한 걸음 더 나아간 전략국가로서의 지위를 공고히 하도록 했다. 북방 협력이 제재 해제와 억지력 강화라는 두 마리 토끼를 잡을 수 있게 해준다면 북한이 다른 선택에 좌고우면할 이유는 없을 것이다.

이제 북한은 미국과의 수교를 통해 얻는 것이 없고 미국과의 쌍중단 협상 등 초보적인 군비통제 협상도 작동하지 않는 조건에서 가망성 없는 북미회담에 매달리지 않고 핵보유국을 공식화하며, 이에 걸맞은 군사전략을 강화하는 것이 더 유리하다는 판단을 하고 있는 것으로 보인다. 이것이 오랫동안 유지해 온 김일성의 비핵화 유훈마저 더 이상 유효하지 않다고 선언하는 이유다. 비핵화 유훈을 포기하는 마당에 통일

유훈에 굳이 얽매일 이유가 있을까? "이번 발사는… 우리 국가의 전략 공격 무력을 부단히 고도화해 나가는 로정에서 필수적 공정으로 된다… 조선민주주의인민공화국은 핵무력 강화 로선을 절대로 바꾸지 않을 것임을 확언한다."[43]라는 북한의 수정주의 국가로의 전략 전환 선언이 단순해 보이지 않는 것은 그래서다.

2) 북한 핵전략의 몇 가지 차원

최근 북한의 군사 및 핵전략을 설명하는 몇 가지 키워드가 있다. 이 중 어떤 것은 공세적 개념으로 채택되는 교리라면 어떤 것은 방어적 의미에서 사용되는 군사교리다. 현재의 북한을 설명하는 여러 개념들이 모두 한 방향으로 정렬되기는 어렵다는 전제하에서, 아래의 여러 전략 개념들을 일별하는 것은 북한의 향후 행태를 분석하는 대전제 중 하나다.

안정 불안정 패러독스(security-insecurity paradox)

최근 북한의 행태를 설명하는 대표적인 개념은 안정-불안정 패러독스다. 핵보유국들 사이에는 공포의 균형과 같은 상호 억지가 형성되어 전면전의 위험은 없지만, 도리어 그 점 때문에 재래식 갈등이 더 잦아지고 분쟁 가능성이 더 커지게 된다는 의미에서 패러독스라 불린다. 실제로 인도-중국과 같은 핵보유국들 사이에서 각목 전쟁이 벌어지는 것은 이 같은 현상을 반영한다고들 이야기한다. 북한을 핵보유국으로 인정하는 선택이 두려운 것은 북한이 자신이 핵보유국인 것을 이유로 소규모 갈등을 대남 위협에 활용할 위험과 연결되기 때문이다.

회색지대 갈등 전략(grey zone conflicts)

최근 문제되는 것이 회색지대 갈등이다. 과거에 저강도 전쟁이라는 표현으로 묘사되기도 했던 회색지대 갈등은 사이버 공격이나 드론 전쟁과 같은 첨단 재래식 작전이나 접경지 분쟁을 비롯한 중소규모 갈등을 모두 포함한다. 우크라이나 전쟁이나 남북 간의 여러 갈등도 점차 회색지대 갈등을 포함하는 것으로 전환하는 추세다.

비확전을 위한 확전(escalate to de-escalate)

비확전을 위한 확전 전략은 최근 푸틴 대통령이 나토(NATO)에 대한 러시아의 전략이라고 언급하여 더 잘 알려졌다. 나토의 우크라이나 전쟁 개입이라는 확전을 막기 위해서 푸틴 대통령은 우크라이나 전쟁을 조기 종결하는 것이 필요하고, 이를 위해서 우크라이나 전장에서 핵무기를 선제 사용할 수 있다고 협박하였다. 북한은 이미 2006년 1차 핵실험 당시에 이 같은 용어를 사용하기 시작했다. '비핵화를 위한 핵시험'론이 그것이다.[44] 당시에는 단지 비핵화 협상 의지가 있다는 정도로만 받아들여졌지만, 추후에 그것이 사실상 소련 시절에 만들어진 '비확전을 위한 확전' 전략의 틀 내에서 제시된 개념이었음이 분명해졌다.

이 개념은 NFU(no first use) 조항과 충돌한다는 점에서 또 다른 중요한 함의를 가진다. 원래 NPT라는 비확산 체제하에서 핵보유국의 교리는 핵을 갖지 않은 상대방에게 일절 핵 공격을 하지 않는다는 것이고, 그중에서도 NFU는 '선제' 핵 공격을 하지 않는다는 개념이다. 그러나 '비확산을 위한 확전' 개념은 상황에 따라서 핵보유국, 비핵보유국을 가리지 않고 또한 선제 핵 공격 여부도 가리지 않고 필요한 경우 에스컬레이션을 막기 위해 핵무기를 사용할 수 있다는 것을 의미한다. 따라서 러시아나 북한이 이런 개념을 언급하는 것은 러시아도 북한도 각각 우크라이나나 한국이나 일본에 대해서 필요한 경우 선제 핵 공격을 할 수 있음을 의미한다는 점에서 매우 공세적인 전략 전환으로 해석된다.

반접근, 지역 방어 전략(A2AD, anti access/area denial)
이 전략 명칭은 2000년대 초중반 중국의 군사전략을 설명하는 개념으로 사용되었다. 중국은 제1도련선과 제2도련선을 설정하고 이 범주 안으로 해양 세력이 침공해 들어올 때, 그것에 대항해 자동적으로 작전에 돌입하는 군사전략을 세웠다. 남중국해, 동중국해의 분쟁이 격화되기 이전 상황이고 미국이 '항행의 자유 작전'을 시작하기 전이었으므로 중국의 이런 전략은 일종의 방어전략으로 받아들여졌다. 그러나 도련선(island chain, 島鏈線)의 주축이 되는 한국, 일본, 대만, 필리핀 등의 국가들이 모두 친미 국가들이고 중국 영토가 아닌 섬나라들을 대상으로 한다는 점에서 이 도련선이라는 것이 일종의 공세적 영해선이라는 의구심이 생겼고, 이제는 중국의 방어선이 아니라 국제사회의 방어선으로 받아들여지고 있다. 더 이상 중국의 군사전략은 A2AD로 분류되지 않지만, 어쨌든 개념적으로 A2AD는 방어적 전략으로 출발한 것은 사실이다. 최근 북한의 탄도미사일이나 순항미사일 등 다양한 대량살상무기들이나 군사정찰위성 등의 개념이 미국의 전략 자산 전개를 저지하기 위한 것이라고 본다는 점에서 북한의 전략을 A2AD로 볼 수 있는가 하는 점이 도마 위에 오르고 있다.

3) 실패 국가 vs. 수정주의 국가

수정주의 국가(revisionist state)라는 용어는 국제 정치 영역에서, 특히 세력전이 상황에서 흔히 기존의 패권국에 대항하는 도전국의 태도를 일컫는 개념으로 사용되어 왔다. 힘의 균형이 일정하게 역전되어 가는 시점에서 도전국이 '현상 유지'보다는 '현상 변경'을 원하여 기존의 패권국에 대해 방어적(security seeker)이기보다는 공세적 태도(power seeker)를 취할 때를 의미하는 개념이다. 흔히 역사수정주의 등과 같이 기존의 질서와 관념에 대한 대안적 해석이나 가치를 제기하는 것으로 수정주의 개념이 많이 사용되지만, 이를 기존 글로벌 질서가 전제하는 가치에 대한 반항적 질서와 대안적 가치라는 개념에서 보면 국제관계론에서 의미하는 수정주의 국가 역시 큰 틀에서 통약 가능한 개념으로 봐도 무방하다.

수정주의 국가 개념을 북한에 적용하는 것은 사실 조심스럽다. 먼저, 북한이 세력 전이와 같은 큰 질서 변동의 주축국인가라는 의문이 제기되기 때문이다. 앞서 보았듯이 북한을 여전히 붕괴 직전의 불가능국가(impossible state)로 보는 시각에서는 더더욱 터무니없는 주장으로 해석된다. 다음으로는, 국력이라는 것이 정치·군사뿐 아니라 문화·경제적 요인도 포괄하는 것인데 북한처럼 병리적으로 군사 부문이 특화된 경우 이에 근거한 수정주의라는 개념을 사용할 수 있는가라는 반론이 제기되기도 한다. 이 때문에 혹자들은 수정주의 용례가 도발이라는 단어를 미화하는 개념일 수 있다고 주장하기도 한다.

이처럼 북한을 수정주의 국가로 보는 것과 관련해서는 북한 전문가들 사이에서 이견도 많다. 그럼에도 불구하고 김정은 시대의 북한을 설명하는 데 이보다 단순명료한(parsimonious) 개념적 틀이 없고, 역설적이지만 최근의 북한이 보이고 있는 군사국가화에 대한 경각심을 강조하는 데도 유용하다. 또한 토니 블링컨 전 국무부장관이 북한과 이란 등과 같은 봉기의 축(the axis of upheaval) 국가들을[45] 푸틴의 "동료 수정주의 국가"라고 부르고 있어 용어 사용의 경계가 확장되고 있다는 점도 수정주의 개념의 엄밀성에 얽매일 필요가 없는 또 다른 이유이다.[46]

이런 상황에서 북한의 군사국가화를 '도발'이라고만 서술하기에는 그들의 군사전략이 동맹 연대를 지향하여 진화하고 있고 동시에 지역거부와 반접근(A2AD) 전략의 방어적 성격을 띠고 있기도 하기 때문에, 그런 표현은 일면적일 수 있다. 이 점에서 '수정주의 국가'라는 표현은 김정은의 군사전략 전환 및 글로벌 동맹전략과 관련해서 양가적 측면을

모두 포함할 수 있는 장점이 있다.[47]

다만 수정주의 국가라는 개념을 사용할 때 그것이 북한을 실패 국가로 규정해 온 기존의 개념을 완전히 무력화하는 것과 관련해서는 주의가 필요하다. 여전히 많은 전문가들이 북한의 붕괴 가능성을 주장하고 있고, 나아가 전체주의 체제의 붕괴는 언제 어떤 조짐으로 나타날지 예측하기 어렵다는 점을 감안하면, 수정주의 국가 개념을 실패 국가, 불량국가의 대체재 타이틀로 사용하기보다는 보완재, 즉 경계를 넘나드는 혼용적 의미로 사용하는 것이 더욱 지혜로운 방법이다.

3 비핵화 협상의 최종 상태와 과정적 접근의 탄생

북핵 협상이 여러 시행착오를 겪게 되고 비핵화 관련 개념들에 대해 다양한 문제들이 제기되기 시작하자, '신고-검증-폐기'라는 일반적인 비핵화 과정인 비확산 정책만으로 북한 핵 문제에 접근하는 데 한계가 있다는 비판이 확산되었다. 그 요지는 비핵화의 목표, 즉 '최종 상태'를 분명히 해야 한다는 점에 집중되기 시작했다.

오바마 행정부의 전략적 인내가 장기화된 이후, 그만큼 북한의 핵무장을 폐기하는 과정도 길어지게 되었다는 인식이 확산되고 있었던 상태에서, 트럼프 행정부가 싱가포르에서 대북 협상을 시작하고 북미 당국이 비핵화를 합의하자 그 최종 상태가 무엇을 의미하는가에 대한 다양한 이견이 쏟아지기 시작한 것이었다. 다른 한편으로 '신고냐 동결이냐'라는 초기 단계의 당위에 대한 논쟁을 거듭하다 파행된 하노이 회담을 겪은 후에도, 역시 최종 상태에 대한 다른 해석이 문제의 원인이었다는 비판이 더더욱 부각되었다.

어떤 최종 상태가 합의되는가에 따라 그 최종 상태로 가는 다양한 과정이 논의될 수 있다는 현실론에서 볼 때 이 같은 최종 상태론에 대한 강조는 불가피했다.

1) 한반도 비핵화와 북한 비핵화

애초에 비핵화의 최종 상태는 '한반도 비핵화'였다. 1991년 12월 남북이 최초로 합의한 비핵화 방안은 남과 북의 상호 의무를 전제로 한 '한반도 비핵화 선언'으로 출발했다. 공식 명칭이 "한반도 비핵화에 관한 공동선언"인 이 합의문은 1991년 12월 남한과 북한이 서명하여 이듬해 2월 발효되었다. 이는 그 직전 H. W. 부시 전 대통령의 '한반도 전술 핵무기 철수' 선언과 남북기본합의서(1991년 12월) 채택에서 동력을 얻어, 남북 당국이 "남북한이 핵무기의 시험, 제조, 생산, 접수, 보유, 저장, 배비(配備), 사용을 하지 않고, 오로지 핵에너지를 평화적 목적에만 이용하며, 핵재처리 시설과 우라늄 농축 시설을 보유하지 않겠다."라는 약속에 동의한 합의문이었다.

한반도 비핵화 선언은 두 가지 점을 특징으로 한다. 하나는 비핵화가 남과 북 모두에게 구속력이 있는 '상호주의' 선언이었다는 점이었다. 이 선언의 탄생 과정을 면밀히 모니터링한 것으로 전해진 미국은 당시에 한반도 비핵화 선언에서 한국에도 구속력을 갖는 규정이 포함되기를 원했다. 이렇게 탄생한 한반도 비핵화 선언은 북한에 다양한 비핵화 의무 체제를 강요하면서 동시에 한국에도 핵연료 '재처리 금지' 선언을 공표해야 하는 상호주의 체제가 되었다. 한반도 비핵화 개념이 결국 상호주의 체제로 남과 북 모두를 구속하는 족쇄라는 인식이 생겨나게 된 배경이었다. 결과적으로 북한이 NPT 체제를 거부하고 핵 개발에 돌입하자, 한국 보수 진영에서는 우리만 완전한 핵 주기를 갖지 못하게 구속되었다는 볼멘소리가 나오게 되었다. 미국이 현재도 북한 비핵화를 강조하면서도 여전히 한반도 비핵화라는 개념을 혼용하는 것도 이런 특수성 때문이다.

또 다른 하나는 당시 합의된 '비핵화(denuclearization)'가 '비핵지대화

(nuclear free zone)'가 아니었다는 점이다. 북한은 1980년대 내내 줄곧 핵무기의 배치뿐만 아니라 핵보유국 미국의 무해통항 및 통과통항권까지 폐기하고 역내 목표물에 대한 핵무기의 비사용 및 불위협 의무까지 규정하는 '조선반도 비핵지대화'를 요구해 왔다. 하지만 북한은 1991년 부시 대통령이 일방적으로 전술 핵무기 철수를 선언한 것을 성과로 보았기 때문에, 비핵지대화 주장을 수정하여 한반도 비핵화 선언을 수용하였고, 이에 미군 전략무기들의 한반도 접근권에 대한 문제 제기를 거두어들인 것이었다. 이후에도 북한은 '조선반도 비핵지대화' 요구를 들고 나오긴 했지만, 이미 '한반도 비핵화 선언'에 동의했고 그것을 김일성의 유훈으로 수용한 상황이었기에, 북한 스스로도 비핵지대화 주장이 레토릭에 불과하다는 점을 부인하지 않았다.

요컨대 '한반도 비핵화 선언'은 북한이 비핵지대화를 포기한 대신에, 한국도 스스로 재처리를 포기하며 전술 핵무기 완전 철수를 선언하는, 따라서 상호 양보와 상호 통제에 근거한 협상 체제였던 것이다. 이 점에서 한국과 일본의 보수 정부가 북한의 일방적 의무 이행을 뜻하는 '북한 비핵화'라는 용어를 선호하는 것은 결과적으로 상호주의를 파기함으로써 한국 핵무장이나 일본 핵무장을 염두에 둔다는 점에 의미가 있음을 강조하지 않을 수 없다.

2) 불가역적 최종 상태: CVID와 안보-경제 교환 프레임

실제로 전략적 인내는 장기적으로 제재 레짐을 통해 북한을 무릎 꿇리는 것이었기 때문에, 북한이 스스로 흔들릴 때까지 상당 기간의 현상 유지가 전략의 초기 목표가 될 수밖에 없었다. 하지만 이런 상태가 장기화되면서 북한의 핵 역량이 도리어 강화되자, 전략적 인내 이후의 어떤 합의 체제도 사실상 초기 단계의 장기화, 즉 '동결'을 목표로 하는 잠정 체제로 이어지는 것이 불가피하다는 불안감이 퍼져 나갔다. 특히 워싱턴의 비확산 전문가들 사이에서는 이런 불안감을 해소하기 위해서 최종 상태 혹은 최종 목표(end state)를 더욱 분명히 해야 한다는 강박 관념이 뚜렷해졌다. 북핵 협상이 최종적으로 무엇을 목표로 하는지, 그리고 이에 대한 북한의 약속이 무엇인지가 분명하지 않은 한, 모든 단계적 합의는 결국 북한을 핵보유국으로 인정하는 결과로 이어질 것이라는 불신과 조급함이 밀려왔던 것이다. 가장 현실적이어야 할 군비통제 협상이 가장 이상적인 모델을 전제하고 있다는 역설이 제기되기 시작한 순간이었다. 트럼프 행정부 시절 이런 불안감이 만들어 낸 것이 바로 CVID 논란이었다.

원래 1994년 제네바 합의 시절 비핵화는 '신고-폐기-검증'이라는 단순 모델에 근거해 북한이 '흑연 감속로와 관련 시설을 동결하고 궁극적으로 이를 해체'하는 과정을 뜻하는 것으로 받아들여졌다.[48] 그러던 중 고농축 우라늄 설비 반입에 따른 북한의 고농축 우라늄 프로그램(HEUP)이 문제시되면서 2002년 10월 2차 북핵위기가 발생하자, 부시 행정부는 북한과의 제네바 합의를 폐기하면서 세 가지 정도의 안전장치를 마련했다.

첫 번째가 북한의 벼랑 끝 전술에 말려들지 않기 위해 비금지선 정책을 설정한 것이었다면, 두 번째는 불량국가 북한과의 양자회담 거부 및 다자 체제 구축 정책이었다.[49] 그리고 세 번째 조치가 바로 여기서 다루는 '최종 목표'로서의 'CVID' 정책 입안이었다.

당시 부시 행정부의 협상 팀들은 대북 협상의 '최종 목표'를 '완전하고 검증 가능하고 불가역적인 비핵화(complete, verifiable and irreversible denuclearization)'라고 명기하기 시작하였다. 이 세 개의 형용사들은 각각 중요한 의미를 담고 있는 개념이었는데, 먼저 '완전한'의 의미는 플루토늄만 문제 삼았던 제네바 합의 체제와 달리 이제는 '농축 우라늄' 문제도 모두 포함해야 한다는 것으로 해석되었다. 2005년 당시 9·19 6자 공동선언은 그 목표를 “모든 핵무기와 현존하는 핵 계획의 포기”라고 규정하여, 북한의 비핵화는 제네바 합의 체제 당시의 ‘흑연 감속로 동결과 해체’ 조치를 뛰어넘어 우라늄 농축 프로그램을 포함하는 ‘(모든) 현존하는 핵 계획’의 포기를 목표로 하는 것임을 선언하였다.[50] 문제는 북한의 모든 핵 프로그램, 즉 평화적 핵 이용 권리를 의미해 온 ‘경수로를 통한 원자력 발전’ 문제까지도 이 ‘완전한’ 비핵화를 통한 폐기 대상이라는 부시 행정부의 입장과 평화적 핵 이용권은 ‘완전한’ 비핵화와 무관하다는 북한의 주장이 평행선을 긋기 시작했다는 점이다. 이미 부시 행정부는 북한에게서 원자력 발전을 포함한 모든 핵 이용권을 박탈해야 한다는 입장을 지니고 있었기 때문에 ‘완전한’ 비핵화가 핵에 대한 평화적 및 비평화적 이용권 모두를 ‘완전히’ 해체하는 조치여야 한다는 입장에 경도되어 있었다. 반면 북한은 경수로가 “천년 바위처럼 굳어진” 자신들의 권리라며, 그런 의미의 ‘완전한’ 비핵화에 대해서는 수용할 수 없음을 분명히 하였다. 9·19 6자회담 합의문에서 경수로 제공과 관련한 이견이 발생한 것은 이런 연유에서였고, 당시는 북한의 반대로 “‘완전한’ 비핵화”라는 문구를 포함하지 못하게 되었다.

반면 ‘검증 가능한’ 비핵화는 미국으로서는 포기할 수 없는 조치였다. 레이건 대통령 이래 군비통제 협상의 가장 중요한 조치이자 비핵화의 가장 중요한 과정으로서 신고와 검증의 주체 그리고 그 순서와 방법에 대한 논의는 비확산과 비핵화의 요체였다. 이를 잘 알고 있는 북한은 비록 그 세부 조치를 둘러싼 합의가 없었음에도 불구하고 이 ‘검증 가능한’ 비핵화라는 원칙마저 거부할 수는 없었다.

가장 문제시되는 정책이 바로 세 번째인 ‘불가역적인’이라는 문구였다. 불가역성은 당시 우크라이나 등지에서의 비핵화 과정에서 사용되었던 협력적 위협 감소(cooperative threat reduction, CTR) 체제의 주요한 내용이었다. 주지하다시피 우크라이나나 카자흐스탄의 비핵화 과정은 소련 연방 체제 당시 이 지역에 배치되었던 핵무기 폐기뿐 아니라 당시 연방 해체로 체류하게 된 구 소련 과학자들의 전직과 거주지 이전 등을 포함하는 대규모 핵 관련 기술 인력 전환 프로그램을 동반하고 있었고, 바로 이 점 때문에 불가역성은 협력적 위협 감소(CTR)식 비핵화의 매우 중요한 내용으로 받아들여졌다. 하지만 북한은 연방 해체에 따른 이 같은 불가역적 조치를 강요하는 것은 자신을 패전국으로 다루는 모욕적 조치라며 반발했다. 결과적으로 CVID는 부시 행정부 내의 대북 정책, 즉 북한 비핵화 정책의 최종 목표를 의미하는 개념적 상징 문구로는 유용했지만, 실제 북한과의 협상 즉 6자회담이나 오바마 행정부와 북한과의 양자 협상 과정에서 이 문구는 등장하지 않았다.

한편 2006년 10월 9일 북한이 1차 핵실험을 강행하자 미국 주도하에서 유엔은 제재 결의안을 채택하게 되는데, 그 유엔 제재 결의안 1718호에 미국은 CVID라는 구절을 포함시켰다.[51] 당시 이 결의안을 주도한 유엔 주재 미국 대사가 후일 트럼프 백악관의 안보보좌관으로 재임하는 존 볼턴이었고, 그의 주도하에 CVID는 유엔의 공식 문서에 포함된 것이다. 따라서 CVID는 유엔 제재 결의안 1718호를 인용하는 모든 문건에 살아남아 제재와 관련해서 북한을 옥죄지만, 정작 북한과의 협상에서는 등장하지 못하는 이중적 신세가 되었다. 그랬던 CVID가 다시 문제가 된 것이 바로 트럼프 대통령과의 싱가포르 협상을 한 달 앞둔 2018년 5월이었다. 그것은 당시 유엔 대사로 활약했던 볼턴이 트럼프 행정부의 안보보좌관으로 되돌아오면서 CVID 개념을 다시 꺼내며 시작된 논란이었다.

4·27 남북정상회담에서 판문점 선언이 채택되고 이 선언에서 비핵화의 목표가 '완전한 비핵화'로 합의되자, 볼턴 보좌관은 남북이 합의한 '완전한 비핵화'라는 용어는 '완전한'의 의미가 무엇인가를 둘러싼 엄정

한 논의를 거치기보다는 '완벽한' 정도의 통념으로만 합의된 내용이라면서 더 구체적인 목표를 명기하기를 원했다. 판문점 선언에서 완전한 비핵화라는 용어가 사용되어 남북 간에 용어 문제는 해결된 듯싶었지만, 주지하듯이 볼턴 보좌관이 등장하면서 CVID 논쟁이 벌어졌고, 북한의 격렬한 반발을 겪은 미국은 수정 표현, 즉 검증을 강조한 최종적이고 완전하게 검증된 비핵화(final fully verified denuclearization, FFVD)라는 용어로 물러서기 시작했다. 물론 수정된 용어마저도 북한이 수용하기를 거부했으므로 싱가포르 북미 합의에서는 '완전한 비핵화'라는 용어만이 사용되었다. 회담에서 미국은 '완전한 비핵화'라는 용어로는 검증을 충분히 할 수 없다는 점을 들어 북한에게 '신고-검증'이라는 일반 요구를 수용할 것을 강요하였으나 북한은 끝내 이를 거부한 것으로 알려졌다.

싱가포르 합의 과정에서의 논란은 뒤에서 다시 다루겠지만, CVID가 안보-경제 교환 메커니즘을 상징하는 단어이기도 하기에 북한이 수용하기 어렵다는 점 또한 짚고 넘어가야겠다. 6자회담과 유엔 안보리 제재 당시 사용된 이 개념은 북한이 일방적으로 CVID를 수용하는 대가로 경제적 보상을 제공하는 개념이다. 이것은 일반적인 CTR 프로그램이 갖고 있는 비핵화 과정의 요체이기도 하다. 다른 말로 하면 일국이 일방적으로 비핵화를 진행하면 이에 대해 유관국들이 일정한 경제 보상을 제공하는 것이다. 하지만 김정은 정권이 들어선 이후 북한은 '안보-경제' 교환에 근거한 6자회담 시대는 끝났음을 선언했고, 따라서 자신들이 원하는 최종 상태는 경제 보상이 아니라 '안보-안보' 교환 시스템임을 강조해 왔다. 뒤에서 다루겠지만 북한이 자신들의 핵실험 중단에 대해서 미국의 군사연습 중단을 요구하고, 비핵화에 대해서 평화협정을 요구한 것은 전형적인 안보-안보 교환 시스템으로의 전환을 의도한 것이라는 점에서, CVID라는 최종 상태는 북한에게 철 지난 개념일 따름이었다.

3) 입구론과 열린 출구: 쌍중단과 쌍궤병행

북한이 쌍중단이라는 해법을 제기한 것은 2014년 11월이었다.[52] 북한에 억류되어 있던 케네스 배와 매슈 토드 밀러를 석방시키기 위해 방북한 제임스 클래퍼 국가정보국장에게 북한은 한미의 합동군사연습 중단과 북한의 핵실험을 상호 중단하자고 제안했다.

사실 2014년 하반기는 북한이 부산 아시안 게임에 응원단을 파견하며 모처럼 남북관계에 미소정책을 사용하기 시작한 때였다. 박근혜 정부는 그해 2월 통일대박론을 제기하였고, 이에 화답한 북한이 남북관계에 유화조치로 대응한 것이라는 해석이 제기되었다. 하지만 김정은 체제는 2013년 핵실험과 인공위성(ICBM) 발사 그리고 핵-경제 병진노선의 수립, 나아가 장성택 숙청 등 숨 가쁜 강공책을 거친 후였기 때문에, 2014년 하반기 북한의 갑작스러운 미소정책이 무엇을 겨냥한 것인지에 대해서는 갑론을박이 있었다. 이런 상황에서 2014년 11월 클래퍼를 통해 북한의 쌍중단 제안을 받은 미국 측은 북한 미소정책의 본심이 사실상 상호주의에 근거한 초보적 군비통제 협상이라고 생각하기에 이르렀다. 그리고 이 안을 둘러싼 남북미 3자 간의 숨 가쁜 밀고 당기기가 시작되었다.[53] 주지하다시피 그로부터 2년간 진행된 밀고 당기기의 끝은 비극이었고, 마침내 북한은 2016년 1월 6일 4차 핵실험, 9월 9일 5차 핵실험의 방아쇠를 당겼다. 오바마 행정부의 전략적 인내 아래에 가려진 물밑 협상의 끝은 결과적으로 북한의 연속 핵실험으로 막을 내렸고, 당시의 트라우마는 바이든 행정부의 '전략적 인내 두 번째 버전'으로 이어졌다.

이 시기에 중국의 참전, 즉 관여가 있었던 사실을 간과해서는 안 된다. 시진핑-김정은의 불협화음으로 내내 북한과 냉랭한 관계를 유지해 온 중국은 2015년 9월 박근혜 대통령의 천안문 열병식 초청에 이어,

11월 북한 모란봉 악단의 베이징 초청 등으로 남북관계를 중재하려는 시도를 내비쳤다. 이어 2016년 2월 17일 중국이 들고 나온 중재안이 바로 '쌍중단, 쌍궤병행(suspension for suspension and dual track approach)론'이었다.

쌍중단론은 2014년 11월 시작된 북한의 제안을 중국식으로 표현한 수정안이었다. 북한은 2015년 1월 9일 공식적으로 한미군사연습과 핵실험 동시 중단안을 제안하였고, 그것을 미국이 수용하지 않자 1년간의 실랑이를 거쳐 결국 이듬해인 2016년 1월 6일 4차 핵실험이라는 실력 행사에 나섰다. 그 직후 중국은 사안의 심각성을 감안하여 2016년 2월 17일 왕이 외교부장이 직접 나서서 '쌍중단, 쌍궤병행론'을 중재안으로 제기하였다.[54] 이에 더해 당시 중국은 북한이 주장해 온 또 다른 주장, 평화협정 우선론을 비핵화 과정에 포함시킬 것을 제안했다. 미국의 "선 비핵화, 후 평화협정" 안과 북한의 "선 평화협정, 후 비핵화" 안을 절충하여 동시 병행론이라는 이름의 쌍궤병행론을 제안한 것이었다. 한미군사연습과 북한 핵실험을 상호 중단하자는 안은 중국에게도 매력적인 것이었다. 어차피 한미군사연습이 단순히 대북 억지를 넘어 중국에 대한 봉쇄 전략의 수단이었기 때문에 중국으로서는 쌍중단이 나쁠 것이 없었다. 하지만 쌍궤병행론의 경우 딱히 중국의 이해관계를 일방적으로 반영한 것만은 아니었다. 중국은 평화협정이 수교보다 중요하다는 북한의 주장도 반영하였지만 동시에 비핵화가 선행되어야 한다는 미국의 주장도 동등한 차원에서 반영하였다. 그러나 이렇게 탄생한 "쌍중단, 쌍궤병행론"은 그 절충적 성격과 중국의 북한에 대한 중간자적 입지 때문에 북미가 극한적으로 대립하는 시기에는 별다른 공감대를 얻지는 못했다.

다만 쌍중단, 쌍궤병행론은 더 이상 비핵화가 하나의 최종 목표, 즉 최종 상태만이 아니라 과정일 수 있다는 접근법을 수용한 것이라는 점에서 중요한 의의가 있었다. 최종 상태를 열어 둔 상태에서 그 "입구 전략"에 중점을 두는 전략이 가능하다는 철학의 전환이었기 때문이다. 북한이 5차 핵실험까지 강행한 마당에 비핵화를 논의하는 것이 의미가 있는가라는 회의감이 증폭되는 가운데, 다시 비핵화 협상으로 돌아가기 위해서는 비핵화 협상의 출구 즉 최종 상태가 중요하다는 미국의 주장만 고집할 것이 아니라, 그 입구로 어떻게 들어갈 것인가와 관련된 북한의 주장도 반영하는 것이 중요해진 것이다. 쌍중단이 입구를 명확하게 가리키는 개념인 데 비해, 쌍궤병행론은 평화협정과 비핵화를 동시 병행하며 출구를 열어 두자는 접근이라는 점에서 과정적 접근이기도 했다. 가뜩이나 출구가 불확실해져서 협상에 대한 동력과 지지를 상실할 것을 우려해 '최종 상태'를 강조해 온 미국의 비확산 팀들은 불확실한 비핵화의 미래를 담보로 한미동맹의 자산인 군사연습과 평화협정이라는 비싼 대가를 북한에게 지불하는 '쌍궤병행론'을 더더욱 수용할 수 없었다. 특히 병행 과정에서 입-출구 사이에 장기간이 요구될 경우 그 긴 과정은 군비통제 체제라는 점에서 미국 측이 쉽게 수용하기 어려웠다. 반대로 북한의 경우 자신의 핵무기를 주한미군과 등가성을 가진 것으로 간주해 왔기 때문에, 입-출구 기간 동안에 자신들이 사실상의 핵보유국으로 인정받는다면 주한미군의 한국 주둔을 인정하겠다는 의사를 보이기 시작했다. 이 점에서 입구만을 의미하는 쌍중단에 비해, 쌍궤병행은 구체적인 진행 과정과 최종 상태로서의 출구에 대한 완벽한 구상이 합의되지 않는 한 비확산론자들이 채택하기는 어려운 해법이었다.[55]

4) 군비통제 vs. 핵군축

통념상 군비통제 개념은 운용적(operational) 군비통제와 구조적(structural) 군비통제로 구분된다. 전자는 대체로 군비경쟁의 원인이 되는 안보 딜레마 상황을 탈피하기 위해 현상 유지를 목표로 하는 최소한의 상호 협조 체제라고 보면 될 것이다. 상호 불신 때문에 안보 딜레마가 작동하여 상호 군비경쟁과 에스컬레이션에 내몰리는 불행한 상황을 극복하기 위해, 최소한의 신뢰구축조치(confidence-building measures, CBM)를 마련해 현상 유지를 추구하는 것이 운용적 군비통제 체제라면, 이러한 운용적 군비통제 체제가 갖추어지고 상호 신뢰의 수준이 더 높아져 군비를 축소(arms reduction)시킬 수 있다고 판단될 때 등장하는 것이 구조적 군비통제 체제이다. 하지만 냉전 시기에는 이런 엄밀한 용어의 구분 없이 서방 측에서는 '군비통제-군비감소 혹은 운용적 군비통제-구조적 군비통제' 개념을 사용해 온 데 비해, 공산 측에서는 '현상 유지 및 통제'와 '군비 감소'를 구분하지 않는 군축(disarmament)이라는 개념을 더 많이 사용해 왔다.[56]

어쨌든 군비통제 개념은 신뢰구축조치나 위험 감소(risk reduction), 투명성, 예측 가능성 등 낮은 수위의 요구부터 재래식 무기 감축, 훈련, 배치에 대한 현상 유지용 통제, 그리고 핵무기 등 대량살상무기의 생산과 소유의 금지 등을 모두 포함하는 핵군축 등 높은 수위의 협상안까지 모두를 아우르고 있다는 점에서 가장 많이 사용되는 일반적인 개념인 것은 분명하다.

이것이 군비통제 개념의 일반론이지만, 유독 남북관계에서만은 '군비통제' 협상론을 '핵군축'론으로만 해석하는 시각이 절대적이다.[57] 이런 혼용은 개념 구분에 대한 혼돈과 무지 때문이기도 하지만 의도적이기도 한데, 의도적이라고 보는 이유는 군비통제 협상이 북한의 핵무장을 사실상 인정하는 것에서 출발하게 된다는 우려 때문이다. 말하자면 북한 핵 문제를 포함하는 어떤 협상에서라도 미국이 군비통제라는 개념을 수용하는 순간, 북한 핵의 동결을 통한 신뢰 구축이 출발점이 되고 따라서 핵을 갖지 않고 있는 한국과 일본이 느낄 비대칭 상태에 잠시라도 빠지게 된다는 공포와 이에 대한 거부감은 상상을 초월한다. 실제 핵군축 협상은 사실상 핵을 갖지 않는 한국과 일본의 협상 자격론을 문제삼는다는 점에서 미국의 동맹국이 수용할 수 없는 프레임인 것이다. 북한과 미국이 핵 협상 과정에서 '군비통제'라는 접근법을 사용하는 것 자체에 대해서 한일 당국이 사활을 걸고 막아 나서는 이유다. 북한이 스스로를 핵보유국이라고 주장하며 핵군축 협상을 주장해 온 것은 이 같은 불타오르는 우려에 기름을 끼얹는 것이기도 했다.

하지만 군비통제 협상이라는 이름을 붙인다고 해서 그것이 우려처럼 핵군축 협상으로만 빠지는 것도 아니고, 비핵화 협상이라 한다고 해서 재래식 갈등과 핵무장 문제가 자동으로 해결되는 것도 아닌 한, 현실적이고 유연한 협상 체제를 반영하는 개념이 필요하다는 원칙에는 변함이 없다. 특히 북한이 주장하는 핵군축 협상은 개념상으로는 핵만 다루게 된다는 점에서 위협 감소나 예측 가능성, 재래식 무기 위협의 신뢰구축에 대한 일반론을 다룰 수 없게 되어, 재래식 위협에 취약한 북한에게만 유리한 것도 아니라는 점도 고려해야 한다. 또한 핵군축 협상을 피한다는 명분이 다른 대안을 제시하지 못한다면, 그래서 또 다른 전략적 인내 버전으로 회귀하기만 한다면, 북한의 핵-미사일 등의 비대칭 전력 증강의 위협도 증대에 대한 대책은 없다. 그러면 우리 국민의 위험과 한반도의 안보 위기는 증대 일로에만 놓이게 마련이다. 심지어 협상 없는 군비경쟁의 비용을 누가 부담하는가에 생각이 미치면, 군비통제 협상에 대한 막연한 거부는 우리에게 유리할 것도 없는 공허한 자존심 싸움이다. 따라서 비핵화까지 포함하는 넓은 프레임의 군비통제 협상에 굳이 핵군축이라는 프레임을 씌워 협상 테이블을 걷어차 온 지금까지의 오류를 반복할 이유는 없다.

이런 점에서 보니 젱킨스(Bonnie Jenkins) 미 국무부 군축·국제안보담당 차관(undersecretary)이 2022년 10월 27일 싱크탱크 카네기국제평화재단 대담에서 나눈 이야기는 흥미롭다. 그녀는 "김정은이 전화기를 들고 '군비통제'에 관해 이야기하고 싶다고 한다면 'No'라고 말하지 않을 것"이라며 북한과의 군비통제 협상에 바이든 정부가 열려 있음을 밝혔다. 그녀는 트럼프 정부 시기 북미 간에 무엇이 군비통제 협상인가에 대한 이해가 달랐다며, "우리는 북한이 원하는 핵군축(nuclear disarmament)과 우리가 원하는 핵군축이 각각 어떤 의미인지를 먼저 서로 논의할 것이고, 그것의 목표가 무엇인지 그 목표를 위한 기초 작업을 어떻게 할 것인지부터 논의를 시작해야 한다."라고 말하며 협상의 출발점을 정의했다. "그들이 군비통제를 원하면 시간이 더 걸리겠지만 또한 안 된다고 하지 않고, 군비통제의 의미에 대해서도 토의하자고 할 것"이라며 군비통제 협상에 대해 열린 시각을 밝히기도 했다.[58] 젱킨스 차관은 자신의 군비통제론은 전통적인 군비통제 협상 외에도 위험 감소나 (상호) 통지(notification)나 등의 상황에 맞는 투명성, 신뢰 구축, 예측 가능성 등을 담은 '새로운' 포괄적 개념이라는 점을 강조하며,[59] 북한과의 군비통제 협상에서도 전통적인 군비통제론뿐 아니라 위험 감소나 그 밖의 모든 새로운 군비통제 요소에 대해서도 토의하자고 제안할 것임을 강조하였다.

물론 젱킨스 차관은 자신의 발언 직후, 이유는 분명하지 않지만 이 발언의 수위를 조절하는 성명을 내고 비핵화 협상의 중요성을 강조하는 방향으로 입장을 선회했다. 하지만 젱킨스 발언을 전후해, 리처드 하스(Richard Haass) 미국 외교협회 회장도 북한과의 군비통제 협상의 필요성을 강조하는 글을 발표하는 등[60] 미국 조야에서 군비통제 협상이라는 비확산 체제의 일반론에서 출발점을 찾아야 한다는 입장이 강화되어 가고 있는 것은 분명하다. 2024년에 들어와 미라 랩후퍼(Mira Rapp-Hooper) 백악관 선임국장은 3월 4일 서울에서 한국 미디어와 미국 전략국제문제연구소(CSIS)가 공동 주최한 포럼에서 한반도의 완전한 비핵화라는 기존 정책 목표에 변함이 없다면서도 그 과정에서 '중간 조치

(interim steps)'가 있을 수 있다고 밝혀 주목을 끌었다. 미국의 목표는 여전히 한반도의 완전한 비핵화이지만, "그러나 이 비핵화로 가는 과정에서 역내와 세계가 보다 안전해질 수 있다면 중간 조치를 고려할 것"[61]이라는 그녀의 주장은 3월 6일 국무부의 정 박(Jung Park) 부차관보의 "비핵화는 하루아침에 이루어지지 않는다."[62]라는 '중간 조치' 지지 발언으로 이어져 바이든 행정부의 대북 정책에 변화가 있는 것이 아닌가라는 의구심을 자아냈다. 하지만 미라 랩후퍼 선임국장이나 정 박 부차관보의 발언 모두 별다른 후속 조치로 이어지지 않았고, 정 박 부차관보가 뜻하지 않은 일로 사임한 가운데 새로운 대북 정책론은 찻잔 속의 태풍으로 끝났다. 젱킨스도 마찬가지이지만 리처드 하스나 미라 랩후퍼, 정 박 이들의 입장을 종합해 보면 비핵화라는 최종 목표를 분명히 하되, 그 장기간의 협상 과정에 중간 조치를 상정하고 대북 협상에 임해야 한다는 주장은 공통된다. 이런 구상이라면 당연히 그 중간 조치는 군비통제 협상의 프레임하에서 만들어질 수밖에 없는 새로운 경로일 것이다. 이제 전문가들의 고민은 북한과의 군비통제 협상에 대한 한국과 일본 등 동맹국의 강력한 반대를 고려하면서도 미국이 더 이상 북한과의 군비통제 협상을 거부하고만 있을 수 없다는 문제 의식으로 진화하고 있다. 비핵화와 군비통제를 결합시키기 위한 아이디어는 아래 두 민간 연구원의 대담에서도 잘 드러나고 있다.

> "우리의 원칙이나 비핵화에 대한 약속을 포기하지 않고도 군비통제와 위험 감소를 추진할 수 있습니다. 하지만 그 과정에서 중요한 것은 우리 동맹들이 함께해야 한다는 점입니다."[63]

> "저는 억지와 위험 감소를 우선시해야 한다고 오랫동안 주장해 왔습니다…. 종종 군비통제라고 하면 북한과의 협상에서 지나치게 상상하는 경

향이 있어요…. 제가 말하려는 것은 비핵화 과정과 군비통제 그리고 위험 감소 과정이 실질적으로는 매우 유사하게 진행될 것이라는 점입니다…. 우리가 늘 비핵화 외교에서 말해 왔던 일들을 하게 될 거예요…. 그래서 비핵화와 군비통제 문제를 양자택일 문제로 보는 잘못된 딜레마가 생겨난다고 봐요. 두 가지는 충분히 병행할 수 있습니다."[64]

보니 젱킨스나 미라 랩후퍼, 정 박 등의 정부 인사들이나 리처드 하스, 앤킷 팬더, 에이브러햄 덴마크 등 민간 전문가들의 발언에서 공통적인 것은 북한 비핵화의 최종상태 개념에 대한 새로운 고민이다. 모두 군비통제를 이야기하지만 그들이 공유하는 최종 상태는 군비통제를 통한 공동안보(common security) 레짐도 아니고, 핵보유국 간의 핵군축 협상 체제도 아니다. 그들은 북한의 비핵화라는 최종 상태에는 변함이 없어야 한다고 여긴다. 동맹과 그 같은 공동 목표를 분명히 합일한 상황에서, 그 최종 상태를 향한 과정으로서의 혹은 중간 조치로서의 군비통제 체제가 특유의 다양성과 유연성 그리고 창의성을 발휘해 유기적으로 작동할 수 있을 것이라는 현실론이다. "완전한 비핵화를 향한 군비통제 체제" 이 같은 과정적 최종 상태론이 새로운 협상 프레임이 될 수 있을까? 고민은 깊어 간다.

5) 미래전 전략가들의 최종 상태론: 통합억지론

핵 전문가들의 차원이 다른 접근법 역시 최종상태론에 대한 새로운 고려 내상이다. '위험 감소'를 우선시하는 군비통제론자들의 논리에 비해 핵우월주의자(nuclear primacist)들의 주장은 확전 우위(escalation dominance) 교리에 근거하고 있다. 이들에게는 선제핵반격태세(first-strike counterforce)를 갖춤으로써 상대방의 선제공격을 막을 수 있는 능력을 보여 주는 것이 중요하다. 핵전통주의자(nuclear traditionalist)들이 제2격 능력에 근거한 상호확증파괴(MAD) 능력을 보여 주는 것에 상호 핵 억지 체제의 초점을 두는 것에 비해, 핵우월주의자들의 교리는 피해 제한적인 핵선제공격을 통해 상대의 제1격 능력을 무력화시키는 데 초점을 두고 있다는 점에서 이들의 공약은 더할 나위 없는 강성이다. 하지만 이들 핵전통주의나 핵우월주의 교리는 상대가 핵보유국일 때를 가정한다는 점이므로 북한을 핵보유국으로 인정하지 않는 현 상태에서 이들의 교리가 적용될 여지는 없다.

문제는 미래전 전략가(future-of-war strategists, FOW)들의 새로운 접근법이다. 정밀 유도 재래식 무기와 운반 체계의 개발에 초점을 맞추기 위해 핵무기의 위협도를 축소 평가하는 이들은 기술적 우위에 근거한 통합억지(integrated deterrence) 체제로 완벽한 억지가 가능하다는 주장을 새롭게 던지고 있다. 미사일 방어와 극초음속 무기 등이 핵 위협을 대체할 수 있다고 주장하는 이들은 핵그늘하에서의 재래식 전력의 강화가 필요하다는 입장을 전개하고 있다. 특히 우크라이나 전쟁에서 재래식 전력의 미래전적 전환 능력을 확인한 이들은 2030년을 전후해 억지력이 결정적 시기를 맞이할 것이라고 전망한다. 2021년부터 등장하기 시작한 통합억지 개념은[65] 미국의 모든 전략 문건에 등장하는데, 그 요지는 육해공, 우주, 사이버, 비군사 등 전 영역(domain)에서 적들의 적대 행위의 비용이 편익을 초과함을 인식시키기 위해 동맹 역량을 포함한 전 역량의 통합을 추진한다는 것이다.

무력 분쟁에서 회색지대 갈등까지 외교·정보·경제의 정부 전 역량과 동맹 역량까지 통합하는 '총력억지(all of us giving our all)' 개념을 전제로 한 통합억지 전략은 표적의 '탐지, 이해, 반응(track, understand, and respond)'을 매우 빠르게 집행함으로써 징벌 실행력을 기하급수적으로 확대하여 유럽과 아시아 태평양 지역뿐 아니라 사이버, 회색지대 등을 포함하는 전체 전역에서 적의 도발에 무난히 대응하는 체제를 구축하는 것을 목표로 한다. 이런 목표를 향한 군사 혁신이 이미 결정적 10년(decisive decade)을 지나고 있다고 주장하는 미래전 전략가들은 2030년이 되면 두 개의 핵 강대국과의 동시 분쟁을 억지할 수 있는 능력이 생기리라고 자신한다. 통합억지론자들의 주장은 북한과 같은 전통적 핵 국가들의 '양에 기반한' 핵 역량이 2030년을 넘어서면 기술적·질적 우위 체제로 무장한 통합억지 체제하에서 문제가 되지 않는다는 논리로 무장하고 있는 것이다. 정밀 타격 능력과 동맹과의 상호운용성(interoperability), 나아가 AI와 초음속 미사일 등을 동반한 탐지와 공격 시스템은 거부억지(deterrence by denial) 능력을 정점으로 하는 확장억지 체제를 통해 북한을 완전히 제압할 수 있다는 것이다.

일반인이 보기에는 꿈같은 이야기들이지만 이 같은 통합억지 체제의 확보를 위해서 동맹과의 상호운용성 강화에 모든 것을 걸고 있는 신념에 찬 인사들의 존재를 부인하기도 어렵다. 아시아 태평양 지역에서 미국 인도태평양사령부가 중심이 되어 한국과 일본의 군사 협조와 상호운용성 확보에 박차를 가하고 있는 것도 그래서다. 하와이의 인도태평양사령부가 북한과의 협상을 서두르지 않고, 한미일 군사협력을 집단안보 수준으로 강화시키고자 하는 절박한 이유인 것이다. 소위 위험 감소와 억지 체제가 군비통제론의 전매특허가 아니라는 통합억지론자, 즉 미래전 전략가들은 2030년을 지나면 기술적 격차에 따른 '거부억지'와 '복원력에 의한 억지(deterrence by resilience)' 체제의 도약으로 북한의 도발 역량을 완전히 제압할 수 있다는 신념에 찬 주장을 던지고 있다. "시간은 우리 편"이라는 표현의 기술신비주의 버전인 셈이다. 반도체 통제 등 철저한 제재 시스템으로 질적 격차를 벌려 나가면 억지력은 배가된다는 통합억지론은 바이든 행정부의 대북 무시 전략을 뒷받침하는 또 다른 기술적 논거다. 당연히 이들에게 대북 협상의 최종 상태는 군사적 제압을 통한 북한의 굴복일 것이다.

하지만 이런 미래전 전략가들의 주장이 조금이라도 빗나간다면 그때 초래될 위험의 수위는 상상을 초월한 것으로 되돌아올 것이다. 그때 가서 예상했던 위험 수위를 넘어서는 위협을 '억지'하기 어렵다는 평가가 나올 때 발생할 심리적 공황이나, 그때까지 투자된 천문학적인 상호 군비경쟁의 피해를 고려하면 논란은 불가피하다. 통합억지론이 1980년대 '스타워즈'식의 단순한 군비경쟁론의 재론이 될 수도 있다는 비판에도 귀를 기울일 수밖에 없다. 전략방위구상(SDI)으로 소련과의 군비경쟁을 한 덕에 냉전을 해체할 수 있었다는 발상이 2030년까지 미국의 군부를 지배한다면, 미래전이라는 이름의 퇴행적 몽상이 평화를 무력화시키게 될 것이다. 스탈린의 주장으로 알려진 "물량은 그 자체로 고유한 질적 수준을 가진다(Quantity has a quality all its own)."라는 철학은 이른바 기술전의 시대인 우크라이나 전쟁에서도 여전히 위력을 발휘하고 있음을 잊어서는 안 된다.

주

1 Michael Beckley, 2025, "The Strange Triumph of a Broken America: Why Power Abroad Comes With Dysfunction at Home," *Foreign Affairs*, January/February.

2 1989년의 도널드 그레그(Donald Gregg) 대사나 2004년의 크리스토퍼 힐(Christopher R. Hill) 대사 등의 경우가 이에 해당된다. 그레그 대사는 한국을 매우 사랑한 대사로 알려져 있고 1989년부터 1993년까지 노태우 정부의 북방정책 시기 주한미국대사로 남북관계 진전을 응원한 외교관으로 잘 알려져 있다. 정청래 의원이 학생 시절 대사관저를 점거할 때 그 당사자로 피해를 입었지만 학생들의 처우에 대해 선처를 요청했던 일화는 유명하다. 크리스토퍼 힐 대사는 한국 대사 역임 후 국무부 차관보로 돌아가 대북 협상의 주도권을 쥐고 협상에 나선 경우이다. 부시 정부 이후 오바마 행정부가 들어서면서 국무부에 남아 대북 협상을 진행하고자 했지만, 일본의 반대로 관료직 유임에 실패하면서 그의 북핵 협상 커리어는 중단되었다. 하지만 한국 입장에서는 매우 중요한 외교적 성공 사례이기도 하다.

3 트럼프 행정부 당시 CIA 코리아미션센터장을 역임하고 대북 협상에 나섰던 앤드루 김은 1차 북미정상회담은 정보 당국이 주도한 합의에 따른 것이었다고 술회하고 있다. "2018년 6월 싱가포르에서 열린 첫 미-북 정상회담은 '정보 당국이 주도한 프로젝트였다'며, 북한의 의중이 반영된 것이라고 설명했습니다. 김 전 센터장은 미-북 갈등이 고조되던 2017년 제3국에서 북한 측과 접선한 것으로 알려졌으며, 폼페이오 장관의 4차례 방북을 모두 수행했습니다." 『VOA』, 2021년 5월 22일(검색일: 2024년 11월 22일). 그리고 앤드루 김은 서훈 국정원장의 서울고등학교 후배로 알려져 있기도 했다. 다만 앤드루 김은 그의 『VOA』 인터뷰에서 북미 회동은 2017년 위기가 고조되던 시기라고 말해, 한국이 남북 대화에 나서던 2017년 12월이 아니라 2017년 7-9월의 '8월의 포성' 시기에 이미 북미 간 직접 접촉을 시작했고, 그 라인도 한국을 통한 것이 아니라 이미 존재하던 북미 간 채널을 통한 것이라고 주장하고 있다. 조은정, 2021, 「앤드루 김 전 CIA 센터장 '미한 대북정보 공유 상당히 긴밀'」, 『VOA』, 5월 22일. https://www.voakorea.com/a/korea_korea-politics_former-kmc-us-rok-coordination/6058894.html(검색일: 2024년 11월 22일).

4 무시는 대체로 관여(engagement)의 소극적 형태로 쓰이지만, 의도성과 연결되는 'negligence' 혹은 'ignorance'로 혹은 전략적 인내 노선이 정립된 후에는 'patience'로 사용되기도 한다.

5 대북 정책의 레드 라인(Red Line)은 대북 정책에 설정된 정책 전환의 한계선으로 클린턴 행정부 시절, 대북 관여 정책이 실패할 경우 봉쇄정책으로 전환하는 기준을 마련

한 것이 레드 라인이었다. 초기 한미 양국은 레드 라인의 설정 기준에 시간 개념은 도입하지 않고 북한의 행위를 기준으로 기준선을 판단하여 북한의 행동에 대한 리스트를 마련하였다. 다음 글에서 재인용. 이정철, 2009, 「북미대립과 남북관계: 변화와 동조화」, 『정신문화연구』 32집 1호, 261-287, 265-266쪽.

6 2005년 평양방송은 1993년 당시 상황을 설명하는 방송을 내보냈다. 이 방송에서는 "미제가 특별사찰, 집단제재를 운운하면서 일시 중단됐던 팀 스피리트 훈련까지 재개하고 20여 만의 병력을 조선반도(한반도)에 들이밀어 일촉즉발의 첨예한 정세가 조성됐다"라고 말했다. 방송은 "그때 팽팽한 공기가 떠도는 작전실의 인민군 지휘성원들이 경애하는 장군님(김 위원장)의 전화를 받았다"라며 이후의 상황을 자세히 전했다. 방송에 따르면, 김 국방위원장은 준전시 상태를 선포하는 '최고사령관 명령'을 하달하면서 "우리 한번 놈들의 멱줄을 쥐고 흔들어 봅시다"라고 말했다. 그는 이와 함께 팀 스피리트 훈련에 대응해 일부 탱크, 장갑차, 포병부대를 이동시키고 기동훈련을 실시토록 지시했다. 나아가 정부 성명을 통해 핵무기비확산조약(NPT) 탈퇴를 선포, "갈팡질팡하던 미제가 팀 스피리트 합동군사연습을 계획했던 기일보다 앞당겨 부랴부랴 끝내지 않으면 안 됐다"라고 방송은 주장했다. 실제 한미 양국이 1993년 팀 스피리트 훈련(3월 2일~18일)을 재개하자 북한은 같은 달 8일 준전시 상태를 선포한 데 이어 12일에는 NPT 탈퇴를 선언했다. 평양방송은 "바로 이것이 우리 군대와 인민의 대답, 철천지 원쑤 미제에 대한 복수로 이글거리는 조선의 대답"이라며 "만약 이 땅에 또다시 6·25가 온다면 우리는 그 기회를 절대로 놓치지 않고 우리 민족의 최대 숙원인 조국통일을 반드시 안아올 것"이라고 강조했다. 『연합뉴스』, 2005, 「〈평양방송〉 '93년 3월 일촉즉발의 정세' 회고」, 『한겨레신문』, 6월 26일. https://www.hani.co.kr/arti/society/society_general/45309.html(검색일: 2024년 10월 22일).

7 상대방의 의지에 반해 특정 정책의 집행을 포기하거나 수정하게 하는 억지(deterrence)는 통상 두 개의 수단을 갖고 있는데 하나는 힘과 위협을 수단으로 하는 경우이고, 나머지 하나는 보상 즉 상대의 과거 혹은 미래 비용을 보상하여 초기 목표를 수정하게 하는 경우가 있다.

8 성 김 대북정책특별대표는 의회 청문회에서 전략적 인내는 오바마 행정부가 채택한 공식 정책은 아니라고 둘러대기도 했다. 언론이나 식자들이 붙인 말이라는 것이다. 이성철, 「'오바마'와 전략적 인내」, SBS 월드리포트, 2016년 1월 4일. https://news.sbs.co.kr/news/endPage.do?news_id=N1003360649&plink=COPYPASTE&cooper=SBSNEWSEND(검색일: 2025년 1월 28일).

9 「클린턴 방북 토대로 김정일 남은 수명 정확히 예측」, 『조선일보』, 2024년 12월 16일. 미국이 2009년 클린턴 방북 당시 의사를 동반시켜 김정일의 남은 수명을 3년으로 예측한 것도 '무시'와 '인내'의 한 근거가 되었을 수 있다. https://www.chosun.com/politics/diplomacy-defense/2024/12/15/WKIRS2PZDNFX3BPKJOPID42KB4/(검색일: 2024년 12월 16일).

10 "That would differ from the Obama administration's approach, which withheld serious diplomatic engagement with North Korea until it changed its behavior and ceased its nuclear provocations. "If the Trump administration was everything for everything,

Obama was nothing for nothing," the official said. "This is something in the middle." When asked about the Washington Post report on Friday, White House press secretary Jen Psaki confirmed that the Biden administration completed the policy review." John Hudson and Ellen Nakashima, 2021, "Biden administration forges new path on North Korea crisis in wake of Trump and Obama failures," *Washington Post*, April 30. https://www.washingtonpost.com/national-security/biden-administration-forges-new-path-on-north-korea-crisis-in-wake-of-trump-and-obama-failures/2021/04/30/c8bef4f2-a9a9-11eb-b166-174b63ea6007_story.html(검색일: 2024년 10월 23일).

11 "the Obama administration, especially as the policy evolved over the course of the eight years, really adopted this view of strategic patience, which was essentially—I would call it sort of none for none; you know, just kind of let things go. And then the Trump administration in Hanoi pitched all for all, the grand bargain. And essentially the thrust and purpose of our policy was to come in between those two, to be prepared to engage in diplomacy, to make step-by-step progress towards the ultimate goal of denuclearization of the Korean peninsula." Jake Sullivan, 2021, "A Conversation With Jake Sullivan," *Council on Foreign Relations*, December 17. https://www.cfr.org/event/conversation-jake-sullivan(검색일: 2024년 10월 2일).

12 이 시기 종전 선언에 대해서는 3장에서 다시 다룬다. 필자는 2021년 하반기의 2차 종전선언 재론 시기에 문재인 정부가 북한과 바이든 행정부를 설득하고자 했을 당시, 북한이 이례적으로 긍정적 반응을 보인 데 비하면 바이든 행정부의 태도는 놀라울 만큼 냉랭하였다고 평가한다. 설리번의 12월 CFR 연설은 이런 상황에서 나온 것이었기 때문에, 그의 주장에 담긴 진정성에 대해 고민하지 않을 수 없다는 것이다.

13 문재인 대통령과 바이든 대통령의 첫 정상회담 당시인 2021년 5월 미국 정부는 문재인 정부에 대한 성의 표시로 대북 특사를 임명한다. 한국 정부는 문재인 정부의 방미 성과의 하나로 미국의 대북 특사 임명을 거론할 정도였지만, 대북 특사로 임명된 성 김 대사는 두 가지 점에서 북한을 만족시키기 어려운 조치였다. 먼저 성 김 특사는 당시 인도네시아 대사로 재직 중이었다. 현직 인도네시아 대사를 대북 특사로 겸직시킨다는 것인데, 북한의 입장에서 볼 때 이 또한 괴이한 조치였을 것이다. 두 번째는 성 김 대사는 북한을 너무나 잘 아는 오바마 행정부 시절의 인사다. 소위 북한의 입장에서 볼 때, 자신들과의 숙적관계에 빠진 인물의 하나이기도 했고 이명박 정부 시기 한국 대사로 근무하면서 한국 보수 정부의 입장을 미국에 전달한 인사이기도 했다. 특히 성 김 대사는 2015년 2월 북한과의 협상을 앞두고 장소 문제로 논쟁이 벌어져 협상이 결렬된 당시 사태의 당사자였다. 당시 북한은 "김성이 이번 아시아 방문 기간 우리와 만날 의향을 표시한 데 대하여 평양에 오라고 초청까지 하였다. 그러나 미국은 그에 대해서는 외면하고 마치 우리의 불성실한 태도 때문에 대화와 접촉이 이루어지지 못하고 있는 듯이 여론을 오도하면서 책임을 우리에게 전가하려 하고 있다."라고 밝혀 미국과 북한의 대화가 평양이라는 장소 문제에 대한 이견으로 불발되었음을 폭로하였다. 이때의 담당자였던 성 김을 2021년 다시 대북 특사로 임명하는 것에 대한 북한의 반응은 싸늘했다. 사정을 아는 모든 이들은 이 인사를 동맹 청중을 위한 미국의 성의

표시로 간주했을 따름이다. 문재인 정부 당시 바이든 행정부의 협상 의지는 높지 않았지만 동맹을 무시할 정도는 아니었다.

14 '국화파'라는 말은 루스 베네딕트의 『국화와 칼』에서 따온 용어로 일본 연구의 필독서이다. 그런 점에서 일본 친화적인 아시아 정책을 주장하는 미국 전문가를 의미하는 용어로 사용되기도 한다.

15 "This whole diplomatic fandango was South Korea's creation, relating more to its "unification" agenda than serious strategy on Kim's part or ours." John Bolton, 2020, *The Room Where It Happened: A White House Memoir*, Simon and Schuster, p. 76.

16 Kristi Govella, 2024, "Institutionalizing US-ROK-JAPAN trilateral cooperation," *US-ROK Policy Brief*, 2024-Dec, Issue 4, p. 2; Jake Sullivan, 2023, "The Sources of American Power: A Foreign Policy for a Changed World," *Foreign Affairs*, October 24.

17 백악관의 미라 랩후퍼, 국무부 부차관보 정 박(2024년 3월), 그리고 국무부 차관 젱킨스(2023년 10월) 등이 이를 제기하였지만, 이상하게 그들은 제 목소릴 낸 직후 한결같이 목소리를 낮춘다. 심지어 정 박은 다른 이유라고 알려지지만 얼마 되지 않아 국무부를 사직하기도 하였다.

18 이 글의 오바마 독트린에 대해서는 다음의 필자 논문을 수정하였다. 이정철, 2016, 「오바마 독트린과 미국의 대북 정책 프레임: 지정학, 핵전략, 불량국가」, 『한국정치연구』 25집 1호, 221-245쪽.

19 오바마 행정부 당시 미국 외교 전략 대논쟁과 그 한 축인 자제-역외균형론의 입장을 설명하고 있는 이혜정의 다음 글을 참조. 이혜정, 2015, 「자제 대 패권: 탈냉전기 미국 패권의 이해」, 『한국정치연구』 24집 3호, 171-197, 180-188쪽.

20 민병원, 2014, 「미국의 동아시아 정책 변화와 전망」, 제2회 재단-중국 상하이사회과학원 국제학술회의, 상하이사회과학원 회의실, 6월, 4-5쪽.

21 Hillary Clinton, 2014, *Hard Choices*, Simon and Schuster, p. 32.

22 'Shit'이 비속어라는 점 때문에 일부 언론이나 정치인들은 'Stuff'라고 바꾸어 사용하기도 했다. 오바마 독트린은 일반적 미국 대통령의 외교 독트린으로 인정되기는 어려운 혼종성(hybridity)을 띠고 있다. 오바마 독트린을 다자주의 지향성이나 뒤에서 이끌기(leading from behind), 진보적 실용주의 등으로 부르는 견해들 역시 이 같은 혼종주의 리더십의 여러 측면들을 강조하는 것이다. 다음 글 참조. Omar Aziz and David G. Haglund, 2014, "An Obama Doctrine?" Michael Patrick Cullinane and Clare Frances Elliott, eds., *Perspectives on Presidential Leadership*, Routledge, pp. 211-229.

23 Sung Kim, 2015, "Congress Interview." https://www.c-span.org/clip/house-committee/ambassador-sung-kim-on-north-korea-nuclear-cyber-threats/4731651(검색일: 2024년 10월 26일)

24 서재정, 2013, 「오바마와 MB의 전략적 인내, 4년 더?」, 『프레시안』, 1월 6일. http://www.pressian.com/news/article.html?no=5705(검색일: 2024년 10월 25일).

25 "'전략적 인내(strategic patience)' 정책과 부합된다는 해석이 있다. 이 전략은 북한의 도발에 이은 협상이라는 악순환의 고리를 깨려고 한다. 미국의 관심을 끌겠다는 시도에 일일이 반응하지 않는다. 그래서 오바마는 의도적으로 북한을 무시했다는 것이다.

그는 주목받고 싶어 하는 평양의 갈망을 외면했다.” 빅터 차, 『중앙일보』 칼럼, 2016년 1월 14일.

26 이정철, 2017, 「신정부 대북정책 제언과 한미정상회담에 대한 우려」, 『창비』 주간논평 5월 17일. https://magazine.changbi.com/MCWC/WeeklyItem?id=1075(검색일: 2024년 10월 25일); 이정철, 2021, 「북한의 도발을 바라보는 세 가지 키워드」, 『서울대학교 대학신문』, 3월 28일. https://www.snunews.com/news/articleView.html?idxno=22061(검색일: 2024년 10월 25일).

27 『뉴욕타임스』는 2016년 9월 10일, “미치긴커녕, 너무 합리적(far from crazy, too rational)”이라는 제하의 기사를 통해 북한을 비합리적 행위자로 보는 견해에 이의를 제기하였다. 자국의 이익이 무엇이고 그것을 어떤 식으로 지켜야 자국에 유리한가를 잘 아는 것이 합리성이라는 견지에서 보면, 김정은은 그 요건을 충분히 충족하고 있다는 것이다. 오히려 공포감을 조성하여 상대방의 위협 인식을 극대화한다는 점에서, 광인(madman) 이론을 역으로 위협 도구로 사용하는 합리적 광기(rational irrationality)에 주목해야 한다는 것이다. 이후 2016년 10월 19일 자 『월스트리트저널』은 김정은이 할아버지의 소탈한 이미지를 통해 권력 안정화를 꾀하는 노련한 독재자라는 내용의 사설을 내보냈다. 김정은을 광인으로 보고 북한 체제의 불안정성을 전제로 정책을 수립해 온 한미 당국의 정책 실패를 지적하는 것이었다.

28 2015년 8월 20일 북한이 휴전선 포격을 감행하자 한국 합참이 확대 대응 사격을 가한 사건이 발생했다. 뒤늦게 유엔이 조사 발표한 내용에 따르면, 그것은 북한군의 포격 도발이 아닌 레이더 오작동으로 인한 한국군의 일방적 포격 사건이었다. 당시 상황에 대해서 해리티지 재단의 브루스 클링너 연구원은 ‘새 떼’를 북한의 포 사격으로 오인했다고 설명하고 있다. 어이없는 상황이 남북 충돌로 이어질 뻔한 상황이었다. 다행히 당시는 북한이 협상을 제안하여 8·25 합의가 이루어져 위기를 넘긴 바 있다. 박정진, 「2015년 북 ‘포격 도발’, 한국군의 ‘뇌피셜’이었다」, 『주간경향』, 2024년 7월 15일. https://m.weekly.khan.co.kr/view.html?med_id=weekly&artid=202407051600031&code=#c2b(검색일: 2024년 12월 19일).

29 Abel Escribà-Folch and Joseph Wright, 2015, *Foreign Pressure and the Politics of Autocratic Survival*, Oxford: Oxford University Press, pp. 28-49.

30 “Trump said that President Obama had told him that North Korea would be his biggest, most dangerous and most time-consuming problem. Kim Jong Un, the 32-year-old erratic leader, had nuclear weapons and could be well on his way to building an intercontinental ballistic missile that could reach the United States.” Bob Woodward, 2020, *Rage*, Simon & Schuster, p. 35(e-book). 2018년에 발간된 우드워드의 또 다른 저서 『공포』에 따르면 오바마 팀은 2016년 북한의 5차 핵실험 직후 북한에 대한 선제타격 시나리오를 검토했으나 결국 포기했다는 것이다. 우드워드는 이 책 12장 전체를 할애해 오바마 행정부가 북한에 대해 검토한 북핵 대응 시나리오의 위험성과 그 좌절 그리고 협상론을 주장한 클래퍼 국가정보국장이 제기한 인텔리전스 논쟁과 그 무시 과정에 대해 자세히 쓰고 있다. 우드워드는 클래퍼 국장의 주장은 마치 ‘광야에서 외치는 소리’와 같이, 아무도 이에 동의하는 사람이 없었다고 전하며 오바마

대통령도 강경파였다고 쓰고 있다. Bob Woodward, 2018, *Fear*, Simon & Schuster, p. 35(e-book). 같은 이야기는 백악관 대변인 사라 샌더스의 책에서도 그대로 전달되고 있다. Sarah Huckabee Sanders, *Speaking for Myself: Faith, Freedom, and the Fight of Our Lives Inside the Trump White House*, St. Martin's Press, p. 74(e-book).

31 "Pottinger thought the Obama administration policy toward North Korea of 'strategic patience' had been a disaster. As he saw it, the strategy had broadly been to hope the regime fell apart on its own and crawled to the negotiating table." Bob Woodward, 2020, *Rage*, Simon & Schuster, p. 35(e-book).

32 이 사이 미국 조야에서는 바이든 행정부의 제재 일변도(one-trick pony) 행태에 대해 외교의 실종이라는 비판과 논쟁이 높아 갔다. Dan Altman and Kathleen E. Powers, 2022, "When Redlines Fail-The Promise and Peril of Public Threats," *Foreign Affairs*, Feb. 2; Daniel W. Drezner, 2021, "The United States of Sanctions-The Use and Abuse of Economic Coercion," *Foreign Affairs*, September/October; Justyna Gudzowska, John Prendergast and Daniel W. Drezner, 2022, "Can Sanctions Be Smart? - The Costs and Benefits of Economic Coercion," *Foreign Affairs*, March/April.

33 젊은 지도자 김정은의 등장과 관련 있는 것으로 판단되지만, 이때까지 북한의 속내는 분명하지 않았다. 당시 많은 전문가들이나 미국의 담당자들은 북한은 여전히 미국과의 수교에 정책 우선순위가 있음이 분명하다고 판단하고 있었다. 따라서 한미 당국은 북한 정권에 대한 승인(recognition)이 중요한 '선물 보따리'라고 생각하고 이를 여전히 협상 패키지의 마지막 항에 넣어 두고 있었다.

34 『조선신보』, 2010년 9월 19일.

35 2011년 12월 김정일 사망이라는 어수선한 분위기에도 불구하고 미국이 북한의 요구를 수용하며 북미 간에 2012년 2·29합의(leap day deal)가 체결되었지만, 북한의 연이은 ICBM 발사로 2·29합의는 시작과 동시에 폐기되고 말았다.

36 「조선로동당 위원장 김정은동지께서 조선로동당 제5차 세포위원장대회에서 개회사」, 『조선중앙통신』, 2017년 12월 22일. http://www.kcna.co.jp/calendar/2017/12/12-22/2017-1222-002.html(검색일: 2025년 1월 27일).

37 김지영, 2022, 「우리국가제일주의시대의 국방력 발전계획」, 『조선신보』, 2월 2일.

38 강이룩, 2022, 「위대한 10년 영도의 자욱을 더듬어—강대한 전쟁억제력을 가진 전략국가로」, 『조선신보』, 2월 23일.

39 「우리국가제일주의시대를 빛내기 위한 중요 요구」, 『로동신문』, 2021년 5월 15일.

40 김지영, 2022, 「정치국회의에서의 결정, 국면이 바뀌는 조미대결」, 『조선신보』, 1월 22일.

41 김지영, 2022, 「우리국가제일주의시대의 국방력 발전계획」, 『조선신보』, 2월 2일.

42 이정철, 2022, 「북한의 전략국가 지위론과 한반도 리스크관리」, 『역사와 현실』 123호, 3-20쪽 참조.

43 「대륙간탄도미싸일 시험발사-조선국방성이 발표」, 『조선중앙통신』, 2024년 10월 31일. http://www.kcna.co.jp/calendar/2024/10/10-31/2024-1031-017.html(검색일: 2024년 12월 26일).

44 2006년 10월 3일 북한의 외무성 성명은 북한의 핵실험이 핵실험의 안전성 담보, 핵 이전 불허 및 선제 사용 불가, 핵군축과 비핵화를 전제하고 있다고 강조했다. 친절하게도 같은 달 10월 5일 자 『조선신보』는 자신들의 핵실험을 핵억제력의 영구 확보가 아니라 '비핵화를 위한 핵시험'이자 '포기를 전제로 한 핵억제력'의 활용이라고 설명한다. 억지력의 확보가 협상력의 강화이므로, 군사적 억지력을 대등하게 갖춘 상태에서야 비로소 확전을 막을 수 있다는 것이고 그 상태에서야 평등한 협상이 가능하다고 보고 있는 것이다.

45 Andrea Kendall-Taylor and Richard Fontaine, 2024, "The Axis of Upheaval: How America's Adversaries Are Uniting to Overturn the Global Order," *Foreign Affairs*, May/June.

46 블링컨 장관은 북한을 푸틴의 '수정주의 연대(fellow revisionists)'라고 부르고 있다. Anthony Blinken, 2024, "America's Strategy of Renewal-Rebuilding Leadership for a New World," *Foreign Affairs*, Novembner/December, pp. 68-71.

47 통일평화연구원 편(이정철 외), 2024, 『수정주의 국가 북한』, 박영사, 서문 인용.

48 조은정·최용환, 2021, 「한반도 비핵화 담론의 비교 검토: 정치적 과정으로서의 비핵화」, 『INSS 전략보고』, No. 132, 3쪽. 저자들은 1994년의 '비핵화'란 북한이 "흑연감속로와 관련 시설을 동결하고, 궁극적으로 이를 해체"함을 뜻하였지만 그 의미가 변하여 2005년의 '비핵화'란 북한이 "모든 핵무기와 현존하는 핵 계획의 포기"를 의미하는 것이 되었다고 쓰고 있다.

49 2002년 10월의 평양 '양자' 회담 과정에서 북한이 핵무기 프로그램을 시인해서 평양 협상을 결렬시켰다가, 이후에 자신들은 핵무기를 보유할 자격(entitled to have nuclear weapons)이 있다고 주장하였을 따름이라며 상황을 부인하였다고 전해진다. 다자회담 조치는 부시 행정부가 2002년 10월 당시처럼 북한이 양자회담에서는 '거짓말'을 하고 있다고 주장하며 부시 행정부가 북한에 대한 불신을 표명함에 따라 나타난 대응 조치였다. 이후 중국 중재의 북중미 3자회담을 거쳐 북핵 문제는 본격적으로 남-북-미-중-일-러 간의 6개국 다자 체제의 논의 대상이 되었다. 2차 핵위기와 핵보유 인정 논란에 대해서는 다음을 참조. 장달중·이정철·임수호, 2011, 『북미 대립』, 서울대학교 출판문화원.

50 6자회담 1항의 내용은 다음과 같이 남북미 3자의 의무 사항을 확인하였다(외교부 북핵외교기획단, 2005). "6자는 6자회담의 목표가 '한반도의 검증가능한 비핵화'를 평화적인 방법으로 달성하는 것임을 만장일치로 재확인하였다. 조선민주주의인민공화국은 모든 핵무기와 현존하는 핵 계획을 포기할 것과, 조속한 시일 내에 핵확산금지조약(NPT)과 국제원자력기구(IAEA)의 안전조치에 복귀할 것을 공약하였다. 미합중국은 한반도에 핵무기를 갖고 있지 않으며, 핵무기 또는 재래식 무기로 조선민주주의인민공화국을 공격 또는 침공할 의사가 없다는 것을 확인하였다. 대한민국은 자국 영토 내에 핵무기가 존재하지 않는다는 것을 확인하면서, 1992년도 「한반도의 비핵화에 관한 남북공동선언」에 따라, 핵무기를 접수 또는 배비하지 않겠다는 공약을 재확인하였다. 1992년도 「한반도의 비핵화에 관한 남북공동선언」은 준수, 이행되어야 한다. 조선민주주의인민공화국은 핵에너지의 평화적 이용에 관한 권리를 가지고 있다고 밝혔다.

여타 당사국들은 이에 대한 존중을 표명하였고, 적절한 시기에 조선민주주의인민공화국에 대한 경수로 제공 문제에 대해 논의하는 데 동의하였다."

51 북한이 "추가적인 핵실험과 탄도미사일 발사를 하지 말 것을 요구하고" 북한은 "탄도미사일 프로그램과 관련된 모든 활동을 중단하고 기존의 미사일 발사 유예 약속을 지켜야 한다고 결정하고" 북한은 "모든 핵무기와 현존한 핵 프로그램을 완전히, 검증 가능하고, 되돌릴 수 없는 방식으로 버려야 한다(abandon all nuclear weapons and existing nuclear programmes in a complete, verifiable and irreversible manner)고 결정한다". 유엔 제재 결의안 1718호.

52 북한은 쌍중단 제안을 처음에는 제임스 클래퍼 DNI 국장의 방북 당시 그를 통해 오바마 대통령에게 '비공식' 전달했으나, 미국이 분명한 태도를 보이지 않자 2015년 1월 9일에 '공식적으로' 한미가 군사 연습을 중단 혹은 축소할 경우 자신들도 핵실험을 동결하겠다는 제안을 발표하였다. 쌍중단 제안이 만들어지기 전인 2014년 1월 16일에는 '군사연습축소론', 이른바 한미군사연습을 괌 등 공해를 의미하는 "한적한 곳"에서 하라고 주장하기도 하였다. "당면하여 남조선당국은《년례적》이며《방어적》이라는 미명하에 2월 말부터 강행하려는《키 리졸브》,《독수리》 합동군사연습부터 중단하는 정책적 결단을 내려야 할 것이다… 미국과의《합동》과《협동》이 그처럼 버릴 수 없는 소중한 것이라면 그것을 조선반도의 령토와 령해, 령공을 멀리 벗어난 한적한 곳이나 미국에 건너가 벌려놓으라는 것이 우리의 립장이다."「조선국방위 남조선당국에 비방중상행위중지 제의」, 『조선중앙통신』, 2014년 1월 16일. http://kcna.co.jp/calendar/2014/01/01-16/2014-0116-028.html(검색일: 2025년 1월 27일).

53 이 기간의 물밑 협상에 대해서는 2장 1절에서 다시 다룬다.

54 "쌍중단은 2015년 1월 9일 북한이 관련 대화채널을 통해 미국에 제기했다. 이후 잠정정지[暫停]를 정지(停止)로 변경했으나, 미국은 이러한 북한의 요구를 거절했다. 중국은 북한의 요구를 수용해 2016년 2월 17일 왕이 외교부장이 공식적으로 제기했다." 이희옥, 2024, 「미중관계의 전환과 중국의 대한반도 정책의 지속과 변화」, 『한반도 미래비전과 동북아 평화구축』, 전문가 정책 포럼 자료집, p. 10에서 재인용.

55 이런 점에서 볼 때 트럼프 정부 시절 문재인 정부가 입구에서 더 많은 과제를 해결하고 가자는 뜻에서 제안한 개념인 'Front Loading'론은 입-출구론의 입장에서 볼 때 매우 창의적인 접근법이었다.

56 한국에서는 'arms reduction'과 'disarmament'를 구분하지 않고 모두 군축이라고 사용해 왔다는 번역상의 요인과 남북 간의 불신의 정도가 초보적 군비통제 협상마저도 시작되기 어려운 상황이었다는 군비 경쟁적 요인 때문에 '군비통제'나 '군축' 개념 모두에 대한 거부의 정도가 심하다. 탈냉전 이후 글로벌 차원에서도 여전히 이 개념의 구분이 엄밀하게 정의되지 않고 혼용되고 있다는 점도 군비통제와 군축 개념의 다양한 용례의 원인이 되고 있다.

57 이런 점에서 문재인 대통령이 9·19 남북군사합의서를 군사 운용 통제라는 개념으로 설명하고 있는 것은 매우 중요한 구분이다. 문재인, 2024, 『변방에서 중심으로: 문재인 회고록 외교안보 편』, 김영사, 265-267쪽. 이하 '문재인 회고록'으로 표기.

58 Bonnie Jenkins, 2022, "A Keynote Conversation on the Future of Arms Control,"

2022 Carnegie International Nuclear Policy Conference, October 27, p. 9. "If he(Kim) picked up the phone and said I want to talk about arms control, we're not going to say no. I think if anything, we would want to explore what that means. We would say, okay, you want to talk about arms control, let's have a conversation, and see what that means. I think what we saw when President Trump was doing his outreach, there was a difference of opinion of what arms control is. From my understanding, there wasn't a lot of meeting in the minds on what the conversation was going to be, what we meant by nuclear disarmament, what they meant by nuclear disarmament. Alot of the groundwork was laid to really understand what we're trying to do together. I think we'd have to start with a conversation of what is it that we're trying to achieve, get that groundwork, and that takes time, but we will certainly not say no, if they say we want to talk arms control. We'd want to say, okay, let's talk about this and see what that means." https://ceipfiles.s3.amazonaws.com/pdf/NPC22/A+Keynote+Conversation+on+the+Future+of+Arms+Control.pdf(검색일: 2024년 11월 4일).

59 Bonnie Jenkins, 2022, "A Keynote Conversation on the Future of Arms Control," *2022 CarnegieInternational Nuclear Policy Conference*, October 27, p. 4. "It's more broad. It's about transparency. It's about building confidence and about confidence building measures. It has different forms of doing that whether it's notifications, whether it's risk reduction. What we want to do is try to change the perception of arms control as just being one thing and understanding that we need to bring in other ways in which we try to increase predictability in this time where they are so much uncertainty. When I look at the question, it's not what's the future of arms control."

60 "Full denuclearization should remain a goal, but in the meantime the US, South Korea, and Japan need to consider some form of arms-control proposal that would limit North Korea's nuclear arsenal and missile systems in exchange for a reduction of sanctions." Richard Haass, 2022, "The New Nuclear Era," *Project Syndicate*, October 19. https://www.project-syndicate.org/commentary/new-nuclear-era-wider-proliferation-risks-catastrophe-by-richard-haass-2022-10(검색일: 2024년 11월 4일).

61 박민희, 2024, 「미 고위당국자 "비핵화 중간단계" 언급… 북 향한 새 신호?」, 『한겨레신문』, 3월 5일. https://www.hani.co.kr/arti/politics/diplomacy/1130937.html(검색일: 2024년 11월 4일).

62 「미 "북비핵화 하루아침 이뤄지지 않아… 중간조치 당연"」, 『동아일보』, 2024년 3월 6일. https://www.donga.com/news/Inter/article/all/20240306/123833100/1(검색일: 2024년 11월 4일).

63 에이브러햄 덴마크(Abraham Denmark) 연구원의 주장. 「확산하는 북핵 인정 기류… "'군축' 대안 고려해야"」, 『VOA』 [워싱턴 톡], 2024년 10월 2일. https://www.youtube.com/watch?v=dfG4JNyfYEs&t=1070s, 동영상 15분 24초 부분, Abraham Denmark CSIS 선임연구원 발언(검색일: 2024년 11월 4일).

64 앤킷 팬더(Ankit Panda) 선임연구원의 주장. 「확산하는 북핵 인정 기류…"'군축' 대

안 고려해야"」, 『VOA』 [워싱턴 톡], 2024년 10월 2일. https://www.youtube.com/watch?v=dfG4JNyfYEs&t=1070s, 동영상 10분 8초 부분, 12분 35초 부분, Ankit Panda 카네기 재단 선임연구원 발언(검색일: 2024년 11월 4일).

65 "the seamless combination of capabilities to convince potential adversaries that the costs of their hostile activities outweigh their benefits." 국방전략서(NDS) 참조. https://media.defense.gov/2022/Oct/27/2003103845/-1/-1/1/2022-NATIONAL-DEFENSE-STRATEGY-NPR-MDR.pdf(검색일: 2024년 11월 10일).

II

'8월의 포성'과 평창의 평화

트럼프 대통령 시절 북미관계를 가장 잘 이해할 수 있는 4종의 책이 있다. 전 백악관 안보보좌관 존 볼턴의 회고록 『그 일이 일어난 방』[1]과 밥 우드워드 대기자의 대담론 『분노』, 그리고 문재인 전 대통령의 회고록 『변방에서 중심으로』,[2] 그리고 볼턴과 우드워드의 책을 보고 쓴 시그프리드 헤커 박사의 『핵의 변곡점』[3]이다. 그 외에도 트럼프 행정부 시절 관료직을 거친 전 국무부장관 마이크 폼페이오,[4] 전 백악관 안보보좌관 허버트 맥매스터, 전 국방부장관 제임스 매티스 등 여러 저자들의 회고록들이 있지만 맥락의 구체성과 정책결정론의 측면에서 볼 때, 위 4종의 저서는 당시 북미 협상에 관한 한 최고의 참고 자료라 할 수 있다. 그리고 무엇보다도 중요한 자료는 김정은 위원장과 트럼프 대통령이 직접 교환한 27편의 친서 원본들이다. 어떤 경로를 통해 공개된 것인지 알 수는 없지만, 이 친서는 영문이 먼저 공개되었고 이후 국문이 공개되었다. 공개 초반부터 진위 논란이 아예 없을 정도로 구체적인 친서였다는 점에서 이 또한 매우 중요한 자료임에 분명하다.[5]

이 중 사실적 측면에서 볼 때 가장 논란이 되는 것은 볼턴의 회고록이다. 볼턴의 회고록은 자신이 직무상 겪은 일을 트럼프 대통령 임기 중에 책자로 발간한 것이었기 때문에 그 내용 자체가 외교 안보 분야의 기밀 누설과 관련된 것이고, 동맹국을 비롯한 타국과의 외교적 논란을 빚을 수 있는 민감한 내용들이 많았기 때문이다. 볼턴 보좌관은 회고록의 4장 '싱가포르 슬링'과 11장 '하노이와 판문점'에서 북미관계를 소상히 다루고 있는데, 이 회고록 발간이 알려진 초기 미국 정부는 출판금지 소송을 제기하며 출판을 막으려고 했다. 이후 볼턴의 회고록이 이미 글로벌 차원에서 불법 PDF 버전으로 공개되었고, 법적인 방법으로 그 내용을 막을 수 없다고 판단한 백악관 측은 차라리 회고록을 사실과 다른 것으로 치부하며 무시하는 방향으로 공격하는 것이 유리하다고 판단했던 것으로 보인다. 처음엔 "반쪽짜리 진실"이라는 표현을 사용하며 비난하던 태도에서 입장을 바꿔,[6] 이후 "온통 허위와 거짓말로 가득 차 있다"고 입장을 변경한 것이다.[7] 하지만 필자가 교차 검토한 바에 따르면 볼턴 회고록의 내용 중 적어도 북한과의 협상을 다룬 4장과 11장의 내용들은 매우 구체적인 사실에 기반해 있고, 볼턴의 꼼꼼한 기록 습관에 근거해 서술되었다는 점에서 매우 진실에 가깝다고 판단된다.[8]

한편 그 몇 달 후인 2020년 9월, 트럼프 대통령은 자신의 임기 중이었음에도 불구하고 자신과 김정은 위원장이 주고받은 친서의 존재를 우드워드 기자의 책 『분노』를 통해 공개하였다. 우드워드 3부작(The Woodward Trilogy) 중 하나인 『분노』의 상당 부분은 트럼프와 김정은의 대화를 공개한 내용으로 채워져 있다.[9] 당시까지 구체적 내용이 공개되지 않았던 북미 정상 간의 친서를 트럼프 대통령이 대담에서 공개한 것은 자신의 대선 캠페인의 일환으로 보였지만 그 성과는 미지수였다. 우드워드 기자는 『분노』의 마지막 파트에서 트럼프 대통령과 그의 외교에 대해 "문 뒤의 다이너마이트(dynamite behind the door)는 내게 너무 명백해졌다는 결론에 이르렀다. 그것은 트럼프 자신이었다. 그 과장된 인격(oversized personality), 조직적이지 못한 태도(failure to organize), 규율의 부재(lack of discipline), 그가 선발한 사람이나 전문가에게 주지 않는 신뢰, 수많은 미국 제도들을 훼손했거나 훼손하려던 기도, 차분하게 달래고 치유하려는 목소리를 제공하지 않고 잘못을 기꺼이 인정하지 않으며 준비하지 않는 자세, 평화와 화해를 추구하지 않으려 하고, 남의 말을 주의 깊게 듣지 않으며 계획을 마련하지 않으려는 트럼프가, 바로 문제 그 자체였다."라며 대통령 재선 불가론을 폈기 때문이다.[10] 어쨌든 우드워드가 공개한 친서의 내용은 그 자체로 획기적이긴 했지만, 자신의 견해를 드러내기보다는 인터뷰 내용을 그대로 담는 형식을 띠고 있어서 큰 논란이 되는 부분은 없었다. 이후 전문이 공개된 친서와 비교해 볼 때, 우드워드는 친서를 통해 다뤄야 할 중요한 쟁점을 모두 다루지 못한 것으로 보여 아쉬웠는데, 그것은 아마도 우드워드 자신이 북미 협상의 맥락을 잘 이해하지 못하고 협상 과정을 따라가지 못한 상태에서 글을 쓴 결과로 보인다.

이런 상태에서 2022년 9월, 27편의 친서가 『한미저널』 10호에서 공개되면서 두 책을 검증할 수 있는 또 다른 여건이 마련되었다. 『한미저널』에서 공개한 국·영문 친서 27편은 특히 그 작성 시점을 정확히 표기하고 있어 중요한 교차 분석 대상이 되었다. 친서의 교환 방식, 즉 대화 채널 등에 대해서는 확인하기 어려우나 친서가 위서라는 비판은 어디에서도 제기되지 않았다.

나아가 시그프리드 헤커 박사가 2022년에 쓰고[11] 2023년에 한국어로 번역 출간된 『핵의 변곡점』은 위 세 개의 글들을 종합 검증한 책이다. 그의 글은 북핵 40년을 다루는 종합서이고, 앞의 책들에 비해 그 방대한 지식과 전문성에서 견줄 바 없으며, 특히 트럼프 대통령 시기를 다룬 파트는 그중 18~20장 3개 장에 불과하다는 점에서 위의 책들과는 성격이 다르다. 하지만 시그프리드 헤커 박사는 누구보다도 애정을 가지고 북핵 문제를 연구해 온 전문가로서 볼턴이나 우드워드보다 내재적이고 맥락적인 이해를 통해 각 등장인물들을 평가하고 비판할 수 있는 능력과 자격이 있어 보인다. 이런 점에서 작은 분량이지만 18~20장에서 그가 다루고 있는 진실은 북핵 문제에 대한 가장 객관적인 비판서일 것이다.

그동안 이 책들을 접할 당시, 그 숨은 밑그림 중의 하나인 한국 정부 관계자의 증언이 없다는 점이 아쉬웠는데, 당시 상황을 누구보다 잘 알고 있는 한국 정부 담당자가 보안 문제나 재판 그리고 협상 신뢰 등과 같은 상황 때문에 제대로 된 남북관계, 북미관계 그리고 북한의 인식 등에 대한 내용을 공개하지 못하고 있었기 때문이다. 그러던 중 출간된 문재인 대통령의 회고록 『변방에서 중심으로』는 매우 중요한 보완 자료가 되었다. 대통령의 글이라는 점에서 각 관료 조직들이나 기관의 입장 등을 드러내는 자료들은 부족하고 그들의 노고가 모두 대통령의 몫으로 평가받는 것은 어쩔 수 없는 사정이기도 했다. 이런 점에서 드물게 역할을 했던 글 중의 하나는 임종석 전 대통령 비서실장의 『창비』 인터뷰다.[12] 이 글 역시 인터뷰 과정에서 나온 많은 비화들을 대북 신뢰 관계상 제외한 바 있어서 아쉽기는 하지만, 전직 비서실장의 입장에서 조금은 비판적인 시선으로 한국의 대북 정책을 바라 본 글이라는 점에서 중요한 가치가 있다. 특히 대북 제재에서 '월경(越境) 기준'이 아니라 '이전(移轉) 기준' 원칙에 따랐어야 한다는 그의 일침은 남북 협력과 대북 제재를 조화시키는 탁월한 기준을 제시한 것이었다.

회고록이나 인터뷰 자료가 개인의 자기 홍보라는 점에서 거부감을 느끼는 연구자들도 많으나, 당시 정책 결정 과정을 이해하는 데는 매우 중요한 근거 자료가 된다는 점은 부인할 수 없다. 특히 여러 저자들의 회고록이 존재할 때 이를 대조적으로 판단·분석하면 연구자의 역량과 연구방법에 따라 뜻하지 않은 진실을 찾는 경우도 왕왕 있다. 예를 들면 크리스토퍼 힐 전 차관보의 회고록[13]이나 송민순 장관의 회고록[14]은 9·19 공동성명 과정에서 미국 재무부와 국무부의 숨겨진 긴장 관계를 이해하는 데나 남북관계를 이해하는 데 매우 중요한 증언 자료가 되고 있다.

당시 미국의 공식 평가의 이면에 놓인 진실을 찾아가는 데 그만큼 중요한 자료도 없다는 사실은 이번 글을 시작하는 데 큰 힘이 되었다.

1 오바마 임기 말 협상의 진실: 평화협정 아니면 핵실험

트럼프 대통령은 "오바마 대통령이 인수인계 과정에서 가장 시급한 외교 현안으로 '특정 지역의 군사 문제(a military problem with a certain place)'를 언급하여 놀랐다."라고 밝히면서 북한 문제 논의를 시작했다. 당시 인터뷰에서 트럼프 대통령은 그것이 어느 지역임을 밝히지 못한다고 했다. 오바마 대통령이 대화 내용이 밝혀지기를 원하지 않으며, 또한 그 특정 지역의 당사국(북한)이 미국이 그 같은 위협 인식을 시인하고 있다는 것을 알게 되면 미국의 이익에 좋지 않다는 두 가지 점을 들어 밝히기를 거부했다. 그러나 2월 28일 CNN과의 인터뷰에서 백악관 고위 당국자는 그 특정 지역이 북한임을 밝히고 북한 군사력이 미국의 시급한 위협임을 인정함으로써 드디어 오바마 대통령이 감춰 온 속내가 드러나게 되었다. 이 같은 내용은 훗날 우드워드의 3부작 『공포』와 『분노』를 통해서도 재차 확인되었다.

어쩌다 이 같은 지경까지 이르게 되었을까? 트럼프 행정부의 출발점을 알기 위해서는 그 전사에 대한 이해가 필요하다. 오바마 행정부 말기 그들은 쉬고 있지만은 않았다. 평화협정과 비핵화의 순서를 둘러싼 치열한 물밑 공방이 있었고, 그 과정을 둘러싼 각국의 치열한 각축이 있었다.

가장 먼저 협상의 포문을 연 것은 북한이었다. 주지하다시피 김정은 정권은 남북, 북미관계의 해빙을 위해 2014년 이산가족 상봉에 이어 아시안 게임 외교 그리고 케네스 배 등 미국 민간인 석방 등 일련의 미소외교(charm offensive)[15]를 시작했고, 이에 이어 북한은 쌍동결을 의미하는 한미군사연습과 핵실험의 동시 중단을 제안했다. 이로부터 시작된 협상 국면은 몇 차례의 우여곡절을 거쳤다.[16] 먼저 데니스 블래어 정보국장의 방북과 억류자 석방으로 화해 국면이 열리나 싶었는데, 곧바로 터진 소니 해킹 사건은[17] 미국의 대북 유화 정책을 가로막는 사건이 되었다. 이후 오바마 대통령은 1월 24일 유튜브와의 인터뷰에서 북한 붕괴 불가피론을 언급하면서 미국의 대북 강경론에 변함이 없음을 확인해 주었다. 1월 30일 북한은 미국과의 마지막 협상을 통해 진의 파악에 나선다는 의사를 전달하고, 성 김 당시 대북정책특별대표의 방북을 요구했다. 그러나 성 김 대표는 베이징에 머무르면서 방북을 거절하고 북한 대표단이 중국으로 나올 것을 요구하였다.[18] 장소 문제에 대한 북미간의 신경전은 오랫동안의 쟁점이었고, 바로 이 점 때문에 성 김은 평양 방북을 거절한 것이었다. 협상의 의사는 있으나 장소는 평양이 되어서는 안 된다는 오바마 국무부의 불필요한 신경전은 북한을 극도로 자극하였다. 2015년 2월 4일 "미국 것들과 더는 마주 앉을 필요도 상종할 용의도 없다."라는 국방위원회 성명[19]이 나오게 된 것은 이러한 미국의 강경론에 대한 북한식 강경론이었고, 대미 미소외교의 종료를 의미했다.

> 새해벽두부터 오바마가 직접 그 무슨《대통령행정명령》으로 새로운 대조선《추가제재》를 선포한 데 이어 1월 22일에는 우리 공화국을《가장 고립되고 가장 단절되고 가장 잔혹한 독재국가》라고 악의에 차 헐뜯어댔다. 그것도 모자라 나중에는《시간이 흐르면 그런 정권은 무너질 것》이라고 줴쳐대며 싸이버전에 의한 정보류입으로 하루라도 더 빨리 우리를《붕괴》시

켜야 한다고 악설을 퍼부어댔다…. 《키 리졸브》, 《독수리》 합동군사연습을 포함하여 남조선과 그 주변 지역에서 벌리기로 계획된 전쟁연습들을 그대로 강행하기로 작정하고… 이와 관련하여 조선민주주의인민공화국 국방위원회는 위임에 따라 우리 군대와 인민의 원칙적인 립장을 내외에 천명한다.

1. 날강도 미제의 대조선적대시정책이 분별을 잃고 극도로 포악무도해지고 있는 조건에서 그것을 짓부시기 위한 우리 군대와 인민의 정의의 대응 역시 더욱더 강도 높게 벌어질 것이다. 한때 미국의 정책작성자들은 뻔뻔스럽게도 제놈들에게는 대조선 적대시정책이 없다고 너스레를 떨었다. 하지만 오바마는 제입을 통하여 미국의 대조선정책이 가장 악랄한 적대시정책이며 그 기본목표가 우리를 《붕괴》시키는 데 있다는 것을 스스로 드러냈다…. 우리를 겨냥한 전쟁연습 규모와 범위가 확대되는 것만큼 정의의 대응도수를 무한정 높여나가게 될 것이다….

2. 오늘은 오바마 일당이 있지도 않는 우리 《인권문제》를 날조하고 근거도 없이 《쏘니 픽쳐스》에 대한 해킹공격의 《북소행》설을 내돌리며 싸이버전으로 우리를 《붕괴》시키려고 어리석게 놀아대고 있다….

3. 날강도 미제가 우리의 사상을 말살하고 우리의 제도를 《붕괴》시키려고 발악하는 한 **미국 것들과 더는 마주 앉을 필요도, 상종할 용의도 없다**는 것이 우리 군대와 인민이 내린 결단이다. 오바마 일당은 입버릇처럼 힘에 의한 《압박》과 《대화》라는 《두길전략》으로 우리의 변화를 유도하고 체제의 《붕괴》를 이끌어내야 한다고 주제넘게 줴쳐대고 있다…. 《선 변화》가 있어야 대화가 있다는 잠꼬대 같은 소리를 세계면전에서 더 이상 줴쳐대지 말아야 한다….

이때부터 시작된 북한의 행보는 강경 일변도였다. 4월 18일 느닷없이 백두산을 오른 김정은은 고난의 행군에 버금가는 내핍형 캠페인인

'백두의 칼바람 정신'[20]을 강조하며 결연한 의지를 보이기 시작했다. "나는 일이 힘들고 생각이 많아질 때면 백두산에 와서 수령님에 대한 추억도 하고 수령님께서 백두밀림에서 개척하신 주체의 혁명위업을 끝까지 완성할 굳은 각오도 다지군 합니다."라는 『로동신문』의 기사처럼,[21] 노동당 지도부의 백두산 등정은 장성택 숙청 시에 그러했듯이 어떤 결단을 시사하고 변화를 요구하는 시기에 이루어지는 경우가 많았다. 백두산 등정으로부터 얼마 되지 않은 5월 3일 김정은 위원장은 위성관제종합지휘소를 현지 지도하여, 보다 확장된 로켓 모형을 공개했다. 이 시찰에서 "우주개발사업은 그 누가 반대한다고 해서 포기할 사업이 아니며, 위성은 앞으로도 당 중앙이 결심하는 시간과 장소에서 연이어 우주를 향하여 날아오를 것"이라고 쐐기를 박았다. 뒤이어 같은 달 9일 『로동신문』은 북한의 SLBM 수중 발사 소식을 공개하여 긴장도를 높였다. 북한의 (탄도) 로켓 발사가 트리거 조항에 의해 추가적인 유엔 안보리 제재 결의안을 가져오게 되어 있는 조건에서, 2015년 로켓 발사는 북한이 기존의 반미 전선에 더해 중국까지 적으로 돌아서는 최악의 상황마저 감내하겠다는 조치였다. 특히 2015년 상반기 들어 북중 교역이 정치적 이유로 하강 국면에 있고 중국이 북한의 도발에 대해 경고를 보내고 있는 상황에서, 이를 무릅쓰고 북한이 로켓 발사를 강행하기 위해서는 미국뿐만 아니라 중국마저 등을 돌리는 불리한 조건마저 돌파해 내겠다는 강력한 주민 의지의 동원 없이는 불가능했다. 느닷없이 백두산을 오르고 백두의 칼바람 정신을 강조하는 등 결사항쟁형 캠페인을 제기한 것은 북한 주민들로 하여금 또 한 번 고난의 행군이라는 최후의 카드를 쓸 수도 있음을 예고하며 그 준비를 요구하는 신호였던 것이다.

2015년 8월 4일 목함지뢰사건[22]이 터진 후 북한의 발 빠른 순전시 상태 선포와 추가적인 대응 양태 역시 주목할 만한 조치였다. 다행스럽게 8·25 합의가 이루어졌지만, 북한의 공세는 여기에서 그치지 않았다.

9월 14일, 조선국가우주개발국장의 "평화적 우주개발은 주권국가의 합법적 권리… 세계는 앞으로 선군조선의 위성들이 우리 당중앙이 결심한 시간과 장소에서 대지를 박차고 창공 높이 계속 날아오르는 것을 똑똑히 보게 될 것이다."라는 인터뷰와 연이은 9월 15일 자, 조선원자력연구원 원장의 "적대시정책 계속 매여달리면 언제든지 핵뢰성으로 대답할 준비가 있다."라는 『조선중앙통신』과의 인터뷰는 북한의 10월 로켓 발사설을 더욱 부추겼다. 이로써 8·25합의까지 위기에 처하는 것이 아닌가 하는 의구심들이 고개를 들기 시작했고, 20차 이산가족 상봉도 어려워지는 것 아닌가 하는 문제 제기들이 확산되어 나갔다. 하지만 잠시라도 북한의 강경론에 변화의 조짐이 보이기 시작한 것은 9월 24일이었다. 조선국가우주개발국장이 CNN과의 기자회견을 자청해 "위성 발사는 다가오고 있고 최종 준비가 진행되고 있다."라면서도 "우리가 위성을 특정한 축일이나 기념일에 쏘아 올린다고 생각하는 것은 틀렸다."라고 뜻하지 않은 보도를 내보냈다. 노동당 창건 70주년인 10월 축전을 맞아 북한이 또다시 위성 발사에 나설 것이라는 예측에 변화가 감지되기 시작한 날이었다.[23]

당시 북미 간 대화와 관련해서 흥미로운 것은 9월 19일(미국 현지 시간) 당시 대북 대표였던 성 김 동아시아태평양 담당 부차관보가 9월 19일(현지 시간) "우리는 북한과 진정으로 대화할 용의가 있다."라며 "평양이든 다른 곳이든 장소는 중요치 않다."라고 밝혀 방북 의사를 내비친 사실이다. 앞서 보았듯이 그해 초 성 김 대북 대표가 평양 방문을 거부하여 상황을 경직시킨 것에 비하면 큰 정책 변화의 의지를 내비친 셈이었다.

하지만 이것보다도 더욱 김정은의 체면을 세워 준 것은 류윈산 중국 공산당 상무위원의 방북이었다. 중국 최고의 외교정책 결정 단위인 외사영도소조의 일원이자 중국 공산당 상무위원 서열 5위였던 류윈산의 방북은 김정은 시대에 들어서고 나서는 최고위 중국 인사의 방북이었다. 류윈산은 당정군의 고위 인사들을 대동하여 10월 행사에 참석하였고, 주석단에서 김정은에게 환한 미소를 짓게 했다. 악화 일로를 걷던 북중관계에 다시 화해 조지가 시작될 것이라는 기대가 만발했다. 실제 중국은 류윈산 상무위원 방북의 후속 조치로 북한의 모란봉 악단을 베이징으로 초청하여 대중 공연을 갖기로 하는 등 모처럼 북중관계에 화해 바람이 부는 것처럼 보였다. 이런 분위기를 반영하듯 11월에는 반기문 유엔 사무총장의 평양 방문설이 돌기도 하는 등 화해의 순풍이 대세인 듯 보였다.

하지만 역시 북한에게 중요한 것은 북미관계였다. 북한은 2015년 2월 '미국 것'들과는 상종하지 않겠다고 했을 때 이미 모종의 강경 조치를 염두에 두고 그 준비를 시작하고 있었던 것이다. 이를 감지한 중국이 남북관계나 북미관계를 중재하고자 했지만 당시 북한의 입장은 강고했다. 뒤늦게 알려졌지만 소위 쌍중단과 평화협정 우선론을 둘러싼 북한의 확고부동한 요구는 중국의 중재나 설득에도 불구하고 요지부동이었다.

2015년 10월 7일 류윈산 상무위원의 방북과 회담 중재 직후 북한은 미국을 향해 외무성 대변인 성명의 형식으로 "우리는 이미 공식경로를 통하여 미국 측에 평화협정체결에 진정으로 응해 나올 것을 촉구하는 메쎄지를 보내였다. 우리는 미국이 평화협정체결과 관련한 우리의 제안을 심중히 연구하고 긍정적으로 응해 나오기를 기대한다."라며 다시 한번 대미 평화협정 공세를 시작했다. 이어 북한은 10월 17일 워싱턴에서 진행된 한미정상회담에 맞추어, 급을 더 높인 '외무성 성명'을 통해 선평화협성론을 다시 제기하고 나섰다. 이때부터 북한은 병행론마저 버리고 "정전협정을 평화협정으로 바꾸는 것을 모든 문제에 선행시켜야 한다는 것이 우리가 찾게 된 결론이다."라며 미국의 선행동론, 즉 선평화협정론을 제기하기 시작한 것이다. 그것은 중국의 중재안인 쌍궤병행론마저 거부하고 오히려 수위를 더 높인 것이라는 점에서, 겉으로 조성된 10월의 화해 분위기와는 달리 실제 북한 지도부의 근본주의적 태도는 한층 심화되고 있었다.

> 정전협정을 평화협정으로 바꾸는 문제는 무엇보다도 미국이 먼저 용단을 내려야 할 문제이며 조미 사이에 우선 원칙적 합의를 보아야 할 문제이다. 유엔도 평화협정체결을 적극 지지고무해나섬으로써 조선반도에서 한 성원국과 《유엔군사령부》가 교전관계에 있는 비정상적인 사태를 끝장내는 데 자기 몫을 해야 할 것이다. 조미 사이에 신뢰를 조성하여 당면한 전쟁의 근원을 제거할 수 있다면 핵군비경쟁도 궁극적으로 종식시킬 수 있으며 평화를 공고히 해나갈 수 있다. 미국은 더는 평화협정체결 문제를 무턱대고 회피할 생각을 하지 말고 심중하게 옳은 선택을 하여야 할 것이다. 조선반도정세가 중대한 전환기에 들어선 오늘에 와서까지도 미국이 평화협정체결 문제를 외면하거나 그에 조건부를 다는 식으로 나온다면 우리에 대한 적대시정책을 포기할 의사가 없다는 것을 세상에 낱낱이 드러내보이는 것으로 될 것이다. 미국이 끝내 다른 길을 고집한다면 조선반도에서 보게 될 것은 우리의 무한대한 핵억제력이 점점 강화되여가는 것이며 마주치게 될 것은 미국이 원하는 그 어떤 형태의 전쟁에도 기꺼이 상대해주는 우리의 혁명적 무장력일뿐이다.[24]

이제 북한은 "우리는 지난 시기 비핵화문제를 먼저 론의해야 한다는 유관측들의 주장을 고려하여 6자회담에서 비핵화론의를 먼저 해보기도 하였고… 핵 문제와 평화보장 문제를 동시에 론의해보기도 하였지만"[25] 모두 실패하였다며, 6자회담 시기의 선비핵화론을 반대할뿐더러 한술 더 떠 2010년부터 제기해 온 비핵화-평화협정 병행론도 거부하기에 이른 것이다.

선평화협정론이 답이라는 북한의 새로운 주장은 사실상 비핵화를 거부하고 북한을 핵보유국으로 인정하고 핵군축 논의로 돌입하자는 것이나 마찬가지였기 때문에 미국에서는 북한이 이제는 협상 의사가 없는 것이 아닌가라는 의구심이 제기되기 시작했다. 물론 북한은 자신들의 입장이 변하게 된 동기는 목함지뢰 사건부터 서부전선 포격 사건에 이르기까지 정전협정 상태에서 비롯된 일련의 우발적 충돌의 경험에서 시작된 불안감이라는 입장을 표명하였다.

> 최근에 우리가 조선정전협정을 평화협정으로 교체할 데 대한 립장을 다시금 천명한 것은 8월의 조선반도 정세로부터 찾게 된 심각한 교훈에 기초한 것이다. 자그마한 우발적인 사건으로 하여 정세가 교전 직전까지 치달아올랐던 당시의 조선반도 위기상황은 현 정전협정으로는 더 이상 충돌과 전쟁 위험을 막아낼 수 없음을 최종적으로 확증하였으며 조선반도에서의 항구적인 평화적 환경 마련에서 급선무는 바로 조미 사이의 평화협정체결이라는 것을 여지없이 보여주었다.[26]

하지만 정전 체제에 문제점이 있다고 해서 그것이 곧바로 평화협정 체제의 필요성을 말하는 것이 아님은 오랜 협상의 역사가 보여 주는 사실이다. 그럼에도 불구하고 북한이 이런 주장을 들고 나온 것은 준비된 핵실험을 향한 의지가 그만큼 높다는 뜻으로 비춰졌다. 이제 이 문제는 지난 2월처럼 장소 문제 등을 양보해서 대화에 나간다고 해결될 수 있는 미세한 문제도 아니었다. 이쯤 되자 미국이 협상의 문을 여는 데 실기한 것이 아닌가라는 평가가 나오기 시작하는 것도 무리가 아니었다.

이런 상태가 계속되는 가운데 중재 방문을 기대했던[27] 반기문 총장이 11월 방북을 포기하고, 중국 또한 중재 의지가 확연히 저하되기 시작했다. 12월 2월 북한 외무성 대변인은 최후 통첩성 성명을 통해 “평화협정체결 문제와 비핵화 문제를 뒤섞어놓으면 어느 하나도 해결될 수 없다는 것은 실천을 통해 여실히 증명된 진리”라며 “평화협정체결의 실제적이며 책임 있는 당사자인 조미가 마땅히 전제 조건 없이 마주앉아 평화협정체결 문제부터 론의하여야 한다. 미국은 오그랑수를 쓰지 말고 평화협정체결을 위한 조미대화에 속히 응해나와야 할 것이다.”라고 강조해 다시 한번 미국을 몰아세웠다. 북한이 자주 쓰는 ‘초강경’의 반복이었다.[28]

2015년 12월 12일 북한은 8·25 합의 이후 진행되어 온 남북 차관급 회담을 결렬시켰고, 같은 날 베이징 공연을 앞둔 모란봉 악단을 공연 취소와 더불어 평양으로 귀환시켜 버렸다. 뒤늦게 알려진 사실이지만 남북회담 파국과 베이징 공연 취소에 뒤이어 12월 15일 김정은 위원장은 소위 ‘수소탄’ 실험 승인 명령을 내린 상태였다. 이즈음 남북 간에 마지막 조율이 있었다는 설이 떠도는데, 국정원장과 통전부장을 라인으로 하는 비공개 장관급 회담설이 그것이었다.[29] 그러나 안타깝게도 이 회담은 실패한 것으로 알려졌고, 8·25 합의의 주역이자 후계자 시절부터 김정은의 스승이었던 통전부장 김양건이 12월 29일 갑자기 교통사고로 사망함으로써 대남 정책의 폭주를 관리할 사람이 없었다. 해를 넘겨 2016년 1월 3일 김정은 위원장의 강행 지시를 받은 북한 군부는 6일 4차 핵실험의 단추를 누르고 말았다. 소위 강대강(power to power) 대결의 시기를 연 것이다.

이후 북한은 2년간 세 차례의 핵실험[4차 핵실험(2016. 1. 6.), 5차 핵실험(2016. 9. 9.), 6차 핵실험(2017. 9. 3.)]을 강행하였다. 오바마 행정부가 요구해 온 ‘북한의 선비핵화’와 북한이 제기하기 시작한 ‘선평화협정론’ 간의 말 대 말 공방의 간극은 결국 쌍궤병행이라는 중재안을 수용하지 못한 채, 북한의 실력 행사로 말미암아 해결 불가능한 간극을 만들고

[표 2] 2014년부터 2016년까지의 쟁점

	비핵화 개념	조건	평화협정 방법
북한	비핵지대화	5대 안전담보 조건[30]	병행론(2014~2015) 선평화협정론(2015.10. 이후)
중국	가변적 (평화와 순위조정)	쌍잠정중단 (Suspension for Suspension)	쌍궤병행론 (Dual Track)
미국	CVID	북한의 선행동 요구 통일론 검토	선비핵화 (CVID 이후 평화협정)

만 것이다.

당시 이 협상의 과정을 둘러싼 미국 내 강경파들의 입장을 반영한 글이 2016년 2월 26일 자 빅터 교수의 『중앙일보』 칼럼 "대북 외교의 판이 바뀌고 있다"에서 소개되었다. 이 글은 미국의 워싱턴 인사이더들이 바라보는 평화협정과 비핵화 간의 관계에 대해 핵심을 꿰뚫고 있는 비판문이다. 빅터 차는 평화협정에 대한 협상안이 북한의 거부로 결렬되었음을 말하고 있다. 그는 그것이 누구에 의해 결렬되었는가보다 국무부가 이를 논의했다는 것 자체의 함의를 따지고 들었다.[31]

그는 "우리가 목도하고 있는 것은 지난 25년간 유지돼 온 대북(對北) 협상의 형판(形板·template)이 점진적이지만 상당한 정도로 바뀌고 있는 현장이다."라며 과거 대북 협상이 일관되게 견지한 우선순위는 북한의 선비핵화론임을 강조하고, 그 순위에 변화가 있으면 안 된다는 점을 재강조하고 있다. 그러면서 그는 한반도에서 미국이 선비핵화론을 제기해 온 두 가지 중요한 이유를 설명하는데, 하나는 "한반도에서 핵무기를 제거하지 않고서는 한국전쟁을 종결시키는 평화조약을 상정할 수 없다."라며 북한이 핵을 가진 상태에서 한국전쟁의 종결을 선언해서는 안 되기 때문이고, 다른 하나는 어떤 경우에도 "비핵화를 평화조약에 선행되게 함으로써 평화조약이 북한의 핵무기 보유국 지위를 인정하는 효과를 갖게 하는 것을 막아 왔다."라면서 북한의 핵보유국 지위를 인정해서는 안 되기 때문이라는 것이다.

그의 비판은 국무부가 잘못된 '새로운' 선례를 남기고 있는 것에 집중된다. "핵무기가 단지 한 요소에 불과한 '포괄적인' 평화협정을 위한 협상의 가능성." 이런 가능성이야말로 "'법적인(de jure) 핵보유국으로서 미국과 평화조약을 맺는다'는 북한의 목표 실현"을 돕는 것이라는 점에서 자신을 비롯해 많은 사람들을 격분시키고 있다는 것이다. 비핵화를 몇 개의 내부 조항의 하나로만 다루는 '포괄적' 평화협정에 대한 빅터 차의 반대는 미국이 왜 북한과의 평화협정에 소극적인가를 설명하는 논리를 잘 보여 준다. "휴전협정을 대체하는 평화협정이 협상의 필요조건이라고 주장해 온 사람들" 예를 들면 평화협정을 주장해 온 제임스 클래퍼 국가정보국장[32] 등에 대한 빅터 차의 이 같은 저격은 한국 보수 정부에 대한 격문이나 마찬가지였고, 결과적으로 국무부의 발을 묶는 역할을 했다. 특히 "미국이 어떤 새로운 유연성을 발휘하면 역내 국가들은 미국이 지도력을 발휘했다고 반기지만, 워싱턴 정가에서는 이를 절박함과 나약함이 결합된 결과라고 평가한다."라는 섬뜩한 구절은 동맹보다 국내 정치를 강조하는 오늘날의 추세에서 미국의 대북 강경책에 대한 자동 주문으로 작동하게 된다.

결국 박근혜 정부는 북미 협상을 막기 위해서라도 개성공단을 폐쇄하는 등 북한의 도발에 대해 초강수로 맞섰다. 대북 협상론에 대한 이런 비난이 미국의 안팎에서 제기되는 상황에서 오바마 대통령도 더 이상의 협상에 연연할 이유가 없었다. 이제 오바마 대통령이 강경파가 되는 것은 시간문제일 따름이었다.

우드워드는 그의 책 『분노』 12장에서 오바마 대통령이 북한의 5차 핵실험 직후 외과수술 방식의 선제타격(surgical strike)을 검토했다는 사실을 공개하고 있다.

우드워드는 "전쟁을 피하고자 하는 강한 바람에도 불구하고 오바마 대통령은 북핵 위협이 정확한(외과수술 방식의) 군사 공격으로 제거될 수 있을지 검토해야 할 시간이 됐다는 결정을 내렸다"고 밝혔다. 책 내용에 따르면 오바마 대통령은 처음부터 북한에서 발사된 미사일을 저지시킬 수 있는 극비 작전인 '특별 접근 프로그램(special access programs, SAP)'들을 승인했다. 이 프로그램에는 첫째, 북한 미사일 부대 및 통제 시스템을 겨냥해 사이버 공격을 하는 작전과 둘째, 북한 미사일을 직접 손에 넣는 작전, 셋째로 북한에서 발사된 미사일을 7초 내에 탐지하는 작전 등이 포함돼 있다. 첫 번째 작전은 오바마 취임 첫해부터 시작됐으나 성공률이 혼재돼 있었다고 우드워드는 적었다. 우드워드는 "정부 관리들은 이 작전들이 국가안보와 직결돼 있기 때문에 책에서 자세히 묘사하지 말아 달라고 요청했다"고 언급하기도 했다. 하지만 북한의 위협이 사라지지 않자 오바마 대통령은 백악관 국가안보회의(NSC) 참모들에게 '북한의 핵미사일 프로그램을 제거하기 위해 사이버 공격을 병행한 예방적 대북 군사 공격에 착수할 가능성이 있는지'에 관한 민감한 질문을 던졌다고 우드워드는 전했다. 오바마 이전 정부, 즉 빌 클린턴과 조지 W. 부시 정부도 북한 문제를 해결하고자 했으나 결국 풀지 못한 채 북한 문제는 점점 더 심각해지는 상황이었고, 이는 오바마 대통령을 계속 괴롭히는 문제가 됐다고 우드워드는 덧붙였다. 오바마 대통령은 구체적으로 제임스 클래퍼 국가정보국장(DNI)이 북한의 핵과 미사일이 미국의 위협이 될 것이라는 점을 강력히 경고하자 국방부와 정보기관에 북한의 모든 핵무기와 관련 시설을 제거하는 것이 가능한지 파악해 보라고 지시했다고 우드워드는 밝혔다. 한 달간의 조사 끝에 국방부와 미국 정보기관은 "미국이 식별할 수 있는 북한의 핵무기와 관련 시설의 85% 가량을 타격해 파괴할 수 있을 것"이라고 보고했다. 북한이 어디에, 얼마나 많은 핵무기를 보유하고 있는지 완전히 파악하는 것은 불가능하다는 것이 미 정보당국의 판단이었다. 게다가 북한의 포병대가 밀집해 있는 비무장지대(DMZ)와 인접한 서울은 인구 1천만의 거대도시였다. 이에 클래퍼 국장은 북한의 핵무기를 완전하게 제거하지 않을 경우 반격과정에서 남한에 수만 명의 사상자가 발생할 수 있다고 판단했다고 우드워드는 전했다. 당시 국방부는 지상군 투입을 통해 북한 핵 프로그램의 모든 요소를 정확하게 찾아내 완전히 파괴하는 방안을 제시했다. 하지만 지상군 침투는 핵무기를 이용한 북한의 반격을 촉발할 가능성이 있고, 이는 오바마 대통령이 미처 생각하지 못한 것이었다고 우드워드는 지적했다. 2009년 노벨평화상 수락 연설에서 "전쟁은 인간 비극", "전쟁은 인간의 어리석음의 표현"이라고 비판했던 오바마 대통령은 결국 좌절감과 분노를 느끼면서 대북 선제타격 안을 백지화했다.[33]

퇴임을 4개월 앞둔 오바마 대통령이 자신의 임기 중에 북한에 대한 외과수술식 선제타격을 검토했다는 사실은 충격적이기도 하다. 한 달간의 검토 끝에 그들이 내린 결론은 선제타격으로는 탐지된 시설 중 85%를 폭파할 수 있지만, 나머지 15% 시설에서의 2차 반격을 감당해야 하고 심지어 규모를 모르는 미탐지 시설에서의 반격 과정에 나타날 피해 규모까지 생각하면 선제타격의 효과는 미지수라는 것이었다. 결국 미탐지 시설에 대한 해결책이 마련되지 않는 한 선제타격 과정에 미국이 입는 피해 규모를 예측하기 어렵다는 것인데, 그 미공개·미탐지 시설 문제를 해결하기 위해 국방부가 제시한 대안이라는 게, 고작 대규모 지상군 투입(ground invasion)을 통해 미공개 시설을 현장에서 정확하게 탐지해 파괴하는 방안이라는 것이다. 임기 중 비밀군사작전(covert action)의 성공으로 흥행에 성공한 오바마 대통령이 생각한 선제타격론에 지상군 투입과 같은 대규모 군사작전은 없었기 때문에, 자신의 독트린인 DDSS에 비추어 본다면 그런 유의 군사 작전을 북한에 적용하기 어렵다는 점이 분명해진 것이다.

북한의 대형 도발에 대해 사이버 공격을 통해 대응하는 '발사전 교란(left-of-launch)' 작전[34] 또한 검토되고 일부 실행되었지만, 그 또한 성공률의 한계가 있고 그만큼 리스크를 갖고 있었다. 우드워드는 『공포』에서 사이버 작전이 성공하기 위해서는 사실상 북한이 거점으로 삼고 있는 중국 서버, 아마도 위성을 포함한 일체의 시스템에 침투해야 하는데, 이 작전에는 중국의 협조가 필요함을 암시하고 있다.[35] 그렇지 않은 상태에서 사이버 작전을 통해 북한을 제압하는 선택만에 기대기는 어렵다는 점 또한 염두에 두지 않을 수 없었다. 결과적으로 대규모 군사 작전 외에는 다른 대안이 없었지만 그 한계는 앞서 보았듯이 분명했다. 결국 오바마 대통령은 북한에 대한 군사작전을 포기해야 했지만, 북한과의 추가 협상은 더더욱 검토할 수 없었다.[36]

2 트럼프 행정부의 등장: 2017년 '8월의 포성'

1) 화성 14호 vs. 예방전쟁

사실 트럼프 대통령은 후보 시절(2016년 6월 15일) 느닷없이 북한의 김정은 위원장이 미국을 방문하면 '햄버거를 먹으며' 핵 협상을 하겠다고 밝혀 화제가 된 적이 있었다. "김정은이 미국에 오면, 나는 그를 받아들일 것이다." 국빈 만찬을 제공하지는 않을 것이라면서도 "회의 탁자에서 햄버거를 먹으며 협상을 해야 한다."라고 말한 것이다. 자신이 한 달 전 "김 위원장과도 대화할 수 있다."라고 한 것의 후속 성명이었다. 민주당 후보인 힐러리 클린턴 전 국무부장관이 '아마추어'라는 식으로 공격하자 이를 재반박하기 위한 것이었지만,[37] 트럼프 후보의 주장은 오바마 정부의 '전략적 인내'를 비판하는 것으로 받아들여졌다. 당시는 트럼프 후보의 당선 가능성이 미미한(5%) 수준이었던 시절이라 그것이 세기의 북미 정상회담으로 가는 전주곡이었음은 아무도 예측할 수 없었다.

이후 실제 집권한 트럼프 행정부는 2017년 4월 26일 북한에 대해서 더 큰 압박으로 더 큰 관여의 기회를 연다는 '최대 압박과 관여(Maximum Pressure and Engagement)' 정책을 입안하였다. 이미 압박을 통한 관여에 이골이 난 북한 정부가 이 같은 정책에 응할 리 만무했다. 오히려 북한은 도발로 회답했고, 4월과 5월 사이에 사거리 5,000km에 달하는 화성 12호를 네 차례나 발사하였고, 7월에 들어서는 사거리 9,000km에 달하는 화성 14호 발사에 나섰는데, 7월 4일 1차 발사를, 28일에는 2차 발사를 상행하였다. 이에 대해 트럼프 행정부 1기의 첫 국무부장관을 맡은 렉스 틸러슨은 8월 1일 자 성명에서 북한을 달래는 차원에서 소위 4개 'NO', 즉 "정권 교체를 시도하지 않으며, 체제 붕괴를 추구하지 않고, 한반도의 재통일을 촉진하지 않으며, 우리의 군대를 38선 이북으로 넘어가게 할 구실을 찾지 않을 것"을 분명히 하였다. 동시에 북한과의 대화 재개를 위한 조건으로 "핵실험 중단, 탄도미사일 발사 중단, 동북아 안정을 저해하는 언행 중단"을 요구하였다.

하지만 그 직후인 8월 5일 허버트 맥매스터(H. R. McMaster) 백악관 안보보좌관은 MSNBC 방송과의 인터뷰에서 북한에 대한 '예방전쟁(preventive war)'이 가능하다고 말해, 국무부의 대북 코드와 다른 강경론을 전개했다. 예방전쟁이란 임박한 공격 징후가 없더라도 적을 사전에 무력화하기 위해 적을 미리 공격하는 전쟁을 의미한다. 적의 공격 가능성이 먼저 탐지될 때에 이를 먼저 타격하여 무력화시키는 '선제타격(preemptive strike)'이 부시 행정부 이래 정당한 것으로 받아들여져 온 것에 비해, 예방공격은 국제법적으로도 선전포고나 다름없는 불법적 개념이었다. 가뜩이나 화성 14호 이후 한반도 긴장 구도가 고조되고 있는 심상찮은 상황에서, 맥매스터 보좌관이 던진 예방전쟁 발언은 불에 기름을 붓는 격이 되었다. 북한의 『로동신문』은 6일 "미국이 핵 방망이와 제재 몽둥이를 휘두르며 우리 국가를 감히 건드리는 날에는 (미국) 본토가 상상할 수 없는 불바다 속에 빠져들게 될 것"이라고 경고했고, 곧이어 7일 자 '공화국 정부 성명' 형식의 중대 발표에서 북한은 "미국이 경거망동한다면 그 어떤 최후 수단도 서슴지 않고 불사할 것"이라며 맥매스터에 대응해 나섰다. 이 성명은 맥매스터의 예방전쟁론을 "우리 국가를 겨냥한 그 무슨 군사적 선택을 고려하고 있다는 주제넘은 망언"이라고 비판하며 이에 대해 '결산'에 나설 것임을 분명히 하였다. 동시에 미국의 제재 결의안에 동조한 중국을 "그에 못지 않게 덩치 큰 우리 주변국"이라 부르며 "《제재결의》를 조작하는 데 공모한 대가로 미국의 《감사》를 받은 나라"라며 중국에 대한 거센 조롱과 비난을 시작했다. 북한이 중국을 '사회주의 배신자'라고 비난했던 1992년 이래 북중관계의 긴장 역시 최고조에 이르고 있었다.

> 첫째… 《제재결의》를 우리 공화국의 자주권에 대한 란폭한 침해로 준렬히 단죄규탄하며 전면배격한다…. 둘째… 우리는 이미 천명한 대로 단호한 정의의 행동에로 넘어갈 것이다…. 미국이 우리 국가의 전략적 지위를 바로 보고 우리의 거듭되는 경고에 귀를 기울일 대신 시대착오적인 대조선 제재압박소동에 매여 달리고 있는 것은 자멸을 앞당기는 어리석은 처사이다…. 셋째… 이번에 미국과 뒤골방쑥덕공론을 벌려놓고 **악랄한 반공화국 《제재결의》를 조작하는 데 공모한 대가로 미국의 《감사》를 받은 나라들도** 조선반도 정세를 더욱 격화시키고 지역의 평화와 안전을 위태롭게 만든 책임에서 절대로 벗어날 수 없다….[38]

2) 화염과 분노 vs. 괌 포위 사격

북한이 공화국 성명으로 맥매스터의 예방전쟁론을 비판하고 결산에 나설 것임을 분명히 하자, 이에 트럼프 대통령은 유명한 '화염과 분노(fire and fury)' 발언을 끄집어내었다.

> 트럼프 대통령은 이날 기자들과 만난 자리에서 "북한은 더 이상 미국을 위협하지 않는 것이 좋을 것"이라면서 "그들(북한)은 세계가 지금까지 보지

> 못한 화염과 분노에 직면할 것이라고 말했습니다. 이어 김정은 국무위원장이 정상적인 상태를 넘어 매우 위협적이 됐다며, "내가 말한 것처럼 그들은 화염과 분노, 그리고 힘에 직면할 것이고, 이는 세계가 이전에 보지 못한 것"이라고 거듭 강조했습니다.[39]

북한 역시 만만하지 않았다. 역시 유명한 '괌 포위 사격' 발언으로 대응하였다. 8월 9일 북한의 김락겸 전략군 사령관은 '미국에 엄중한 경고를 보내기 위해' 중장거리 탄도미사일 화성-12형 네 발을 동시 발사해 미군 기지가 있는 괌을 포위 사격하는 방안을 검토하고 있다고 밝히고 나섰다. 당시 김락겸 사령관은 8월 중순까지 이 같은 '괌 포위사격' 방안을 완성해 "공화국 핵 무력의 총사령관(김정은) 동지께 보고드리고 발사대기 태세에서 명령을 기다릴 것"이라고 위협했다.

제임스 매티스 미국 국방부장관은 9일(현지 시각) 북한 전략군의 '괌 포위 사격' 성명에 대해 "북한은 정권 종말과 자국민 파멸을 야기할 어떤 행동도 고려하는 것을 중단해야 한다."라고 경고하며 "북한은 스스로를 고립화하는 것을 멈추는 길을 선택하고 핵무기 추구를 그만두어야 한다."라며 대응했지만, 다음 날 북한의 반응은 한 걸음 더 나아갔다. 10일 미사일의 비행 궤도와 거리까지 구체적인 수치로 예고하며 위협 수위를 한 단계 끌어올렸다. 김락겸은 "화성-12형은 일본의 시마네현, 히로시마현, 고치현 상공을 통과하게 되며 사거리 3,356.7km를 1,065초(17분 45초)간 비행한 후 괌도 주변 30~40km 해상 수역에 탄착되게 될 것"이라고 주장했다. 북한이 인공위성 발사를 예고한 적은 있지만, 탄도미사일의 예정 비행 거리, 궤적, 시간까지 공개한 것은 당시가 처음이었다. 사거리는 100m 단위, 비행시간은 초 단위까지 매우 구체적인 수치를 제시하여 위협도를 극대화시켰다. 그나마 김락겸이 "발사 대기 태세에서 명령을 기다릴 것"이라고 말해 협상을 위한 최소한의 여지를 남긴 점이 다행이면 다행이었다.

긴장이 최고조인 상태에서 사태 진화에 나선 것은 뜻밖에도 미국이었다. 8월 13일(현지 시각) 렉스 틸러슨 국무부장관과 제임스 매티스 국방부장관이 공동명의로 낸 『월스트리트저널』에 기고문에서 "미국은 북한과 협상할 의향이 있다."라며, "다만 북한은 선의를 갖고 협상할 의지가 있다는 신호를 보내야 한다."라고 밝히며 유화조치에 나섰다.[40] 김정은 위원장 역시 14일 '괌 포위 사격'을 공언했던 북한군 전략군사령부를 시찰하면서 관련 보고를 받은 뒤 '오랜 시간 구체적으로 검토하면서 지휘관들과 진지하게 협의'했다고 전했다. 그러면서 "고달픈 시간을 보내고 있는 어리석고 미련한 미국 놈들의 행태를 좀 더 지켜볼 것"이라고 말해, 악화 일로로 치닫고 있던 양국 간의 말 폭탄 논란에 제동을 걸었다. 김 위원장이 당장은 미국과 전면으로 맞설 뜻이 없다는 점을 확인하였기 때문이다. "미제의 군사적 대결 망동은 제 손으로 제 목에 올가미를 거는 셈이 되고 말았다."라고 말한 그는 이어 "(미국이) 우리의 자제력을 시험하며 조선반도 주변에서 위험천만한 망동을 계속 부려 대면 이미 천명한 대로 중대한 결단을 내릴 것"이라며 "우리 당이 결심만 하면 언제든지 실전에 돌입할 수 있게 항상 발사 태세를 갖추고 있어야 한다."라고 당부해 긴장을 누그러뜨리는 메시지를 발신했다. 예방전쟁 발언으로 시작된 북미의 말 폭탄은 괌 포위 사격으로 최고조에 달했다가 북미 양국의 자제 모드가 감지되면서 진정 국면에 접어든 것이었다.

이어 한미연합훈련인 을지프리덤가디언(UFG) 연습(8월 21~31일)이 시작되자 잠시 진정되었던 상황은 다시 가열되기 시작했다. 북한이 8월 29일 일본 열도를 넘는 '정상 각도' 궤도를 비행한 화성-12형을 발사한 것이다. 우드워드의 『분노』는 8월 29일 새벽 5시 57분 미국 비상대응팀이 화성-12형 발사를 탐지한 이후 대응하는 장면을 자세히 묘사하고 있다. 당시 전시 대기 상태에 있던 국방부장관, 국무부장관 등이 참여하는 대응팀 회의(국가일급비밀사태회의, Top Secret National Event Conference)가 소집되는 상황, 그것이 미국 본토를 향한 ICBM이 아니라 IRBM임을 확인하고 순간 안도하는 장면, 그리고 그다음 그것이 일본 열도를 겨냥하는 것일 때를 상상하고 경계하는 대비 태세, 심지어 미사일이 오작동이나 오산으로 일본 본토로 떨어지는 끔찍한 상황에 대한 검토 등 펜타곤의 다양한 실제 대응 상황을 긴장감 있게 그리고 있다. 북한이 공언했던 괌 포위 사격론이 제기된 직후였기 때문에 미국의 대비 태세는 더욱 치열했고 그만큼 당시 발사는 비상대응팀을 긴장시키고 있었다.

당시 훈련에서 미국은 김정은 위원장이 미사일 발사 현장에 세워 둔 텐트 위치를 파악하고 이에 대한 정밀 폭격을 실행, 사실상의 참수작전이 가능하다는 신호를 북한에 보내기 위해 노력했다고 한다.[41] 그럼에도 불구하고 미국 팀들은 최고 압박이 주는 군사적 경고 메시지를 북한이 이해하고 있는지, 또는 그들이 이를 어느 정도의 위협으로 받아들이고 있는지를 알 수 없었기 때문에 그 효과를 실감할 수 없었던 듯했다. 심지어 을지프리덤가디언 훈련이 한창 진행 중인 상태, 즉 한미동맹측이 최고의 경계 수위를 갖고 훈련을 실행하던 그 시기인 8월 29일 북한이 기습적으로 화성-12형을 발사하여 미국 대응팀을 초긴장 상태로 끌고 가자 이 같은 효과 논란은 더 증폭되었다. 이에 한국 군부는 더욱 가시적인 폭격 훈련을 원했고, 일방적으로 F-15를 동원해 남북경계선 20km 지점까지를 목표로 하는 실사격 훈련에 들어간 상태였으며, 미국 역시 경고 수위를 높이기 위해 북한 항구에 실포격 투하를 실행할 것인가를 검토하며 한국 군부의 요구에 화답했다고 전해진다.

3) 로켓맨 vs. 늙다리

북한은 9월 3일 역대 최대 규모의 6차 핵실험을 강행했다. 수소폭탄(핵

융합) 실험으로 알려진 6차 핵실험은 북한이 자체적으로 개발했다는 장구형 핵폭탄 사진을 공개한 직후 실시되어 그 충격은 배가되었다. 이제 미국 내에서도 불필요한 위기를 조성하지 않는 것이 유리하다는 의견들이 제기되기 시작했다. 실제 6차 핵실험으로 드러난 북한의 핵 능력은 5차 당시의 10~20kt에 비해 급속히 증대되었다고 보고되었기 때문이다. 초기에는 히로시마의 5~6배 수준인 50~60kt으로 보고되었지만, 시간이 지나면서 정정되어 120~200kt까지 점점 그 강도가 높게 평가되었다. 매티스 장관과의 대담을 통해 이 시기 상황을 집필한 우드워드는 당시 수소폭탄 실험이 히로시마의 17배라고까지 평가하고 있다. 환산하면 미 국방부가 6차 핵실험의 위력을 200kt 수준으로 보고 있었다는 뜻이다.

여기에 그치지 않고 9월 15일 북한은 또다시 일본 열도를 넘어가는 화성-12형을 발사하였다. 미국의 인내에도 한계가 온 듯했다.

> 미국은 엄청난 힘과 인내를 갖고 있지만, 미국과 동맹과 우리를 방어해야만 하는 상황이 온다면 북한을 완전히 파괴시키는 것 외에 다른 선택은 없을 것입니다. '로켓맨'은 자신과 자기 정권을 자살로 내몰고 있습니다.[42]

> 우리는 미치광이가 여기저기 로켓을 쏘아대는 것을 용납할 수 없습니다. 그리고 말이 나와서 하는 말인데, 로켓맨은 진작에 (지난 정부에서) 처리됐어야 했습니다. 지금 이 문제가 다뤄져서는 안 되지만, 제가 처리하겠습니다. 왜냐하면 우리가 처리해야만 하기 때문입니다. 작은 로켓맨, 우리는 할 것입니다. 왜냐하면 선택의 여지가 없기 때문입니다. 그는 대양 위에서 폭발하는 거대한 무기에 대해 이야기하고 있습니다. 이는 엄청난 재앙을 초래합니다.[43]

> 어느 정도 짐작은 하였지만 나는 그래도 세계 최대의 공식 외교무대인 것만큼 미국 대통령이라는 자가 이전처럼 자기 사무실에서 즉흥적으로 아무 말이나 망탕 내뱉던 것과는 다소 구별되는 틀에 박힌 준비된 발언이나 할 것으로 예상하였었다. 그러나 미국집권자는 정세완화에 도움이 될 수 있는 나름대로 설득력 있는 발언은 고사하고 우리 국가의 《완전 파괴》라는 력대 그 어느 미국대통령에게서도 들어볼 수 없었던 전대미문의 무지막지한 미치광이 나발을 불어댔다. 겁먹은 개가 더 요란스레 짖어대는 법이다…. 대통령으로 올라앉아 세계의 모든 나라들을 위협공갈하며 세상을 여느 때 없이 소란하게 만들고 있는 트럼프는 한 나라의 무력을 틀어쥔 최고통수권자로서 부적격하며 그는 분명 정치인이 아니라 불장난을 즐기는 불망나니, 깡패임이 틀림없다…. 트럼프가 세계의 면전에서 나와 국가의 존재 자체를 부정하고 모욕하며 우리 공화국을 없애겠다는 력대 가장 포악한 선전포고를 해온 이상 우리도 그에 상응한 사상 최고의 '초강경 대응조치 단행'을 심중히 고려할 것이다…. 말귀를 알아듣지 못하고 제 할 소리만 하는 늙다리(dotard)에게는 행동으로 보여 주는 것이 최선이다…. 트럼프가 그 무엇을 생각했든 간에 그 이상의 결과를 보게 될 것이다. 미국의 늙다리 미치광이를 반드시, 반드시 불로 다스릴 것이다.[44]

이런 상황에서 9월 19일 유엔 총회에 참석한 트럼프 대통령이 김정은 위원장을 '로켓맨'이라고 부르며 북한을 파괴할 수도 있다는 말 전쟁을 다시 시작했다. 이에 뒤질세라 김정은 위원장 역시 성명을 내고 '늙다리(dotard)' 미치광이 트럼프를 '반드시 불로 다스릴 것'이라고 위협했다. 북한이 사용한 늙다리라는 단어가 셰익스피어가 사용했던 14세기 용이라는 이야기들이 오가면서, 위기 피로도 때문인지 모르지만 세간의 관심이 양국 간의 언어유희에 집중되는 희화적 분위기도 감지되었다. 하지만 이번에는 미국도 가만히 있지 않았다. 이면에서의 군사 작전은 일촉즉발의 위기를 부르고 있었다. 우드워드는 9월 25일이라고 쓰고 있지만 실제로는 23일 밤의 사건으로 알려져 있다. '로켓맨(19일)-늙다리(21일)' 공방이 시작된 직후 미군이 독자 행동을 시작한 것이다. 미국은 3대 전략 타격 수단 중 가장 위협적이라는 B-1B 랜서 전략폭격기를 동원해 북한을 위협했고, 보란 듯이 20여 대의 항공기들이 호위하고 있다는 사실을 공개했다. 미국은 스텔스가 아니라 북한이 탐지 가능한 F-15C 항공기를 내세웠고, 심지어 북한이 보라는 듯이 이들을 동해 NLL 북방 원산 앞바다까지 진출시켰다고 한다. 북한의 영해인 12해리(22.224km)와 그 상공인 영공이 아니므로 공해상이라는 명분이 있었지만, 사실상 영해 22km 밖의 원산 앞바다인 북한의 코앞까지 진출한 것이었다. 북한의 레이더 작동 여부를 알 수 없지만, 북한은 23일 밤부터 시작되어 24일 새벽에 끝난 이 훈련에 제대로 대응하지 못했다. 이 상황은 남과 북 모두가 사전에 탐지하지 못한 작전으로 알려졌고[45] 그만큼 위험천만한 순간이었다. 우드워드는 한국 정부가 문재인 대통령의 유엔 순방 직후인 24일 NSC를 소집해 미국의 작전에 대해 뒤늦게 대응한 것으로 쓰고 있다.[46]

지나간 일이라 무감각할 수 있지만, 밥 우드워드는 2017년 7~9월을 상상할 수 없는 군사적 위기로 그리고 있다. 당시의 에스컬레이션 상황에 대해서 '엇갈린 의도와 오해 그리고 부주의'로 에스컬레이션된 제1차 세계대전의 첫 한 달, 즉 1914년 8월을 그린 바버라 터크먼 여사의 『8월의 포성(The Guns of August)』을 언급하며, 그 책의 애독자인 매티스 장관이 군사적 대치에 대해서 얼마나 긴박하게 고뇌하고 있었던가를 묘사하고 있기 때문이다. 우드워드는 "공공의 책무를 다하기 위해 총을 든 인간일지라도, 서로에게 그리고 하느님 앞에 그 도덕적 책임이 면제되는 것은 아니라"[47]는 1863년 링컨 대통령의 고뇌를 되뇌이는 매티스의 회고를 소개하며 미국이 당시 얼마나 전쟁에 가까웠는가를 주지시키고

있다.[48]

미국의 전격적인 위협에 충격을 받은 탓인지 한동안 북한은 잠잠한 듯했다. 하지만 그로부터 두 달이 지난 11월 29일, 북한은 화성-15형으로 불리는 ICBM 발사를 강행했다. 정상 각도 발사가 아니고 고각 발사이긴 했지만, 소위 1만 3,000km 사거리를 갖고 있다는 화성-15형 발사 직후 북한은 미국과의 본토 교전 능력(mainland exchange)을 과시하며 '공화국 핵무력 완성'을 선언했다. 미국은 당시 매티스 국방부장관의 보고에 따라 북한이 이미 미국 전역을 공격할 수 있는 ICBM 능력에 근접했다고 보고 있었던 것으로 드러났다.[49]

4) 한국 역할론

당시 북한의 핵무력 완성 선언을 두고는 두 개의 상반된 반응이 나왔다. 하나는 통상적으로 그래 왔듯이 북한이 더 큰 도발로 나갈 것이라는 반응이었다. 하지만 또 다른 견해는 '완성'이라는 단어에 주목했다. 통상 북한이 무엇이 '완성'되었다고 선언하는 경우, 그것은 국면 전환을 꾀하는 레토릭이라고 보는 해석이었다. 한국 보수 정부였다면 전자의 해석이 지배적이었을 테지만, 당시 문재인 정부의 구성원들 중에는 북한의 행동에 대한 후자의 해석이 적지 않았다. 결과적으로 보면 후자의 해석이 맞았지만 당시 미국 측에서는 후자의 해석을 이해할 수 없다는 입장이 다수였기 때문에, 특히 한미 간에 대책 방향을 두고 많은 논란이 오갔다.[50]

어쨌든 평창 올림픽을 불과 두 달 앞둔 상황에서 당시의 위기 상황을 보고만 있을 수 없었던 한국 정부는 몇 가지 채널을 활용하여 문제를 풀고자 했다. 2017년 5월 출범한 문재인 정부는 대북 정책에서 두 가지 인적 채널을 만들어 가고 있었다. 하나는 '문-로드'라는 코드 네임으로 불린 국정원의 남북 채널이었다. 문 대통령은 이 통신선을 통해 꾸준하고 일관된 대화 메시지를 보냈고, 이를 통해 상황 관리를 해왔다고 전해진다. 대통령의 메시지와 연설뿐만 아니라 남북 당국이 서로 만나자는 의사까지 전달해 왔다는 것이다. 남북 간 긴밀히 교환되고 있던 친서 또한 이 채널에서 작동하고 있던 커뮤니케이션 방식이었다.

또 다른 채널은 유엔이었는데, 한국 정부는 9월 로켓맨과 늙다리 미치광이 말 전쟁이 벌어지고 있을 당시 안토니우 구테흐스 유엔 사무총장을 통해서 북한과의 대화를 중재해 달라고 요청했다고 한다. 당시 한국 정부는 해결사로 제프리 펠트먼 사무차장의 방북을 요청하고, 동시에 미국 정부가 이를 허용하게 하기 위해 노력했다고 전해진다. 한국이 보기에는 유엔 사무차장의 방북에 대해 미국 정부 내에 부정적 분위기가 있었고, 또한 트럼프 대통령이 유엔의 개혁을 강하게 주문할 때여서 유엔이 스스로 대북 특사 역할에 자신감을 갖지 못했다. 문 대통령은 그렇게 머뭇거리는 유엔 사무총장에게 직접 트럼프 대통령의 대북 대화 의지를 전달해, 사무차장의 방북 결심을 도왔다고 쓰고 있다. 유엔 사무차장의 방북이라는 카드를 한국 정부는 사전에 알고 있었고, 이를 통해 뭔가를 만들 수 있는 채널을 확보했다는 점은 무시할 수 없는 성과였다.[51]

물론 두 번째 채널에 대해서는 다른 스토리도 있다. 트럼프 대통령은 이미 북한과의 협상을 결정했고, 12월 5일 펠트먼 사무차장의 방북 시 "트럼프 대통령이 김정은 위원장과 기꺼이 마주 앉겠다."라는 극비 메시지를 북한 측에 전달했다는 것이다. 사전에 구테흐스 유엔 사무총장이 백악관을 방문했을 때, 트럼프 대통령은 유엔의 평양 방문을 적극 권했고 이런 메시지를 전달할 것을 요청했다는 것이다.[52] 트럼프 대통령은 문재인 대통령의 중재와 무관하게 유엔을 통해 김정은 위원장에게 화해 메시지를 전달했고, 독자적으로 북한을 관리할 방법을 고심하고 있었다는 관측이다. 이는 유엔 총회 당시에도 겉으로는 말 폭탄을 교환하고 있었지만 실질적인 상황 관리를 위해 노력하고 있었다는 또 다른 해석이다.

이런 관점에서 돌아보면 8월의 '화염과 분노' 논란 시에도 트럼프 대통령의 발언은 계산된 것으로서 강경론만으로 보기 어렵다는 해석도 제기된다. 당시 트럼프 대통령은 8월 9일 '화염과 분노' 발언의 충격 수위가 높다는 비판에도 불구하고, 다음 날인 10일에 다시 문제 발언을 끄집어내어 속절없이 상황을 에스컬레이션시켰다는 비난을 받았다. 하지만 그 두 번째 발언, 즉 10일의 '화염과 분노' 성명에서는 애초에 문제가 된 '선제타격론'을 짚어서 "선제타격론에 대해서는 다시 말하지 않겠다."라고 하여, 맥매스터 안보보좌관의 강경 발언이 빚어낸 위기를 진정시키는 내용이 포함되어 있었다는 사실이 발견된다. 트럼프 대통령의 그런 의사가 북한에게 얼마나 어떻게 전달되었는지는 분명하지 않지만, 당시 북미 사이에 최초의 정보 라인 간 접촉이 있었다는 점을 감안하면[53] 트럼프 대통령의 대북 메시징의 효과를 간과할 수만은 없는 것으로 보인다.

남북 채널에서 또 다른 역할을 한 세 번째 채널은 문재인 대통령의 직접 인터뷰와 공개 메시징이었다. 2017년 12월 19일 문 대통령은 서울에서 강릉으로 향하는 대통령 전용 고속열차 안에서 진행된 NBC와의 인터뷰에서 특단의 조치를 제안했다. 2014년 이래 북한이 비핵화 협상의 전제 조건으로 꾸준히 요구해 온 상호동결, 즉 쌍중단 조치에 대해 언급하며, 2018년 한미군사연습을 연기할 것을 검토하고 있음을 밝혔다. 문 대통령은 "북한이 평창 올림픽 기간까지 도발을 멈추면 올림픽의 안전한 개최에 큰 도움이 될 것… 그렇게 되면 한미 양국도 올림픽 기간에 예정돼 있는 합동군사훈련을 연기하는 문제는 검토할 수 있다."라며 다가오는 평창 올림픽에 즈음하여 휴전 조치를 실행하자고 제안한 것이었다. 평창 올림픽을 평화롭게 개최하기 위한 대책으로서, '올림픽 휴전' 조치를 공식적으로 제안한 것이었다. 기왕에 북한이 요구해 온 한미군사연습 중단 요청을 '올림픽 휴전'이라는 이름으로 '유예'하여 당면한 위기를 극복하고, 장기적으로는 평화 이슈 혹은 남북대화의 계기를 잡고자 한 것이었다.

당시에는 이미 몇몇 국가에서 평창 올림픽 선수 안전을 둘러싸고 선수 파견 거부를 검토 중이라는 보도가 나오고 있었기 때문에, 평창 올림픽의 흥행이 실패할지도 모른다는 우려가 고조되고 있었다. 이미 러시아는 도핑 방지 규정으로 국가 차원의 참여가 불가능해졌고, 9월에는 프랑스가 북핵 문제 악화를 이유로 자국 선수단의 안전 문제가 해결되지 않는 한 불참할 수밖에 없음을 통보했으며, 11월에는 아이스하키 부문에서 캐나다의 북미 아이스하키리그 NHL 선수들이 불참을 예고하기 시작했다. 거기에 더해 12월 6일 니키 해일리 유엔 주재 미국 대사마저 미국 선수들의 평창 올림픽 참가가 기정사실이냐는 질문에 "아직 결정되지 않은 문제(open question)"라고 답해 미묘한 파장을 낳고 있었다. 이처럼 평창 올림픽이 위기에 빠져들어 가고 있는 상황에서 한국 대통령이 올림픽 휴전을 제안하며 한미군사연습을 중단하자고 제안하자, 그 효과는 극적이었다. 예상대로 한국 일부 언론과 보수 전문가 집단의 반대가 시작되는 듯했지만, 다음 날 한미연합사령부의 빈센트 브룩스 사령관이 '동맹의 합의가 있다면 연기도 가능하다'고 발표함에 따라 사태는 또 다른 전환을 맞이했다. 미국 당국이 북한의 쌍중단 제안에 대해서 긍정적으로 검토한다는 의사를 처음 내비친 것이었기 때문이다. 1992년 이래 한 번도 중단해 본 적이 없는 한미연합연습을 중단할 수 있다는 주한 미군 사령관의 발언은 그 자체로 큰 사건이었던 것이고, 그만큼 문재인 대통령의 공개 메시지는 효과적으로 증폭되었다. 뒤늦게 알려졌지만 문 대통령의 이 같은 메시징은 한미 간에 충분히 사전 논의된 것이었고, 한미연합사령관의 발언 역시 조율되어 나온 것이었다.

물론 12월 19일의 기자회견처럼 극적인 효과를 낳는 메시징도 있지만, 그런 사례보다는 2017년 7월의 베를린 선언처럼 대북 메시징은 대북 협상의 배경으로 작동하는 것이 일반적이었다. 어쨌든 당시 한국 정부의 역할을 평가할 때는 문 대통령의 직접 메시지나 공개 인터뷰의 기능을 또한 중요하게 포함하여 분석하지 않을 수 없다.[54]

어쨌든 문 대통령은 이 같은 세 개의 채널을 활용해 남북관계를 관리했고, 문 대통령 임기 초반 3년간 그것은 매우 적극적인 역할을 하였음이 사실이었으며, 한반도 평화 관리의 중요한 한 버팀목으로 기능하였다. 하지만 주지하다시피 2020년 이후 상황은 돌변해 세 개 채널의 기능이 거의 정지되다시피 했고, 남북관계는 다른 형태로 전개되어 갔다.

3 쌍중단과 북미정상회담의 서막

1) 핵 단추 설전과 화해 조치의 시작

2018년 1월 1일의 신년사에서 김정은 위원장은 "평창 겨울 올림픽은 민족의 위상을 과시하는 좋은 계기"라며 "한 핏줄을 나눈 겨레로서 동족의 경사를 같이 기뻐하고 서로 도와주는 것은 응당한 일"이라고 발표했다. 이런 상황에서 1월 4일 트럼프 대통령 또한 문 대통령과의 전화 통화에서 "올림픽 기간에 군사훈련이 없을 것이라고 말씀하셔도 된다."라며 평화 릴레이에 동참함으로써, 드디어 2018년 평화 프로세스가 시작되었다. 12월 19일 문재인 대통령이 제안한 올림픽 휴전 조치를 김정은 위원장과 트럼프 대통령 모두가 공식적으로 수용한 것이었다. 그것은 어떻게 보면 평창 올림픽이라는 계기를 살리기 위해 만든 한미 양측의 고육지책이기도 했고, 다른 한편으로 이에 대한 북한의 '동포애적(?)' 조치였다. 이렇게 시작된 2018 평창 평화 프로세스는 북미정상회담이라는 세기의 이벤트를 낳으며 한반도를 변화의 장으로 몰아넣었다.

물론 북미 양 정상의 서로에 대한 경계심은 작지 않았고, 그들은 이번에도 말 폭탄의 교환을 멈추지는 않았다. 먼저 김정은 위원장은 신년사에서 평창 올림픽을 계기로 한 평화 메시지를 내면서도 동시에 "핵 단

추가 내 사무실 책상 위에 항상 놓여 있다는 것은 위협이 아닌 현실임을 똑바로 알아야 한다…. 미국 본토 전역이 우리의 핵 타격 사정권 안에 있다."라고 강조하기를 잊지 않았다. 그러자 트럼프 대통령 역시 가만있지 않았다. 그의 트위터에서 "나는 김정은이 가진 것보다 더 크고 강력한 핵 버튼이 있다는 사실을 이 식량에 굶주리고 고갈된 정권의 누군가가 그에게 제발 좀 알려주겠느냐… 내 버튼은 작동도 한다!"라고 맞받아쳤다.[55] 대화와 안보는 별개라는 현실주의 교본에 따른 것이기도 하지만 동시에 두 정상의 캐릭터를 다시 한번 보여 주는 장면이기도 했다.

하지만 그것이 끝이었다. 이후부터 트럼프 대통령과 김정은 위원장의 말 폭탄과 말 전쟁도 끝을 맺고 한발 한발 대화의 시간이 시작되었다. 후일 트럼프 대통령은 이때쯤 김정은 위원장과 자신이 전화 통화를 했다고 회고했다.[56] 핵 단추 논란에 김정은 위원장이 놀라서 전화를 했고 그래서 회담이 시작되었다는 것이다. 트럼프 대통령은 "그가 내게 전화를 해왔고, 회담을 하자고 요청해서 우리는 회담을 했다."라고 주장한 것이다. 두 사람이 2018년부터 2019년에 걸친 세 차례 직접 회동과 친서 교환 외에, 핫라인 등으로 통화를 했는지는 확인된 바 없다. 당시까지의 정세로 볼 때, 아마도 선거 유세 과정에 다소 과장 섞인 발언이었던 것으로 보는 견해가 다수이지만, 트럼프 대통령 스스로 여러 경로를 통해 이 같은 발언을 해온 것에 비추어 보면 사실 관계의 확인이 필요한 것임은 분명하다.

2) 평창 올림픽의 개막과 평화 프로세스

이후 평창 올림픽이 시작되고 북한에서는 김영남 최고인민회의 상임위원장과 김여정 노동당 중앙위원회 제1부부장이 특사로 한국을 방문했다. 그리고 미국에서는 펜스 부통령이, 일본에서는 아베 총리가 직접 참석하는 등 대회는 성황을 이루었다.

하지만 마이클 펜스 전 미국 부통령은 2018년 2월 평창 동계올림픽 행사에서 김정은 위원장의 여동생인 김여정 부부장 등 북한 최고위급 인사들과 예정된 만남을 회피해 주목을 받았다. 당시 문재인 대통령은 북미 간 화해를 위해 의도적으로 회담을 만들었으나 결국 그것은 좌절되고 말았다.

> 당시 문재인 대통령은 행사장에서 펜스 부통령과 김여정 부부장, 김영남 북한 최고인민회의 상임위원장의 만남 자리를 만들고자 열성을 보였다. 이에 대해 펜스 전 부통령은 "문 대통령의 우선순위는 '한국의 재통일(Korean reunification)'이었다."라고 설명했다. 펜스 전 부통령 부부는 평창올림픽 개막식 환영 행사와 만찬의 헤드 테이블에 김여정 부부장·김영남 위원장과 함께 자리가 마련돼 있었다고 한다. 문 전 대통령이 이러한 자리 배치를 계획했다고 펜스 전 부통령은 회고했다. 펜스 전 부통령은 아베 신조 당시 일본 총리와 함께 행사 시작에 앞서 예정됐던 단체사진 촬영에 고의로 지각해 참여하지 않았다고 밝혔다. 행사장에 도착하자 문 전 대통령이 펜스 전 부통령을 안내했으나, 펜스 전 부통령은 문재인 전 대통령이 김여정 부부장, 김영남 위원장과의 만남을 '정중하게 강요(politely force)'한다고 판단했다. 펜스 전 부통령은 이러한 움직임에 거리를 두다가 다른 나라 정상들과 악수하며 행사장을 빠져나왔다고 밝혔다. 펜스 전 부통령은 북한 최고위급 인사들과의 만남을 피한 데 대해 "그렇게 (만나게) 되면 북한에게 거대한 상징적 승리를 의미하는 것이었다."라고 밝혔다. 펜스 전 부통령은 평창 올림픽 개막식에서 자신의 뒷줄 오른편에 앉아 있던 김여정 부부장을 "무시했다(ignored)"고 털어놨다. 그는 다른 좌석 배치 제안을 받아들이지 않고 "미국, 일본, 한국이 단결해 북한의 도발에 맞선다는 것을 보여주려고 했다."라고 밝혔다.[57]

펜스 전 부통령의 이런 자화자찬은 그러나 당시 트럼프 대통령의 지시를 제대로 집행하지 않은 자의적인 것이었다. 문재인 대통령에 따르면, 북미 특사 간 면담을 트럼프 대통령에게 부탁하고 트럼프 대통령은 이를 수용하여 펜스 부통령에게 지시했다는 것이다. 그러나 펜스 부통령 본인은 한국에 올 때부터 '북 측과는 조우하지 않겠다, 자신의 동선에서 북 측 인사를 만나지 않게 해달라'고 하면서, 환영 만찬 때 북 측 인사들이 있는 헤드 테이블에 앉지 않고 인사만 한 뒤 가 버리는 결례를 보였다는 것이다. 사실 펜스 부통령은 한국을 오는 길에 일본에 들러 "평창에 가기 전에 일본에 먼저 온 것은 올림픽이 김정은의 선전장이 되는 걸 막기 위해서다."라고 하는 등 북한에 대한 비판적 입장을 견지했다고 알려져 있다. 이전부터 펜스 부통령은 '한미군사연습 유예는 안 된다, 비핵화 전에 제재를 유예하면 안 된다, 비핵화 협상 대상에 단거리 탄도미사일이나 생화학 무기도 포함되어야 한다, 납북자 이야기도 제기해야 한다' 등과 같이 강경론을 견지해 왔고, 이와 유사한 주장을 해 온 아베 총리와 짝이 되어 남북한을 압박해 오고 있었다. 하지만 트럼프 대통령의 지시를 노골적으로 거부할 수만은 없었던 펜스 부통령은 '공개적 회담은 노, 비공개 회담은 수용'이라는 자신만의 방침을 갖고 북한과의 비공개 단독 회담을 진행하겠다고 발표했다. 하지만 이번에는 북한이 이를 거절했다. 펜스 부통령이 북한에 보여 준 '오만함과 무시하고 적대하는' 결례에 대해 평양이 문제 삼았다는 것이다. 이와 관련해서 문 대통령은 "펜스 부통령이 트럼프 대통령에 대한 충성심이 각별했는데도 북한과의 대화에서는 트럼프 대통령과 생각이 전혀 달랐다."라면서,[58] 펜스 부통령의 자의적인 외교 행각에 안타까움을 드러냈다.[59]

펜스 부통령의 대북 혐오는 이에 그치지 않았다. 당시 올림픽 개회식에서 남북 공동 선수단이 입장할 당시의 사건이었다. 문재인 대통령과 영부인 김정숙 여사, 토마스 바흐 국제올림픽위원회(IOC) 위원장 등 모두가 일어나 환영했지만, 혼자서 자리에 앉아 별다른 반응을 보이지 않아 내외의 비난을 받았다. 이뿐만 아니라 문 대통령 내외의 좌측 열에 펜스 부통령 내외가 위치하고 그 오른쪽 열에 북 측 대표단을 앉히겠다는 우리 정부의 방침까지 반대하며, 미국과 동급으로 북한이 부각되는 것을 차단하고 나섰다. 국제 관행을 깨고 펜스 부통령이 주최 측의 자리 배치에까지 관여한 것이었다. 결국 북한 측이 이 같은 상황을 수용함으로써, 문 대통령 내외의 뒷자리를 수용하게 되어 겨우 파행을 피할 수 있게 되었다고 전해진다. 어쨌든 이런 해프닝에도 불구하고 평창 올림픽은 대성공을 거두었고, 북미 대화는 펜스를 통하지 않고 다른 경로를 통해 무르익어 갔다.

3) 세 번의 한국 중재자론: 한국의 오지랖 vs. 북미 직접 채널

당시 북미회담의 전개 과정에는 한국 역할론 문제가 중심으로 제기되는데, 문재인 대통령에 따르면 한국의 중재자 역할은 크게 세 번의 계기로 나누어져 있다.

먼저 평창 올림픽 시기의 중재자 역할이 있었다. 평창 올림픽을 마친 후 한국 정부는 올림픽 당시 북한이 특사를 파견한 데 대한 반대급부로 평양으로 특사를 보냈다. 3월 5일 1박 2일 일정으로 방문한 특사단은 정의용 안보실장과 서훈 국정원장을 투톱으로 하고 있었고, 상대 북한에서는 김영철 통전부장이 나섰다. 당시 특사단과의 면담에서 김정은 위원장은 북미정상회담을 요청한다는 메시지를 보냈고, 특사단은 귀경 후 이 소식을 가지고 바로 미국을 향했다. 한국의 대미 특사 외교가 빛을 발한 순간이었다.

3월 8일 특사단은 트럼프 대통령에게 북미 대화 의지에 대한 김정은 위원장의 메시지를 전달했다. 놀랍게도 트럼프 대통령은 "그래 내 말이 맞잖아. 내가 김정은과 대화한다고 했잖아."라며 북한과의 정상회담을 하겠다고 그 자리에서 결정했다. 당시 트럼프 대통령은 놀랍게도 한국 대표단으로 하여금 직접 북미정상회담 소식을 백악관 로즈가든에서 발표하게 하여 북미정상회담이라는 깜짝쇼의 충격을 배가시켰다. 문재인 대통령은 회고록에서 이 장면을 회상하며 당시 김 위원장의 태세 전환도 있었지만 트럼프 대통령의 정책 변화 또한 상당히 두드러졌다고 쓰고 있다.[60] 당시 주변의 장관급 참모들이 다 소극적이었지만 트럼프 대통령의 의지만큼은 확고했다는 것이다. 아직 회담이 이르다며 반대한 맥매스터 보좌관은 3월 13일 전격 해임되었고, 3월 22일 틸러슨 국무부장관 또한 해임을 면치 못하였다. 이 정도면 미국 대통령의 대화 의지는 말할 나위가 없었다. 이제 곧 방북이 예정된 폼페이오 CIA 국장이 국무부장관으로 임명되면서 북미회담 국면이 대세가 되기 시작했다. 새 진용을 꾸린 트럼프 대통령의 대북 정책은 CIA에서 대통령과 이미 합을 맞추어 온 폼페이오 국무부장관의 몫이 되었다.

> 저는 트럼프 대통령에게 북한의 지도자인 김정은 위원장과의 면담에서 김 위원장이 비핵화에 대한 의지를 갖고 있음을 언급했다고 했습니다. 김 위원장은 북한이 향후 어떠한 핵 또는 미사일 실험도 자제할 것이라고 약속했습니다. 김 위원장은 한미 양국의 정례적인 연합군사훈련이 지속되어야 한다는 점을 이해하고 있습니다. 그리고 김 위원장은 트럼프 대통령을 가능한 한 조기에 만나고 싶다는 뜻을 표명했습니다.
>
> 트럼프 대통령은 오늘 브리핑에 감사를 표시하고, 항구적인 비핵화 달성을 위해 김정은 위원장과 금년 5월까지 만날 것이라고 했습니다. 대한민국은 미국, 일본, 그리고 전 세계 많은 우방국과 함께 한반도의 완전한 비핵화에 대한 완전하고 단호한 의지를 견지해 나가고 있습니다.
>
> 트럼프 대통령과 함께, 우리는 평화적 해결 가능성을 시험해 보기 위

한 외교적 과정을 지속하는 데 대해 낙관하고 있습니다.

대한민국, 미국 우방국들은 과거의 실수를 되풀이하지 않고, 북한이 그들의 언사를 구체적인 행동으로 보여줄 때까지 압박이 지속될 것임을 강조하는 데 있어 단합된 입장을 견지하고 있습니다.[61]

한편 문재인 대통령의 이런 설명에서 드러나듯이, 문 대통령은 북미정상회담이 결정된 후에 비핵화 과정을 평화체제 구축과 병행하기 위해 그 프로세스를 어떻게 가져가고 그 로드맵을 어떻게 해야 하는지 등에 대해 트럼프 대통령의 요청에 의해 전화로 설명하고 서면으로 만들어 보내 주기도 했다고 전한다.[62] 한국 정부에 비판적이었던 볼턴 보좌관 또한 이 전체 과정을 만들어 간 것이 한국 정부의 창조물이었다는[63] 점을 시인하고 있기도 했고, 심지어 메르켈 총리까지 문 대통령에게 "어떻게 두 스트롱맨을 같이 앉게 했냐"라고 물어봤다는 일화에서도[64] 알 수 있듯이 2018년 평창 프로세스 초기의 북미 대화에서 한국 정부가 한 역할, 즉 '중재자론'에 대해서는 이견이 없다.

두 번째 한국 정부의 중재 노력이 돋보인 것은 2018년 5월 26일의 2차 남북정상회담이었다. 실제 번개 회담이 된 이 정상회담에서 문재인 대통령은 죽은 회담을 되살려 내는 기지를 발휘했다. 어떤 의미에서 보면 그것은 김정은 위원장의 굴욕적 요청이기도 했지만, 상대방의 체면이 상하지 않게 미국에 중재력을 발휘해 회담을 다시 성사시켜 냈다는 점에서 문재인 대통령의 중재력이 빛나는 시기이기도 했다.

이는 5월 24일 북미정상회담이 전격 취소되는 사건에서 비롯되는데, 그 사건의 발단은 뒤에서 다시 한 번 다루겠지만 소위 'CVID' 논란 때문에 북한의 최선희 외무성 부상이 펜스 부통령을 '아둔한 얼뜨기'라고 저격한 데서 비롯되었다. 이미 그 전에 김계관 전 외무성 부상이 볼턴 보좌관의 CVID 발언을 비판하였지만,[65] 펜스 부통령에 대해 최선희 부상이 대놓고 막말 비난한 것은 그 대상이나 어조에서 볼턴에 대한 비판과는 비할 수 없이 심각한 것이었다. 북한의 입장에서는 평창 올림픽 당시 펜스 부통령에게 모욕을 당했다고 생각하고 있었던 데다가 그가 CVID 논리를 반복하자 협상 성공을 위해서라도 그를 저격하지 않을 수 없다고 생각했을 것이었지만, 미국 대통령이 자신의 부통령을 '아둔한 얼뜨기'라고 비판한 상대방과 아무 일 없었다는 듯이 협상을 할 수는 없는 노릇이었다.

> 21일 미국 부대통령 펜스는 폭스 뉴스와의 인터뷰에서 북조선이 리비아의 전철을 밟을 수 있다느니, 북조선에 대한 군사적 선택안은 배제된 적이 없다느니, 미국이 요구하는 것은 완전하고 검증가능하며 되돌릴 수 없는 비핵화라느니 뭐니 하고 횡설수설하며 주제넘게 놀아댔다. 대미사업을 보는 나로서는 미국 부대통령의 입에서 이런 무지몽매한 소리가 나온 데 대해 놀라움을 금할 수 없다. 명색이《유일초대국》의 부대통령이라면 세상 돌아가는 물정도 좀 알고 대화 흐름과 정세완화 기류라도 어느 정도 느껴야 정상일 것이다.
>
> 핵보유국인 우리 국가를 고작해서 얼마 되지 않는 설비들이나 차려놓고 만지작거리던 리비아와 비교하는 것만 보아도 그가 얼마나 정치적으로 아둔한 얼뜨기인가를 짐작하고도 남음이 있다. 백악관 국가안보보좌관 볼튼에 이어 이번에 또 부대통령 펜스가 우리가 리비아의 전철을 밟게 될 것이라고 력설하였는데 바로 리비아의 전철을 밟지 않기 위해 우리는 값비싼 대가를 치르면서 우리 자신을 지키고 조선반도와 지역의 평화와 안전을 수호할 수 있는 강력하고 믿음직한 힘을 키웠다. 그런데 이 엄연한 현실을 아직도 깨닫지 못하고 우리를 비극적인 말로를 걸은 리비아와 비교하는 것을 보면 미국의 고위정객들이 우리를 몰라도 너무도 모른다는 생각이 든다.

그들의 말을 그대로 되받아 넘긴다면 우리도 미국이 지금까지 체험해 보지 못했고 상상도 하지 못한 끔찍한 비극을 맛보게 할 수 있다. 펜스는 자기의 상대가 누구인가를 똑바로 알지 못하고 무분별한 협박성 발언을 하기에 앞서 그 말이 불러올 무서운 후과에 대해 숙고했어야 하였다. 저들이 먼저 대화를 청탁하고도 마치 우리가 마주 앉자고 청한듯이 여론을 오도하고 있는 저의가 무엇인지, 과연 미국이 여기서 얻을 수 있다고 타산한 것이 무엇인지 궁금할 뿐이다.

우리는 미국에 대화를 구걸하지 않으며 미국이 우리와 마주 앉지 않겠다면 구태여 붙잡지도 않을 것이다. 미국이 우리를 회담장에서 만나겠는지 아니면 핵 대 핵의 대결장에서 만나겠는지는 전적으로 미국의 결심과 처신 여하에 달려 있다. 미국이 우리의 선의를 모독하고 계속 불법무도하게 나오는 경우 나는 조미수뇌회담을 재고려할 데 대한 문제를 최고지도부에 제기할 것이다.[66]

펜스 부통령에 대한 최선희 부상의 이 같은 비판에 대한 트럼프 대통령의 대응은 단호했다. 북미회담을 취소하겠다는 그의 공개 편지는 또 한 번 충격을 주었다.

#4. 트럼프 대통령 → 김정은 위원장(2018. 5. 24.)

친애하는 위원장님,
6월 12일 싱가포르에서 개최 예정이던, 양측의 오랜 염원인 정상회담에 관한 협의에서 당신이 투입한 시간과 인내심, 노력에 대단히 감사드립니다. **우리는 비록 이번 만남을 북한 측이 먼저 제안한 것으로 알고 있지만, 그 사실은 우리에게 전혀 중요하지 않습니다.**

저는 위원장님과 그곳에서 함께하길 매우 고대하고 있었습니다. 애석하게도, 위원장님께서 가장 최근 성명을 통해 표출한 엄청난 분노와 공개적 적대감으로 비추어, 현 시점에서는 우리가 오랫동안 계획해 온 만남을 갖는 것이 부적절하다고 느껴집니다. **그러므로 이 서한을 빌려 전 세계에는 손해겠지만 양측의 이익을 위해 정상회담이 열리지 않을 것임을 알려드립니다.**

위원장님께서는 본인의 핵 능력을 거론하셨지만, 우리의 핵 역량은 결코 사용되는 일이 없도록 하나님께 기도할 정도로 정말 거대하고 강력합니다. 위원장님과 아주 멋진 대화가 오고 가는 것을 느끼고 있었는데, 궁극적으로 중요한 것은 오직 대화입니다. 언젠가 위원장님을 뵐 수 있기를 매우 고대합니다.

한편으로, 억류자들을 석방해 주신 데에 사의를 표하고 싶은 바, 그들은 이제 집에서 가족과 함께 지내고 있습니다. 아름다운 제스처였으며, 정말 감사한 일이었습니다.

만일 위원장님께서 이 가장 중요한 정상회담을 두고 **마음을 바꾸신다면, 주저하지 말고 제게 전화하시거나 편지를 써 주시길 바랍니다.** 전 세계, 특히 북한은 항구적 평화 및 엄청난 번영과 부를 이룩할 기회를 잃어버렸습니다. 이 기회를 놓친 것은 역사적으로 진정 슬픈 순간입니다.

이만 줄이겠습니다.

트럼프 대통령이 공개 편지를 통해 정상회담을 취소했지만 그의 서신에서 '생각이 바뀐다면 전화나 서한을 보내라'라고 언급한 대목이 있는 만큼 상황이 완전히 종료된 것은 아니었다. 이때부터 남과 북이 발빠르게 움직이기 시작했다. 북한이 움직였다. 5월 25일 아침 7시 30분경 김계관 외무성 제1부상이 회담 성사를 촉구하는 성명을 발표하였다.

력사적인 조미수뇌상봉에 대하여 말한다면 우리는 트럼프 대통령이 지난 시기 그 어느 대통령도 내리지 못한 용단을 내리고 수뇌상봉이라는 중대사변을 만들기 위해 노력한 데 대하여 의연 내심 높이 평가하여왔다. 그런데 돌연 일방적으로 회담 취소를 발표한 것은 우리로서는 뜻밖의 일이며 매우 유감스럽게 생각하지 않을 수 없다. 수뇌상봉에 대한 의지가 부족했는지 아니면 자신감이 없었던 탓인지 그 리유에 대해서는 가늠하기 어려우나… 그럼에도 불구하고 미국 측의 일방적인 회담 취소 공개는 우리로 하여금 여직껏 기울인 노력과 우리가 새롭게 선택하여 가는 이 길이 과연 옳은가 하는 것을 다시금 생각하게 만들고 있다. 하지만 조선반도와 인류의 평화와 안정을 위하여 모든 것을 다하려는 우리의 목표와 의지에는 변함이 없으며 우리는 항상 대범하고 열린 마음으로 미국 측에 시간과 기회를 줄 용의가 있다. 만나서 첫술에 배가 부를 리는 없겠지만 한 가지씩이라도 단계별로 해결해 나간다면 지금보다 관계가 좋아지면 좋아졌지 더 나빠지기야 하겠는가 하는 것쯤은 미국도 깊이 숙고해 보아야 할 것이다. 우리는 아무 때나 어떤 방식으로든 마주 앉아 문제를 풀어나갈 용의가 있음을 미국 측에 다시금 밝힌다.[67]

북한은 이렇게 회담 재개를 요청하는 사실상의 사과 성명을 발표하는 동시에, 국정원 라인을 통해 김영철 통전부장과 서훈 국정원장의 회담을 요청하였다. 25일 오후 3시의 실무회담에서 북한은 익일, 즉 26일 김정은 위원장과 문재인 대통령 간에 격의 없는 정상회담을 갖자고 요청하였다. 한국 정부 내에 갑론을박이 있었지만, 문재인 대통령은 5월 26일의 정상회담을 전격 수용했다. 문 대통령은 당시 상황을 이렇게 쓰고 있다. "일종의 신경전 때문에 좌초되는 것은 말이 안 되잖아요. 그래서 그것을 되살리는 데도 우리가 주도적인 노력을 해야 한다고 생각했죠."[68] 이렇게 성사된 것이 바로 '5·26 번개 남북정상회담'이다.

사실 문재인 대통령은 트럼프 대통령과 미국의 일방적인 행태에 화가 많이 나 있었다. 판문점 1차 정상회담을 설명하고 싱가포르 회담을 중재하기 위해 1박 3일간 방미한 문 대통령이 한미정상회담을 막 마치고 귀국하는 비행기에서 미국의 회담 취소 사실을 보고 받았기 때문이었다. 워싱턴에서 문 대통령은 미국 측과 최선희 성명에 대해서도 논의했지만 회담 취소 의사에 대해 귀띔도 받지 못한 채 귀국행 비행기에 올랐고, 비행 시간 동안 그런 사실에 관해서 감도 잡지 못하고 있었다. 24일 한국 도착 직후에서야 모든 사실을 알게 되었으니 그 충격은 더 컸을 것이다. 볼턴은 자신의 회고록에서 트럼프 대통령과 볼턴, 폼페이오 등이 문 대통령과의 정상회담 전에 이미 사전 회의를 갖고 북미회담 취소를 결정한 상태였다고 전한다. 다만 문재인 대통령이 미국 체류 중일 때 이를 공개 통보할 것인가 아닌가를 두고 트럼프 대통령이 망설였을 따름이라고 쓰고 있다.[69] 뒤늦게 이런 사실을 알게 된 문 대통령이 동맹에 대한 미국의 일방주의 외교 행태에 대해 느꼈을 배신감은 이해하고도 남을 만하다. 이런 상태에서 북한의 중재 요청을 받은 문 대통령이 번개 회담에 응함으로써 한국의 중재 역할은 더 중요해지는 듯했다.

> 자신들의 비핵화 의지를 거듭 강조했죠. 그리고 미국의 태도에 대해서, 미국이 자신들을 불신하고 있음을 잘 알지만, 자기들도 미국에 불신이 있고 오랜 적 관계 속에 있는데, 미국이 리비아 모델을 계속 이야기하는 것을 보며 도대체 미국이 자기들과 진정으로 대화할 자세가 되어 있는지 강한 의구심을 갖지 않을 수 없다면서 미국의 대화 의지를 나를 통해 확인받고자 했습니다. 결국 우리가 북미 양국에 상대의 대화 의지를 믿고 대화를 계속해 달라고 설득하는 모양새가 됐어요….
>
> 미국이 리비아 모델을 언급한 것은 북한이 화를 낼 만하다. 충분히 이해가 간다. 그러나 최선희 부상의 성명은 외교 관계에서 볼 수 없는 지나치게 거칠고 무례한 표현이다….
>
> 이 회담은 당신과 트럼프 대통령 두 사람의 결단으로 이루어지는 것이고, 당신들 내부에서도 회담에 대한 반대가 있듯이 미국 내에도 부정적인 생각을 가진 사람이 많이 있다. 그 상황을 두 정상이 돌파해 나가야 하는 것이라고 긴 시간 설명했어요.[70]

당시 상황에 대해서, 볼턴은 '청천벽력 같은 일이 일어났다(the roof fell in)'며 한탄하고 있었다. 펜스 부통령과 자신이 합작해 북미회담을 취소시키는 데 성공해 그 만족감에 즐거워한 지 채 12시간도 못 돼, 김계관 외무성 제1부상이 낸 25일 새벽 성명을 받은 트럼프 대통령이 회담 재개를 결정했기 때문이었다. 초기에 회담 취소 결정에 동참했던 국무부가 변심했고, 이후 폼페이오-김영철 라인이 직접 나서서 김영철 특사의 방미를 수용하기로 한 결정에 더 큰 충격을 받았다는 것이다. 볼턴은 미국 내에서 이런 소동(?)이 벌어지고 있는 가운데 한국에서마저 5·26 번개 정상회담 소식이 들려와 자신이 더욱 충격에 빠졌다고 분통을 터뜨리고 있었다.

당시 상황을 두고 한국 중재 역할이 얼마나 결정적이었냐에 대해서는 이론이 있었다. 다소 혼란스러워 보이는 논란 과정에 대한 볼턴의 설명을 다시 한번 정리하면 다음과 같다. 김계관 제1부상의 16일 자 볼턴 비판 담화가 나온 직후, 5월 17일 약속된 실무회담에 김영철 통전부장이 불참하자, 트럼프 대통령 등 미국 팀들은 똘똘 뭉쳐 북미회담 취소를 이미 결정했다. 이런 트럼프 대통령의 결심을 모른 채 문재인 대통령이 방미했지만 그것은 회담 재개에 영향을 주지 못하고 있었고, 이때 뒤이어 나온 최선희 부상의 펜스 부통령 저격 성명은 싱가포르 회담 취소를 한국과 상의하지 않고 공개하는 기폭제 역할을 했을 뿐이다. 그러나 트럼프 대통령의 회담 취소 성명이 나간 지 12시간도 지나지 않아 폼페이오-김영철 라인으로 보이는 통로를 통해 김계관 제1부상의 사과 성명을 받은 트럼프 대통령은 전격적으로 회담 재개를 결정했다. 그리고 이 라인을 통해 김정은 위원장의 친서를 갖고 올 김영철 통전부장의 방미가 수용, 확정되었다. 볼턴 보좌관의 이런 설명대로라면 25일 저녁(한국시간) 트럼프 대통령이 트위터를 통해 북미회담이 재개될 수도 있다는 소식을 내보냈으므로, 남북 번개 정상회담이 이루어지던 26일에는 이미 미국이 입장을 번복한 상태였던 것으로 드러난다. 결과적으로 한국 정부가 특별히 회담 재개 과정에 역할을 한 것은 아니었던 셈이 되었다.

볼턴의 이런 설명이 사실이라면 북한의 5·26 번개 정상회담 요청은 북미정상회담을 한국이 중재해 주기를 요청하기 위한 것이라기보다는, 문재인 정부의 입장을 알아보기 위한 것이었을 가능성이 더 높다. 북미정상회담 재개 자체는 북미 직접 통로를 통해 북한 스스로가 미국에 사과 성명을 보내는 방법으로 이미 문제가 해결된 상태였기 때문이다. 이렇게 본다면 북한은 남북 소통 라인과 북미 소통 라인을 별개로 운용하면서 양측의 진의를 파악하기 위해 각각의 통로를 활용하고 있었던 것일지도 모를 일이다. 남북과 북미 회동을 각각 분리시켜 운용하고, 3자 동시 회동을 거부한다는 북한의 입장은 일관되었다. 백악관 특사로 방미한 김영철 부장은 문재인 대통령이 싱가포르 북미회담에 참석하겠다는 제안을 한사코 거부했다고 전해진다. 이런 입장은 이후 2019년 판문점 3자 회동 과정에서도 일관되었는데, 북한은 판문점 회담에 문재인 대통령이 참석하는 것조차 말이 안 되는 것으로 간주하였고, 결국 3자가 회담장 밖에서 잠시 조우해 포토 타임을 가지는 것조차 겨우 성사되었다고 한다. 북한이 3자 회담을 거부하는 것은 북한의 입장에서는 나름대로 합리적인 방침이긴 하지만, 한국이라는 중재자를 활용하지 않은 것과 관련해서는 의문이 남는 것 또한 사실이다. 아래 친서는 김정은 위원장이 김영철 특사를 통해 전달한 친서다.

#5. 김정은 위원장 → 트럼프 대통령(2018. 5. 29.)

존경하는 각하,
이 기회를 빌려 각하께서 다가오는 우리의 만남을 역사적 순간으로 만들고자 기울이고 있는 노력에 대해 큰 감사를 전합니다.

> 나 자신도 전 세계가 주목하고 있는 조미정상회담에 큰 기대를 품고 기다리고 있습니다. 우리 사이에 처음으로 열리는 예정된 만남이 조미관계 개선은 물론 역내 평화와 안보보장을 위한 노력에 이정표가 될 것임을 믿어 의심치 않습니다.
>
> 이와 동시에, 결코 적지 않은 고역을 거쳐 갖게 될 우리의 첫 만남이 더욱 멋지고 의미 있는 만남으로 이어지길 진심으로 바랍니다.
>
> 6월 12일 각하와 중요한 만남을 가질 수 있길 바랍니다.

세 번째 중재자 역할은 (2019년의 일이긴 하지만) 하노이 회담 직후 문재인 대통령이 북미정상회담, 즉 판문점 회동을 만들어 가는 과정에서 발견된다. 하노이 회담이 실패로 끝난 직후 김정은 위원장은 4월 최고인민회의 연설에서 한국 정부의 중재를 수용하며 "연말 시한부 북미정상회담이 가능하다."라고 하면서도, 동시에 "오지랖 넓은 '중재자', '촉진자' 행세를 할 것이 아니라 민족의 일원으로서 제정신을 가지고 제가 할 소리는 당당히 하면서 민족의 이익을 옹호하는 당사자가 되"라며[71] 노골적으로 한국 정부의 중재자론을 비판했다.

하지만 북한의 이런 비판이 한미 양측을 각각 활용하는 것이 유리하다고 보았기 때문인지, 하노이 회담의 실패 탓을 한국에게 돌리기 위함이었는지는 더 많은 사실 관계가 파악되어야 알 수 있을 듯하다. 관련해서 볼턴은 트럼프 대통령 역시 이 점이 궁금했던지 문재인 대통령에게 왜 북한이 한사코 3자 회동을 거부하느냐고 질문하는 장면을 소개하고 있다. 문 대통령의 현답은 다음과 같았다. "한국이 항상 미국 편을 들기 때문에, 3자 회동을 하면 북한이 불리하다고 느끼기 때문일 겁니다."[72]

문 대통령은 지금도 하노이 회담이 실패한 직후에 김정은 위원장과 원 포인트 정상회담, 즉 번개 정상회담을 요청하지 않은 것을 후회한다고 한다.[73] 그는 김정은 위원장이 먼저 요청해 성사된 2018년 5·26 번개 정상회담을 회상하면서, 하노이 회담이 실패한 상황에서 자신이 먼저 요청해 번개 정상회담을 성사시켜 김정은 위원장이 받은 상처를 달랬으면 어땠을까 하는 마음을 털어놓았다. 하지만 당시 문 대통령은 그런 당사자 노력을 기울이기보다는 한미동맹, 즉 트럼프 대통령을 만나는 일에 더 큰 노력을 기울였다. 하노이 회담 결렬 후 김정은 위원장을 먼저 만났어야 했을까? 아니면 트럼프 대통령을 먼저 만났어야 했을까? 당연히 당시 한국 정부는 한미정상회담을 통해 북미 대화를 다시 제 궤도에 올려놓겠다는 중재자의 길을 선택했다. 그리고 누구라도 한미동맹을 우선시하는 그런 선택을 했을 가능성이 높다. 그러나 모든 게 실패로 돌아간 이후 그 당시를 되돌아보면, 그때 남북정상회담을 먼저 했었더라면 상황이 달라지지 않았을까 하는 문 대통령의 후회가 읽힌다.

어쨌든 문 대통령은 중재자로서, 한미정상회담을 먼저 갖고 그 회동에서 북미정상회담을 재가동시키기 위한 모든 노력을 다하였다. 이런 계획에 따라 김정은 위원장이 '연말 시한부 정상회담' 가능성을 언급한 그날, 문 대통령은 미국에서 트럼프 대통령을 만나 북미 3차 정상회담을 중재하고 있었다. 그리고 그 중재안은 멋지게 성공해 6·30 판문점 회담을 이끌어 내는 동력이 되었다. 이렇게 문 대통령의 빛난 중재자 역할은 2019년의 판문점 회동에서도 빛을 발했다는 점은 의심의 여지가 없다.

볼턴에 따르면, 4월 11일의 한미정상회담, 한국 시간으로는 4월 12일 자정을 넘긴 시간에 시작된 정상회담에서 문재인 대통령은 북미 3차 정상회담 제안을 트럼프 대통령에게 설명하고 있었다. 이 비공개 정상회담 직후의 공개 기자회견이 한국 시간 새벽 뉴스를 타고 있었고, 그 내용을 보고 난 김정은 위원장이 12일 오전 최고인민회의에서 공개 연설을 했다. 당초 북한의 최고인민회의는 4월 11일 하루 개최하기로 되어 있었으나, 북한은 이유 없이 기한을 하루 연장했고, 이 덕에 김정은 위원장은 한미정상회담의 기자회견을 볼 수 있게 되었다. 마치 조율된 듯이 이루어진 이런 남북미의 순차 회의와 회견으로 탄생한 것이 12일 오전 김정은 위원장의 최고인민회의 연설이었다.

당시에는 비공개였지만 문 대통령은 장소, 시간, 형식의 세 가지 내용을 구체화하여 3차 북미정상회담을 제안했다. 장소로는 판문점이나 미 해군 함정을 제안했다. 문 대통령은 3차 회담이 주목받기 위해서는 극적인 장소를 정해야 극적인 결과를 얻을 수 있기 때문이라며, 이 같은 주목도 높은 두 장소를 제안했던 것으로 보인다. 실제 김정은 위원장은 9·19 당시 문 대통령과의 삼지연 산책에서 북미회담의 장소로 선상 회담을 요구했다고 알려져 있다. 북한 해역에 미 항공모함을 정박시키고 거기서 회담을 하자는 아이디어였다. 문 대통령은 김 위원장의 이런 과거 제안을 근거로 트럼프 대통령에게 선상 회담안을 던진 것이었다. 시기로는 6월 12일부터 7월 27일 사이를 제안했다. 아마도 6월 말에 트럼프 대통령이 오사카 G20 참석 차 일본을 방문하는 일정이 있었기 때문에 그 계기를 잡아 한국을 방문해 달라고 요청한 것이지 않았을까 추측된다. 끝으로 형식은 실무 회동 없는 정상회담이고, 여기에 한국이 합석하는 남북미 3자 회동을 제안했다. 트럼프 대통령은 실질적 합의(substance) 없는 회동은 불필요하다며 거부감을 드러냈지만 정상회담 자체를 거절하지는 않았다.[74]

이후 문재인 대통령은 미국 측이 일정을 확정하지 않자, 5월 7일 트럼프 대통령과의 통화를 통해 그의 방한을 다시 한번 촉구했다. 아마도 시기를 확정해 달라는 요청이었을 것이다. 6월, 7월 정상회담 중재를 결심한 문 대통령의 입장에서는 트럼프 대통령이 방한한다는 사실 자체가 중재안의 중요한 요소였기 때문에, 트럼프 대통령의 방한 일정이 조기에 확정되기를 원했을 것이고, 따라서 시기의 확정은 결과적으로 6·30 회담 성사의 매우 중요한 밑거름이 되었을 것이다. 하지만 이런 대통령의 의지와 구상을 이해하지 못한 주미 대사관 주재 외교관과 일부 정치인은 당시 통화를 '방한을 구걸한 굴욕'이라고 비난하는 사태가 벌어졌다. 그 통화가 6·30 판문점 회담을 가능하게 한 결정적 계기였음을 생각하면 '굴욕 외교' 운운은 근거 없는 단견이었음이 분명하다. 어쨌든 국내의 이 같은 해프닝에 아랑곳없이 일주일 뒤인 5월 16일, 트럼프 대통령이 자신의 6월 방한 계획을 공표하자 남북미 정상회담 카드를 둘러싼 움직임은 비로소 급박하게 진척되기 시작했다. 이후 문 대통령은 6월 정국이 다가오자 북한과 미국 각각을 향해 메시지를 발신했다. 2019년 6월 14일의 스톡홀름 연설이 북한에게 대화와 신뢰 구축 방법론을 제안한 것이라면, 6월 26일의 세계 6대 뉴스 통신사 합동 서면 인터뷰는 미국을 향해 던진 제언이었다. 이 인터뷰에서 문 대통령이 영변 해체의 중요성을 특별히 추가 강조하고 나선 것은 하노이 회담 당시 합의가 불발로 끝난 이유가 영변의 중요성을 간과한 데 있음을 미국에 상기시키기 위함이었다. 그것은 다가온 북미회담이 북한에도 충분히 의미 있는 회담이 될 수 있게끔 한국 정부가 돕겠다는 대북 메시지이기도 했다.

6·30 판문점 회담은 물론 트럼프 대통령의 트위터와 이에 대한 북한의 즉답으로 마련된 세기적 이벤트였다. 그러나 하노이 이후 트럼프 대통령의 방한이라는 무대를 만든 것은 전적으로 한국 정부의 노력이었고, 그것은 남북미 회동을 만들기 위한 전략적 행보의 결과였다. 남북관계에 대한 북한의 불만은 여전하지만, 그 이면에 깔린 한국 정부의 노력이 평화적 추동력으로 기능하고 있었던 사실까지는 부정할 수 없다. 6·30 판문점 회담은 중재자냐 촉진자냐 당사자냐를 둘러싼 논란에서가 아니라, 연출자가 어떤 방법적 행보를 통해야만 실질적 협상을 진전시킬 수 있는가를 실증해 준 극적 장면이었다는 데에 더 큰 의의가 있었다는 사실에도 주목해야 한다.[75]

어쨌든 당시에는 문 대통령이 3차 정상회담을 제안했다는 것조차 비공개였기 때문에 문 대통령의 방미와 그 중재 과정에 큰 의미를 부여하지 않았다. 오히려 한미정상회담 이후 공개된 최고인민회의 연설에서 김정은 위원장이 문 대통령을 '오지랖' 넓다며 비판한 사실에 언론의 관심이 더 집중되었다. 이런 비판 앞에 당연히 문 대통령의 중재자론이 설 자리는 없었다. 하지만 문 대통령의 중재는 6·30 판문점 회담에서 빛을 발한 것이 사실이었다. 다만 그 과정에 한국 정부의 역할을 공개하고 내세우기에는 북미 회동의 판이 흔들릴 가능성이 높았기 때문에, 한국 역할론은 어둠의 자식이 되고 말았고, 문 대통령의 역할은 '오지랖'이라는 수사에 갇히게 되었다.

4) 한국 역할론: 평가와 재론

하지만 당시 북미관계의 진행 과정을 더 깊게 파고 들어가 보면, 중재자의 역할도 중요하지만 결국 결단은 누구의 몫이었고 누가 전 과정의 키를 쥐고 있었는지, 즉 당사자의 의사 결정에 대한 문제가 제기된다. 실제 북한과 미국은 누가 싱가포르 회담을 먼저 제안했는가를 두고 설전을 벌인다. 문제가 된 최선희 부상의 2018년 5월 담화는 미국 측이 정상회담을 먼저 제안했다는 사실을 폭로하고 있다. 반면 트럼프 대통령은 다음 날의 회담 취소 성명에서 북한 측이 정상회담을 먼저 제안했다고 맞받아쳤다. 마치 한국 정부가 양측에 다른 이야기를 해서 거래를 성사시켰던 것이 아닌가라는 의구심이 제기되는 장면이 연출되었던 것이다.

그러나 최선희 부상의 미국 제안설은 2017년 12월 제프리 펠트먼 유엔 사무차장 방북 당시 트럼프 대통령이 김정은 위원장을 만나고 싶다는 회담 의사를 전달했던 사실을 지칭하는 것으로 추정된다.[76] 반면 트럼프 대통령의 북한 제안설은 정의용 안보실장이 볼턴에게 털어 놓은 진실에서 드러난다. "정의용이 트럼프에게 김정은의 초대를 전했는데,

트럼프가 즉흥적으로 수락해 버린 것이다. 아이러니하게도 정의용은 애초에 김정은에게 트럼프를 초대해 보라는 제안을 한 사람이 자신이라고 나중에 인정하고 나섰다."[77] 볼턴의 이런 주장이 사실이라면 트럼프 대통령에게 회담을 제안한 것은 어쨌든 한국의 중재자론이 수조해 낸 김정은 위원장의 요청이다. 유엔 사무차장의 방북에도 문재인 대통령의 제안이 영향을 줬다는 문 대통령의 주장을 감안하면, 한국이 실제로 북미 양측에 각각 상대방이 정상회담을 제안한 것이라고 설득했다는 주장도 틀린 것만은 아니다.

하지만 이 점에 대해 북한의 입장은 확고하다. 이 모든 과정은 중재자 따위의 중재안에 휘둘린 것이 아니라 그들 스스로가 결정하고 그들 스스로가 만든 것이라고 주장한다. 북미 직접 소통 라인이 있고 그것의 가동 여부는 북한이 결정한다는 것이다. 북한이 한국의 중재자론에 동의하거나 기대지 않는다는 점을 분명히 한 것이다. 북한은 남북미 3자 회담을 거부하는 정도가 아니라, 심지어 한국이 단 한 번도 민족 당사자가 되어 미국을 설득하는 모습을 보여 주지 않았다고 원죄론을 제기하기 시작했다.

볼턴류나 아베 전 총리와 같은 보수주의자들은 문재인 대통령이 이 모든 댄스(fandango)를 만들었고, 외교에 문외한인 트럼프 대통령을 불량국가와의 정상회담으로 유인했기 때문에 그 책임이 한국에 있다고 비난을 거듭한다. 심지어 거짓말하는 한국이라는 의심의 눈초리를 거두지 않고 한국을 북미 대화에서 제외해야 한다는 막말마저 서슴지 않았다.

그렇다면 한국은 어떻게 트럼프 대통령을 설득했을까? 정말 한국은 거짓과 왜곡으로 트럼프 대통령이 말하는 세기의 회담을 '사기' 중재외교로 만든 것인가? 그것이 아니고 트럼프 대통령 스스로가 북미 대화를 결정했다면, 트럼프 대통령은 왜 북한과의 대화에 뛰어들었을까? 이도 저도 아니라면 보수주의자들이 주장하듯이 북한의 사기극일까? 하노이 회담의 피해자로 알려진 김정은 위원장은 자기가 판 무덤에 자기가 빠진 것일까?

이제 이 질문들에 답하기 위해서는 중재자론의 허와 실을 논하는 것과는 또 다른 차원에서, 미국 측이 한국 측에 제기하고 있던 두 가지 의구심을 살펴볼 필요가 있다.

첫 번째는 북한의 비핵화 의지에 대한 문제다. 2016년에 이르면 워싱턴 내에서는 북한이 더 이상 비핵화 협상에 관심이 없다는 생각들이 확산되어 있었다. 오바마 행정부의 클래퍼 국가정보국장은 북한과의 평화협정을 주장한 대화파였지만, 그가 그런 주장을 한 배경에는 북한이 비핵화를 수용할 리가 없다는 정보 판단이 작동하고 있었다. 대화파들 중에도 북한의 비핵화가 가능하다는 것을 전제로 한 비핵화 협상파의 주장은 잦아들고 있었다는 의미다. 이런 상황에서 김정은 위원장이 '완전한 비핵화를 수용한다'고 했으니 그 진의에 대해서 문제가 제기된 것은 사실이었다. 북한의 거짓말이거나 한국의 잘못된 중재안이라는 주장이 설득력을 얻고 있었고, 바로 그런 의구심 때문에라도 이들은 검증(verification) 문제를 최우선 순위에 두기를 원했다.

두 번째는 한미군사연습 문제다. 앞서 본 정의용 실장의 백악관 발표문에서도 드러나듯이 한국 정부는 "북한은 한미 양국의 정례적인 연합군사훈련이 지속되어야 한다는 점을 이해하고 있습니다."라고 북한의 주장을 전달했다. 하지만 2014년 이래 쌍중단을 요구하고 그것을 이유로 두 차례 핵실험을 강행해 온 김정은 위원장이 갑자기 한미군사연습의 필요성을 이해했다는 데 고개를 갸웃거리는 전문가들이 많았다. 실제 싱가포르 회담이 개최되자 김정은 위원장은 회담 내내 한미군사연습 중단을 요구했고, 결국 트럼프 대통령이 2018년에 한해서 그리고 '대화가 진행되는 동안'이라는 조건으로 이를 수용하게 되었다는 것 또한 잘 알려진 사실이다. 이렇게 본다면 정의용 안보실장이 트럼프 대통령을 회담으로 끌어내기 위해 거짓말을 했거나 그것이 아니면 정의용 실장 또한 김정은 위원장에게 속은 순진한 당국자가 된 것이다. 이도 저도 아니라면 당시 한국 정부는 한미군사연습의 중단 여부는 북미가 직접 논의할 사안이지 한국 정부가 결정할 수 없는 문제라고 판단하고 북미 회동에서 직접 논의하라는 입장을 취했을 수도 있다.[78]

볼턴 보좌관이나 아베 총리와 같은 대북 강경파들은 세 가지 모두에서 한국 정부의 의도성을 의심하고 있었다. 볼턴 보좌관의 회고록 전반에 이 같은 의구심이 깔려 있음을 이미 확인한 바 있고, 아베 전 총리 또한 한국 정부가 남북 간 협상 과정에서 동맹을 기망할 수 있다는 의심을 제기했던 것으로 전해진다. 이 때문에 일본 정부는 중요한 정보나 중요한 기술들이 북한으로 새고 있다고 비난하며, 한국을 못 믿을 나라로 낙인찍고 한국 정부와는 기밀 사항을 공유할 수 없다고 강변하였다. 아베 전 총리가 2019년 한국에 대해서 전격적으로 소부장(소재, 부품, 장비) 경제 제재를 취한 것도 대북 제재에 한국이 동참하지 않을 뿐 아니라 북한에 불법적으로 제재 물품을 공급하고 있다는 난데없는 주장을 근거로 한 것이었다. 한국 정부 입장으로서는 억울하기 이를 데 없는 일이었지만, 2019년 하노이 회담과 판문점 회담 이후 북한이 다시 비핵화를 부정하고, 한미군사연습에 대해 극단적인 적대 정책을 재개하자 한국 정부에 대한 비난은 점증하였다. 문재인 정부가 옹호해 온 두 가지 점, 즉 "북한이 완전한 비핵화 의지가 있다."라거나 "한미군사연습에 대해 북한이 이해한다."라는 발언들이 부메랑이 되어 한국 외교력에 대한 공격으로 돌아왔다. 하노이 회담 결렬이 가져온 긴장 상태로 보기보다는 한국의 통일 민족주의 정책이 좌초한 결과라거나, 외교에 무지한 촛불정부의 유화정책이 빚어낸 참사라거나, 더 심하게는 종북 정권의 말로라는 등의 혐오 공세가 쏟아진 것은 이런 맥락하에서였다.

그렇다면 트럼프 대통령은 정말 문재인 정부의 이런 기만적 설득에 순진하게 발맞춰 나간 것일까? 트럼프 대통령 스스로가 끊임없이 북한에 대한 경계와 압박을 강조해 온 것은 주지의 사실이다. 협상 과정에 단 한 번도 제재를 늦춘 적도 없고 심지어는 한국을 압박하여 대북 제재를 강력히 집행하여야 한다는 점을 수시로 확인하기도 했다.[79] 그런 트럼프 대통령이 한국의 기망에 근거해 협상장으로 쫓아갔다고 보기에는 미심쩍은 점들이 많다는 점도 사실이다. 북미회담이 트럼프 대통령이 유엔 사무차장의 방북 과정에 전달한 비밀 메시지로부터 시작되었다는 헤커 박사의 주장 또한 한국 역할론과 한국 기망론과는 궤가 다른 설명이다.[80]

먼저 비핵화 협상의 경우, 북한은 2018년 4·27 판문점 선언을 통해 '완전한 비핵화' 의지를 분명히 하였다. 이를 위해서 심지어 핵-경제 병진 노선 후퇴, 핵실험·ICBM 실험 중단을 선제적으로 선언하였다. 북한은 남북정상회담을 바로 앞둔 2018년 4월 20일 제7기 3차 당중앙위원회 전원회의를 개최하여 두 개의 결정서, 《경제건설과 핵무력건설병진로선의 위대한 승리를 선포함에 대하여》와 《혁명발전의 새로운 높은 단계의 요구에 맞게 사회주의경제건설에 총력을 집중할데 대하여》를 발표하였다. 이에 따라 그동안 '정의의 핵보검'이자 항구적인 국가전략노선이라 했던 핵-경제 병진노선이 사실상 폐기되고, 경제발전에 우선순위를 둔 '경제건설 총력집중' 노선이라는 새로운 국가전략이 제시되었다.

결정서:
《경제건설과 핵무력건설병진로선의 위대한 승리를 선포함에 대하여》

첫째, 당의 병진로선을 관철하기 위한 투쟁과정에 림계전핵시험과 지하핵시험, 핵무기의 소형화, 경량화, 초대형핵무기와 운반수단개발을 위한 사업을 순차적으로 진행하여 핵무기병기화를 믿음직하게 실현하였다는것을 엄숙히 천명한다.

둘째, 주체107(2018)년 4월 21일부터 핵시험과 대륙간탄도로케트시험발사를 중지할 것이다. 핵시험중지를 투명성 있게 담보하기 위하여 공화국 북부핵시험장을 폐기할 것이다.

셋째, 핵시험중지는 세계적인 핵군축을 위한 중요한 과정이며 우리 공화국은 핵시험의 전면중지를 위한 국제적인 지향과 노력에 합세할 것이다.

넷째, 우리 국가에 내한 핵위협이나 핵도발이 없는 한 핵무기를 절대로 사용하지 않을 것이며 그 어떤 경우에도 핵무기와 핵기술을 이전하지 않을 것이다.

다섯째, 나라의 인적, 물적자원을 총동원하여 강력한 사회주의경제를 일떠세우고 인민생활을 획기적으로 높이기 위한 투쟁에 모든 힘을 집중할 것이다.

여섯째, 사회주의경제건설을 위한 유리한 국제적 환경을 마련하며 조선반도와 세계의 평화와 안정을 수호하기 위하여 주변국들과 국제사회와의 긴밀한 련계와 대화를 적극화해나갈 것이다.

이렇게 보면 북한이 생각한 '완전한 비핵화' 프로세스는 초기 단계에 조건 없이 ICBM과 핵실험을 동결하겠다는 의미였고, 그 과정에 안보-경제 포괄적 협력을 위해 먼저 영변 단지를 동결하는 것을 통해 비핵화의 다음 단계로 나아가며, 이를 통해 경제 협력의 동력을 찾는 협력 방식이었던 것으로 보인다. 적어도 단계적 비핵화, 즉 단계론의 유의미성을 수용하는 입장에서 볼 때는, 2018년 당시까지 북한의 이런 정책 전환의 진의를 부정하고만 있기에는 북한의 제안이 전제하고 있는 현실적 고려는 무시하기 어려운 것이었다.

두 번째 한미군사연습의 경우, 2018년 북한이 정의용 특사 방문 이후나 4·27 판문점 정상회담 직전에 실시된 한미군사연습에 대해서 문제 삼지 않았다는 점도 매우 중요하다. 2018년 4월의 군사연습에도 불구하고 북한은 4·27 남북정상회담에 나섰고, 역시 하노이 회담 결렬 후 재개된 2019년 3월의 한미군사연습에도 불구하고 김정은 위원장은 2019년 6·30 판문점 회담에 모습을 드러냈다. 이런 간단한 사실에 근거해 보면 김정은 위원장의 거짓말에 한미 당국이 속아서 협상에 나갔다고 주장하는 것은 단견일 가능성이 더 높다.

5) 트럼프 대통령의 협상 동기: 동맹연대 vs. 핵 억지 vs. 중국 포위

'완전한 비핵화'와 '한미군사연습' 문제에 대한 김정은 위원장의 진정성 문제를 이 정도로 정리한다면, 즉 트럼프 대통령이 북한의 거짓 약속에 속아서만 회담장에 나간 것이 아니라는 점을 인정한다면, 트럼프 행정부가 북한과의 협상에 나선 실제 대의가 무엇이었는가에 대한 궁금증을 피하기는 어렵다. 미국이라는 대국이 적에게 속아서 협상에 나갔다라고 보기에는 불량국가에 대한 미국의 경계심은 역사가 깊다. 심지어 하노이 회담에서는 김정은 위원장이 오히려 트럼프 대통령에게 팽당했다는 평가도 만만치 않았다. 과연 트럼프 대통령을 협상장으로 이끈 동력은 무엇이었을까?

먼저 동맹론을 들 수 있다. 미국에게 동맹은 소중한 자산이다. 따라서 미국의 중요한 동맹인 한국이 트럼프 대통령에게 북한과의 대화를 요청한 마당에 미국이 이를 거부할 수만은 없었을 것이다. 하지만 트럼프 대통령의 MAGA(Make America Great Again)는 동맹의 요청만으로 움직이는 정책이 아니었다는 점을 감안하면, 그리고 유럽의 주요 동맹들과도 트럼프 대통령이 많은 갈등을 빚었다는 점을 생각하면, 동맹 역할론에 대해서는 더 많은 근거가 요구된다.

두 번째 억지론은 트럼프 대통령이나 매티스 국방부장관이 인정했듯이 최소 20~30개의 핵탄두를 보유한 북한의 핵무력이 일정한 본토 교전 능력(mainland exchange)을 확보하고 있으며, 그들의 핵무기 생산 능력이 연간 7~8개 이상의 핵탄두(핵원료 생산을 포함)를 증대시킬 수 있는 수준에 달한 만큼, 진략적 인내처럼 무시나 방치로 북한을 관리할 수 있는 상황이 아니라는 사실에서 출발한다. 인수인계 당시의 오바마 대통령의 토로를 감안하면, 북한의 심각한 도발과 위협에 대해 미국이 직접 나서 관리할 필요성이 있었다는 주장이 트럼프 대통령이 협상에 나설 수밖에 없었던 또 다른 이유로 제기된다.

물론 이런 주장은 2019년 하노이 회담 이후 트럼프 대통령이 대북 협상을 더 이상 진행하지 않고 방치했던 이유에 대해서 추가의 설명을 요한다. 북한의 핵 능력이 증대되는 것을 막는 것이 이유였다면 2020년 이후 협상을 중단하고 북한의 핵 능력 증대를 방치한 이유가 무엇인가에 대한 설명이 부족하기 때문이다. 이에 대해 트럼프 대통령은 자신이 북한의 '큰' 도발을 막고 있었고[81] 트럼프 2기에 들어가 협상할 여지를 뒀기 때문에[82] 북한의 도발은 문제될 리가 없었기 때문이라고 이야기하고 있다. 트럼프 대통령이 북한과 협상에 나선 것은 북한의 큰 도발을 동결하기 위한 것이었고, 하노이 회담은 실패하거나 결렬된 회담이 아니라 '노딜(No Deal)' 혹은 다음 협상을 염두에 둔 일시적 '걸어 나오기(Walkng Away)' 전략이었을 따름이므로, 북한의 도발 관리라는 점에서 트럼프 대통령의 대북 관리 전략은 유용했다는 것이다. 실제 북한이 트럼프 대통령의 잔여 임기 동안 ICBM이나 핵실험과 같은 큰 도발을 자제했던 것도 사실이므로 이런 주장이 틀린 것은 아니었다. 하지만 판문점 회동 이후 임기 말까지의 '작은' 도발, 즉 IRBM이나 초대형 방사포 등과 같이 동맹 타격 능력을 배가시키는 북한의 신형 도발에 대해서 침묵 및 방치하고 있었던 것에 대해서는 책임 논란이 있는 것도 사실이다.

세 번째는 중국 요인이다. 많은 지정학 전문가들의 견해는 트럼프 대통령에게 일차적으로 중요한 것은 지정학적으로 중국을 고립시키는 것이었고, 트럼프 대통령은 북한에게서 그런 요인, 즉 베트남적 요소를 봤다는 것이다. 즉 베트남이 중국과의 '대나무 외교'를 통해 일정한 거리를 두는 것처럼 미국은 북한이 중국과 이격을 갖기를 원했다는 것이다. 주지하다시피 2013년 시진핑 주석 등장 이후 북중관계는 차디차게 얼어붙었고, 이 때문에 미중 협조 체제하에서 북한을 관리하기를 원했던 미국 민주당 정부들과는 달리, 트럼프 행정부는 북한과의 협상을 통해 북한이 어느 정도 중국과 거리를 두게 할 경우 중국 고립이라는 더 큰 목표를 달성할 수 있다고 보았다는 것이다. 실제 폼페이오 장관은 자신의 회고록에서 국무부장관 내정자이자 CIA 국장 신분으로 3월 31일 평양을 방문했을 당시 김정은 위원장과 나눈 대화의 핵심 내용이 중국과의 관계에 대한 것이라고 쓰고 있다. 거기서 폼페이오 장관은 북중관계에 대해서 미국의 요구가 관철될 수 있을 가능성을 보았다고 회고한다. 폼페이오 장관은 "중국은 미군이 철수하면 김 위원장이 기뻐할 것이라고 미국에 항상 말한다."라고 하자, 김 위원장은 "중국으로부터 자신을 보호하기 위해선 주한미군이 필요하다."라고 답했다는 것이다. 김 위원장은 그러면서 "중국은 한반도를 티베트나 신장처럼 다룰 수 있도록 미군 철수를 주장한다는 설명도 내놨다고 했다."라고 한다.[83] 폼페이오 장관은 이런 김정은 위원장의 답을 듣고 북미 대화가 유용할 것이라는 판단을 했다는 것인데, 이 같은 해석을 뒷받침하는 문재인 대통령의 회고록 내용 역시 지정학적 고려에서 일관되게 의미하는 바가 있다. 문 대통령은 회담 장소 문제로 논란을 벌이다가 결국 싱가포르로 장소가 결정되자 김정은 위원장이 항공편을 이용하기 위해 중국과 다시 밀착하게 되었다며, 그 과정에서 미국이 북한을 다시 중국에게 의존하게끔 만들었다며 그 패착을 아쉬워하고 있다.[84]

사실 미국은 오래전부터 중국의 패권주의를 관리하는 데 중국 주변의 미얀마와 베트남을 중립화시키는 것이 매우 중요하다는 생각을 해왔다. 이런 전략이 베트남에서 성공했다는 점을 감안하면, 가능하다면 북한을 중국으로부터 떼어 내는 것 역시 트럼프 행정부 측에서 고려해 볼

만한 선택이었을 것이다. 실제 중국에 대한 북한 40~50대 엘리트들의 생각은 1994년부터 시작된 북한의 대기근, 즉 고난의 행군은 사실상 중국이 방조한 데 근거한 것이라는 인식들을 갖고 있기 때문에, 미국이 북한을 잘 관리하면 북중관계에 이격을 확대할 수도 있다는 지정학적 전략은 하나의 전략이 될 수 있다. 하지만 볼턴과 같은 '가치' 우선론자들에게 이 같은 '지정학'적 전략은 꼼수에 가까운 것으로 받아들여졌고, 볼턴은 실제 트럼프 대통령에게 시진핑 주석이 김정은 위원장에게 쓴 가상 편지를 직접 작성해 보내며, 중국의 북한에 대한 영향력을 강조하였다. 그런 지정학의 허무맹랑함에 대한 볼턴의 비판은 신랄했다.[85]

문재인 대통령이 회고록에서 그런 지정학적 접근법의 부재를 아쉬워하긴 했다지만 한국 정부가 트럼프 대통령에게 그런 전략을 제시해 가며 북미 협상을 권했다고 보기는 어렵다. 다만 미국 스스로 그런 지전략을 검토했을 수 있고, 폼페이오 장관이 김정은 위원장과의 면담에서 그런 가능성을 확인하면서 미국 스스로가 회담의 동력을 만들어 갔다고 보는 것은 논리적이다. 지정학적 상상력이 줄 수 있는 그런 유의 접근은 누구나 한 번쯤은 고려할 만한 전략이기 때문이다.

한편 이런 '전략'의 성패와 무관하게 트럼프 대통령은 김정은 위원장이 자신을 만나기 전에 일관되게 시진핑 주석과의 정상회담을 먼저 진행한 것에 대해서 매우 불쾌해했다는 것은 사실이다. 중국이 북한을 흔들기 위해 무슨 수를 쓰고 있는지 우려했던 볼턴 보좌관은[86] 시진핑 주석이 김정은 위원장에게 무슨 말을 하고 있는지 궁금해하고 있었던[87] 트럼프 대통령이 중국의 압력 때문에, 즉 시진핑 주석 때문에 정상회담이 실패할 것이라며 불안해했다고 쓰고 있다.[88] 어쨌든 트럼프 행정부의 대북 정책 배경에 북중관계에 대한 고려가 작동하고 있었던 것만은 분명했다.

재미있는 것은 이런 지정학적 접근법에 대한 중국의 반발도 있었다는 점이다. 4·27 남북정상회담 당시 합의된 판문점 선언에는 종전선언을 위해 "항구적이고 공고한 평화체제 구축을 위한 남·북·미 3자 또는 남·북·미·중 4자 회담 개최를 적극 추진해 나가기로 하였다."라며 3자 또는 4자 정상회담에 대해 합의했다. 이 구절은 사실 2007년 남북정상회담 당시의 합의 구절을 반복한 것이긴 한데, 당시에도 그랬지만 이번에도 중국은 이에 발끈했다. 중국이 빠진 '3자 정상회담'의 가능성 자체를 언급한 것을 문제 삼기 시작했던 것이다. 중국은 당연히 자신이 한반도 문제의 당사자라고 주장했기 때문이다.[89] 중국은 여러 경로를 통해서 남과 북 어느 쪽에서 3자 선언을 제안했는가를 추적한 것으로 알려졌다. 김정은 위원장은 판문점 회담 직후 5월 8일 다롄에서 열린 2차 북중정상회담에서 판문점 선언의 평화협정 문구에 4자만이 아니라 3자를 포함한 것은 한국 측의 요청이었다고 답했다고 전해진다. 어쨌든 중국은 남북미 3자 회동 과정에서 중국이 배제되고 있는 것에 대해 매우 민감하게 반응했고, 남북 양측에 자신의 입장을 강변했다. 한국이 이런 지정학을 고려하고 있다고 생각했기 때문인지 모르지만, 지난 5년간 북한을 냉대하던 시진핑 주석의 태도가 돌변하고 5차례 북중정상회담을 진행하는 등 북한에 대해 극적 태도 전환을 보이는 과정에서도, 한국에 대해서는 한한령을 해제하지 않는 등 문재인 대통령에 대한 경계심을 늦추지 않았다.

이쯤 되면 중국 배제 전략의 일환으로 미국이 북한에 관여한다는 트럼프 행정부의 지정학적 접근법을 대하는 북한의 속내는 매우 복잡해진다. 이를 수용하다가 언제든 중국으로부터 방기(abandonment)될 수 있다는 불안감과, 리비아나 이라크처럼 미국의 공약(commitment)으로부터 배신(betrayal)당할 수 있다는 경고 사이에서 고민한 북한은 두 옵션 사이의 헤징(hedging)을 선택한 듯했다. 한편 한국은 한미동맹을 강화하면서 동시에 남북관계를 진전시킬 수 있는 두 마리 토끼 전략을 추구해야 한다는 점에서 보면 중국 배제 전략이 주는 유혹은 컸지만, 북한이 미중 사이에서 헤징 전략을 추구하는 한 한국과 미국의 그런 지전략이 성공하기란 쉽지 않았다. 중국과의 경제 협력이 여전히 중요한 한국의 입장에서 성공할 수 없는 전략에 올인할 수는 없었다. 심지어 한국은 사드 사태로 악화된 한중관계나 2017년 '혼밥' 논란으로 홀대받은 대중 외교에서 오는 부담을 떨쳐야 하는 과제도 있었다. 한국 역시 미중 사이에서 헤징을 해야 한다는 요청도 있었던 만큼 남북관계를 위해 한중관계를 버리기에는 중국의 예상되는 반격(backlash)은 너무 큰 부담이었다.

요컨대 미국의 대전략이 권위주의 국가처럼 지정학 하나만으로 가동되는 것도 아니고, 가치(value)에 근거하고 있기도 하다는 점, 즉 비확산이나 민주적 가치로서의 인권 연대, 불량국가에 대한 징벌 등의 요인도 고려하지 않을 수 없다는 점에서 미국의 북한에 대한 접근을 일면적인 지정학으로만 설명하기는 어렵다. 하지만 이를 전제하더라도 트럼프 대통령은 미국의 어느 대통령보다 지정학에 비중을 둔 접근을 중시했고 중국에 대한 압박을 미국 외교의 제1의 요소로 했던 것은 사실이라는 점에서, 북한에 대한 트럼프 대통령의 관여 정책에서 이런 유의 지정학적 흔적을 추적하는 것은 의미 있는 시도이기는 하다.

주

1 John Bolton, 2020, *The Room Where It Happened: A White House Memoir*, New York: Simon & Schuster, p. 115; 존 볼턴, 2020, 『그 일이 일어난 방: 존 볼턴의 백악관 회고록』, 박산호 외 옮김, 시사저널사, 184-185쪽. 이하 '볼턴 회고록'으로 표기.

2 문재인 회고록, 348-353쪽.

3 시그프리드 헤커, 2023, 『핵의 변곡점』, 천지현 옮김, 창비.

4 폼페이오의 회고록은 그의 북한 협상 과정에서의 역할 때문에 매우 많은 기대를 받았으나 실제 출간된 저서는 중요한 내용을 공개하고 있지 않아 당시 협상을 연구하는 입장에서는 다소 실망스러운 점이 있다. Michael R. Pompeo, 2023, *Never Give an Inch: Fighting for the America I Love*, New York: Broadside Books.

5 북미 간에 교환된 친서는 27편이 있다. 2018년 4월 1일이 공개된 첫 친서이고, 2019년 8월 5일이 마지막 친서이다. 하지만 비공개 친서나 전화 통화 여부는 확인하기 어렵지만 없다고 보기도 어렵다. 남북 간에는 문 대통령이 임기 중 총 38회의 친서를 주고받았다고 밝히고 있다(문재인 회고록, 325쪽). 회고록에서는 2018년 12월 30일 자 친서의 일부를 사진으로 보여 주고 있다. 2022년 4월 22일 『조선중앙통신』은 문재인 대통령에게 보낸 김정은 위원장의 4월 21일 자 마지막 답서의 일부 내용을 공개했다. 그리고 일부 언론 보도에 따르면, 2020년에도 두 차례 친서를 주고받았고, 퇴임 후에도 트럼프 대통령은 김정은 위원장과 친서를 교환했다고 한다. "2020년 3월 트럼프 대통령은 코로나19 지원 관련 친서를 보냈고, 몇 달 뒤인 10월 김 위원장은 코로나19에 걸린 트럼프 당선인에게 쾌유를 기원하는 편지를 보냈다…. 매기 하버먼 뉴욕타임스(NYT) 기자는 2022년 저서에서 트럼프 당선인이 퇴임 후에도 주변에 김 위원장과 연락해 왔다고 말했다고 주장했다." 「"폭언과 밀월 사이" 롤러코스터 같은 트럼프-김정은, 러브레터만 27통」, 『동아일보』, 2024년 11월 27일. https://www.donga.com/news/Inter/article/all/20241127/130513586/1(검색일: 2024년 11월 27일).

6 "I've not read the book, but from the excerpts I've seen published. John Bolton is spreading a number of lies, fully-spun half-truths, and outright falsehood." 폼페이오 X(구 트위터) 게시물 내용. https://x.com/SecPompeo/status/1273788213094756354 (검색일: 2024년 11월 15일).

7 백악관은 회고록 415군데를 수정하거나 삭제하라고 요구하였고 한반도 사안에 대해서만 110군데 넘게 틀렸다며 수정과 삭제를 요구했으나 상당수가 받아들여지지 않았다고 전해진다. https://www.bbc.com/korean/news-53091029(검색일: 2023년 1월 23일).

8 볼턴이 공개한 트럼프 행정부의 북미 협상 내용에 불편함을 느낀 많은 이들은 그가 놀라우리만큼 자세하게 상술하고 있는 당시 사실과 기록을 거의 믿지 않는 분위기다. 또 다른 문제점은 번역상의 난점이다. 역자가 당시 상황을 이해하고 있는 전문가가 아니라는 점에서 뉘앙스나 중요한 사실을 제대로 전달하지 못하고 있다는 점도 그의 회고록을 평가하는 데 중요한 점이다 당시 협상의 맥락을 완벽하게 이해하지 못한 상황에서 그리고 데드라인에 맞춰 급하게 번역한 글이었기 때문에 쉽게 이해되지 않는 내용이 많고 그만큼 독자의 흥미를 떨어뜨린다는 단점이 있다. 볼턴 회고록의 4장, 11장의 경우 영문판을 읽어 보기를 권하는 것도 그래서다.

9 밥 우드워드 대기자의 트럼프 3부작은 공포(Fear, 2018년 9월), 분노(Rage, 2020년 9월), 위험(Peril, 2021년 9월)이란 제목을 가진 세 권의 책이고, 각각 시기를 두고 발간된 이 세 권을 마지막 저서 『위험』 발간 시기인 2021년 9월 동시에 묶어서 3부작으로 재출간하였다. "이 책에서 자세하게 윤곽을 그려 낸 북한 지도자 김정은과의 관계나 편지는 기존 외교정책 전문가들의 교범을 따르지 않았다. 그러나 트럼프가 반복적으로 이야기했듯이 우리는 전쟁을 하지 않았다. 그것은 성과였다. 외교는 언제든 시도할 가치가 있다. 그러나 그럴 만한 가치가 있었는지 모르겠다. 그 외교가 다음에 어디로 갈지는 트럼프 시대가 낳은, 평가하기 힘든 일(imponderables) 중의 하나다. 트럼프와 김정은의 상호 충성 서약(mutual pledge of fealty), 그 '판타지 영화(the fantasy film)'는 김정은이 더 위협적으로 변해가는 데도 지속될까? 트럼프가 늘 말하는 대로 '우리는 차차 알게 될 것이다(We'll see).'" 밥 우드워드, 『분노(Rage)』, 이재학 옮김, 가로세로연구소, 432쪽; Bob Woodward, 2020, *Rage*, New York: Simon & Schuster, p. 388.

10 밥 우드워드, 『분노(Rage)』, 이재학 옮김, 가로세로연구소, 430쪽; Bob Woodward, 2020, *Rage*, New York: Simon & Schuster, p. 386.

11 Siegfried S. Hecker, with Elliot A. Serbin, 2022, *Hinge Points-An Inside Look at North Korea's Nuclear Program*, Stanford University Press.

12 임종석, 2020, 「한반도 평화프로세스 재가동의 길」, 『창작과 비평』 188호.

13 Christopher R. Hill, 2014, *Outpost: Life on the Frontlines of American Diplomacy*, New York: Simon & Schuster; 크리스토퍼 힐, 2015, 『크리스토퍼 힐 회고록: 미국 외교의 최전선』, 이미숙 옮김, 메디치.

14 송민순, 2016, 『빙하는 움직인다: 비핵화와 통일외교의 현장』, 창비.

15 북한의 미소외교에 대해서는 다음을 참조. Jung-Chul Lee and Inwook Kim, 2015, "Making Sense of North Korea: How to Respond to Pyongyang's Charm Offensive," *Foreign Affairs*, 2015년 1월 21일.

16 이정철, 2015, 「오바마 행정부의 대북정책과 한국주도론의 허실」, 『경남대 극동문제연구소 현안진단』 26호.

17 소니 픽처스 엔터테인먼트 해킹 사건은 2014년 11월 24일에 발생한 사건으로, 소니 픽처스 엔터테인먼트 회사 관계자 간의 전자 메일, 직원의 개인 정보, 미공개 영화 본편의 복사 등 다양한 정보의 유출을 초래하였다. 해커 집단의 정체는 불명이며, 그들은 "Guardians of Peace(평화의 수호자)"라는 이름을 자칭하고 있다. 김정은 암살을 그

린 코미디 영화 〈디 인터뷰〉를 비난한 조선민주주의인민공화국의 해커로 판단되고 있지만, 조선민주주의인민공화국 당국은 부정하고 있다. 또한 소니 픽처스 내부의 소행으로 추정하고 있기도 하다. 위키피디아 참조. https://ko.wikipedia.org/wiki/%EC%86%8C%EB%8B%88_%ED%94%BD%EC%B2%98%EC%8A%A4_%EC%97%94%ED%84%B0%ED%85%8C%EC%9D%B8%EB%A8%BC%ED%8A%B8_%ED%95%B4%ED%82%B9_%EC%82%AC%EA%B1%B4(검색일: 2024년 11월 6일).

18 2월 1일 외무성 대변인은 『조선중앙통신』 기자와의 대담을 통해 "김성이 이번 아시아 방문 기간 우리와 만날 의향을 표시한 데 대하여 평양에 오라고 초청까지 하였다. 그러나 미국은 그에 대해서는 외면하고 마치도 우리의 불성실한 태도 때문에 대화와 접촉이 이루어지지 못하고 있는 듯이 여론을 오도하면서 책임을 우리에게 전가하려 하고 있다."라고 밝혀 미국과 북한의 대화가 평양이라는 장소 문제에 대한 이견으로 불발되었음을 폭로하였다.

19 「대조선 적대시정책에 환장이 된 날강도 미제는 기필코 종국적 멸망의 쓴맛을 보게 될 것이다」, 조선민주주의인민공화국 국방위원회 성명, 2015년 2월 4일.

20 「백두의 칼바람정신은 영원한 조선의 정신」, 『로동신문』, 2015년 1월 4일.

21 「위대한 당을 따라 승리와 영광의 천만리 - 백두의 혁명전통을 영원한 생명선으로 틀어쥐시고」, 『로동신문』, 2015년 9월 29일.

22 2015년 8월 4일 조선민주주의인민공화국의 지뢰 도발 사건이다. 2015년 8월 4일 7시 40분경 경기도 파주시 대한민국 육군 제1보병 사단에서 하사 2명이 DMZ를 순찰하는 도중 하재헌 하사가 철책을 넘어가다가 목함지뢰가 폭발하였고 김정원 하사가 이를 부축하고 넘어오는 과정에서 다시 한번 목함지뢰가 폭발하였다. 이 사고로 하재헌 하사가 오른쪽 무릎 위와 왼쪽 무릎 아래, 김정원 하사가 오른쪽 발목이 절단되었다. 대한민국 합동참모본부는 조선인민군이 한반도 군사 분계선을 넘어 지뢰를 묻은 것으로 결론지었다. 이 사건으로 인하여 남북관계가 급격히 악화되고 군의 경계 태세가 최고조에 이르렀다. 그리고 대한민국에서는 11년 만에 다시 대북 확성기 방송이 재개되었다. 위키피디아 자료 참조. https://ko.wikipedia.org/wiki/2015년_DMZ_지뢰폭발사건(검색일: 2024년 11월 6일). 그 직후인 8월 20일 조선민주주의인민공화국은 서부전선에 포격을 가하였고 대한민국이 확성기를 철거하지 않을 경우 2015년 8월 22일 17시부터 전시 작전을 개시하겠다고 발표하였고, 이어 2015년 8월 21일, 김정은은 조선민주주의인민공화국과 조선인민군에 준전시 상태임을 선포하였다. 8월 22일 오후 북한의 제안으로 남북 고위급 회담이 시작되어 25일 오전 1시경 회담이 종료되었고, 소위 8·25 합의라고 불리는 공동 보도문이 발표되었다. 위키피디아 자료 참조. https://ko.wikipedia.org/wiki/서부전선_포격_사건(검색일: 2024년 11월 6일).

23 9월 15일과 24일 사이에 북한의 논조가 바뀌기 시작한 것에 대해서는 세 가지 해석이 있다. 하나는 이때 이미 기술적 한계를 체감했기 때문이었을 수도 있다는 견해이고, 또 하나는 10월 행사에 중국 측 방북 가능성이 현실화되었기 때문이었을 수도 있다는 것이다. 세 번째는 이 시기에 성 김의 성명에서 보듯이 북미 접촉의 가능성이 있었기 때문이라는 해석이다.

24 「조선외무성 미국은 평화협정을 체결해야 할 것 강조」, 『조선중앙통신』, 2015년 10월

17일. http://www.kcna.co.jp/calendar/2015/10/10-17/2015-1017-031.html(검색일: 2024년 11월 6일).

25 「조미평화협정체결이 조선반도문제해결의 급선무」, 『조선중앙통신』, 2015년 10월 26일. http://www.kcna.co.jp/calendar/2015/10/10-26/2015-1026-013.html(검색일: 2024년 11월 6일).

26 「조미평화협정체결이 조선반도문제해결의 급선무」, 『조선중앙통신』, 2015년 10월 26일. http://www.kcna.co.jp/calendar/2015/10/10-26/2015-1026-013.html(검색일: 2024년 11월 6일).

27 2015년에 반기문 총장은 두 번의 방북설의 주인공이 되었다. 한 번은 5월 개성공단 방북이 무산된 것이고, 다른 하나는 11월 16일부터 나오기 시작한 방북설이 무산된 것이다. 18일 『중국신화통신』은 반 총장이 23일 3일간 북한을 방문한다고 구체적인 기사를 보도했는데, 반 총장은 당일 아예 방북 가능성 자체를 부인하였다. https://www.yna.co.kr/view/MYH20151118015700038(검색일: 2024년 11월 6일).

28 조선민주주의인민공화국 외무성 대변인 담화. "최근 우리 주변에서 조선반도비핵화와 6자회담 재개와 관련한 구태의연한 주장들이 계속 되풀이되고 있다. 세상이 다 알고 있는 바와 같이 우리는 조선반도에서 전쟁위험을 제거하고 긴장을 완화하며 평화적 환경을 마련하기 위하여 조선정전협정을 평화협정으로 교체할 데 대한 공명정대한 립장을 수차 천명하였다. 이에 대해 미국은 정전협정을 평화협정으로 전환하기 전에 먼저 비핵화에서 중요한 전진이 이룩되여야 한다고 고집하면서 아직도 사방을 돌아다니며 비핵화와 6자회담 재개에 대해 떠들고 있다. 력사를 돌이켜보면 우리는 쌍무 및 다무구도에서 비핵화론의를 선행시켜보기도 하였고 비핵화와 평화협정체결 문제를 동시에 포괄적으로 토의해보기도 하였지만 해결된 것은 아무것도 없다. 론리적으로 보아도 우리의 생존자체를 위협하는 미국의 적대시정책이 계속되고 조미가 여전히 교전관계에 있는 오늘의 현실에서 우리가 일방적으로 먼저 무장해제하여야 평화가 도래할 수 있다는 미국의 주장은 그 누구에게도 납득될 수 없다. 평화협정체결 문제와 비핵화 문제를 뒤섞어놓으면 어느 하나도 해결될 수 없다는 것은 실천을 통해 여실히 증명된 진리이다. 평화협정이 체결되고 모든 문제의 발생근원인 미국의 적대시정책의 종식이 확인되면 미국의 우려사항을 포함한 이여의 모든 문제들이 타결될 수 있다. 평화협정체결의 실제적이며 책임 있는 당사자인 조미가 마땅히 전제조건 없이 마주앉아 평화협정체결 문제부터 론의하여야 한다. 미국은 오그랑수를 쓰지 말고 평화협정체결을 위한 조미대화에 속히 응해나와야 할 것이다." 「조선외무성 미국은 평화협정체결을 위한 조미대화에 속히 응해나와야 한다」, 『조선중앙통신』, 2015년 12월 2일. http://www.kcna.co.jp/calendar/2015/10/10-17/2015-1017-031.html(검색일: 2025년 1월 27일).

29 『동아일보』, 2017년 8월 2일.

30 2016년 북한이 제기한 5대 안전담보 조건은 사실상 비핵지대화를 전제로 하는 제안들이라는 점에서 평화협정 우선론을 뒷받침하기 위한 논리에 불과한 조건이었다. 사실상 핵실험까지 가는 경로를 염두에 둔 비핵지대화의 조건이라는 점에서 이 5대 안전담보 조건은 트럼프 시대에 들어서면 북한 스스로도 더 이상 요구하지 않는 것이었

다(2016년 7월 6일 정부 대변인 성명). 첫째, 남조선에 끌어들여놓고 시인도 부인도 하지 않는 미국의 핵무기들부터 모두 공개하여야 한다(NCND 폐기). 둘째, 남조선에서 모든 핵무기와 그 기지들을 철폐하고 세계 앞에 검증받아야 한다(상호검증). 셋째, 미국이 조선반도와 그 주변에 수시로 전개하는 핵타격 수단들을 다시는 끌어들이지 않겠다는 것을 담보하여야 한다(비핵지대화 담보). 넷째, 그 어떤 경우에도 핵으로, 핵이 동원되는 전쟁행위로 우리를 위협공갈하거나 우리 공화국을 반대하여 핵을 사용하지 않겠다는 것을 확약하여야 한다(소극적 안전보장, NSA). 다섯째, 남조선에서 핵사용권을 쥐고 있는 미군의 철수를 선포하여야 한다(철수 선언).「조선정부 미국의 핵무기공개와 남조선부터의 핵철폐 요구」,『조선중앙통신』, 2016년 7월 6일. http://www.kcna.co.jp/calendar/2016/07/07-06/2016-0706-045.html(검색일: 2025년 1월 27일).

31 "지난주 월스트리트저널(WSJ)은 북한이 1월 6일 핵실험을 강행하기 불과 며칠 전 미국과 북한이 평화조약을 위한 회담을 하기로 비밀리에 합의했다고 보도했다. 핵실험 이후 미국이 회담을 없었던 일로 포기했다는 것이다. WSJ의 보도에 대해 미 국무부는 보도가 잘못됐다며 다음과 같이 발표했다. '워싱턴은 핵실험 전에 평화조약 회담에 합의하지 않았다. 사실은 이렇다. 평양이 평화조약 회담을 제안했지만 미국은 이를 거부했다. 평화조약 회담이 비핵화 회담과 병행해 이뤄져야 한다는 미국의 요구를 평양이 거부했기 때문이다.' 북한의 입장에 대한 국무부의 발언은 이번 달 초 내가 베를린에서 들은 것과 일치한다. 이러한 일련의 사건들이 의미하는 것이 무엇일까. WSJ의 보도가 정확했는지 아닌지는 문제가 아니다. 중요한 것은 국무부의 반응에 담긴 함의다. 국무부가 본질적으로 말하고 있는 것은 미국이 북한과 평화조약을 위한 회담을 할 준비가 됐다는 것이다…." 빅터 차,『중앙일보』칼럼, 2016년 2월 26일. https://www.joongang.co.kr/article/19634339(검색일: 2024년 11월 6일).

32 Bob Woodward, 2018, *Fear: Trump in the White House*, New York: Simon & Schuster.

33 『연합뉴스』, 2018년 9월 11일. https://www.yna.co.kr/view/AKR20180911150000009(검색일: 2024년 11월 11일).

34 악성코드, 전자기파 등으로 발사 직전에 미사일을 무력화하는 사이버 시스템 교란을 통한 군사 작전을 의미한다. 흔히 '발사의 왼편'이라고도 하는데, 미사일 요격 과정을 '발사 준비→발사→상승→하강'으로 나누어 '발사'보다 왼쪽 단계, 즉 '발사 준비' 단계에 사이버 공격을 가하기 때문에 발사의 왼편이라고 부른다.『뉴욕타임스』는 "미국이 2014년 북한의 핵·미사일에 대한 '발사전 교란'을 뜻하는 '레프트 오브 론치(Left of Launch)' 작전을 세웠고, 무수단 미사일의 실패율이 88%에 달했던 것은 이 작전 때문이었다"라고 보도했다.

35 Bob Woodward, 2018, op. cit., pp. 76-77.

36 이런 상황에서 '쌍궤병행'이라는 병행론을 중재안으로 제기하던 중국이 막무가내식 북한의 선평화협정론 앞에 비판적 입장으로 돌아서고 있었고, 따라서 중국이 동참한 대북 제재의 수위가 전후 최대 수준에 이르고 있었다는 점은 그나마 오바마 행정부에 위안이 되는 요소였다.

37 https://www.hani.co.kr/arti/international/america/748440.html(검색일: 2024년 11월 5일).

38 조선민주주의인민공화국 정부 성명, 2017년 8월 7일. https://www.tongilnews.com/news/articleView.html?idxno=121668(검색일: 2024년 11월 6일).

39 「트럼프, 북한 계속 위협하면 화염과 분노 직면할 것」, 『VOA』, 2017년 8월 8일. https://www.voakorea.com/a/3977548.html(검색일: 2024년 11월 6일).

40 8월 10일 트럼프 대통령은 북한에 대한 위협을 높이면서도 화염과 분노를 다시 언급하였지만 그때 그는 벌써 "선제타격 가능성에 대해서는 말하지 않겠다"는 입장을 견지해 타협의 여지를 시사했다. "도널드 트럼프 미국 대통령은 '화염과 분노'로 북한을 응징할 수 있다는 자신의 발언이 충분히 강하지 않았다며 대북 경고 발언 수위를 높였습니다. 트럼프 대통령은 뉴저지주 베드민스터 자신의 골프클럽에서 안보브리핑을 받기에 앞서 기자들에게 이같이 말했습니다. 이어 북한은 자신들을 잘 추스르는 게 좋을 것이라며 그렇지 않으면 다른 나라가 겪지 못한 고통에 빠지게 될 것이라고 거듭 경고했습니다. 또 북한이 미국을 공격하려 한다면 매우 긴장하는 게 좋을 것이라며 다만 대북 선제타격 가능성에 대해서는 대놓고 말하지 않겠다고 덧붙였습니다." 「트럼프 "'화염과 분노' 경고 충분치 않아… 북 정신 차려야"」, 『한겨레신문』, 2017년 8월 11일. https://www.hani.co.kr/arti/international/america/806415.html(검색일: 2024년 11월 6일)

41 "The missile was launched from the beach along a path running parallel to the North-South border and traveled 186 miles into the East Sea. That was the exact distance between the launching point of the U.S. missile and the North Korean missile test site, as well as a tent where satellite photos showed Kim Jong Un was watching the missile launch. The meaning was meant to be clear: Kim Jong Un needed to worry about his personal safety. But no intelligence was picked up that indicated the North Koreans realized the U. S. missile could have easily been aimed north at the test site or at Kim. Western news coverage of the U. S. and South Korean demonstration was sparse." Bob Woodward, op. cit., pp. 57-58.

42 "The United States has great strength and patience, but if it is forced to defend itself or its allies, we will have no choice but to totally destroy North Korea. Rocket Man is on a suicide mission for himself and for his regime." 트럼프 대통령 9월 19일 유엔총회 연설문.

43 "We can't have mad men out there shooting rockets all over the place... by the way, rocket man should've been handled a long time ago... This shouldn't be handled now, but I'm going to handle it because we have to handle it... Little rocket man, we're going to do it because we really have no choice. He's talking about a massive weapon exploding over the ocean... which causes tremendous calamity." 2017년 9월 22일 트럼프 대통령의 루터 스트레인지(Sen. Luther Strange) 앨라배마주 상원 의원 지지 연설. https://www.huffpost.com/entry/trump-alabama-rally-kim-jong-un_n_59c59e18e4b06ddf45f80a8e(검색일: 2024년 11월 8일).

44 김정은 국무위원장 성명, 2017년 9월 21일. http://www.kcna.co.jp/calendar/2017/09/09-22/2017-0922-001.html(검색일: 2024년 11월 6일).

45 https://m.yna.co.kr/amp/view/AKR20170925053051001(검색일: 2024년 11월 7일).

46 우드워드는 사실상 이 NSC 회의가 '미국이 북한에 대해 너무 과한 조치를 취했을 수 있다'는 간접 항의성 회의라고 쓰고 있다. 한반도 위기 조성 상황에서 한국과 협의하지 않은 것에 대한 간접적인 항의인 셈이지만, 국내에서는 한미동맹에 문제가 있는 것 아닌가라는 의구심이 제기되기도 했다. "On September 25, the U.S. command flew a simulated air attack, sending B-1 bombers and some 20 other planes, including cyber-capable aircraft, to cross the Northern Limit Line that separated South and North Korea in the sea. The planes stopped short of entering into North Korean territorial airspace or over North Korea itself, but it was an extremely provocative action. The South Korean National Security Council met with President Moon Jae In and sent word that the United States may have gone too far with North Korea. Details of these provocative actions were not explained publicly, and the American people had little idea that July through September of 2017 had been so dangerous." Bob Woodward, 2020, *Rage*, p. 61. 당시 상황에서의 한미동맹 균열 문제는 아래 『미래한국』 2017년 10월 17일 링크 기사 참조. https://www.futurekorea.co.kr/news/articleView.html?idxno=43665(검색일: 2024년 11월 8일).

47 "Men who take up arms against one another in public war do not cease on this account to be moral beings responsible to one another and to God." Bob Woodward, Ibid., p. 56.

48 우드워드는 2017년 7월에서 9월까지의 시간이 얼마나 전쟁에 가까웠는가를 재강조하면서 자신의 책 『분노』 11장을 마치고 있다. 김정은 위원장이 트럼프 대통령과의 정상회담 당시 실제 자신이 전쟁을 결심했다고 전했다는 사실을 우드워드는 트럼프 대통령에게 두 번이나 확인해 묻거나, 댄코츠 DNI 국장이 미국이 실제 전쟁으로 가고 있었다고 증언한 사실 등을 거론하며 이때의 위기를 묘사하고 있다. 폼페이오 전 장관 역시 그것이 김정은의 블러핑인지 실제인지는 자신은 아직도 알 수 없지만, 자신도 김정은 위원장과의 첫 만남에서 그런 사실을 들었다고 쓰고 있다.

49 Sarah Huckabee Sanders, *Speaking for Myself: Faith, Freedom, and the Fight of Our Lives Inside the Trump White House*, St. Martin's Press, p. 80(e-book).

50 최종건 교수(당시 청와대 비서관)에 따르면 당시 백악관 측은 핵무력 완성에 이은 김정은 위원장의 2018년 신년사를 두고 그 이전 신년사보다 통일(unification)이라는 단어가 더 자주 나왔는데, 이는 핵무력을 완성했으니 이젠 적화통일의 야욕을 드러낸 거라는 기계적 해석을 하고 있었다고 전한다. 문재인 회고록, 155쪽.

51 문재인 회고록, 141-144쪽.

52 "Donald Trump takes control of the world: Part 3 Asia," BBC, 2021년 2월 20일. 문재인 회고록, 142쪽 각주에서 재인용.

53 트럼프 행정부 당시 CIA 코리아미션센터장을 역임한 앤드루 김은 그의 『VOA』 인터뷰에서 북미 정보 당국의 첫 접촉은 2017년 위기가 고조되던 시기라고 말해, 2017년 7~9월의 '8월의 포성' 시기에 이미 북미 간 직접 접촉을 시작했고, 그 라인도 한국을 통한 것이 아니라 이미 존재하던 북미 간 채널을 통한 것이라고 주장하고 있다. https://www.voakorea.com/a/korea_korea-politics_former-kmc-us-rok-

coordination/6058894.html(검색일: 2024년 12월 25일).

54 물론 문재인 대통령의 12월 19일 제안은 제한적인 것이었다. 그것은 엄밀히 말하면 북한이 원하는 쌍중단이 아니었다. 3월 말까지의 올림픽 기간 특히 패럴림픽 기간에 진행될 예정인 KR/FE(키 리졸브/폴 이글) 연습을 4월로 연기, 축소하겠다는 것이지, 안 하겠다는 뜻이 아니었다. 한국 정부의 입장에서 제이무리 올림픽이지만 국가안보를 좌우할 한미군사연습을 완전히 중단하겠다고 얘기하기는 쉽지 않았다. 물론 연습을 연기하면 그만큼 규모도 축소되는 것은 사실이다. 하지만 북한이 원하는 쌍중단은 연습의 연기나 축소로 만족할 만한 것이 아니었기 때문에 우리의 제안을 북한이 수용할 것인지 여부는 불확실했다.

55 "North Korean Leader Kim Jong Un just stated that the "Nuclear Button is on his desk at all times." Will someone from his depleted and food starved regime please inform him that I too have a Nuclear Button, but it is a much bigger & more powerful one than his, and my Button works!" 트럼프의 트윗(검색일: 2024년 11월 7일).

56 「트럼프 "김정은과 통화"…북미 정상 간 전화 핫라인 있나?」, KBS 뉴스, 2019년 10월 22일. https://www.youtube.com/watch?v=Mkik-JbhXVM(검색일: 2024년 12월 29일).

57 펜스 전 부통령은 자신의 회고록 『신이여 나를 도와주소서(So Help Me God)』의 제32장 '최대 압박(Maximum Pressure)'에서 2018년 2월 9일 평창올림픽 개막식 사전 환영 행사에 참석했던 상황을 이렇게 서술하고 있다. 『조선일보』, 2022년 11월 20일. https://www.chosun.com/politics/diplomacy-defense/2022/11/19/METRBUUG7VEN5MJVAQBOXBZQ5Q/(검색일: 2024년 11월 11일).

58 문재인 회고록, 157-164쪽.

59 사실 트럼프 대통령은 사실 펜스 부통령의 충성심에 대해서 의심하고 있었다고 전해지는데, 그것은 2020년 이후 펜스 부통령의 행보에서 그리고 2024년 대선 경선 과정에서도 잘 드러났다.

60 문재인 회고록, 150쪽.

61 정의용 국가안보실장의 백악관 발표문 전문(2018년 3월 8일) 중 후반부. 문재인 회고록, 151-152쪽.

62 문재인 회고록, 142쪽.

63 "This whole diplomatic fandango was South Korea's creation, relating more to its "unification" agenda than serious strategy on Kim's part or ours." John Bolton, 2020, *The Room Where It Happened: A White House Memoir*, Simon & Schuster, p. 76(볼턴 회고록, 123쪽).

64 문재인 회고록, 222쪽.

65 "백악관 국가안보보좌관 볼턴을 비롯한 백악관과 국무성의 고위관리들은 '선 핵포기, 후 보상' 방식을 내돌리면서 그 무슨 리비아 핵포기 방식이니, '완전하고 검증 가능하며 되돌릴 수 없는 비핵화'니, '핵·미사일·생화학무기의 완전 폐기'니 하는 주장들을 거리낌 없이 쏟아내고 있다. 우리는 이미 볼턴이 어떤 자인가를 명백히 밝힌 바 있으며 지금도 그에 대한 거부감을 숨기지 않는다. 우리는 이미 조선반도 비핵화 용의

를 표명하였고 이를 위하여서는 미국의 대조선 적대시 정책과 핵 위협·공갈을 끝장내는 것이 그 선결 조건으로 된다는 데 대하여 수차에 걸쳐 천명하였다.” 「김계관제1부상 일방적인 핵포기 강요한다면 조미수뇌회담 재고」, 『조선중앙통신』, 2018년 5월 16일. http://www.kcna.co.jp/calendar/2018/05/05-16/2018-0516-008.html(검색일: 2025년 1월 27일).

66 nkorea, 2018, 「北최선희, 펜스 美부통령 원색비난…“미·북 회담 재고려”」, 『북한연구소』, 5월 30일. https://nkorea.or.kr/board/index.html?id=focus&page=1&asort=recent&no=37(검색일: 2024년 11월 11일).

67 김계관 외무성 제1부상, 「북한 ‘언제든 미국과 마주앉을 용의가 있다’ 북미회담 취소에 입장 표명」, 『BBC NEWS 코리아』, 2018년 5월 25일. https://www.bbc.com/korean/news-44248664(검색일: 2024년 11월 12일).

68 문재인 회고록, 215쪽.

69 볼턴 회고록, 137쪽. 볼턴은 사전에 회담 취소 사실을 공개할 트럼프 대통령의 트윗 문구까지 만들어져 있었다며, 그 내용을 공개했다. “북한과 비핵화에 관련된 대화가 변화한 사실을 토대로, 6월 12일로 예정된 싱가포르 회담을 종료하겠다는 연락을 북한에 해달라고 내가 보좌관들에게 부탁했다. 나는 김정은과 만나서 협상하길 고대하고 있지만, 아마도 미래에 다음 기회가 있을 것이다. 한편 3명의 미국인 석방에 대해선 감사하게 생각한다. 그들은 이제 가정에서 가족과 같이 지내고 있다. 나는 우리가 평화를 얻도록 돕는 데 있어서 중국이 그동안 꼭 해야 할 일, 주로 국경에서 할 일을 제대로 하지 못했던 점이 실망스럽다.”

70 문재인 회고록, 219-220쪽.

71 「김정은 위원장 최고인민회의 제14기 제1차회의 시정연설」, 『조선중앙통신』, 2019년 4월 13일. http://www.kcna.co.jp/calendar/2019/04/04-13/2019-0413-002.html(검색일: 2025년 1월 27일).

72 “because the South was taking the US side, the North would be at a disadvantage.” John Bolton, 2020, ibid., p. 323(볼턴 회고록, 506쪽).

73 문재인 회고록, 233쪽.

74 당시 백악관 기자회견 장에서 한국의 JTBC 안의근 기자가 트럼프 대통령에게 “향후 남북미 3자 정상회담 가능성이 있느냐”고 질문하자, 트럼프 대통령은 “가능하지만 그것은 북한에 달려 있다”고 답하는 장면이 영상을 타고 방영되었다. 필자가 안의근 기자에게 이 질문의 의도를 묻자 한국 정부와 조율된 것은 아니고 당시 본인이 궁금한 점을 물어봤다고 답하였다. 안의근 기자 인터뷰, 2023년 2월 10일 17:00-19:00 LA.

75 이정철, 2020, 「볼턴의 강대국 정치와 남북관계의 이행기 자율성」, 『창비』 189호, 9-10쪽.

76 헤커 박사는 국무부의 방북 반대를 접한 구테흐스 사무총장이 트럼프 대통령을 직접 만나 방북 여부를 설명하는 자리에서 트럼프 대통령이 “제프리 펠트먼은 평양에 가야죠. 가서 북한 사람들에게 내가 기꺼이 김정은과 마주 앉을 용의가 있다는 말을 전하라고 하세요”라고 말해 비밀 메시지를 전달하도록 했다고 한다. 이것이 판도를 바꾸어 놓은 결정적 사건이었다고 쓰고 있다. 헤커 박사의 논리에 따르면, 북미정상회담의 시

작은 트럼프 대통령의 비밀 메시지였던 것이 된다. 시그프리드 헤커, 2023, 『핵의 변곡점』, 창비, 478-479쪽.

77 볼턴 회고록, 123쪽.

78 한국 보수 진영에는 이 세 가지 가설을 모두 받아들일 수 없다는 태도였다.

79 볼턴 회고록, 178쪽. 볼턴은 트럼프 대통령이 한국의 대북 제재를 강요하기 위해 한미 FTA 체결을 미뤘다고 쓰고 있다.

80 특히 2018년 9월 이후 북한이 노골적으로 한국 배제론을 주장하기 시작했다는 해석이 있는데, 그것은 2018년 9월 21일 자 친서와 관련되어 있다. 이에 대해서는 뒤에서 다시 논한다.

81 트럼프 대통령은 단거리 탄도미사일 실험은 도발이 아니라고 보고 김정은 위원장과 자신의 신뢰는 유지되고 있다고 주장했다. "Kim Jong Un and North Korea tested 3 short range missiles over the last number of days. These missiles tests are not a violation of our signed Singapore agreement, nor was there discussion of short range missiles when we shook hands. There may be a United Nations violation, but...Chairman Kim does not want to disappoint me with a violation of trust." 트럼프 대통령의 트윗. 볼턴 회고록, 519쪽.

82 볼턴 회고록, 503쪽.

83 「폼페이오 "김정은, 중국 방어하는 데 주한미군 필요"」, KBS 뉴스, 2023년 1월 25일. https://www.youtube.com/watch?v=fOOctNw_wOA(검색일: 2024년 11월 11일).

84 "싱가포르가 회담 장소로 결정되는 바람에 북한은 결국 중국 비행기를 이용하게 됐고, 또 중국을 방문해서 시진핑 주석과 북중정상회담을 하게 됐습니다. 김정은 위원장은 최고지도자가 된 후에 김일성, 김정일과 달리 그때까지 중국을 방문하지 않고 있었는데, 그럴 수 없게 된 거죠. 미국이 싱가포르를 선택했기 때문에 북한이 다시 중국과 밀착하도록 만든 셈이 된 것입니다. 미국이 계산하지 못했겠지만 회담 장소인 하노이도 마찬가지였죠." 문재인 회고록, 123-124쪽.

85 볼턴 회고록, 182-183쪽.

86 볼턴 회고록, 131쪽.

87 볼턴 회고록, 181쪽.

88 볼턴 회고록, 161쪽.

89 「中학자들, 3자 종전선언 가능성에, 평화협정엔 중국 포함돼야」, 『연합뉴스』, 2018년 5월 30일. https://www.yna.co.kr/view/AKR20180530164900083(검색일: 2024년 11월 12일).

III

싱가포르 회담:

톱다운의 공과

주지하다시피 북미회담을 이끈 것은 한국이 주도한 4·27 판문점 선언이었다. 한국이 먼저 남북관계를 진전시키면 그 동력을 받아 북미회담이 따라오게 된다는 것이 문재인 정부의 구상이었다. 7월 4일 북한의 ICBM 발사 이틀 후에 밝힌 베를린 구상이 너무 유화적이라는 비판이 뒤따랐지만, 평창 올림픽을 앞둔 문재인 대통령이 좌고우면할 시간은 없었다. 박근혜 정부 때 악화된 남북관계를 복원하고 다시 한반도를 평화의 나라로 돌리지 못할 경우 우리가 입게 될 손실은 너무 큰 것이었기 때문이다. 2017년 '8월의 포성' 위기 시 한국의 역할은 미미했지만 청와대 팀의 노력은 끈질기고 전략적이었다. 2017년 12월 19일 문 대통령이 던진 한미군사연습 유예 카드가 결국 북한과 미국 모두의 동의를 얻으며 평창 올림픽의 성공적 개최와 함께 2018 평화 프로세스를 가져왔을 때 그 전략은 빛났다. 평창 올림픽이 끝난 이후 남북 간의 특사는 마침내 4월 27일 남북정상회담이라는 옥동자를 낳았고, 6·12 북미정상회담으로 이어졌다.

1 '완전한 비핵화'론과 판문점 선언[1]

판문점 선언은 애초에 문재인 정부가 추진했던 정상회담 의제와 비교해 보면 그 순서와 구성에서 중요한 차이가 있다. 회담 전 문재인 정부가 내건 정상회담의 3대 의제는 〈① 한반도 비핵화, ② 군사 긴장 완화와 항구적 평화 정착, ③ 새롭고 담대한 남북관계 진전〉이었다. 이에 비해 판문점 선언은 〈① 남북관계의 전면적·획기적 개선과 발전, ② 군사적 긴장 완화와 전쟁 위험 해소, ③ 항구적이며 공고한 평화체제 구축〉의 3개조 14개 항의 구성으로 이루어져 있다.

이 판문점 선언에서 무엇보다도 특징적인 것은 그 순서의 문제였다. 남과 북은 남측의 초안과 달리 남북관계의 전면적·획기적인 개선과 발전을 1조에 배치하였다. 애초에 한국 정부는 한반도 비핵화를 1조에 두기로 하였지만, 4·27 판문점 선언은 남북관계 항목을 1조에 두었다. 남북이 당장에 할 수 있는 그리고 해야 하는 일을 1조로 하여 전면에 배치하기로 한 실용적 접근이었다. 비핵화를 등한시했다는 비판도 있었지만, 남북관계 선언인 만큼 남북 당사자주의에 기초하고 여타의 합의 사항은 이를 위한 실행 조치가 되어야 한다는 북한 측의 논리를 한국이 수용했음을 의미한다. 이에 따라 판문점 선언은 남북 당국이 실행할 수 있는 모든 협력 조치를 1조에, 그리고 한반도 평화체제를 다루는 조치를

한반도의 평화와 번영, 통일을 위한 판문점 선언

대한민국 문재인 대통령과 조선민주주의인민공화국 김정은 국무위원장은 평화와 번영, 통일을 염원하는 온 겨레의 한결같은 지향을 담아 한반도에서 역사적인 전환이 일어나고 있는 뜻깊은 시기에 2018년 4월 27일 판문점 평화의 집에서 남북정상회담을 진행하였다. 양 정상은 한반도에 더 이상 전쟁은 없을 것이며 새로운 평화의 시대가 열리었음을 8천만 우리 겨레와 전 세계에 엄숙히 천명하였다. 양 정상은 냉전의 산물인 오랜 분단과 대결을 하루 빨리 종식시키고 민족적 화해와 평화번영의 새로운 시대를 과감하게 열어나가며 남북관계를 보다 적극적으로 개선하고 발전시켜 나가야 한다는 확고한 의지를 담아 역사의 땅 판문점에서 다음과 같이 선언하였다.

1. 남과 북은 남북관계의 전면적이며 획기적인 개선과 발전을 이룩함으로써 끊어진 민족의 혈맥을 잇고 공동번영과 자주통일의 미래를 앞당겨 나갈 것이다. 남북관계를 개선하고 발전시키는 것은 온 겨레의 한결같은 소망이며 더 이상 미룰 수 없는 시대의 절박한 요구이다. ①~⑥
2. 남과 북은 한반도에서 첨예한 군사적 긴장상태를 완화하고 전쟁 위험을 실질적으로 해소하기 위하여 공동으로 노력해 나갈 것이다. 한반도의 군사적 긴장상태를 완화하고 전쟁위험을 해소하는 것은 민족의 운명과 관련되는 매우 중대한 문제이며 우리 겨레의 평화롭고 안정된 삶을 보장하기 위한 관건적인 문제이다. ①~③
3. 남과 북은 한반도의 항구적이며 공고한 평화체제 구축을 위하여 적극 협력해 나갈 것이다. 한반도에서 비정상적인 현재의 정전상태를 종식시키고 확고한 평화체제를 수립하는 것은 더 이상 미룰 수 없는 역사적 과제이다.
   ① ….
   ② 남과 북은 군사적 긴장이 해소되고 서로의 군사적 신뢰가 실질적으로 구축되는 데 따라 단계적으로 군축을 실현해 나가기로 하였다.
   ③ 남과 북은 정전협정체결 65년이 되는 올해에 종전을 선언하고 정전협정을 평화협정으로 전환하며 항구적이고 공고한 평화체제 구축을 위한 남·북·미 3자 또는 남·북·미·중 4자회담 개최를 적극 추진해 나가기로 하였다.

④ 남과 북은 완전한 비핵화를 통해 핵 없는 한반도를 실현한다는 공동의 목표를 확인하였다. 남과 북은 북 측이 취하고 있는 주동적인 조치들이 한반도 비핵화를 위해 대단히 의의 있고 중대한 조치라는 데 인식을 같이 하고 앞으로 각기 자기의 책임과 역할을 다하기로 하였다. 남과 북은 한반도 비핵화를 위한 국제사회의 지지와 협력을 위해 적극 노력하기로 하였다.

양 정상은 정기적인 회담과 직통전화를 통하여 민족의 중대사를 수시로 진지하게 논의하고 신뢰를 굳건히 하며, 남북관계의 지속적인 발전과 한반도의 평화와 번영, 통일을 향한 좋은 흐름을 더욱 확대해 나가기 위하여 함께 노력하기로 하였다. 당면하여 문재인 대통령은 올해 가을 평양을 방문하기로 하였다.

2018년 4월 27일
판문점

2, 3조에 두는 형식을 취했다. 그리고 2조에서는 남북 간의 평화 조치를, 3조에서는 남북미가 논의해야 할 평화 조치를 구분하여 서술하는 형식을 취하였다. 남북만으로 보면 1조에서 남북관계의 전면적 개선을 위한 사항을 열거하고, 이를 위한 군사적 보장 조치와 긴장 완화 조치를 2조에서 병행 열거하고 있는 방식이 되었다. 이 같은 순서의 변화를 통해 판문점 선언이 남북 당사자주의에 입각한 실행 선언으로서 스스로를 자리매김하고 있음을 알 수 있다.

1조에서 주목할 부분은 개성에 남북공동연락사무소를 설치하기로 한 점이다. 서로 상대방의 수도에 대표부를 설치하는 준대사급 관계정상화 방식, 즉 국가 대 국가 관계와는 달리, 남과 북이 특수한 하나의 거버넌스 조직을 설립해 관계 개선을 해나가겠다는 의지를 분명히 한 것이다. 개성공단은 닫혀 있지만 과거 개성이 남북협력의 메카가 된 경험을 살려 신설하는 개성공동연락사무소를 통해 정치, 경제, 문화 협력 등 모든 것을 조율해 나갈 수 있을 것으로 보았다. 하나의 연락사무소 형태를 띤다는 점은 남북관계를 연합적 방식으로 제도화하겠다는 방법적 의지의 소산으로 볼 수 있다는 점에서도 그 의미는 새로웠다.

1조에서 다양한 교류 협력을 진행하기로 한 것과 더불어 다음으로 중요한 것은 철도, 도로의 연결과 현대화에 합의한 점이다. 그것은 김정은 위원장이 '민망'스럽다고 표현할 정도로 낙후한 북한의 인프라 개혁의 서막이라는 점에서도 중요하지만, 동시에 한국을 동북아 경제권으로 연결시키는 장치이자 기회 공간이라는 점에서 간과할 수 없는 사항이었다. 1억 인구의 동북 지역을 하나의 시장으로 사고할 수 있는 경제 통합의 서막을 여는 것이 한국 정부의 목표였기 때문이다. 문재인 대통령이 이 같은 구상을 담은 '한반도 신경제지도'를 북 측에 전달하였다는 소식에 주목해야 하는 것도 그래서다.[2]

두 번째로 판문점 선언의 중요한 특성은 2조와 3조를 나누는 구성의 문제다. 평화체제를 2조와 3조에 나누어 다루고 있기 때문이다. 평화체제 논의를 2조의 재래식 무기와 관련된 긴장 완화 요인과 3조의 핵 문제와 관련된 긴장 완화 요인으로 분리해서 다룸으로써 논리적으로는 기존의 어떤 남북 합의보다 훨씬 완결된 평화체제의 개념에 기반하고 있음을 알 수 있다. 비핵화라는 것을 포괄적이고 전략적인 평화체제의 한 과정과 수단으로 바라본다면, 그것을 독립항으로 다루지 않고 '항구적이고 공고한 평화체제'라는 포괄적이고 광역적 제하에서 다루고 있는 것은 정합적이다. 비핵화를 평화체제와 분리시켜 다뤄 온 기존의 논리가 조건부적이고 전제적이었다면, 평화체제의 개념으로 볼 때 이 같은 구성이 훨씬 질 높은 '평화체제' 논의가 투사된 결과인 것은 분명하다. 물론 이런 평가는 비핵화의 실행 순서와 중요도와 관련한 논의를 별론으로 할 때 가능하다.

불가침 논의와 더불어 비핵화를 3조의 항구적인 평화체제의 구성적 요소로 다룸으로써, 판문점 선언은 이명박 정부 이래 한국 사회에서 고착되어 온 선비핵화론의 덫을 벗어나게 되었다. 동시에 그것은 2015년 이래 북한이 우겨온 선평화협성이라는 핵무장론을 북한 스스로가 부정하게 함으로써, 비핵화-평화체제 병행론에 닻을 올린 것이다. 향후 북미 간에 진행될 협상이 소위 비핵화와 평화협정을 동시에 논의하는 쌍궤병행의 과정이 될 것임을 문서화하였다는 점에서도 판문점 선언이 북미회담의 길잡이로서의 충분한 역할을 한 것이라 볼 수 있다. 요컨대 3조는 남북 당국이 '비핵화'를 주제로 다루었다는 점에서도 획기적이지만, 그것이 북미회담의 주요 주제인 비핵화 논의의 방향을 제시하였다는 점에서도 주목해야 한다는 것이다. 비핵화와 평화체제를 병행 진행해야 한다는 쌍궤병행의 방향을 기술하였다는 점을 놓쳐서는 안 된다는 의미다.

한편 이 합의문은 "북 측이 취하고 있는 주동적인 조치들"을 높이 평가하고 이에 호응하여 남북이 각자 자기의 책임과 역할을 다하기로 했다고 쓰고 있다. 상호주의의 매우 중요한 원칙을 명기하고 있는 항이다. '주동적 조치'라 함은 북한이 취한 '핵실험과 미사일 발사의 선중단(suspension)', 핵-경제 병진 노선의 폐기, 한미군사훈련 실행에 대한 양해 등과 같은 조치를 뜻한다. 실제 북한은 4월 20일 7기 3차 중앙위원회에서의 결정서 《경제건설과 핵무력건설병진로선의 위대한 승리를 선포함에 대하여》를 통해 "주체107(2018)년 4월 21일부터 핵시험과 대륙간 탄도로케트시험발사를 중지할 것임. 핵시험중지를 투명성 있게 담보하기 위하여 공화국 북부핵시험장을 폐기할 것임…. 나라의 인적, 물적자원을 총동원하여 강력한 사회주의경제를 일떠세우고 인민생활을 획기적으로 높이기 위한 투쟁에 모든 힘을 집중할 것"이라고 발표하여 이 같은 방침을 먼저 공식화하였다.

중국이 2016년 쌍중단(suspension for suspension)이라는 중재안을 낸 이래 미국과 중국 간 가장 큰 갈등 요인은 바로 한미군사연습이라는 '합법적 동맹'의 군사 행동과 북한의 핵 미사일 실험이라는 유엔이 규정한 '불법적 도발' 간에 등가성을 어떻게 볼 것인가 하는 문제였다. 북한이 핵-미사일 실험을 중단하고 그 대가로 한미가 군사연습을 중단하라는 쌍중단 제안에 대한 미국의 대답은 불법과 합법의 교환은 불가하다는 것이었다. 이 때문에 교착되어 온 북핵 문제 해법은 판문점 회동의 성사 과정에서 북한이 먼저 핵실험과 미사일 실험을 중단하고 한미군사훈련을 양해한다고 선언함에 따라 해법을 찾게 될 가능성을 높였다.

소위 주동적 조치를 이렇게 해석할 경우, 그것에 따라 남과 북이 취해야 할 자기의 책임과 역할은 무엇인가? 미국의 역할이 비핵화에 대해 평화체제를 병행하는 문제라면, 한국의 역할이란 건 아마도 쌍중단에 따른 대응 조치가 될 것이다. 북한이 핵실험과 미사일 연습을 중단한 데 따라 우리 측도 그에 맞춰 전략 자산의 동원을 축소하는 식으로 한미군사연습의 축소를 단행해야 한다는 부담이 생긴 것이고 이를 미국의 양해하에 진행하는 부분일 것이다. 이 같은 등가성의 논리는 실제 북한이 북미 간 접촉에서 "미국 핵 전략자산 한국에서 철수/한-미 연합훈련 때 핵 전략자산 전개 중지"를 요구했다는 보도에서도 드러난다.[3] 결국 북한의 주동적 조치에 대한 한국 정부의 책임과 역할은 주로 이 부분에 맞춰졌고, 8월의 을지프리덤가디언 훈련에서 검증의 잣대를 거쳐야 할 것이 되었다. 판문점 선언 3조에서 "상호 군사적 신뢰의 실질적 구축에 따라 단계적으로 군축을 실현"시킨다는 규정 또한 이와 관련해 매우 중요한 시준점을 주는 합의 내용이다.

이 점에서 당시 판문점 선언은 "적과의 동침을 통해 신뢰를 구축"하는 공동안보(common security) 프레임을 도입하여, 비핵화를 군비통제의 관점에서 재해석하는 초보적이고 실험적인 프로세스이기도 했다. 하지만 길잡이 선언인 판문점 선언이 평화의 항로를 끌어가는 새로운 가이드라인이 되기 위해서는 여전히 넘어야 할 관문이 한두 개가 아니었다.

2 친서 외교의 시작

1) 장소 논란

주지하다시피 폼페이오 장관은 CIA 국장이자 국무부장관 내정자 신분으로 평양을 방문하였다. 당시 폼페이오 국장이 전달한 친서에는 정의용 실장이 미국에 전달한 김정은 위원장의 정상회담 요청 구두 메시지에 대한 답이 들어 있었다. 트럼프 대통령은 폼페이오 장관을 통해 김정은 위원장의 정상회담 요청을 수락한다는 편지를 보냈고, 김정은 위원장은 4월 1일 자 답서에서 트럼프 대통령의 "친서와 폼페이오 국장의 상세한 설명"을 통해, "각하의 구상과 결심을 완전히 이해하게 되었"다며, 북미정상회담, 즉 '첫 만남'이 "그러한 성과로의 적극적 추동으로 이어질 것"이라고 자신한다고 끝을 맺고 있다.

"각하의 중대한 결심"이 무엇인지는 분명하지 않지만, 김정은 위원장은 정상회담과 관련해 트럼프 대통령에게 무언가를 요청한 것으로 보이는데, 그것은 아마도 이후 논란이 될 장소 문제가 아니었을까 추정된다. 김정은 위원장이 폼페이오 국장에게 북미정상회담의 장소 문제로 평양이나 판문점을 제안한 것으로 알려지는데, 평양회담 당시 폼페이오 국장은 마라라고나 하와이 그리고 제네바 등을 대안으로 제안했던

#1. 트럼프 대통령 → 김정은 위원장(2018. 4. 1.)

김 위원장님,

저희에게 만나자고 제안해 주셔서 감사드립니다. 우리 양국이 나아갈 방향을 논의하기 위해 위원장님을 기꺼이 만날 것입니다. 그리고 평양으로 폼페이오 국장을 초빙해 주시는 것에도 사의를 표합니다. 그는 우리의 만남을 준비하는 데 있어 제 대표로서 전적인 신임을 받고 있습니다. 저는 양국 관계의 획기적 개선을 위해, 그리고 북한과 전 세계에 보다 안전하고 나은 미래를 함께 만들어 나가기 위해 위원장님과 협력할 수 있기를 고대합니다.

#2. 김정은 위원장 → 트럼프 대통령(2018. 4. 1.)

친애하는 각하,

친히 숭고한 의중을 표명하신 편지를 보내 주셔서 감사한 마음입니다. 더욱이, 각하의 신임을 받는 대표로 폼페이오 국장을 보내 주신 데에도 사의를 표하고자 합니다.

각하의 친서와 폼페이오 국장의 상세한 설명을 통해, 각하의 구상과 결심을 완전히 이해하게 되었으며, 이에 매우 고무되어 있습니다. 각하의 원대한 구상과 마찬가지로, 나 또한 두 나라 사이에 존재하는 문제들을 해결하고 부정적인 양자 관계를 끝내기 위해 큰 걸음을 내딛을 용의가 있습니다.

나는 과거에 아무도 성취하지 못했고 전 세계가 예상치 못하는 위업을 달성하기 위해 진심과 헌신을 다해 각하와 협력할 준비가 되어 있습니다.

그리고 우리의 첫 만남이 그러한 성과로의 적극적 추동으로 이어질 것으로 자신합니다. **각하의 중대한 결심을 매우 고대합니다.**

#3. 트럼프 대통령 → 김정은 위원장(2018. 4. 3.)

친애하는 위원장님,

폼페이오 CIA 국장이 전달해 준 위원장님의 편지를 매우 감사하게 생각합니다. 위원장님의 모든 말씀에 동의하며, 우리의 만남이 양국은 물론 전 세계에도 중대한 사건이 되리라 추호도 의심하지 않습니다. 앞으로 **몇 주 내** 당신을 만나길 기대합니다.

것으로 추측된다. 폼페이오 국장과의 대화가 공전하자 김정은 위원장은 친서에서 트럼프 대통령이 장소 문제에 대해서 직접 결단을 내려 자신에게 양보해 주기를 촉구한 것이다. 그 친서를 전해 받은 지 이틀 뒤인 4월 3일 답서에서 트럼프 대통령은 장소 문제에 대한 즉답을 피한 채, 몇 주 내에(in coming weeks) 만나자는 내용만을 쓰고 있다.

볼턴이 기록하고 있는 장소와 시간에 대한 기억에 따르면, 김정은 위원장은 평양과 판문점을 장소로 원했지만, 폼페이오 장관이 이를 반대했다고 한다.[4] 처음 북한은 평양, 판문점을 제안했으나, 미국 측은 이를 일축하고 마라라고 별장이나 하와이, 제네바 등을 제안했다는 것이다.[5] 자기들의 전용기로 갈 수 있는 거리가 매우 짧다며 비행을 꺼려한 김정은 위원장은 이후 4·27 정상회담 당시 도보다리 대화에서도 판문점을 원한다고 재요청했고, 문 대통령이 이를 미국 측에 전달했다. 이에 트럼프 대통령이 4월 30일 트위터에서 판문점은 어떨까라는 트위터를 날려 판문점 논의를 떠봤지만, 미국 팀들의 반대는 극렬했다고 한다.[6]

이후 북한은 다시 기차로 갈 수 있는 거리에 있는 몽골을 원했고 미국 팀은 몽골에 실사팀까지 파견해 검토했지만, 울란바토르에는 자신들의 기준에 맞는 경호가 가능한 호텔이 하나밖에 없다며 이 또한 반대했다. 문 대통령에 따르면 김정은 위원장은 몽골에서 게르나 자신의 기차에서 숙박하면서까지 정상회담을 할 수 있다고도 설명했고, 이런 사정을 문 대통령이 다시 미국에 전달했지만 미국 측의 반대는 꺾이지 않았다. 결국 북한 측이 양보를 거듭한 끝에 미국이 제안한 제네바와 싱가포르 중 북한이 후자를 선택하여 장소 문제가 마무리되었다. 문 대통령은 이 대목에서 싱가포르 회담의 장소 문제까지 한국이 중재하게 되었다고 '한탄'하고 있다.[7] 미국이 아량을 발휘해 장소 문제를 조금 더 양보했더라면 북한이 협상 내용에 더 유연했을 것이고, 또한 중국 비행기를 빌리는 일이 없었더라면 북한이 다시 중국에 밀착하는 일도 없었을 것이라

는 탄식이었다.[8]

한편 회담 일시와 관련해서는 트럼프 대통령이 느닷없이 4월 친서에서 '몇 주 내에' 만나자고 제안하며 사실상 5월 중순 정상회담을 언급했지만, 이 또한 로지스틱상 불가능했기 때문에 미국 팀이 내부에서 반대했고 애초에 논의된 6월로 결정되었다고 전해진다.[9]

결국 5월 10일 트럼프 대통령은 6월 12일 싱가포르로 장소를 확정하고 이를 대외적으로 공표함으로써 정상회담 준비는 궤도에 오르게 된다.

다 된 것 같던 싱가포르 회담 앞에 또 다른 사건이 이어졌다. 앞서 언급한 5·24 회담 취소 사태였다. CVID 건으로 최선희 부상이 펜스 부통령을 비판한 사실 때문에, 취소될 뻔했던 회담은 그러나 김계관 제1부상의 유감 표명과 북미 소통 그리고 5·26 번개 남북정상회담을 거치면서 되살아났던 것이다. 이에 대해서는 앞서 설명한 바 있다.

2) 김영철 특사의 백악관 방문과 볼턴의 숙적의식

대북 정책에서 가장 중요한 것은 숙적관계에서의 탈피다. 사실상 국내 정치화된 주류 담론인 종북론마저 대북 숙적관계의 대내적 표현일 따름이다. 주지하다시피 남북관계나 북미관계를 숙적관계 측면에서 보는 시각은 구시대적이지만 매우 일반화되어 있기도 하다.

한국과 북한은 각기 다른 시간대를 달리고 있다. 이 시간대의 차이를 일치시키는 방법은 북한, 즉 일방을 해체시키는 것이 아니라 각기 다른 시간대를 달리고 있는 양자를 인정하고 그 공존을 모색하는 것이다. 어차피 남북은 비대칭적이다. 안보전략에서도, 남북관계에서도, 경제 수준에서도 남과 북은 각기 다른 수단으로 미래를 그리는 비대칭 전략 하에서 움직이고 있다. 따라서 이를 동일 시간대와 동일 레벨로 끌어들여 서로 다투는 제로섬 패러다임에 빠져들 이유는 없다. 숙적관계의 탈피는 곧 상호성의 승인임을 잊어서는 안 된다. 이런 관계성은 미국의 경우 더욱 말할 필요도 없다. 이따금씩 한미연합사령부에서 근무한 미군 장성들이나 미국 관료들의 경우 북한으로부터 당한 모욕에 분노해 숙적관계에 빠지는 경우가 있다. 볼턴이 그 전형적인 대표 케이스라면, 브룩스 한미연합사령관은 이를 탈피한 정반대의 사례다.

트럼프 행정부 4수생[10] 볼턴이 북한에 대해 갖고 있는 적개심은 상상을 초월할 정도다. 주지하다시피 그는 2002년 북미회담 당시 미 국무부의 대담한 접근법(bold approach)을 파탄 내고 북핵 문제를 플루토늄 문제로부터 고농축 우라늄(HEU) 문제로 전환시킨 장본인이다. "8월의 어느 날, 국무부 군축 담당 차관이었던 볼턴이 서울에 들어옵니다. (…) 그는 이태식 외교부 차관보를 만나 모종의 '정보'를 전합니다. 한국 정부 내 안보 진용이 바짝 긴장합니다. '북한 고농축 우라늄 계획의 심각성'이 담긴 정보를 전했기 때문입니다."[11] 이어진 2002년 10월 제임스 켈리(J. Kelly) 국무부 차관보의 평양 방문은 북한의 핵 시인 논란으로 한바탕 소동을 벌이고 곧 2차 북핵위기로 이어진다.

북한과 볼턴의 악연은 2006년에 재연된다. 북한의 1차 핵실험에 대해 2006년 10월 14일 유엔 제재 결의안 '1718호'가 채택되자 북한 박길연 유엔 주재 대사는 '갱단 같은 행위'라며 제재 거부를 밝히고 퇴장해 버린다. 당시 유엔 주재 미국 대사로 있던 볼턴은 이에 발끈하여 유엔이 북한을 축출하는 방안을 고려해야 한다고 목소리를 높였다. 그러나 곧 이어진 미국 중간선거에서 대패한 부시 대통령은 네오콘들을 후퇴시키는 결정을 하고, 볼턴 역시 12월에 유엔 대사직을 떠나게 되었다. 북한의 저주라고 할까? 볼턴이 북한과의 숙적의식에 빠지게 된 결정적 순간이라고 할까? 이렇게 생긴 볼턴의 대북 숙적의식은 트럼프 행정부 내내 상상을 초월했다.

당시 김영철 특사의 5월 30일 워싱턴 방문 소식에 당황한 볼턴은 김영철 부장이 뉴욕을 벗어나지 못하게 하자고 주장했다. 미국에 거주 중인 유엔 주재 북한 대사가 국무부 허락 없이 뉴욕의 퀸즈 지역을 벗어나지 못하듯이, 적성국 북한의 특사라고 해서 뉴욕 채널 이상의 의미를 주지 말자는 뜻이었다. 그런 김영철 특사를 만난 폼페이오가 김영철이 워싱턴을 방문하기로 했다고 전하자 볼턴은 분주히 뛰어다녔다. 워싱턴을 방문한다는 것은 곧 백악관에 입성한다는 것이기 때문에 이를 막기 위해 최선을 다한 것이다. 하지만 뉴욕 회담만 허용하자는 1차 저지선이 실패하고 백악관 회담이 확정되자, 이번에는 오벌 오피스(oval office) 회담을 반대하는 것을 2차 저지선으로 삼았다. 결단의 책상(resolute desk)이 있는 오벌 오피스에서 김영철 특사가 트럼프 대통령을 만나는 것 자체를 북한 권력에 대한 정당화로 생각한 볼턴의 반대는 트럼프 대통령의 결정 앞에 또다시 허무하게 무너졌다. 볼턴은 펜스 부통령의 도움을 받아 만남의 장소를 옮기려고 했지만, 대통령이 펜스 부통령의 고언도 마다한 것이다. 심지어 "펜스 부통령과 볼턴은 집무실로 돌아가 대기하라."라는 트럼프 대통령의 명령에 따라 부통령과 안보보좌관은 회의에 배석조차 허락받지 못하였다. 회담에 배제된 데 엄청난 충격을 받은 펜스 부통령은 그의 집무실에서 볼턴과 함께 대기하였다. 사실 폼페이오 장관도 뉴욕에서 회동을 끝낼 생각이었지만, 김영철 부장이 김정은 위원장의 친서를 갖고 왔다는 소식을 들은 트럼프 대통령이 직접 김영철 부장을 보기를 원했기 때문이었다. 폼페이오는 이 같은 김영철의 전략을 자신들이 너무 얕잡아 본 것이 문제였다고 술회하고 있다. 켈리 비서실장과 폼페이오 장관만이 배석하고 펜스 부통령과 볼턴 보좌관은 배제된 채 시작된 특사 회담은 예정된 시간을 훌쩍 넘어 1시 15분부터 2시 45분까지 무려 한 시간 반이나 이어졌다.

이 회담에서 트럼프 대통령은 "한미군사연습에 들어가는 돈이 너무 아까우며 그 훈련이 도발적이기에 이를 축소할 의향이 있다."라는 등 흥분 상태에서 상당한 협상 전략을 누설하였다.[12] 당시 김영철 부장이 갖고 온 친서는 "우리 사이에 처음으로 열리는 예정된 만남이 조미관계 개선은 물론 역내 평화와 안보 보장을 위한 노력에 이정표가 될 것임을 믿어 의심치 않습니다. 이와 동시에, 결코 적지 않은 고역을 거쳐 갖게 될 우리의 첫 만남이 더욱 멋지고 의미 있는 만남으로 이어지길 진심으로 바랍니다."라는 의례적인 내용에 머물고 있었지만, 트럼프 대통령의 만족도는 상상 이상으로 컸던 것으로 보인다.

#5. 김정은 위원장 → 트럼프 대통령(2018. 5. 29.)

존경하는 각하,
이 기회를 빌려 각하께서 다가오는 우리의 만남을 역사적 순간으로 만들고자 기울이고 있는 노력에 대해 큰 감사를 전합니다.

나 자신도 전 세계가 주목하고 있는 조미정상회담에 큰 기대를 품고 기다리고 있습니다. 우리 사이에 처음으로 열리는 예정된 만남이 조미관계 개선은 물론 역내 평화와 안보 보장을 위한 노력에 이정표가 될 것임을 믿어 의심치 않습니다.

이와 동시에, 결코 적지 않은 고역을 거쳐 갖게 될 우리의 첫 만남이 더욱 멋지고 의미있는 만남으로 이어지길 진심으로 바랍니다.

6월 12일 각하와 중요한 만남을 가질 수 있길 바랍니다.

3 종전선언 논란:
트럼프의 종전선언과 바이든의 종전선언

1) 종전선언과 입구론

사실 종전선언은 문재인 정부의 아이디어만은 아니었다. 그것은 6자회담 시기 부시 대통령의 문제 제기로부터 논의되기 시작했고, 그것을 남북이 수용하여 2007년 10·4 남북공동선언 당시의 '3자 또는 4자 정상회담' 형식을 통해 체결하기로 합의된 것이었다.[13]

이후 종선선언은 한국에 보수정부가 들어선 10년간 그 논의가 사라졌다가, 문 대통령이 들어선 이후 되살아났다. 이유는 간단하다. 앞서 보았듯이 북한이 2016년 이후 선평화협정론을 주장하자, 평화협정과 비핵화를 병행하는 쌍궤병행론이 대안으로 떠올랐고, 그렇다면 비핵화와 평화 프로세스 병행 과정에서 그 입구에 어떤 비핵화 조치와 어떤 평화 프로세스 제도를 패키지화할 것인가 하는 문제가 고민의 대상이 되었기 때문이다. 북한은 2014년 11월 이후 모든 평화 협상의 입구를 '쌍중단'으로 시작하자는 확고한 입장을 견지해 왔지만, 한국 정부가 미국을 배제하고 독난적으로 이를 받기는 어려웠다. 이런 논의 과정에서 문재인 정부는 쌍중단 중 한미군사연습 중단 문제는 남북미 간의 합의 특히 미국만이 결정할 수 있는 문제라는 입장을 견지했고,[14] 대신 북한이 비핵화 동결 조치에 들어가는 초기 단계에서 평화협정은 아니지만, 그 대신 평화협정으로 가는 입구 조치로 남북미 혹은 남북미중이 참여하는 종전선언을 체결할 수 있다고 제안했다.

당시 비핵화 프로세스가 무한정 길어지는 것을 방지하기 위해 조기(1년 내)에[15] 비핵화를 진척시키기 위해 입구 단계에 많은 과제를 실행하자는 뜻으로 프론트 로딩(front loading) 개념이 제기되었는데, 그러기 위해서는 북한의 조기 비핵화 조치를 끌어내기 위해 병행, 제공할 수 있는 보상(promise)이 필요했다. 북한이 요구해 온 평화협정은 입구 단계에서 논의되기에는 너무 많은 쟁점들이 걸려 있다는 점에서, 그리고 북한의 비핵화 과정이 장기가 될 수도 있는 상황에서 평화협정부터 체결하기에는 부담이 너무 많다는 점 때문에 평화협정 체결의 의지를 담는 '정치적 선언'[16]으로 간주할 수 있는 종전선언론이 재부상한 것이다. 이런 의미에서 종전선언론은 사실 종전선언과 평화협정의 2단계 구상이기도 했다. 다행히 이런 한국의 구상이 북한에 전달되었을 때, 북한은 판문점 회담에서 흔쾌히 종전선언론을 수용했다.

북한이 쌍중단이라는 동시 행동(action for action) 요구를 포기하고, 4월 20일 당중앙위원회 전원회의에서 먼저 선중단, 즉 ICBM과 핵실험 중단 조치를 선행한 상태였기 때문에, 그 대가에 대한 고민은 더 커져 있었다. 이런 상태에서 북한이 종전선언안을 수용한 것은 한국 정부에게는 위안이 되었다. 하지만 북한의 계획은 여기에 멈추는 것이 아니었다. 남북 간의 합의인 판문점 선언에서는 종전선언과 평화체제 논의만 포함된 데 만족감을 표현하면서도, 실제 미국과의 싱가포르 회담에서는 한미군사연습 중단과 관계 개선 조치의 일환인 미국의 평양대표부 등까지 요구했던 것으로 알려졌다.[17]

국내에서는 종전선언이 유엔군사령부를 해체하고자 하는 음모라거나,[18] 주한미군 철수를 위한 전조라거나 혹은 북한 핵을 인정하고 한미군사연습을 폐지하기 위한 신호탄이라는 등의 비판이 제기되고 있었다. 종전선언이 정전협정의 효력을 정지시키고 따라서 평화협정은 아니더라도 과도적 잠정(평화 관리)체제를 만드는 것이라면, 그것이 유엔군사령부를 해체시키는 결과를 낳을 것이라는 우려는 틀린 것이 아니었다. 하지만 당시 문재인 대통령이 생각한 종전선언은 정전협정에 아무런 영향을 주지 않는 순전히 정치적 선언이었기 때문에, 유엔군사령부 해체 등과 같은 실체적 변동을 가져오는 조치는 아니었다. 실제 판문점 선언에서 명기된 종전선언은 앞서 보았듯이, 유엔군사령부의 지위나 주한미군의 실체성 혹은 북한 핵 인정 등과는 아무 상관없는 정치적 선언이었고, 따라서 남북 모두에게 불안전한 평화상태인 정전상태 종료의 필요성을 공언하고 평화협정으로 가는 대장정을 시작한다는 알람 정도의 의미로 받아들여졌다. 한국 정부는 이런 종전선언이 형식적·정치적 선언이라지만 미국이나 중국이 참석한다면 평화체제를 향한 글로벌 공약으로 작동할 수 있을 것이라며 그 의미를 설득한 것으로 알려졌다. 실제 문 대통령은 "종전선언은 유엔사의 지위나 주한미군 철수 등에 전혀 영향이 없고, 김정은 위원장도 같은 개념으로 종전선언을 이해하고 있음을 확인했다."라고 밝혔으며,[19] "주한미군은 전적으로 한미동맹에 의해서 결정되고, 평화협정과는 무관하며, 평화협정과 남북 통일 이후에도 동북아의 평화를 위해 주한미군이 계속 주둔해야 한다고 생각한다."라는 점을 분명히 했다.[20] 앞서 설명한 폼페이오 장관과의 면담에서도 김정은 위원장이 사실상 주한미군 역할론을 수용하였다는 점은 문 대통령의 이런 설명이 틀린 것만은 아니라는 추정을 뒷받침한다.

사실 종전선언, 평화조약 그리고 관계정상화 세 가지 목표가 상호 교차하기 때문에 한반도식 해법은 더 복잡하다. 종전선언이 어떤 맥락에서 작동하느냐가 중요하지 그 선언 자체로 평화를 보장하는 것은 아니라는 점은 분명하다. 이 점에서 정치적 선언으로서의 종전선언론은 그 자체로 전례가 없는 '한반도식 해법'이라는 점도 염두에 둬야 한다.

예를 들어 소련과 일본의 경우처럼 국교정상화 과정에 종전 '조항'만을 포함시켜 국교정상화로 평화조약을 대체한 경우가 있다. 또한 한중관계의 경우처럼 중국이 한국전쟁 당사자라는 전제에서 보면 종전 및 평화조약 없이 관계정상화가 모든 것을 대체한 경우도 있다.[21] 이런 경우는 관계정상화가 더 궁극적인 목표이지 종전이나 평화협정은 중요한 것이 아니라는 입장에서는 참고해 볼 만한 사례다. 하지만 2010년 이후 북한이 주장해 온 것처럼 당사자가 관계정상화보다 평화협정의 의의를 강조하는 경우 이런 해법이 적용되기는 어렵게 마련이다.

한편 분쟁 지역에서의 평화협정 사례를 보면, 종전선언과 평화협정의 조합에서 두 가지 방식이 존재한다. 하나는 평화협정과 종전선언의 일체화론, 즉 1단계 평화론이다. 「파리평화협약」(Paris Peace Accords, 1973. 1. 27.)의 사례인데, 당시는 종전을 평화조약에 포함하여 한 번에 체결했던 경우다. 「파리평화협약」의 원 명칭인 「베트남 전쟁 종결 및 평화회복에 관한 파리협정」에서 보듯이, 이는 협정 전문에 "남베트남에서의 전쟁 종결과 평화회복"에 합의하고 존중, 이행할 것을 선언함으로써 종전을 평화협정의 중요한 구절로 명기한 사례다.

한편 종전선언과 평화조약을 2단계로 진행하는 경우가 있다. 종전선언 이후 일정한 시간이 지난 후 평화조약을 체결하는 것으로서 중동평화 협약에서 나타난 사례다. 이집트-이스라엘의 경우 6개월의 시차를 두고 평화조약을 체결하였다. 「캠프데이비드 협약」(1978. 9. 17.) 당시, 당사자들이 이스라엘군 철수, 관계정상화 합의 이후에 「이집트-이스라엘 평화조약」(1979. 3. 26.)을 체결한 것이 그것이다. 또한 요르단-이스라엘의 경우 3개월의 시차를 두고 평화조약까지 체결하였는데 「워싱턴선언」(1994. 7. 25.) 당시 적대 관계 청산, 관계 개선 조치에 합의한 이후 약 3개월 만에 「요르단-이스라엘 평화조약」(1994. 10. 17.)을 체결하였다.

따라서 '비교적 시각'에서 본다면, 문재인 대통령의 종전선언 구상은 관계정상화 논의를 뺀 종전선언-평화협정의 2단계 구상이고, 관계정상화까지 프로세스에 넣는다면 관계정상화는 평화협정 이전 또는 이후의 또 다른 어느 시간대에 이루어질 수 있는 3단계 프로세스로 볼 수 있을 듯하다. 그마저도 종전선언과 평화협정 간의 시간 차가 3개월, 6개월 정도의 경과 규정 수준이 아니라 비핵화의 물리적 시간대에 병행하는 장기간을 요구하는 것이 될 가능성에 열려 있다. 나아가 그 진행 과정의 신뢰 회복도에 따라 2단계의 관계정상화가 3단계 평화협정과 동시에 진행되어 전체 프로세스가 2단계로 축소될 수도 있고, 1단계 이후 비핵화가 중단되면 2단계나 3단계로의 진전이 정지되는 경우가 될 수도 있다.

이 점에서 문 대통령의 종전선언은 2단계, 3단계론에 다 열려 있는 것이긴 하지만, 일단 평화 프로세스와 비핵화 프로세스를 병행, 시작하는 데 중점이 있는 개문발차형 종전선언, 즉 입구론적 종전선언임 셈이었다. '정치적 선언'에 불과한 종전선언으로 입구를 열기 위한 문재인 대통령의 구상과 의지는 중재자론의 입장에서는 더없이 확고한 묘수였지만, 북미 양측 강경파들의 반발에서 드러나듯이, 입구에 들어가는 것이 아예 안 들어가는 것만도 못할 수 있다는 반론, 즉 '종이짝'에 불과한 선물 때문에 권리보다 의무만 짊어진다는 오랜 경계심은 북미 관료들 그리고 특이하게도 노동당 지도부들을 갈팡질팡하게 만들었다.

2) 1차 종전선언 논의와 6·12 북미공동선언

사실 1차 종전선언은 싱가포르 합의의 하이라이트였고 많은 사람들은 종전선언 합의문이 어떻게 발표되는가에 관심이 집중되어 있었다. 2014년 이래 북한이 워낙 평화협정론을 강조해 왔기 때문이었다. 그러

1차 종전선언에 대한 북한의 기대와 전략의 전환

◆ 2018년 7월 7일 북한 외무성 대변인 담화

이미 합의된 종전선언 문제까지 이러저러한 조건과 구실을 대면서 멀리 뒤로 미루어 놓으려는 립장을 취하였다. 종전선언을 하루빨리 발표할 데 대한 문제로 말하면… 판문점 선언에도 명시된 문제이고 조미수뇌회담에서도 트럼프 대통령이 더 열의를 보이였던 문제이다.

◆ 2018년 7월 30일 김정은 위원장 친서

각하처럼 강력하고 걸출한 정치인과 좋은 인연을 맺게 되어 기쁘게 생각하지만, **기대했던 종전선언이 없는 것에 대해 아쉬운 감이 있습니다. 종전선언은** 양국 간 관계의 발전을 장려하고 세계 평화와 안보를 증진하는 세계사적 사건으로 이른 시일 내 분명 빛을 보게 될 것이라 확신합니다. 조미관계 개선의 첫 걸음은 싱가포르 정상회담에서 유의미한 방식으로 내딛었으며, 우리의 다음 만남은 조미 양국에 더 큰 기쁨과 만족을 안겨 줄 아름다운 결실을 맺을 것입니다….

◆ 2018년 9월 4일 외무성 군축 및 평화연구소 소장 김용국

평화협정을 체결하는 것은 시간을 요구하는 공정이다. 따라서 당사국들의 정치적 의지만 있다면 얼마든지 가능한 종전선언부터 채택하여 전쟁상태부터 끝장내는 것이 합리적이다. 사실 종전선언 문제는 판문점 북남수뇌회담과 조미수뇌회담의 정신에 비추어 볼 때 이미 결실을 보았어야 할 문제이다. 세계의 많은 나라들이 이 문제가 아직까지 해결을 보지 못하고 있는 데 대하여 심각한 우려를 표시하고 있다. 조미수뇌분들의 뜻을 받들어 조미 사이에 신뢰를 조성해 나가면서 조미수뇌회담공동성명을 단계적으로 성실히 리행해 나가려는 것은 우리의 확고한 의지이다. 미국은 조미수뇌회담공동성명의 정신에 부합되게 그리고 조선반도에서 항구적이며 공고한 평화체제를 구축해 나가기 위한 우리의 성의 있는 노력에 진정으로 화답하는 길로 나와야 할 것이다….

◆ 종전은 누가 누구에게 주는 선사품이 아니다(조선중앙통신 논평, 2018. 10. 2.)

조미(북미) 쌍방뿐 아니라 조선반도(한반도)의 평화를 원하는 동북아시아 지역 나라들의 이해관계에 다 부합되는 종전은 결코 누가 누구에게 주는 선사품이 아

니며 우리의 비핵화 조치와 바꾸어 먹을 수 있는 흥정물은 더더욱 아니다…. 최근 미국의 이른바 조선문제 전문가들 속에서 미국이 종전선언에 응해 주는 대가로 북조선으로부터 핵 계획 신고와 검증은 물론 영변 핵 시설 폐기나 미사일 시설 폐기 등을 받아 내야 한다는 황당무계하기 짝이 없는 궤변들이 나오고 있다…. 종전은 정전협정에 따라 이미 반세기 전에 해결되었어야 할 문제로서 미국도 공약한 새로운 조미관계 수립과 조선반도의 평화체제 수립을 위한 가장 기초적이고 선치적인 공정… 미국이 종전을 바라지 않는다면 우리(북한)도 구태여 이에 연연하지 않을 것….

◆ 조선민주주의인민공화국 김명길 외무성 순회대사 담화(2019. 11. 14.)
최근 미 국무성 대조선정책특별대표 비건은 제3국을 통하여 조미쌍방이 12월 중에 다시 만나 협상하기를 바란다는 의사를 전달해 왔다…. 미국이 우리의 생존권과 발전권을 저해하는 대조선 적대시 정책을 철회하기 위한 근본적인 해결책을 제시하지 않고 정세변화에 따라 순간에 휴지장으로 변할 수 있는 종전선언이나 련락사무소개설과 같은 부차적인 문제들을 가지고 우리를 협상에로 유도할 수 있다고 타산한다면 문제해결은 언제 가도 가망이 없다. 다시 한번 명백히 하건대 나는 그러한 회담에는 흥미가 없다.

나 허무하게도 당일 발표된 합의문에는 종전선언이 빠져 있었다. 많은 평론가들은 '합의문'이 나온 것에 열광하고 있었지만, 종전선언이 없다는 소식은 뭔가가 잘못되고 있다는 신호이기도 해서 다음 단계에 대한 우려가 제기되기도 했다.

볼턴 회고록에서 공개되기 전까지는 잘 알려지지 않은 사실이었지만, 세기의 정상회담에는 두 개의 합의문이 있었다. 하나는 장문의 공동선언안이었고 다른 하나는 단문의 형식적 공동선언안(a very brief statement)이었다. 미국 측은 장문의 공동선언안을 갖고 합의를 시도하되, 합의가 어려우면 단문의 공동선언안으로 대체하자는 전략을 갖고 마지막 협상에 임했던 것으로 드러났다. 결국 밤샘 회담에서 합의에 도달하

김정은 조선민주주의인민공화국 국무위원회 위원장과 도날드 제이. 트럼프 미합중국 대통령 사이의 싱가포르수뇌회담 공동성명(북한 버전)

김정은 조선민주주의인민공화국 국무위원회 위원장과 도날드 제이. 트럼프 미합중국 대통령은 2018년 6월 12일 싱가포르에서 첫 력사적인 수뇌회담을 진행하였다. 김정은 위원장과 트럼프 대통령은 새로운 조미관계 수립과 조선반도에서의 항구적이며 공고한 평화체제 구축에 관한 문제들에 대하여 포괄적이며 심도 있고 솔직한 의견교환을 진행하였다. 트럼프 대통령은 조선민주주의인민공화국에 '안전담보'를 제공할 것을 확언하였으며, 김정은 위원장은 조선반도의 완전한 비핵화에 대한 확고부동한 의지를 재확인하였다. 김정은 위원장과 트럼프 대통령은 새로운 조미관계 수립이 조선반도와 세계의 평화와 번영에 이바지할 것이라는 것을 확신하면서, 호상 신뢰 구축이 조선반도의 비핵화를 추동할 수 있다는 것을 인정하면서 다음과 같이 성명한다.

1. 조선민주주의인민공화국과 미합중국은 평화와 번영을 바라는 두 나라 인민들의 념원에 맞게 새로운 조미관계를 수립해 나가기로 하였다.
2. 조선민주주의인민공화국과 미합중국은 조선반도에서 항구적이며 공고한 평화체제를 구축하기 위하여 공동으로 노력할 것이다.
3. 조선민주주의인민공화국은 2018년 4월 27일에 채택된 '판문점 선언을 재확인'하면서 조선반도의 완전한 비핵화를 향하여 노력할 것을 확약하였다.
4. 조선민주주의인민공화국과 미합중국은 전쟁포로 및 행방불명자들의 유골발굴을 진행하며 이미 발굴 확인된 유골들을 즉시 송환할 것을 확약하였다.

김정은 위원장과 트럼프 대통령은 력사상 처음으로 되는 조미수뇌회담이 두 나라 사이에 수십 년간 지속되어 온 긴장상태와 적대관계를 해소하고 새로운 미래를 열어 나가는 데서 커다란 의의를 가지는 획기적인 사변이라는 데 대하여 인정하면서 공동성명의 조항들을 완전하고 신속하게 리행하기로 하였다. 조선민주주의인민공화국과 미합중국은 조미수뇌회담의 결과를 리행하기 위하여 가능한 빠른 시일 안에 마이크 폼페오 미합중국 국무장관과 조선민주주의인민공화국 해당 고위인사 사이의 후속협상을 진행하기로 하였다. 김정은 조선민주주의인민공화국 국무위원회 위원장과 도날드 제이. 트럼프 미합중국 대통령은 새로운 조미관계 발전과 조선반도와 세계의 평화와 번영, 안전을 추동하기 위하여 협력하기로 하였다.

지 못한 양측이 내린 결론은 후자, 즉 우리가 알고 있는 4개 항(4 pillars)의 공동선언문이었다. 많은 내용이 들어 있는 선언문인 것 같지만, 반복해서 읽어 볼수록 역시 알맹이가 빠진 느낌을 지울 수 없는 무언가 허전한 합의문이었다. 종전선언이 빠진 아쉬움이 그만큼 컸다는 뜻이다.

6월 11일 저녁까지 양측의 실무진은 소위 '종전선언 문구가 들어간' 장문의 합의문 초안을 만드는 데 성공한 것으로 알려진다. 진통은 있었지만, 실무진들이 오랜 논의를 거쳐 만들어 낸 '오후 6시 초안(6p.m. text)'이라고 찍혀 나온 합의문 초안은[22] 그러나 볼턴의 결사 반대 의지에 부딪혔다. 볼턴은 북한 측이 CVID라는 매직 워드(magic word)만 거부하는 것이 아니라 전체 콘셉트를 거부하고 있다고 주장하며 세 가지 요구 사항을 추가하지 않으면 합의안을 추인할 수 없다고 버텼다. 심지어 그는 "뭔가 구체적인 대가를 받지 않는 한 종전에 대한 어떤 용어 사용도 동의해선 안 된다."[23]라며 '종전선언'을 무기화하여 추가의 양보를 얻어 내고자 했다. 그리고 이런 내용을 들고 폼페이오와의 현장 단독 면담 과정에서 격렬히 항의하며 그를 압박했다. 볼턴이 요구한 세 가지 추가 요구 사안의 첫째는 유엔 제재 결의안 1718호를 합의안에 명기하자는 것이었고, 둘째는 일본인 피랍인 문제 해결에 대한 문구를 포함시키라는 것이었다. 세 번째는 한국전쟁 전사자 유해 송환 조항을 추가하라는 것이었는데, 앞의 두 조건과 달리 세 번째 조건은 큰 논란 없이 최종 공동성명 4항에 포함되었다.[24]

첫째 제안에서 담고자 한 1718호 결의안은 자신이 유엔 주재 미국 대사였던 2006년 10월 북한의 핵실험 직후에 이를 규탄하기 위해 채택한 결의안으로, CVID라는 문구를 처음으로 포함한 유엔 결의안이었다. 그 집요함이 편집증에 가까운 볼턴은 싱가포르 회담 직전인 2018년 5월 CVID라는 표현 때문에 회담이 결렬 위기까지 갔던 문구임에도 불구하고, 그 구절을 집어넣기 위해 미국 협상팀을 압박한 것이다. CVID를 명기하기 어렵다면 그것이 표기된 다른 공문서, 즉 1718 결의안이라는 표현이라도 명기하여 '간접적으로라도' CVID 원칙을 포함하자고 주장한 것이었다. 북한 협상팀들이 바보가 아닌 한, CVID를 포함한 1718호 결의안을 넣자는 요구를 수용할 리가 없었지만, 안보보좌관의 집요한 주장 앞에 국무부 협상팀들도 다른 수가 없었던 것이다. 더 어처구니없는 것은 일본인 피랍자 문제를 북미공동선언에서 다루라는 생떼 같은 요구였다. 북일회담도 아니고 북미회담에서 그것도 구두 요청도 아닌 공식 문구로 일본인 납치자 문제를 집어넣자는 발상은 볼턴과 같은 국화파들의 협상 태도가 얼마나 독단적인지를 보여 주는 상징적 장면이었다.[25] 미국 실무팀이 북한에 창피를 당했다는 세간의 평가가 나돈 것이 틀린 말이 아니었던 것이다.

결국 볼턴은 CVID나 일본인 납치자 문제, 이 두 문구를 추가해야 한다는 억지를 부려 기왕에 포함되어 있던 종전선언 문항을 삭제하는 데 성공한 것이다. 우리가 알고 있는 공개된 북미 합의문이 사실은 밤샘 긴장의 과정에서 나온 타협안일 뿐이고, 전날 오후에 실무진 사이에서 합의된 원안은 종전선언안과 이익대표부 개설 등과 같이 더욱 풍부하고 다양한 합의 내용을 다루고 있었던 것이다.

이후 미국은 7월 6일 폼페이오 장관의 3차 방북을 통해 못다한 합의, 즉 '종전선언의 대가'로 핵 신고 리스트를 요구했지만 미국의 이런 전략은 거절당했다.[26] 북한의 외무성은 7월 7일 대변인 성명을 통해 "이미 합의된 종전선언 문제까지 이러저러한 조건과 구실을 대면서 멀리 뒤로 미루어 놓으려는 립장을 취하였다."라며 폼페이오 장관을 비난했고, 김정은 위원장 역시 7월 30일 자 친서를 통해 "각하처럼 강력하고 걸출한 정치인과 좋은 인연을 맺게 되어 기쁘게 생각하지만, 기대했던 종전선언이 없는 것에 대해 아쉬운 감이 있습니다."라며 미국이 종전선언을 무기화하여 합의 초안을 뒤흔든 것을 아쉬워하고 있다.

종전선언에 대한 북한의 기대는 볼턴의 이 같은 활약으로 뒤로 묻히게 되었다. 혹시라도 싱가포르에서 3자 종전선언이 합의되면 거기에 참석하겠다는 문 대통령의 의사는 북미 양측에 의해 받아들여지지 않았을뿐더러, '2자' 종전선언마저도 이렇게 초안으로만 남고 사라져 버렸던 것이다.[27]

3) 2차 종전선언 논의[28]

2021년 5월 12일, 임기를 1년 남짓 남겨 둔 문재인 대통령은 한동안 지속된 남북 간의 소강상태를 해소하기 위해 김정은 위원장에게 친서를 보냈다. 6월에 열릴 카타르 월드컵 남북예선전에 북한 팀을 보내 달라는 내용이었다. 이에 대해 김정은 위원장은 14일 답신을 통해 대북전단에 대한 북한 인민들의 감정이 해소되지 않았다는 등의 이유로 예선전 참가는 어렵다며, 그 대신 그는 남북 간 연락 채널을 복원하는 조치를 선행한 다음, 비대면 실무대화를 통해 '북남공동연락사무소를 군사분계선에 다시 건설하는 문제를 협의해 보자'고 제의해 왔다. 2020년 연락사무소 폭파 이후 긴장된 남북관계에 뜻밖의 훈풍이 부는 듯했다.

그 일주일 후인 5월 21일 바이든 대통령과의 첫 한미정상회담이 있었는데,[29] 이 회담에 맞춰 미국은 웬디 셔먼 국무부 부장관이 북한과의 대화를 공식 세의하고, 성 김 인도네시아 대사를 대북정책특별대표에 임명하는 등 대북 정책 마련에 성의를 보였다.[30] 새로운 조건을 맞이해 문 대통령은 그해 9월 유엔 총회 연설장에서 재차 종전선언안을 끄집어

2차 종전선언에 대한 북한의 갈지자 행보

◆ 외무성 부상 리태성(2021. 9. 24.)

종잇장에 불과한 종전선언이 우리에 대한 적대시 철회로 이어진다는 그 어떤 담보도 없다…. 미국·남조선 동맹이 계속 강화되는 속에서 종전선언은 지역의 전략적 균형을 파괴하고 북과 남을 끝이 없는 군비경쟁에 몰아 넣는 참혹한 결과만을 초래하게 될 것….

◆ 김여정 부부장 연설(2021. 9. 24.)

장기간 지속되고 있는 불안정한 정전상태를 물리적으로 끝장내고 상대방에 대한 적대시를 철회한다는 의미에서 흥미 있는 제안이고 좋은 발상이라고 생각한다…. 종전선언은 나쁘지 않다. 그러나 지금 때가 적절한지 그리고 모든 조건이 이런 론의를 해보는 데 만족되는지를 먼저 살펴보아야 할 것이다. 지금과 같이 우리 국가에 대한 이중적인 기준과 편견, 적대시적인 정책과 적대적인 언동이 지속되고 있는 속에서 반세기 넘게 적대적이였던 나라들이 전쟁의 불씨로 될 수 있는 그 모든 것을 그대로 두고 종전을 선언한다는 것은 말이 되지 않는다. 나는 현존하는 불공평과 그로 인한 심각한 대립관계, 적대관계를 그대로 둔 채 서로 애써 웃음이나 지으며 종전선언문이나 랑독하고 사진이나 찍는 그런 것이 누구에게는 긴절할지 몰라도 진정한 의미가 없고 설사 종전을 선언한다 해도 변하는 것은 아무것도 없을 것이라고 생각한다…. 이러한 선결조건이 마련되여야 서로 마주앉아 의의 있는 종전도 선언할 수 있을 것이며 북남관계, 조선반도의 전도문제에 대해서도 의논을 해볼 수 있을 것이다…. 우리는 남조선이 때 없이 우리를 자극하고 이중자대를 가지고 억지를 부리며 사사건건 걸고 들면서 트집을 잡던 과거를 멀리하고 앞으로의 언동에서 매사 숙고하며 적대적이지만 않다면 얼마든지 북남사이에 다시 긴밀한 소통을 유지하며 관계회복과 발전전망에 대한 건설적인 론의를 해볼 용의가 있다.

◆ 김여정 부부장 연설(2021. 9. 25.)

나는 경색된 북남관계를 하루빨리 회복하고 평화적 안정을 이룩하려는 남조선 각계의 분위기는 막을 수 없을 정도로 강렬하다는 느낌을 받았다. 우리 역시 그 같은 바램은 다르지 않다. 지금 북과 남이 서로를 트집 잡고 설전하며 시간 랑비를 할 필요가 없다고 본다…. 다시 한번 명백히 말하지만 이중기준은 우리가 절대로 넘어가 줄 수 없다. 현존하는 조선반도 지역의 군사적 환경과 가능한 군사적 위협들에 대응하기 위한 우리의 자위권 차원의 행동은 모두 위협적인 《도발》로 매도되고 자기들의 군비증강활동은 《대북억제력확보》로 미화하는 미국, 남조선식 대조선 이중기준은 비론리적이고 유치한 주장이며 조선민주주의인민공화국의 자주권에 대한 로골적인 무시이고 도전이다…. 의의 있는 종전이 때를 잃지 않고 선언되는 것은 물론 북남공동련락사무소의 재설치, 북남수뇌상봉과 같은 관계 개선의 여러 문제들도 건설적인 론의를 거쳐 빠른 시일 내에 하나하나 의의 있게, 보기 좋게 해결될 수 있다고 생각한다. 그러나 이것은 어디까지나 개인적인 견해라는 점을 꼭 밝혀 두자고 한다. 남조선이 정확한 선택을 해야 한다는 권언은 지난 8월에도 한 적이 있었다. 앞으로 훈풍이 불어올지, 폭풍이 몰아칠지 예단하지는 않겠다.

◆ 김정은 위원장 최고인민회의 시정연설(2021. 9. 30.)
얼마전 남조선이 제안한 종전선언 문제를 론한다면 북남 사이의 불신과 대결의 불씨로 되고 있는 요인들을 그대로 두고서는 종전을 선언한다 해도 적대적인 행위들이 계속될 것이고 그로 하여 예상치 않았던 여러 가지 충돌이 재발될 수 있으며 온 겨레와 국제사회에 우려심만을 안겨 주게 될 것이라고 하시였다…. 종전을 선언하기에 앞서 서로에 대한 존중이 보장되고 타방에 대한 편견적인 시각과 불공정한 이중적인 태도, 적대시 관점과 정책들부터 먼저 철회되여야 한다는 것이 우리가 계속 밝히고 있는 불변한 요구….

냈다. 2019년 하반기 이후 냉랭했던 남북관계와 달리 이번에는 김여정 부부장이 뜻밖의 긍정 응답을 연이틀 공개함에 따라 트럼프 행정부 시절 사망선고를 받았던 종전선언이 되살아나는 듯했다.

> 의의 있는 종선이 때를 잃지 않고 선언되는 것은 물론 북남공동련락사무소의 재설치, 북남수뇌상봉과 같은 관계 개선의 여러 문제들도 건설적인 론의를 거쳐 빠른 시일 내에 하나하나 의의 있게, 보기 좋게 해결될 수 있

다고 생각한다.[31]

이후 2021년 10월 11일 김정은 위원장은 국방발전전람회 연설에서 "우리의 주적은 전쟁 그 자체이지 남조선이나 미국 특정한 그 어느 국가나 세력이 아닙니다."[32]라는 특이한 연설을 했다. 70년 동안 주적이라고 규정해 왔고 불과 10달 전인 8차 당대회에서도 "최대의 주적인 미국을 제압하고 굴복시키는 데 초점을 맞추고 지향"[33]시킨다며 미국을 '주적'이라고 규정하였던 것과는 완전히 달라진 표현이었다.

종전선언이 체결된다면 '주적'이라는 개념이 살아 있을 이유가 없다는 전제를 감안해 보면, 김정은 위원장의 국방발전전람회 연설은 적어도 종전선언 논의에 찬물을 끼얹는 것은 아니었다. 이로써 물밑에서 진행되어 오던 종전선언 논의는 베이징 올림픽 시기에 맞춰 뭔가 성과를 낼 수 있을지도 모른다는 기대를 불러일으키며 세간의 관심을 다시 모으기 시작했다. 하지만 이런 상황에서 10월 26일 제이크 설리번 백악관 국가안보보좌관은 언론브리핑에서 최근 한미 북핵 수석대표 간 논의가 매우 생산적이고 건설적이었다면서도 대북 접근법에 있어 양국이 입장 차가 있을 수 있다고 말해서 또 다른 주목을 끌었다. 종전선언이 북한과의 대화를 시작할 촉매제가 될 수 있느냐는 질문에 순서와 시기, 조건 등에서 한국과 관점이 다를 수 있다고 답한 것이다.[34] 바이든 행정부의 입장이 애매해지자 논의는 다시 산으로 가기 시작했다. 각양각색의 주장과 평가가 나돌고 다시 보수 미디어는 한국 정부를 공격하기 시작했다.

> 설리번 안보보좌관이 '각각의 조치를 위한 정확한 순서'를 언급한 것은 종전선언이 비핵화 협상 입구라는 한국 측 주장을 받아들이지 않았다는 의미로 해석되었다. 미국은 종전선언이 협상 개시 뒤 비핵화 단계에 대한 보

상이어야 한다는 입장을 유지하고 있는 셈이다. 미 국무부가 이날 '조건 없는 대화' 원칙을 재확인하며 북한의 호응을 기대한다고 밝힌 것 역시 '선(先)보상, 후(後)비핵화'는 어렵다는 의지를 확인해 주는 대목이다. 북한이 최근 잠수함발사탄도미사일(SLBM) 발사 등 도발을 거듭하는 상황인 만큼, 미국으로서는 먼저 종전선언이라는 양보 카드를 건네기 힘들다는 인식이 우세한 것으로 보인다. 또 한국은 '구속력 없는 정치적 선언'이라고 주장하지만, 미국은 종전선언의 법적·정치적 구속력이 상당하다고 판단, 신중한 법률 검토를 진행하고 있는 것으로 알려졌다. 자칫 주한미군 및 한미연합사 법적 지위에도 영향을 미칠 수 있다는 우려 때문이다.[35]

임기를 8개월 정도 남겨 둔 문재인 정부는 바이든 행정부의 이런 분위기에 아랑곳하지 않고 마지막 순간까지 종전선언을 위한 노력을 계속하겠다는 의지를 보였다.[36] 문 대통령의 강한 드라이브로 한미 간 논의가 다소 진전되고 있다는 소식이 들렸다. 11월 『동아일보』는 "22일 복수의 정부 핵심 당국자들은 '한미 간 종전선언 문안에 큰 이견은 없다. 문안 조율은 90% 정도 진행됐다'고 밝혔다."라며 흥미 있는 내용을 보도하였다.[37] 이 보도가 한미 간 합의안을 정확히 보도한 것으로 보긴 어렵지만, 당시 진행 중이던 종전선언 문안에 대한 한미 간 논의의 관전 포인트를 제시한 것은 분명해 보인다.

기사가 제시한 관전 포인트의 첫째는 종전선언이 얼마나 구체적인 내용을 담을 것인가에 대한 이견이었다. 당연히 종전선언이므로 그것은 한국전쟁은 종식되었다고 시작할 것이다. 문제는 여기에 머무를 것인가 아니면 이로부터 더 심층적인 내용을 담을 것인가 하는 것이 첫 번째 포인트다. 단순히 전쟁을 종료시키는 한 줄 선언이 아니라 실체적 내용을 가져야 한다는 부담이 있었던 것이다. 미국 측은 종전선언이 유엔군사령부 해체 논의로 이어지지 않게 하기 위해 "종전선언이 현 정전협정 체제에 영향을 끼치지 않는다."라는 내용을 담는 데 관심이 많았다면, 한국 정부는 "정전협정을 평화협정으로 전환하기 위해 노력한다." 등의 문구를 담아 그 실체성을 확보하는 방안을 강조하고 있었던 것으로 보였다.

이 기사는 종전선언의 주체에 대해서 사실상 남북과 미국, 중국 등 4자가 될 가능성이 크다며, 정부 관계자를 인용해 "문안에는 한반도 평화를 위한 과정에서 남북미중의 성실한 의무 이행 등을 촉구하는 내용이 담길 것"이라고 전했다. 정전협정의 당사자인 중국도 종전선언에 참여하는 방향으로 조율되고 있다는 의미인데, 아마도 베이징 올림픽을 전후해서 체결될 수 있는 이벤트였기 때문에 중국을 참여시키는 것에 비중을 둔 듯했다. 심지어 한국 정부는 정상 간 선언이 아닌 장관급 수준의 종전선언이라도 맺는 것이 필요하다고 하여 이번에 반드시 종전선언을 성공시키겠다는 의지를 표명하고 있는 것처럼 보였다. 하지만 한국 정부의 이런 의지와는 달리 4자 종전선언에 대해 북한이나 미국 심지어 중국마저 흔쾌히 원하고 있었는가에 대해서는 의문스럽다. 당시의 미중관계나 코로나 봉쇄 과정의 북중관계 등 고려해야 할 변수가 여전히 많았다.

마지막으로 비핵화와의 연계 문제가 또 다른 쟁점이었다. 『동아일보』는 "종전선언에 북한이 관심을 보이고 있는 만큼 종전선언을 북한의 비핵화 조치에 연계하지 말고 북한을 대화 테이블에 끌어내는 유인책으로 쓰자고 미국에 얘기하고 있다."라고 보도했다. 하지만 미국은 "북한의 비핵화 의지 파악이 우선인 만큼 한미의 종전선언 제안에 앞서 북한이 대화 테이블에 우선 나와야 한다는 입장인 것으로 전해졌다."라는 것이다. 소위 '조건 없는 대화'론인 셈이다. 반복하지만 미국의 입장은 종전선언을 매개로 북미 대화를 시작하는 것이 아니라, 그 전에 미국이 말하는 실무회담, 즉 '조건 없는 대화'에 북한이 나와서 비핵화의 의지를 드러내야만 '내용 없는' 종전선언이라도 비로소 개시된다는 뜻으로 보였다.

하지만 2020년 7월 10일 김여정 부부장은 "이제는《적대시철회 대조미협상재개》의 틀로 고쳐져야 한다고 생각한다."라며 북미 협상 단계를 재규정하였다. 김여정 부부장이 말하는 대화 재개의 조건은 적대시 정책 철회, 이중기준 철회 등과 같이 트럼프 정부와의 대화가 진행 중이던 상태로의 복귀가 출발점이어야 한다는 의미였다. 북한이 바이든 시대에도 이 7월 10일 담화가 유효하다고 주장하고 있던 마당에, 바이든 정부가 '조건 없는 대화'를 요구한 것은 북한에는 일종의 항복선언으로 받아들여졌을 것이었다. 결과적으로 '조건 없는 대화'가 이처럼 '경직된 조건'이 되고 있는 상황에서, 종전선언을 매개로 대화 국면을 열겠다는 문재인 정부의 구상은 트럼프 행정부 당시보다 더욱 설득하기 어려운 미국의 대북 정책 라인을 만났다는 점에서 시작도 하기 전에 실패로 접어드는 인상이었다. 훨씬 더 '아베'스럽고 훨씬 더 '볼턴'스러운 바이든 행정부의 대북 라인에 대한 나이브한 접근이었다.

결국 12월 이후 종전선언 논의가 다시 표류하자, 북한은 연말 전원회의를 계기로 다시 강경론으로 전환하였던 것으로 보인다. 연말 8기 4차 당중앙위 전원회의를 마치면서 북한은 "다사다변한 국제정치정세

[표 3] 종전선언에 대한 남북미의 입장 차이

	조건	순서	시기	문안
북한	a. 한미군사연습(적대시정책) 중단 b. 광물 수출 허용 (국정원장 주장)	동시 행동 (이중기준 철회)	-	싱가포르 합의문 초안 내용
한국	a, b 조치 가능성 구두 발표	종전선언 → 비핵화	베이징 올림픽 포함	?
미국	조건 없는 대화	북미 대화 → 비핵화/종전선언	베이징 배제/ 한국 대선 후?	싱가포르 합의문 문안 + 유엔사 유지 관련 추가 문항

와 주변 환경에 대처하여 북남관계와 대외사업 부문에서 견지하여야 할 원칙적 문제들과 일련의 전술적 방향들을 제시"[38]하였다며 대외정책을 단 한 줄 요약문으로만 공개하였다. 당시 전원회의는 대남·대외 분과 회의를 개최하는 장면을 이례적으로 공개하였는데, 남북관계를 담당하는 김영철 통전부장, 북미관계를 담당하는 리선권 외무상(정치국 후보위원), 북중관계를 담당하는 김성남 국제부장 3인이 같이 회의를 주도하는 장면을 공개하였다. 대남, 대미, 대중 담당자가 동시에 지도부로 등단하여 대남전략과 대미전략 그리고 대중전략을 동시에 고려하는, 즉 한미중 3국 관계를 복합적으로 고려하고 있다는 것을 과시한 것이었다. 북한의 태도에 대해 일부에서 우려가 제기되기 시작한 것도 이 즈음부터였다. 우려했던 대로 연초부터 북한은 공세를 시작했다. 2022년 1월 북한의 연이은 미사실 실험에 미국이 제재로 나오자, 김정은은 1월 19일 정치국 회의를 소집해 "신뢰구축조치들을 전면 재고하고 잠정중지하였던 모든 활동들을 재가동하는 문제를 신속히 검토해 볼 데 대한 지시를 해당 부문에 포치"[39]한다고 하여 싱가포르 합의의 전제가 된 모라토리엄 조치의 폐기를 거론하기에 이르렀다. 강경책으로의 전환 가능성을 예고한 것이다. 『조선신보』가 "조선의 전진을 저애하는 기본장애물, 최대의 '주적'인 미국을 제압하고 굴복"[40]시킨다며 주적론을 다시 끄집어냈고, 1월 30일에는 급기야 중거리 탄도미사일 '검수사격' 시험을 강행해 IRBM의 실전 배치를 과시하였다.

물론 며칠 뒤 북한 당국은 『조선신보』를 통해 "조선의 주권행사를 건드리지 않는다면 조선반도의 긴장이 유발되는 일은 없는 것"[41]이라며 추가의 제재가 없다면 긴장 조성 행위를 여기서 접겠다는 의사를 밝히고 관망 자세로 물러섰다. 베이징 올림픽을 맞아 『조선신보』가 "조선은 특정한 그 어느 국가, 세력이 아닌 전쟁 그 자체를 주적으로 삼고"[42] 있다며 주적론 폐기를 재확인한 것은 다시 10월 연설로 돌아갈 수 있다는 것을 시사하는 것으로 해석되었다. 곧이어 베이징 올림픽이 시작되고 올림픽 휴지기를 계기로 더 이상의 에스컬레이션은 없었지만, 올림픽 이후의 레이스가 시작되면서 주적론은 엉뚱한 곳에서 다시 살아나기 시작했다. 때마침 등장한 한국의 윤 후보는 종전선언 논의가 파탄 난 상황을 잘 알고 있다는 듯이 '북한 주적론'을 제기하며 새로운 시대를 준비하기 시작했다.

4 싱가포르 회담과 폼페이오 논란: 톱다운 vs. 보텀업

싱가포르 합의 당시 종전선언과 이익대표부 설치에 대한 구절이 빠지고, 긴 합의문이 짧은 합의문으로 대체되는 등의 교착과 소란이 있었지만, 막상 정상회담 과정에서 두 정상은 화기애애한 분위기에서 회담을 진행하였다. 그것은 단순히 트럼프 대통령뿐만이 아니라 김정은 위원장 역시 마찬가지였다. 무엇보다도 북 측이 중시했던 것은 한미군사연습 문제였는데, 바로 그 이슈에 대해서 트럼프 대통령이 적극적으로 수긍하는 대화를 한 것에 대해 북한 측 참석자 모두가 파안대소하는 등 대화는 아주 잘 흘러갔다고 전해진다.[43]

이런 분위기를 반영이라도 하듯이 트럼프 대통령은 회담 직후의 기자회견을 통해 8월 한미군사연습을 중단하겠다고 선언했다. 이 장면을 보고 있던 미국 매티스 국방부장관 이래 군부 인사들, 심지어 한국의 군부 관련자들은 발칵 뒤집혔지만, 동시에 한미군사연습 중단 구절이 합의문에 들어가지 않고 기자회견을 통해서 구두로만 발표된 것에 대해서 의아하다는 반응도 공존했다. 문재인 대통령은 후일 회고록에서 이런 시나리오는 문 대통령과 트럼프 대통령 사이의 합의에 의한 것이었다고 밝힌다. 이를 문구에 넣기에는 한미 양국에 강경파들의 반대라는 부담이 너무 크기 때문에, '북미 대화가 진행 중인 동안에' 한해서 군사연습을 유예하는 구두 성명으로 대체하기로 했다는 것이다.[44] 한미군사연습 연기를 반대하는 입장과 이를 반드시 포함해야 한다는 입장 사이의 중재안을 마련한 셈인데, 어쨌든 북한이 이런 중재안에 동의했다는 것은 간과하기 어려운 성과였다.

한편 검증과 같은 본질적 문제가 남아 있었고, 매티스 국방부장관 등과 같은 군부 인사들을 중심으로 군사연습 중단이 지나친 양보라는 견해가 제기되는 상황에서[45] 트럼프 대통령은 이런 후폭풍을 염두에 둔 듯 예상 외의 강한 메시지를 들려서 폼페이오 국무부장관을 평양으로 재차 보냈다. 폼페이오 장관의 3차 방북이었다.[46] 주지하다시피 1차 회담에서 폼페이오는 장소 문제로 김정은 위원장과 양보없는 논쟁을 벌였던 만큼, 그에 대한 북한 측의 감정이 좋았을 리는 없었던 터다. 이런 상태에서 3차 회담에 나타난 폼페이오 장관이 들고 온 친서는 보기 드물게 구체적이고 강경한 요구안을 담고 있어서 북한 측을 자극했다.

#7. 트럼프 대통령 → 김정은 위원장(2018. 7. 3.)

친애하는 위원장님께,

싱가포르에서의 정상회담은 진정으로 역사적인 이벤트였습니다. 위원장님과 저는 엄청난 일을 해냈습니다. 우리의 공동성명은 양국 관계를 ― 그리고 세계의 안보를 ― 새로운 시대로 인도하기 위한 공통된 결의를 보여 주었습니다.

우리는 싱가포르 정상회담이 역사적 전환점으로 기억될 수 있도록 정상회담 공동성명에 담긴 공약들에 대해 신속히 진전을 이루어야 합니다. 양국이 그 공약들을 이행하기 위한 조치들, 이제까지 취한 적이 없는 조치들을 취하고 있다고 최대한 빨리 발표할 수 있다면 멋질 것입니다.

이를 실현하기 위해, 저는 마이크 폼페이오 국무장관을 평양으로 보내 실질적 진전을 이루기 위한 지시들을 내렸습니다. 첫째, 폼페이오 장관은 전쟁 포로/실종자 유해의 1차 반환에 관한 합의를 최대한 빨리 도출하길 희망합니다.

둘째, 폼페이오 장관은 당신이 싱가포르에서 폐쇄키로 약속했던 미사일 엔진 시험장에 기술 전문가들의 방문을 허용하는 데 동의해 줄 것을 희망합니다. 가장 중요한 사안이기도 한 셋째, 폼페이오 장관은 위원장님과 함께 한반도의 최종적이고 완전히 검증된 비핵화 및 양국 간 보다 평화적인 미래를 향한 첫 번째 주요 조치들에 대해 합의를 도출해 볼 것을 저로부터 지시받았습니다.

우리의 공통된 목표를 향한 진전 소식을 듣길 기대합니다.

#8. 김정은 위원장 → 트럼프 대통령 (2018. 7. 6.)

도널드 트럼프 대통령 각하에게,

24일 전 싱가포르에서 각하와의 뜻깊은 첫 만남과 우리가 함께 서명한 공동성명은 참으로 유의미한 여정의 시작이었습니다. 저는 양국의 관계 개선과 공동성명의 성실한 이행을 위해 대통령 각하가 기울이고 있는 열정적이고 놀라운 노력에 깊은 사의를 표합니다. 조미 간 새로운 미래를 개척하려는 저와 대통령 각하의 강한 의지와 진지한 노력, 독특한 접근법은 분명 결실을 맺게 될 것이라고 굳게 믿고 있습니다. 대통령 각하에 대한 변함없는 믿음과 신뢰가 앞으로 실용적 조치들을 취하는 과정에서 더욱 공고해지기를 바라며, 저는 조미관계 개선의 획기적 진전이 우리의 다음번 만남을 앞당겨 주리라고 확신합니다.

친서는 "전쟁 포로/실종자 유해의 1차 반환에 관한 합의" 외에 "싱가포르에서 폐쇄키로 약속했던 미사일 엔진시험장에 기술 전문가들의 방문을 허용"할 것과 "한반도의 최종적이고 완전히 검증된 비핵화(FFVD) 및 양국 간 보다 평화적인 미래를 향한 첫 번째 주요 조치들에 대해 합의를 도출"하기를 원한다고 쓰고 있었다. 사실상 유해 송환, 동창리 폐쇄에 대한 전문가 참관[47] 그리고 FFVD(최종적이고 완전히 검증된 비핵화)[48]라는 용어에 동의하기를 요구하는 내용이었다. 싱가포르 회담 내내 북한을 괴롭혔던 '검증' 우선 조치, 즉 CVID의 변형된 형태인 FFVD를 북한이 수용하라는 요구는 그들이 참기 어려운 것이었다.

그러나 트럼프 대통령의 친서를 들고 간 폼페이오 장관은 김정은 위원장을 만나지 못했다. 북한 측은 김정은 위원장의 답서를 전해 주었지만, 폼페이오 장관을 사실상 빈손으로 돌려보내 버린 것이다. 다음 날 북한의 외무성은 격앙된 논조로 그 이유를 설명했다.

> 우선 조선정전협정체결 65돐을 계기로 종전선언을 발표할 데 대한 문제, 비핵화조치의 일환으로 ICBM의 생산중단을 물리적으로 확증하기 위하여 대출력발동기시험장을 폐기하는 문제, 미군유골발굴을 위한 실무협상을 조속히 시작하는 데 대한 문제 등 광범위한 행동조치들을 각기 동시적으로 취하는 문제를 토의할 것을 제기하였다. 그러나 **미국 측은 싱가포르 수뇌상봉과 회담의 정신에 배치되게 CVID요, 신고요, 검증이요 하면서 일방적이고 강도적인 비핵화 요구만을 들고 나왔다. 이미 합의된 종전선언 문제까지 이러저러한 조건과 구실을 대면서 멀리 뒤로 미루어 놓으려는 립장을 취하였다**…. 그러나 6일과 7일에 진행된 첫 조미고위급회담에서 나타난 미국 측의 태도와 립장은 실로 유감스럽기 그지없는 것이였다…. 회담 결과는 극히 우려스러운 것이라고 하지 않을 수 없다. 미국 측이 조미수뇌상봉과 회담의 정신에 부합되게 건설적인 방안을 가지고 오리라고 생각했던 우리의 기대와 희망은 어리석다고 말할 정도로 순진한 것이였다.(7월 7일 외무성대변인 성명)

북한 측 주장의 요지는 북미정상회담의 정신에 어긋난 주장, 즉 트럼프 대통령의 뜻과 다른 주장을 하는 국무부장관의 주장을 수용할 수 없다는 것이었다. 폼페이오 장관은 종전선언의 대가로 핵 신고 리스트를 요구했는데, 북한은 이를 빗대 "종전선언을 마치 하사품이라도 되는 듯이" 그것을 줄 테니 핵 신고 리스트를 내놓아라 했다고 폼페이오 장관의 강압적인 태도를 비판했다. 문 대통령 역시 당시 상황에 공감하며,

9·19 정상회담 당시 김정은 위원장이 2018년 7월 폼페이오 장관의 주장을 다루며 "제대로 사귀어 보기도 전에 폭격 타깃을 내놓으라는거냐", "맹수 앞에 포수가 총 한 자루로 생명을 지키고 있는데 총을 내려놓으라는 것 아니냐."라고 반문했다는 사실을 전하고 있다.[49]

이후 북한 측은 종전선언을 체결하는 이벤트를 갖자는 자신들의 요구를 거절하고 '강도 같은 논법'으로 '신고'와 '검증'을 요구한 폼페이오 장관과는 더 이상 협상을 진행할 수 없다는 입장을 확고히 했다.[50] 북한은 종전선언을 '이미 합의된' 것으로 보고 7월 27일 정전협정 65주년을 기념일로 만들고자 준비했지만, 폼페이오 장관의 태도가 녹록지 않았다는 것이다. 북한 측에 하루아침에 강경파로 낙인찍힌 탓에 김정은 위원장과의 면담이 허락되지 않자, 폼페이오 장관의 몽니 역시 만만하지 않았다. 지시사항이었던 엘튼 존의 〈로켓맨〉 CD를 김정은 위원장에게 전달하라는 지시 사항마저 거부하고 돌아와 버렸던 것이다.[51]

이런 실무자들의 긴장감에도 불구하고 당시 싱가포르 회담장에서 양 정상이 창출한 분위기는 사뭇 달랐다. 자신의 '로켓맨' 표현이 칭찬이었다는 사과 아닌 사과에 대해 '로켓맨'은 괜찮으나 '리틀' 로켓맨이 문제였다는 김정은 위원장의 위트 섞인 답변이나, 볼턴이 강경파에서 비둘기파로 돌아섰다는 트럼프 대통령의 농담에 대해 볼턴을 평양으로 초청하겠다고 한 북한 측의 여유에도 드러나듯이, 두 정상이 주고받은 대화는 비핵화의 대가로 북한이 갖게 될 경제 보상을 그린 영상만큼이나 핑크빛이었고 화기애애했다. 트럼프 대통령이 쓴 "긴 여행이었지만 이제 모두 내가 대통령에 취임한 날보다 훨씬 더 안전하게 느껴도 된다. 김정은과의 만남은 흥미롭고 아주 긍정적이었다. 북한은 미래의 성장 잠재력이 아주 큰 국가다."라는 귀국 트윗은 대통령의 만족감을 그대로 드러내 주고 있었다. 폼페이오 장관과의 힘든 '보텀업(Bottom-Up)'식 실무 협상을 경험한 북한이 '톱다운(Top-Down)'만이 해법이라고 얘기하는 이유는 이런 점에 연유하기도 했다.

어쨌든 이런 정상들의 신뢰(?) 때문인 듯 위기를 타개하기 위해 먼저 움직인 것은 북한 측이었다. 북한은 원했던 7월 27일 정전협정 기념일 이벤트가 무위로 돌아갔고 그래서 종전선언이 체결되지 못한 것을 아쉬워하면서도, 30일 "흔들리지 않는 믿음을 갖고 있으며, 그 결과물을 기필코 낳기 위한 노력과 준비를 계속"하자는 친서와 함께 55구의 유해 송환을 시작하였다.

소위 '러브레터'[52]의 하나로 알려진 이 친서에 고무된 트럼프 대통령은 "근사한 편지 감사합니다. 곧 만나길 기대합니다."라는 트윗으로[53] 2차 정상회담에 동의한다는 뜻을 밝혔다. 김정은 위원장의 친서 정치가

#9. 김정은 위원장 → 트럼프 대통령(2018. 7. 30.)

대통령 각하에게,

각하가 첫 정상회담에서 우리가 맺은 훌륭한 관계에 대해 확고한 믿음을 갖고서, 그 역사적인 날에 행한 약속을 지키고자 최선을 다하고 있는 데에 깊은 감사를 표합니다.

각하처럼 강력하고 걸출한 정치인과 좋은 인연을 맺게 되어 기쁘게 생각하지만, **기대했던 종전선언이 없는 것에 대해 아쉬운 감이 있습니다. 종전선언은 양국 간 관계의 발전을 장려하고 세계 평화와 안보를 증진하는 세계사적 사건으로 이른 시일 내 분명 빛을 보게 될 것이라 확신합니다.**

조미관계 개선의 첫 걸음은 싱가포르 정상회담에서 유의미한 방식으로 내딛었으며, 우리의 다음 만남은 조미 양국에 더 큰 기쁨과 만족을 안겨 줄 아름다운 결실을 맺을 것입니다.

저는 각하와의 다음 만남이 더 중요한 결과를 도출할 수 있을 것이라는 흔들리지 않는 믿음을 갖고 있으며, 그 결과물을 기필코 낳기 위한 노력과 준비를 계속할 것입니다.

각하의 건강과, 공직 수행에 있어 더 큰 성공을 기원합니다. 또한 영부인님과 각하의 가족분들에게도 진심 어린 따뜻한 안부 인사를 전합니다.

성공하는 듯했다. 심지어 트럼프 대통령은 내각회의에서 2차 정상회담을 위해 "김정은을 백악관으로 초청하자."라고 제안하기도 했다. 소위 백악관 정상회담론이었다. 볼턴은 '엄청난 재앙'이라는 말로 그때의 충격을 쓰고 있다. 이내 볼턴은 대통령을 달래기 시작했다. 9월 유엔 총회에서 만나는 것이 어떠냐고. 하지만 뉴욕 회담에 대한 대통령의 답은 분명했다. "아니에요. 그때쯤엔 거기서 하는 일이 너무 많잖아요."[54] 당시 대화는 북한의 친서에 대해 트럼프 대통령과 볼턴이 나눈 대화 내용을 볼턴의 회고록에 기술한 것이므로 공식적인 정상회담 논의로 보기는 어려울 수도 있다. 하지만 트럼프 대통령이 백악관 정상회담을 염두에 두고 있었던 것은 사실이었고, 김정은 위원장의 방미 가능성이 신문 지상에 떠돌기 시작한 것도 이 시점이었다.

볼턴이나 폼페이오 장관의 생각은 신중했다. 이들이 작성한 답서 초안에는 폼페이오 장관을 다시 파견해 실무회담을 갖고 정상회담을 논의하자는 메시지가 들어 있었다. 그들은 북한이 원하는 톱다운 방식에 쉽게 굴복하고 싶지 않았다. 그것은 북한에 대한 경계이기도 했지만 트럼프 대통령에 대한 경계이기도 했다.[55] 이 같은 사실을 아는지 모르는지, 트럼프 대통령은 "난 볼턴 당신과 폼페이오의 견해에 동의하지 않아요. 그건 김정은에게 공평하지 않고 그것 때문에 일을 망치는 경우가 생기지 않길 바랍니다."라며 폼페이오 장관을 실무자로 보내자는 제안을 반대했다. 그러나 결국 그들이 주장한 내용을 수용한 트럼프 대통령은 '폼페이오 실무회담 파견안'에 친필 사인을 담은 8월 2일 자 친서를 북측에 보냈다. 이어진 12일의 답서에서 김정은 위원장은 "국무장관의 평양 방문 제의에 전적으로 동의합니다. 저는 각하께서 임명하신 국무장관과 미래 계획에 대해 진지하게 논의할 준비가 되어 있습니다."라며 폼페이오 장관의 방북을 수락했다. 이에 따라, 8월 말 실무회담에 가속도가 붙기 시작했다.

#10. 트럼프 대통령 → 김정은 위원장(2018. 8. 2.)

친애하는 위원장님,

위원장님의 편지에 감사드리는 바, 저를 한국에서 대표하는 탁월한 해리 해리스 대사를 통해 잘 받았습니다. 해리스 대사와 김영철 부위원장 간 면담 내용에 대해 브리핑을 받았고, 그들이 진솔하고 건설적인 대화를 나눈 것으로 이해합니다.

싱가포르에서 역사적인 정상회담을 가진 지 거의 두 달이 됐습니다. 위원장님과 제가 이루어 낸 합의는 훌륭한 것이었고, 우리가 서명한 공동성명 이행에 진전이 있어 기쁩니다.

우리 군인들의 유해 송환 절차에 착수하겠다는 당신의 공약을 지켜 주고, 미래 공동 발굴 작업도 계획해 준 데에 감사드립니다. 이는 중요한 단계였으며, 미국인들에게도 상당한 의미가 있습니다.

이제는 완전한 비핵화를 비롯, 우리가 했던 다른 공약들에 대해서도 진전을 이루어야 할 시점입니다. 이러한 목표를 진전시키고자, 저는 마이크 폼페이오 국무장관이 위원장님을 만나 다음 단계들을 세우도록 다시 평양에 보내고 싶습니다. 위원장님과 제가 서로 편리한 시간에 다시 만나야 한다는 데에 동의합니다. 폼페이오 장관의 평양 방문은 우리의 다음 만남이 또 하나의 위대한 성공이 되는 데 필요한 진전을 이룩하는 것을 보장할 기회가 될 것입니다.

당신의 답변을 곧 듣길 기대합니다. 멜라니아에게 위원장님의 따뜻한 안부 인사를 전하겠습니다. 위원장님의 가족분들께도 제 안부를 전해 주시길 바랍니다.

#11. 김정은 위원장 → 트럼프 대통령(2018. 8. 12.)

(…) 마이크 폼페이오 국무장관의 평양 방문 제의에 전적으로 동의합니다. 저는 각하께서 임명하신 국무장관과 미래 계획에 대해 진지하게 논의할 준비가 되어 있습니다. 우리가 현재 계획하고 있는 일은 더욱 유의미할 것이며, 훌륭한 협상으로 이어져 훌륭한 결과를 낳을 것입니다.

두 달 전 우리의 역사적인 만남이 조미관계의 새로운 시작을 알리는 신호였다면, 각하와의 다음 만남은 안전하고 튼튼한 미래를 구상하기 위한 기회가 될 것입니다. (…)

하지만 바람 잘 날 없는 북미관계가 항상 그랬듯이, 그의 방북을 바로 앞둔 8월 24일(미국 현지 시각) 트럼프 대통령은 폼페이오 장관의 방북을 취소하는 트윗을 발표했다. 전날 받은 편지에서 김영철 부장이 "이번 출장에는 김정은 위원장을 만날 수 없을 것이다. 종전선언을 포함해서 완전히 새로운 제안을 가져오기 전에는 수고롭게 여기까지 올 것 없다."라는 편지를 느닷없이 보내왔기 때문이었다.[56] 북한 내부에서 무슨 일이 있었는지 알 수 없었지만, 우려가 제기되기 시작했다. 이러다가 북미정상회담이 실패로 돌아가고 다시 2017년 당시와 같은, 아니 그보다 더한 '8월의 포성'기가 다시 도래하는 것이 아니냐는 걱정이었다. 한미 군사연습은 중단되었지만, 29일 매티스 국방부장관과 던퍼드 합참의장이 백악관을 비판하는 내용의 기자회견을 하는 것과 같은 일련의 사건이 발생한 것도 이때였다.[57]

당시 김영철 부장의 편지를 받은 미국 팀들 사이에서는 폼페이오의 방북을 강행하자는 주장이 있었다. 폼페이오 장관이 김정은 위원장을 만나지 못하더라도 평양을 가겠다는 의지를 밝혔기 때문이었다. 이번에는 펜스 부통령이 폼페이오 장관을 지지하면서 트럼프 대통령에 맞서고 반박했다.[58] 물론 북한과의 회담 진행 자체를 반대했던 볼턴은 이번에도 어떤 회담이 있어서는 안 된다는 입장을 견지했다. 그는 북한과의 협상 없이 제재 레짐을 통해 북한을 압박하자는 '무시 전략'의 오랜 지지자였기 때문에, 제재 카드로 남북협력과 북중협력을 효과적으로 막는다면 충분히 북한을 굴복시킬 수 있을 것이라고 생각하고 있었다. 그즈음 한미 FTA 비준안을 처리하지 않고 한국을 압박하여 대북 제재 강화를 촉구하는 메시지를 보내거나,[59] 국무부장관이 한국의 통일부장관에게 직접 비공개 통화를 요청해 대북 경제 제재를 충실히 집행할 것을 당부하는 것과 같이 남북협력을 압박하는 이례적 행보를 보인 것도[60] 그런 전략의 일환이었다. 이런 상황에서 대통령이 직접 트윗으로 공개한 회담 폐기 뉴스는 볼턴을 즐겁게 하기에 충분한 것이었다.

이와는 반대로 9월 5일 한국 정부는 북한에 특사를 파견하였다. 정의용 안보실장, 서훈 국정원장, 김상균 국정원 2차장, 천해성 통일부차관, 윤건영 청와대 국정상황실장의 5인으로 구성된 대표단의 방북이었다. 남북 간의 이런 움직임은 남북 스스로 '군사운용의 통제'[61] 어젠다를 실행하기 위한 특단의 조치이기도 했지만, 다른 한편으로 교착상태에 빠진 북미 대화를 복원하기 위한 목적도 있었다. 이에 9월 4일 문재인 대통령은 트럼프 대통령에게 전화를 걸어 특사단의 방북을 설명하면서, "김영철 등과 같은 강경파들의 태도가 무례하지만 김정은 위원장의 대미 관계 개선 의지나 비핵화 의지는 확고하다"며 트럼프 대통령에게 대북 대화 재개를 설득했다.[62] 이 같은 문 대통령의 설득이 주효했던 것인지는 알 수 없지만, 김정은 위원장의 '놀라운' 친서가 상황을 급반전시킨다. 김정은 위원장이 특사 회담 다음 날인 9월 6일 트럼프 대통령에게 획기적인 내용을 담은 친서를 보냈다. 이 친서에는 후일 9·19 회담 당시 문재인 대통령에게도 알리지 않은 내용인 '핵무기 연구소' 폐기 조항을 담고 있을 만큼[63] 트럼프 대통령을 대화로 끌어내기에 충분한 제안이었던 것이다.

#12. 김정은 위원장 → 트럼프 대통령(2018. 9. 6.)

대통령 각하에게,

우선 각하께서 계획하셨던 폼페이오 국무장관의 평양 방문이 취소된 불행한 상황으로 인해 한 순간만이라도 각하의 심기를 상하게 한 데 양해를 구하고자 합니다. 저로서는 **각하의 의중을 충실히 대변할 수 있으리라 생각하기 어려운 폼페이오 장관과** 우리 양측을 갈라놓는 사안에 대해 설전을 벌이기보다는, 탁월한 정치적 감각을 타고난 각하를 직접 만나 비핵화를 포함한 중요 현안들에 관해 심층적으로 의견을 교환함이 더 건설적일 것이라는 생각입니다.

싱가포르 정상회담에서 서명한 역사적인 공동성명을 성실히 이행하겠다는 제 결의에는 변함이 없으며, 우리가 앞서 취한 조치들에 더하여 **핵무기 연구소나 위성 발사장의 전면 가동 중단, 핵물질 생산시설의 불가역적 폐쇄 등 유의미한 조치들을 계속 취할 동력을 유지하기 위해서는**, 우리가 기울이는 노력이 결코 헛되지 않았음을 증명해 줄 우리 주변 환경의 변화를, 약간만이라도, 느낄 필요가 있습니다.

80여 일 전 센토사섬에서 **단계적, 동시적 행동이라는 원칙하**(on the principle of phased, synchronized actions) 비핵화 문제를 해결하기 위해서는 우리 양국의 불행한 과거사를 종식하고, 아직 그 누구도 한 적이 없는 양국의 밝은 미래를 열기 위해 함께 노력해야 할 필요성에 대해 대통령 각하와 나눴던 대화를 아직도 생생하게 기억하고 있습니다. 우리의 선의와 진지한 노력들이 제대로 평가받고 미국이 단계적 방식으로 보다 실질적인 조치와 행동들을 취한다면, 전 세계적 주목 대상인 비핵화 문제에 중대한 진전을 이룩할 것입니다.

각하께서 이미 공개적으로 거론한 2차 조미정상회담 구상을 전적으로 지지하며, 대통령 각하께서 편리하신 시간 언제든지 기꺼이 만날 것입니다. 오히려 각하께서 이에 대해 어떻게 생각하시는지 궁금하며, 긍정적인 답변을 진심으로 기대합니다.

각하처럼 강력하고 걸출한 미합중국 대통령과 훌륭한 관계를 맺은 데 대해 항상 기쁘게 생각하며 이를 소중히 여기고 있습니다. 각하에 대한 이 믿음은 결코 변치 않을 것입니다. 우리가 올해 모든 이들의 상상을 뛰어넘어 이룩한 여러 기적적인 변화들이 각하와 저 사이에 존재하는 훌륭한 관계를 토대로 미래에도 더 많이 잇따를 것으로 굳게 확신합니다.

대통령 각하의 건강과 함께, 수행하는 모든 중요한 업무에 있어 더 큰 성공을 기원합니다. 영부인님과 다른 가족분들께도 따뜻한 안부 인사를 전합니다.

이 9월 6일 친서는 어떤 점에서 놀랍고 획기적인 것이었을까? 가장 재밌는 것은 이 친서에서 김정은 위원장은 대놓고 폼페이오 장관을 비난했다는 것이다. "각하의 의중을 충실히 대변할 수 있으리라 생각하기 어려운 폼페이오 장관과 우리 양측을 갈라놓는 사안에 대해 '설전을 벌이기'보다는 직접 대통령을 만나서 해결하자."라는 톱다운 방식에 대한 강조였다. 둘째는 CVID 논란으로 북한이 사용하기를 꺼려하던 '불가역적' 폐쇄라는 단어를 사용했다는 점이다. 셋째는 '핵무기 연구소'를 언급해 미래 핵 폐기를 선언한 외에도 특히 하노이 회담의 쟁점이 될 '영변' 시설을 언급하고 있었다. 앞서 본 핵무기 연구소는 물론 중요하지만, 이후 하노이 회담의 최대 쟁점이 될 과거(플루토늄 시설) 및 현재(고농축우라늄 시설) 핵인 영변 시설을 폐쇄한다는 표현 역시 획기적인 것이었다. 마지막으로는 이를 위해 2차 정상회담을 조기에 개최하자는 제안이었다.

이 네 가지 제안을 받은 미국 팀은 9월 10일 트럼프 대통령에게 이 친서를 전달했고, 그 내용에 흥분한 대통령은 '정말 멋진 편지'라는 감탄을 연발하며 "그 느끼한 내용을 끝도 없이 읽었다."라는 것이다.[64] 대통령은 정상회담을 9월 말경에 개최하자고 했던 듯하고, 볼턴은 폼페이오 장관과의 실무회담이 먼저라고 맞섰다. 결국 트럼프 대통령은 "중간 선거(11월 6일)가 끝난 바로 다음 주에 그 회담을 했으면 한다."라고 하여 시점을 11월로 양보했다는 것이다. 볼턴은 자신은 5주의 유예 기간을 얻었다는 점에서 기뻤지만,[65] 폼페이오 장관은 좌절했다고 이 당시 상황에 대해 쓰고 있다. 아마도 폼페이오 장관과 대통령 사이를 이간질한 북한의 친서에 트럼프 대통령이 보인 반응 때문이지 않았을까?[66]

요컨대 싱가포르 회담을 전후해서 확고해진 것은 '선-실무회담, 후-정상회담'론을 둘러싼 '톱다운' 대 '보텀업' 방식 간의 논란이었다. 미국 측은 현재도 마찬가지지만 '보텀업', 즉 실무회담에서 의제를 확인한 후에 고위급회담을 해야 한다는 입장이다. 그리고 그것은 너무나 일반적인 외교 관행이라는 점에서 의심과 논란의 여지가 없다. 하지만 북한은 몇 번의 고위급 실무회담을 거친 후에 정상 간의 직접 회담, 즉 '담판'에 의해서만 합의가 가능하다는 톱다운식 입장을 더욱 고수하고 있었다. 물론 김영철 부장마저도 재량권 없이 특사 활동을 했다는 점을 감안하면, 그것은 북한의 의사결정 과정의 특징이기도 하다.

하지만 폼페이오 장관의 4차례 방북 과정에서 벌어진 장소 논란 등이나 싱가포르 및 하노이 회담 당시 실무진 간 이루어진 합의안 예를 들면, 싱가포르 합의 초안이었던 '6p.m. text'나 하노이 회담에서의 비건 초안이 뒤집어진 경험에서 알 수 있듯이, 북한이 느낀 실무회담에 대한 거부감은 적지 않았다. 북한과 달리 고위급 실무자가 재량권을 갖고 있는 미국 외교의 특성을 이해하지 못한 북한은 실무회담 논의를 시간 끌기로만 받아들여 적대감만 키우고 있었던 것이다.

물론 미국 역시 실무회담 논의를 스스로 뒤집어 북한에게 비난받는 상황을 초래한 점을 부인하기는 어렵다. 볼턴이 회고록에서 아예 노골적으로 쓰듯이 "정상회담을 막기 위한 시간 끌기용으로 폼페이오 방북을 주장했다."라고 실토하는 장면은 볼턴의 민낯을 보여 주는 장면이어서 실무회담 우선론에 대한 북한의 의구심에 기름을 붓는 격이 되었다.[67] 결과적으로 북한의 이 같은 경험과 볼턴의 실토를 감안할 때, 북한의 톱다운식 회담에 대한 선호는 앞으로도 변치 않을 것으로 보인다.

5 2차 북미정상회담으로의 험로와 남북관계 속도조절론의 부상[68]

다시 가동된 2차 정상회담 논의는 폼페이오 장관의 4차 방북으로 제 궤도에 오르는 듯했다. 9월 4일 문 대통령과 트럼프 대통령의 통화가 북미 간의 대화를 이어 주는 역할을 했고, 뒤이은 문재인 대통령과 김정은 위원장의 9·19 남북정상회담이 트럼프 대통령의 협상 의지를 더욱 높였다. 9·19 군사합의서가 채택되고 영변 폐기 논의가 전해지는 등 상황이 급진전되는 가운데 폼페이오 장관의 4차 방북이 이루어졌다.

이때 폼페이오의 4차 방북 직전, 김정은 위원장이 보낸 2018년 9월 21일 자 친서에는 해석하기 어려운 특이한 구절이 있다. "향후 한국의 문재인 대통령이 아니라, 각하와 직접 한반도 비핵화 문제를 논의하길 희망하며, 지금 문 대통령이 우리의 문제에 대해 표출하고 있는 과도한 관심은 불필요하다고 생각합니다." 문재인 대통령은 한국 정부가 중재자로서 역할하고 있었다는 생각이 강했고 고비마다 자신의 중재가 미국을 움직여 북미회담의 동력을 창출해 왔다는 강한 자부심을 갖고 있었다. 실제 문 대통령의 직간접적 중재가 북미관계를 매끄럽게 이어 주는 역할을 하고 있었다는 주장은 과언이 아니었다.

그러나 이 9월 21일 친서가 담고 있는 진실은 뒤늦게 이 친서의 내용을 알게 되었을 문재인 대통령에게도 충격이었던 것으로 보인다. 문

#13. 김정은 위원장 → 트럼프 대통령(2018. 9. 21.)

대통령 각하에게,
가까운 미래에 우리가 다시 만나는 것이 우리 양국 간 불신을 제거하고 신뢰를 구축하며 한반도 비핵화 문제에 큰 진전을 이룩하는 데에 매우 유용할 것임을 인정합니다. 각하께서 이에 대해 어떻게 생각하고 있을지 확신할 수 없지만, 우리가 다시 만났을 때 각자의 입장을 서로 확인하고 결실을 맺게 될 합의에 확실히 이를 수 있다고 자신합니다. 각하와의 다음 만남에서 매우 좋은 결과가 도출될 것이라는 느낌이 들며, 그렇게 되도록 열심히 노력할 것입니다.

저는 향후 한국의 문재인 대통령이 아니라, 각하와 직접 한반도 비핵화 문제를 논의하길 희망하며, 지금 문 대통령이 우리의 문제에 대해 표출하고 있는 과도한 관심은 불필요하다고 생각합니다. 각하께서도 저와 동의하신다면, 이른 시일 내 폼페이오를 평양으로 다시 보내 주시길 바랍니다. 저는 각하로부터 권한을 위임받은 사람을 만나, 우리가 만날 시간과 장소를 포함하여, 앞으로의 단계들을 논의하고 계획할 것입니다.

일전의 편지에서도 썼듯이, 우리 양국 관계의 현 실태와 전망에 대해서는 물론, 비핵화 문제를 미래에 해결하려는 우리의 구상에 대해 많은 이들이 회의적이지만, 각하에 대한 제 믿음과 존경은 절대 변치 않을 것입니다. 저는, 각하와 함께, 그들이 틀렸음을 기필코 증명할 것입니다. 우리의 훌륭한 관계는 우리가 미래에 성취할 훌륭한 업적들의 토대가 될 것이며, 이 같은 믿음은 우리의 모든 성공적 작업의 원동력이 될 것입니다.

대통령 각하께서 하시는 중요한 업무에 있어 큰 성공을 진심으로 기원합니다. 영부인님께도 따뜻한 안부 인사를 전합니다.

대통령도 회고록에서 "그때까지만 해도 북미 양국 모두에 중재자로서 인정받은 거죠."[69]라고 표현해, 그해 9월 이후부터는 한국의 역할에 대한 인식이 달라졌음을 시인하고 있기 때문이다. 문 대통령은 이런 변화를 북한에서도 찾았지만,[70] 또한 미국에서도 그 원인을 찾고 있었다.

문 대통령은 "미국으로부터 북미관계 속도에 남북관계 속도를 맞춰달라는 요구를 받았다."라는 말을 4차 남북정상회담(답방)을 위한 남북실무접촉 과정에서 북 측 대표가 우리 대표에게 들려주었다는 보고를 받았다고 쓰고 있다. 9·19 남북공동선언 당시 문 대통령은 4차 남북정상회담, 즉 김 위원장의 답방을 강력히 요청했고, 김 위원장은 이른 시일 내에 답방한다고 동의해 사실상 '12월 10일에서 15일 사이' 답방 시기까지 합의된 상태였다.[71] 이 답방을 실현시키기 위해 최선의 아이디어와 최대의 준비를 진행 중이었던 문 대통령은 이전부터 한국이 통일 어젠다를 내세워 비핵화 어젠다를 앞서 가는 중이라는 의심을 하고 있던 미국 팀들의 견제구에 부딪혔던 것이다. 당시 문 대통령은 제주도, 워커힐, 무박 답방 안 등 다양한 아이디어를 동원해 김정은 위원장의 답방을 추진했지만, 북한 측은 정치국 회의에서 만장일치 결의로 김 위원장의 답방 반대 결의를 통과시켜 버렸다.[72] 이로써 더 이상 남북관계를 진척시키기는 어려워졌고 결과적으로 김정은 위원장의 답방은 무산되어 버렸다.

문재인 대통령은 이 당시 북한의 답방 포기 과정에 미국의 영향력이 미친 것이 아닌가라고 추론하고 있다. 문재인 대통령이 미국에 대해서 갖는 의구심은 2019년 판문점 회동 당시에서도 제기되었다. 뒤에서 다시 다루겠지만 당시 판문점에서 문 대통령이 3자 회동을 요구했지만, 미국 측은 한사코 "북한 측이 3자 회동을 반대한다."라고 하면서 문 대통령의 참여를 거부했다는 것이다.[73] 이런 북한의 요구를 이해할 수도, 그리고 수용할 수도 없었던 문 대통령이 트럼프 대통령을 직접 설득하여 북미 양자 회동을 중심으로 하는 것을 수용하되 문 대통령이 양자의 첫 만남을 중재하는 데까지는 동행하겠다는 점을 설득하여 어렵게 양해를 얻어 내었다. 하지만 실제 김정은 위원장을 현장에서 직접 만난 이후 북한이 문 대통령을 만나기를 꺼려한다는 데 대한 미국 측의 설명에 대해 문 대통령의 판단은 달랐다. "북한에서는 우리가 같이 가는 것에 아무런 거부감이 없었고, 오히려 더 좋겠다는 입장이었어요. 그런데 미국 측에서는 내가 가는 걸 꺼리는 것 같은 모습을 보였어요. 그런데 그렇다고 말하지 않고 북한 핑계를 댔어요. 북한이 내가 가는 것을 원하지 않는 것 같다는 거예요. 김 위원장과 일대일 회동을 바라는 미국 측 속셈이 느껴졌어요. 그러나 그것은 있을 수 없는 일이죠. 우리 땅에 북한 지도자가 내려오는데 한국 대통령이 그 자리에 가지 않는다는 것은 있을 수 없는 일이라고 내가 단호하게 트럼프 대통령에게 말했어요…. 계단을 올라가는데 김정은 위원장이 나에 대해서 매우 고마워하는 표시로 내 손을 꼭 잡았어요. 김 위원장도 그런 순간을 고대했을 테지요."[74]라고 말하는 문 대통령의 김정은 위원장에 대한 애정을 '합리성'의 잣대로만 판단하기에는 어려운 문제일 것이다.

2022년 1월 24일 뒤늦게 발간된 회고록에서 폼페이오 전 장관은 사실 북한뿐만 아니라 미국 측도 문재인 대통령의 참여를 내심 반대했다고 기술하고 있어,[75] 문재인 대통령이 당시 느낀 '미국 측 속셈'이 틀린 것만은 아니었음이 분명해졌다. 문재인 대통령은 자신이 가장 좋아하는 사진 중의 하나로, 트럼프 대통령을 중간에 두고 남북 정상이 한국어로 유쾌한 대화를 진행하는 가운데 트럼프 대통령이 양쪽을 의심하는 표정을 짓고 있는 사진을 거론하곤 한다. 이 장면에서 문 대통령이 느낀 쾌감을 이해하기는 어렵지 않다. 김정은 위원장의 그 미소가 문 대통령과 같은 공감대를 갖고 있었는지, 더 복잡한 속내가 들어 있었는지는 알 수 없지만, 어쨌든 중재자는 때로는 모두로부터 신뢰를 받지만 때로는 모두로부터 불신의 대상이 되는 위기의 순간도 겪게 된다는 것은 숙명적이었다. 결과만으로 중재자의 역할을 판단하는 것은 무리라는 뜻이다.

다시 북미회담으로 돌아오면, 2018년 10월 7일 폼페이오 장관의 평양 방문이 예정된 상황에서, 10월 2일 북한은 『조선중앙통신』을 통해 공식적으로 '종전선언을 접고' 제재 해제 논의에 들어갈 것을 제안한다.[76] "종전은 결코 누가 누구에게 주는 선사품이 아니며 우리의 비핵화 조치와 바꾸어 먹을 수 있는 흥정물은 더더욱 아니다…. 미국이 종전을 바라지 않는다면 우리도 구태여 이에 연연하지 않을 것"이라며 "반세기 전에 해결되었어야 할" 종전선언을 무기로 거래하자는 것은 '강도 논법'이나 다름없다는 비판이었다.[77]

느닷없이 북한이 종전선언 논의를 더 이상 진행하지 않겠다는 의지를 밝혔기 때문에, 그것을 무기로 북한에 신고와 검증 문제를 얻어 내겠다는 계산을 해온 미국 팀들의 전략은 적잖게 흔들렸다. 이런 상황 탓인지는 알 수 없지만 폼페이오 장관의 실무 방문은 실질적인(substantive) 토의를 이끌어 내기 어려웠고, 그는 이번에도 결국 성과를 내지 못하고 귀국했다. 예정 시간과 장소 어느 것 하나 확정 짓지 못하고 폼페이오 장관의 마지막 평양 방문이 끝난 것이다. 트럼프 대통령이 원했던 11월 6일의 중간 선거 다음 주에 2차 북미정상회담을 갖자는 계획은 논의조차 되지 못했던 것으로 보인다. 겨우 11월 8일 김영철 특사의 방미 일정이 합의되었지만 우여곡절 끝에 이마저도 취소됨으로써,[78] 결국 북미회담은 갈 길을 잃게 된 것이다. 오로지 볼턴만이 "다행히도 김정은의 방문이 취소되었다. 문재인과 김정은의 회담이 열릴 가능성도 완전히 사라졌다. 빨라야 2019년이 되어야 가능할 것으로 보였다."[79]라며 대만족감을 표하는 웃지 못할 상황이 도래한 것이다.

어쨌든 이 시기를 즈음해 북한은 두 가지 점에서 새로운 전략적 판단을 내리기 시작한 것으로 보였다. 첫째, 북한은 미국이 주장하는 선 실무회담론을 시간 끌기로 판단했다는 점이다. 사실상 톱다운 방침을 고집하기 시작한 계기이기도 했다. 이미 4월과 5월 폼페이오 장관과의 평양 실무회담에서 장소 문제로 홍역을 치른 북한은, 9월 6일 친서에서 썼듯이 폼페이오 장관이 트럼프 대통령의 뜻을 제대로 전하고 있지 않다는 생각을 가졌던 것으로 보인다. 심지어 싱가포르에서는 실무회담에서 합의된 초안(6p.m. text)이 이유 없이[80] 교체되는 경험을 겪기도 했으므로 이 같은 생각은 더욱 깊어졌다. 이에 더해 7월 6일의 세 번째 실무회담에서 폼페이오 장관의 요구안, 즉 종전선언의 대가로 신고 리스트를 먼저 작성하라는 협상안은 싱가포르 당시 북한이 느꼈던 트럼프 대통령과의 회담 분위기와는 너무 거리가 먼 것이어서, 더더욱 실무회담에 대한 북한의 회의감은 깊어졌다. 한동안 통전부에 밀려 있던 최선희, 권정근 등 외무성 관리들의 목소리가 다시 높아지기 시작한 것도 이때쯤이었다. 싱가포르 회담 당시 미국과의 (실무) 대화가 의미 없다는 강경파가 북한에도 있다는[81] 김정은 위원장의 설명이 결코 허언이 아니었음도 분명해지고 있었다.

둘째, 북한은 9월 6일 친서를 보낼 즈음 이미 영변 핵시설 해체를 중심으로 한 새로운 협상 단계로의 전환을 염두에 뒀던 것이 분명하다. 북한은 영변 해체안을 들고 미국과의 비핵화 협상을 본격화하고자 했고, 실제 9월 19일 남북정상회담에서도 영변 해체안을 공식화한 이상 종전선언이 아니라 이보다 한 걸음 나아간 다음 단계로 국면을 전환시킬 때라는 의도를 드러내기 시작했다. 논란이 되어 온 '신고'를 조건으로 '종이짝에 불과한' 종전선언을 얻어 내는 소모적 단계에 머무를 것이 아니라 이를 건너뛰고, "우리 핵 계획의 심장부와도 같은 핵심시설"인 영변과 거래할 수 있는 대상을 제시하기로 작정한 것이다. 즉 영변 해체(비핵화)를 논의의 중심으로 하고 그 대가를 청구하는 단계로 국면을 전환시키자는 전략이었고, 이것은 싱가포르에서 김정은 위원장이 트럼프 대통령에게 "다음 단계는 제재 해제냐?"라고 물어본 것을 실행에 옮긴 것이기도 했다.

하노이 회담 당시 북한이 제재 해제론을 제기한 것에 대해서 일부 논자들은 북한이 경제난을 실토한 것이라는 등의 해석이 있었지만, 이미 싱가포르 회담에서 북한은 미국 측에 다음 단계 수순을 제재 해제 논의라고 제시하였으므로 하노이 전략은 이에 따른 수순일 뿐이었다. '쌍중단'을 이루었고, 따라서 '쌍궤병행'의 입구에 들어갔다고 생각한 북한은 영변 해체 단계에 상당한 보상을 무엇으로 설정할 것인가를 논의한 끝에 이를 목표로 뛰기 시작한 것이었다. 1차 북미회담의 의제였던 '비핵화 대 군사연습 중단'에 성공했지만, 평화협정의 전 단계로서의 종전선언안에 미국이 생각보다 많은 대가를 요구하자, 미국이 요구하는 검증과 신고에 걸맞은 대가를 받아 내기로 작정한 것이다. 그것이 바로 '비핵화 대 제재 해제' 단계[82]라는 북한식 셈법이었고, 그 내용은 '영변 해체와 이에 상응한 민생 부문 제재 해제'안이었던 것이다.

주

1 이 파트는 다음의 글을 수정 보완한 것이다. 이정철, 2018, 「흔들리는 판문점 그리고 평화로의 병진」, 『창작과 비평』 180호.

2 정부가 바뀌자 당시 USB를 전달한 것이 국제 제재 위반이라느니 무슨 거래였다느니 하여 수사 대상이 되었다고 한다.

3 『한겨레신문』, 2018년 4월 13일. 그리고 맥스선더 훈련에 대한 북한의 문제 제기도 동일한 의미를 담고 있다.

4 볼턴 회고록, 125쪽.

5 마라라고나 하와이 이야기는 문재인 대통령의 회고록에 나오는 내용이고(문재인 회고록, 119쪽), 볼턴은 제네바와 싱가포르에 대해서만 언급하고 있다.

6 문재인 회고록, 246-249쪽.

7 한국 측에서 미국에 판문점 외에 인천의 모 골프장을 회담장으로 제안하기도 했다는 후문이다. 문재인 회고록, 248쪽.

8 문재인 회고록, 123쪽.

9 볼턴 회고록(PDF 영문 버전), 78-79쪽.

10 볼턴은 트럼프 행정부 들어 국무장관직 두 번, 국가안보보좌관직 두 번의 면접을 거쳤으나 모두 떨어졌고 2018년 4월 9일 마침내 맥매스터의 후임으로 공직에 임명된다. 볼턴 회고록, 8-64쪽.

11 이우탁, 「2002년 여름, 볼턴은 왜 서울에 왔을까」, 『연합뉴스』, 2020년 7월 2일. https://www.yna.co.kr/view/AKR20200702149600504(검색일: 2024년 11월 13일).

12 볼턴 회고록, 145-149쪽.

13 10·4 남북공동선언(2007) 제4항. "남과 북은 현 정전체제를 종식시키고 항구적인 평화체제를 구축해 나가야 한다는 데 인식을 같이하고 직접 관련된 3자 또는 4자 정상들이 한반도 지역에서 만나 종전을 선언하는 문제를 추진하기 위해 협력해 나가기로 하였다."

14 문재인 회고록, 166쪽.

15 볼턴은 문재인 대통령이 김정은 위원장에게 1년 안에 비핵화를 하라고 요청했는데 김정은 위원장이 이에 동의했다면서 자신의 생각도 비슷했다고 쓰고 있다. 볼턴 회고록, 128쪽.

16 법적으로 유의미한 종전선언이라면 ① 교전상태 종료뿐만 아니라 ② 미래의 군사적 사용에 의한 적대행위 금지 ③ 종전 효력 발생 일시 ④ 종전 관리기구 설치 등의 내용을 포함해야 하나, 정치적 선언이라는 의미는 그중의 일부가 빠져 있다는 의미로도 해

석 가능하다.

17 「북한 체제보장·비핵화 시간표 오늘 최종 결론」, KBS 뉴스, 2018년 6월 11일. https://news.kbs.co.kr/mobile/news/view2.do?ncd=3662699(검색일: 2024년 11월 14일). 이 기사는 사실 싱가포르 현지에서 앤드루 김 CIA 코리아미션센터장의 백브리핑 내용을 기사화한 것이다.

18 유엔사의 주요 기능은 정전협정 제반 조항 이행과 준수, 한반도 유사시 다국적 전력 제공, 유엔사 후방기지 유지 및 관리이다. 따라서 유엔사는 후방 기지, 즉 일본에 주둔 중인 주일미군 기지의 존립 근거 조항이 되기도 한다는 점에서 유엔사 해체 여부는 일본의 입장을 매우 민감하게 만드는 사안이었다. 요컨대 일본 내 유엔사 후방 기지 7개소(본토 4, 오키나와 3)가 주일미군사령부 기지 겸 전시 유엔사 지원 후방기지로 활용되고 있다는 점에서, 유엔사는 주일미군과 주한미군을 통합하여 역내 안보 위협에 대처하는 통합자 역할을 지향하게 되어 있었기 때문이다.

19 문재인, 2018년 9월 20일 남북정상회담 대국민보고.

20 문재인, 2018년 9월 26일 Fox News 인터뷰.

21 물론 중국이 한국전쟁의 당사자였는가에 대해서는 이론이 있다.

22 "Negotiations with the North continued through the day, purportedly reaching near-agreement. I reviewed what was marked as the "six p.m. text" shortly thereafter with a group of State, Defense and NSC officials. I told them flatly I would not recommend Trump sign it. Pompeo and other State people then arrived, and we met in the Withe House staff area to discuss the text. I explained again why I wouldn't sign it, even fi all the language still in dispute were resolved favorably to the US, which was unlikely. North Korea was refusing to agree to complete, verifiable, and irreversible denuclearization, even though they had repeatedly done so before. They weren't rejecting just "magic words" but the entire concept, which rendered the whole summit meaningless to me." John Bolton, 2020, op. cit., p. 100.

23 "I said we shouldn't agree to any language about the end of the war without getting something concrete in return." John Bolton, 2020, ibid., p. 102.

24 "우리는 한동안 결론 없는 논쟁을 벌인 후에 우리가 생각하는 비핵화의 개념과 대북 제재결의 1718호(북한이 핵무기 실험이나 탄도미사일 발사를 하지 못하게 요구하는 것)에 대한 언급을 여기에 포함시키고, 납치된 일본인 문제에 대한 새로운 단락들을 추가하고, 한국전쟁에서 전사한 미군의 유해 송환을 약속하는 조항을 넣자는 데 동의했다." 볼턴 회고록, 164쪽. "After going back and forth for a while, we agreed we would insist on including refereces to our notion of denuclearization and Security Council Revolution 1718 (requiring North Korea ot to conduct nuclear tests or ballistic-missile launches), adding new paragraphs on the Japaneses-abductee issue, and pledging the return of US Korean War remains." Bolton, John, 2020, ibid., p. 100.

25 사실 아베 전 총리가 문재인 대통령에게도 이런 요청을 하였다고 한다. 4·27을 하루 앞둔 전화통화에서 아베 전 총리는 납치자 문제를 해결해 달라는 자신의 요청을 전해 달라고 했고, 문 대통령은 당일 회담 과정에서 이런 일본의 요구를 전달했다고 한다.

하지만 이에 대한 김정은 위원장의 반응은 분명했다고 쓰고 있다. "일본이 왜 자기들에게 직접 말하지 않고 문 대통령을 통해서 말하는지 모르겠다는 반응을 보여서" 아베 총리에게 그 말을 전해주었다고 한다. 문재인 회고록, 161쪽.

26 문재인 회고록, 282쪽.

27 회고록에서 문 대통령은 양자 종전선언도 수용하겠다는 입장이었다고 말하고 있다. 문재인 회고록, 242쪽.

28 시점은 2021년 하반기의 상황이지만 종전선언 논의의 연속성 차원에서 여기에 배치하였다.

29 문 대통령은 "한미동맹을 안보동맹을 넘어 포괄동맹으로 발전시켰고, 가치동맹과 글로벌동맹의 차원으로 끌어올렸다"며 최고의 정상회담이었다고 자찬하고 있다.

30 문재인 회고록, 353쪽.

31 「김여정 부부장 공정성, 호상존중 이루어지면 북남소통 이루어질 것」, 『조선중앙통신』, 2021년 9월 25일. http://www.kcna.co.jp/calendar/2021/09/09-25/2021-0925-019.html(검색일: 2025년 1월 27일).

32 「김정은 총비서 국방발전전람회에서 하신 김정은 동지의 기념연설」, 『조선중앙통신』, 2021년 10월 11일(검색일: 2025년 1월 27일).

33 「조선로동당 제8차대회에서 하신 김정은위원장의 보고에 대하여」, 『조선중앙통신』, 2021년 1월 9일. http://www.kcna.co.jp/calendar/2021/01/01-09/2021-0109-001.html(검색일: 2025년 1월 27일).

34 김환용, 「미 설리번 보좌관, 대북 접근법 한국과 이견 언급… 전문가들 "종전선언 과도한 기대 제동"」, 『VOA』, 2021년 10월 27일. https://www.voakorea.com/a/6287353.html(검색일: 2024년 11월 15일).

35 김남석, 「설리번 "정확한 순서" 첫 언급… '종전선언 입구론' 사실상 거부」, 『문화일보』, 2021년 10월 27일. https://www.munhwa.com/news/view.html?no=2021102701070803012001(검색일: 2025년 1월 27일).

36 2024년 10월 25일, 설리번 보좌관의 부정적 인터뷰가 나간 후 종전선언의 모멘텀을 살리기 위해 문 대통령은 한미 정상 간 대화를 통해 논의를 이어가고 싶었던 것으로 보인다. 2021년 10월 31일 G20 정상회의가 로마에서 열렸던 당일, 문재인 대통령과 바이든 대통령만 당시 트레비 분수 정상 촬영에 불참하는 일이 발생한다. 아마도 이 시간에 한미 정상 간 종전선언 논의가 진행되었던 것이 아닌가라는 의구심이 퍼져나갔다. 이후 11월 한 달간 한미 간 논의가 다시 진행되는 듯했지만 결국 12월에 들어서면서 미국은 종전선언 문제에 대해 이런저런 이유를 달며 부정적 입장을 확고히 한 것으로 판단된다.

37 신진우, 「韓美, 종전선언문에 '유엔사 해체 않고 정전체제 유지' 담기로 가닥」, 『동아일보』, 2021년 11월 23일. https://www.donga.com/news/Politics/article/all/20211123/110406263/1(검색일: 2024년 11월 23일).

38 「위대한 우리 국가의 부강발전과 우리 인민의 복리를 위하여 더욱 힘차게 싸워나가자 조선로동당 중앙위원회 제8기 제4차전원회의에 관한 보도」, 『조선중앙통신』, 2022년 1월 1일.

39 「조선로동당 중앙위원회 제8기 제6차 정치국회의 진행」, 『조선중앙통신』, 2022년 1월 20일.

40 김지영, 「정치국회의에서의 결정, 국면이 바뀌는 조미대결」, 『조선신보』, 2022년 1월 22일. 『조선신보』는 바로 1주일 전까지 "주적은 전쟁 그 자체"라며 주적론 폐기를 반복하고 있었다. 「《조선의 수석=선생 그 자체》를 억제하는 힘-최종시험발사가 성공적으로 진행된 극초음속미사일 체계」, 『조선신보』, 2022년 1월 12일(검색일: 2025년 1월 27일).

41 김지영, 「우리 국가제일주의시대의 국방력 발전계획」, 『조선신보』, 2022년 2월 2일.

42 김지영, 「우리 국가제일주의시대의 국방력 발전계획」, 『조선신보』, 2022년 2월 2일.

43 "그의 장군들을 무시한 채 미국과 북한이 선의를 가지고 협상하는 동안에는 그 어떤 군사훈련도 없을 것이라고 그 자리에서 결정"하였다고 볼턴 회고록은 기술하고 있다. 볼턴 회고록, 164-170쪽.

44 문재인 회고록, 249쪽.

45 볼턴 회고록, 183쪽. 볼턴은 매티스 장관이 "재앙과 같은 기자회견을 열었다"며 그 실질적인 내용은 "국방부와 트럼프 사이에 이견이 있다는 사실을 나타내고 있었다"라고 쓰고 있다.

46 2018년 초기 미국은 북한과의 협상에서 CIA-통전부 라인과 국무부-외무성 라인을 동시에 가동한 것으로 보이고, 후자의 경우 스웨덴에서 외무성의 리수용(최선희) 등과 1.5 트랙 회의를 진행하는 등 북한과의 관여 정책을 주장하며 움직였던 것으로 보인다. 트럼프는 이후 2018년 3월 틸러슨을 전격 해임하고, 폼페이오를 국무장관으로 이전시켜 국무부가 북한의 통전부와 외무성을 동시에 관리하는 형태로 전환하게 되었다. 결과적으로 폼페이오의 첫 방북(2018. 3. 31.)은 CIA 국장 자격이자 국무장관으로 내정자 상태였다.

47 풍계리 핵실험장 폐쇄 당시 북한이 전문가 없이 언론인에게만 현장을 공개한 것에 대해 쏟아졌던 비난을 염두에 둔다면 동창리 엔진시험장의 전문가 참관 없는 폐쇄 조치는 미국이 수용하기 어려운 조치였다.

48 싱가포르 회담의 결과 북미 간의 공식적인 표현은 완전한 비핵화(CD)로 명기되었으나 미국 측은 이후 CVID 대신 FFVD라는 용어를 사용했다.

49 문재인 회고록, 282쪽.

50 그럼에도 불구하고 유해 송환 실무회담은 순조롭게 진행되고 있었다.

51 볼턴 회고록, 177쪽.

52 '러브레터'라는 명칭은 트럼프 대통령이 아베 수상에게 김정은 위원장 친서들을 보여주고 좋아했다는 점에서 따온 별칭이다.

53 "Thank you to Chairman Kim Jong Un for keeping your word & starting the process of sending home the remains of our great and beloved missing fallen! I am not at all surprised that you took this kind action. Also, thank you for your nice letter - I look forward to seeing you soon!" 2018년 8월 2일 트윗. https://x.com/realDonaldTrump/status/1024879317577285633?ref_src=twsrc%5Etfw%7Ctwcamp%5Etweetembed%7Ctwterm%5E1024879317577285633%7Ctwgr%5E41de3f9203b7d553507e7a7

97eaca7bb9254456a%7Ctwcon%5Es1_&ref_url=https%3A%2F%2Fwww.voanews.com%2Fa%2Ftrump-receives-letter-from-north-korea-s-kim%2F4510750.html(검색일: 2025년 1월 27일).

54 "Kim sent Trump one of his famous "love letters" at the beginning of August, criticizing the lack of progress since Singapore and suggesting the two of them get together again soon. Pompeo and I agreed such a meeting need to be avoided at any cost, and certainly not before the November election. … We also agreed the best response to the letter was to say Pompeo was ready to return to Pyongyang at any time. When I showed Trump Kim Jong Un's letter and explained our recommendation, however, Trump said immediately, "I should meet with Kim Jong Un. We should invite him to the White House." This was a potential disaster of enormous magnitude." John Bolton, 2020, op. cit., p. 111. "김은 8월 초에 그 유명한 '러브레터' 중 하나를 보내서 싱가포르 회담 후에 별 성과가 없는 점을 비판하고 둘이 곧 만나자고 제안했다. 폼페이오와 나는 그런 만남은 어떤 대가를 치르고라도 피할 필요가 있다는 점에 동의했다. 무엇보다 11월 선거 전에는 그럴 수 없었다. (…) 우리는 또한 그 편지에 대한 최선의 대응으로 폼페이오가 언제고 북한으로 돌아갈 준비가 되었다고 말하는 방안에 동의했다. 하지만 내가 트럼프에게 김정은의 편지를 보여 주고 우리의 권고를 설명했을 때 트럼프는 곧바로 이렇게 말했다. '난 김정은과 만나야겠어요. 그를 백악관으로 초청해야 해요.' 엄청난 재앙이 될 수 있었다." 볼턴 회고록, 179-180쪽.

55 볼턴에 따르면, 폼페이오 장관은 싱가포르 정상회담 과정에서 켈리 비서실장이나 볼턴이나 폼페이오가 항상 트럼프 대통령 주변에 머물러서 김정은 위원장과 돌발적인 약속이나 대화를 하지 못하게 하자고 제안했다고 한다(볼턴 회고록, 134쪽). 당시 미국에서는 'Adults in the Room'이나 'Axis of Adults'란 표현이 유행했다. 트럼프의 자의적인 행동을 막는 견제자의 존재를 의미하는 뜻이었다. 틸러슨이나 매티스, 맥매스터처럼 견제자의 역할을 하다가 해임된 다른 장관들과는 달리 폼페이오 장관은 견제자 역할을 하면서도 4년 임기를 마친 것을 보면 그 중간 정도의 역할을 했던 것으로 보인다. 하지만 2기 트럼프 캠프에서는 이 같은 폼페이오에 대한 견제가 강했고 트럼프 2기에 폼페이오가 국방장관으로 거론된다는 보도가 나오자 트럼프 당선자가 직접 트윗을 통해 폼페이오 기용설을 부인하기도 했다. 폼페이오의 과거 역할에 대한 트럼프의 평가가 어떤 것인지를 보여 주는 장면이다.

56 "트럼프 대통령의 '폼페이오 방북 취소' 트윗 발표 직전인 지난 24일 오전 폼페이오 장관이 김영철 북한 노동당 대남담당 부위원장 겸 통일전선부장으로부터 비밀 편지를 받은 사실을 2명의 행정부 고위 관계자로부터 확인했다고 밝혔다. 폼페이오 장관은 곧바로 백악관으로 가 이 편지를 트럼프 대통령에게 보여 줬다고 한다. 이 편지는 폼페이오 장관과 트럼프 대통령이 '이번 방북은 성공하지 못할 것 같다'는 확신을 줬다고 (워싱턴포스트의) 로긴은 밝혔다. 김 부위원장이 보낸 구체적이고 정확한 메시지가 무엇인지는 확실치 않지만, 트럼프 대통령과 폼페이오 장관이 이번 방북 취소를 결정하기에 충분할 만큼 적대적인 내용이었던 것으로 알려졌다." 『한겨레신문』, 2018년 8월 28일. https://www.hani.co.kr/arti/international/international_general/859515.html(검

색일: 2024년 11월 16일).

57 볼턴 회고록, 183쪽.

58 "Despite plans for another Pompeo trip to North Korea, at the end of August, just before he was due to depart for Pyongyang, the North Koreans warned that Pompeo would not see Kim Jong Un on this trip, and shouldn't even bother coming unless he was bringing completely new proposals, including the end-of-war declaration. They basically warned denuclearization was not on the agenda, but Pompeo wanted to ignore the threat, and tweet that he was looking forward to meeting Kim Jong Un. Unexpectedly, Trump said Pompeo shouldn't go at all." John Bolton, 2020, op. cit., pp. 120-121. "8월 말에 폼페이오가 또다시 북한으로 갈 계획을 세우고 출발하기 직전에 북한이 폼페이오는 이번 출장에서는 김정은을 만날 수 없을 것이다, 종전선언을 포함해서 완전히 새로운 제안을 가져오기 전에는 수고롭게 여기까지 올 것 없다라고 경고했다. 그들은 기본적으로 비핵화할 의지가 없다고 경고한 것이다. 하지만 폼페이오는 그 위협을 무시하고 싶어서 김정은을 만나길 기대한다는 트윗을 트위터에 올렸다. 그런데 느닷없이 트럼프가 폼페이오에게 가지 말라고 했다." 볼턴 회고록, 180쪽.

59 볼턴은 자신 외에도 트럼프 대통령마저 한국 정부가 비핵화와 다른 목적(통일 어젠다)으로 북미 협의를 설득하고 남북관계를 진행하고 있다는 의구심을 가지고 있었다고 설명하고 있다. 볼턴 회고록, 174-178쪽.

60 『연합뉴스』, 2018년 7월 26일, https://www.yna.co.kr/view/AKR20180726180600014 (검색일: 2024년 11월 16일). 그리고 11월 16일에는 폼페이오 장관은 방미한 조명균 장관을 면담하기도 했다.

61 문재인 회고록, 265쪽.

62 "**Moon and Trump spoke on September 4**. Trump complained that he had had a phenomenal meeting in Singapore, and that a good friendship with Kim had been built, and now suddenly there's no deal. He wondered what had happened. … Moon was still singing the Sunshine Policy song, saying Kim was entirely committed to improving relations with the United States and denuclearizing, but Kim Yong Chol and others around him had rude manners, an interesting surmise. **Moon suggested that Trump meet again with Kim Jong Un**." John Bolton, 2020, op. cit., p. 124. "문과 트럼프는 9월 4일에 이야기를 나눴다. 트럼프는 자신이 싱가포르에서 끝내주는 만남을 가졌고, 김정은과 좋은 우정을 맺었는데, 이제 와서 아무 협정도 나오지 않았다는 게 말이 되느냐고 불평했다. 그는 대체 무슨 일이 있었는지 의아해했다. (…) 문은 여전히 햇볕정책 타령이었다. 김은 미국과의 관계를 향상시키고 비핵화를 하는 데 전적으로 전념하고 있다고 말하면서. 하지만 김영철과 김정은 주위를 둘러싼 사람들의 태도가 무례하다고 말했는데, 참 흥미로운 추측이 아닐 수 없었다. 문은 트럼프에게 김정은과 다시 만나라고 제안했다." 볼턴 회고록, 184-185쪽.

63 "핵무기 연구소는 북한 핵의 두뇌 또는 컨트롤타워에 해당하는 조직이다. 그것을 완전히 중단한다는 것은 이른바 미래 핵을 포기한다는 의미가 되지요. 핵무기 연구소는 김 위원장이 평양회담을 위한 특사단에는 말하지 않고 미국에 추가로 제안한 겁니다." 문

재인 회고록, 281쪽.

64 볼턴 회고록, 185쪽.

65 "… Pompeo seemed discouraged. I said I was ecstatic at the outcome. After all, we had just gained a five-week delay in any possible Trump-Kim meeting, during which time anything could happen in Trumpworld. We should take it and run." John Bolton, 2020, op. cit., p. 116. "폼페이오는 좌절한 것처럼 보였다. 나는 오늘 회의 결과가 대단히 황홀하다고 대꾸했다. 어쨌든 트럼프와 김정은의 만남이 있기까지 5주라는 유예 기간을 얻었으니까. 그 5주 동안 트럼프 세계에서는 어떤 일도 일어날 수 있다. 부디 우리가 이 기회를 잡아서 도망쳐야 할 텐데." 볼턴 회고록, 185-186쪽.

66 볼턴 회고록, 186쪽.

67 볼턴 회고록, 186쪽.

68 이 글은 다음을 참조. 이정철, 2019, 「영변 '+α' 논란과 다른 수단으로서의 외교: 하노이회담의 3대 쟁점을 중심으로」, 『동향과 전망』 107호, 259-295쪽.

69 문재인 회고록, 292쪽.

70 북한이 이 시기에 느닷없이 한국 배제론을 들고나온 이유는 정확히 알 수 어렵지만, 아마도 문재인 대통령의 대북 요구 사항, 즉 영변 해체 이후 북미 공동 기술 검증 요청, 영변 해체의 상응 조치에 대한 중재 시도, 추가적인 비핵화 조치로서의 + α 문제 해결에 대한 제안(북한은 이에 대해 중장거리 미사일을 모두 시험 발사해 보유 중인 것이 없다고 발언해 이를 미국에 전해 주었다고 한다. 문재인 회고록, 281-287쪽) 등 문 대통령의 중재 내용이 북미 협상 내용을 침범한다고 생각했던 것으로 보인다.

71 문재인 회고록, 298-299쪽.

72 문재인 회고록, 298쪽.

73 "**Trump wanted Moon nowhere around, but Moon was determined to be present, making it a trilateral meeting if he could.** I entertained the faint hope that this dispute with Moon could tank the whole thing, because it was certain Kim didn't want Moon around." John Bolton, 2020, op. cit., p. 347. "**트럼프는 문재인이 근처에 다가오는 것조차 질색했지만, 문재인은 꼭 참석해 가능한 한 3자회동으로 만들려고 단단히 마음먹고 있었다**. 문재인과 벌이는 이 실랑이가 모든 것을 망쳐놓을 수도 있겠다는 실낱같은 희망이 보였다. 김정은 역시 문재인의 합류를 원하지 않을 것이 확실했기 때문이다." 볼턴 회고록, 500-501쪽. "**Moon said the paramount issue for Trump was to have the meeting. However, when Kim entered South Korean territory, it wouldn't look right if Moon wasn't present, suggesting that he greet Kim and then hand him over to Trump and depart.** Pompeo interjected again that we had presented Moon's view the night before, and the North Koreans rejected it. Trump said he would much rather have Moon present, but he could only pass along what the North's request was (a completely fanciful account). Moon persisted, recalling that there had been several instances of Presidents visiting the DMZ, but this was the first time South Korean and US Presidents would be there together. … Perhaps, Trump suggested, Moon could send him off to th e DMZ from Seoul, and then they could meet again at Osan air base during the meet-

and-greet with US soldiers. Moon wasn't having any of that, pressing that it was better if he accompanied Trump to OP Ouellette (a DMZ observation post named for a US soldier killed in the Korean War), then they could decide what to do next. Trump said anything Moon wanted to do was fine with him, and they could go to OP Ouellette together." John Bolton, 2020, ibid., p. 349. "**문재인은 트럼프에게 가장 중요한 것은 회담을 성사시키는 것이라고 말했다. 그러면서도 김정은이 한국 땅을 밟는 순간 자신이 그 자리에 없다면 그것도 보기 좋은 일은 아니니 자신이 김정은을 맞이해서 트럼프에게 안내한 후, 자신은 빠지겠다고 했다**. 그러자 폼페이오가 다시 끼어들어 어젯밤에 문재인이 생각하는 관점을 이미 설명했는데, 북 측이 거절했다고 말했다. 트럼프는 자신도 문재인이 참석하는 편이 훨씬 좋다고 생각하지만, 북 측의 요청에 따를 수밖에 없다고 말했다. 이에 문재인은 끈질기게 물고 늘어졌다. 지금까지 미국 대통령이 DMZ를 여러 차례 방문했지만 한국과 미국의 대통령이 함께 그곳에 가는 일은 이번이 최초라는 것이었다. (…) 트럼프는 문재인이 서울에서 DMZ까지 자신을 배웅만 해주고, 나중에 자신이 오산 미 공군기지에 병사들을 만나러 갈 때 거기서 다시 만나면 어떻겠냐고 제안했다. 문재인은 그럴 뜻이 전혀 없었다. 대신 트럼프와 함께 올렛 초소(OP Ouellette)까지 가서 그다음에 어떻게 할지 그때 생각해 보자고 밀어붙였다. 트럼프는 문재인이 어떤 것을 원하든 자신은 환영이라며 그렇다면 올렛 초소까지 함께 가보자고 말했다." 볼턴 회고록, 503-504쪽. "Trump asked the US side again about the arrangement for Moon, wondering disingenuously in my opinion, why Kim would not want South Korea represented. Moon answered that there had not been meaningful talks between the two Koreas because of North Korea's rigidity, based on the North's perception that because the South was taking the US side, the North would be at a disadvantage." John Bolton, 2020, ibid., p. 351. "트럼프는 다시 한번 미국 측에 문재인이 참석할 수 있도록 준비하라고 지시하면서, 김정은은 왜 한국 측의 참석을 꺼리는지 모르겠다고 말했다. 물론 내가 보기에는 속이 뻔히 들여다보이는 말이었다. 문재인이 답하길, 그동안은 북한이 경직된 태도를 보이는 바람에 남북 간에 이렇다 할 대화가 없었다는 것이었다. 그리고 북 측의 그런 태도는 한국이 미국 편이기 때문에 북한이 불리한 처지에 놓여 있다는 인식에 기인한다고 말했다." 볼턴 회고록, 506쪽.

74 문재인 회고록, 334-336쪽.

75 Mike Pompeo, 2022, *Never Give an Inch-Fight for the America I Love*, Broadside Books.

76 이는 2020년 7월 10일 김여정 담화에 나온 이른바 '비핵화 대(對) 제재해제' 단계의 시작을 의미한다.

77 『조선중앙통신』, 2018년 10월 2일.

78 "Pompeo was to meet North Korea's Kim Yong Chol in New York on Thursday, November 8, and Kim wanted another White House meeting that day or the next. Fortunately, I would be in Paris preparing for Trump's upcoming visit, so there would be no repeat of the spring 2018 scene. It still turned my stomach to imagine Kim Yong Chol back in the Oval. Then, mercifully, Kim Jong Un canceled the trip." John Bolton, 2020, op. cit., p. 289. "폼페이오가 11월 8일에 뉴욕에서 북한의 김영철과 만날 예정

이었으며, 김영철은 당일 또는 다음 날 백악관에서의 또 한 번의 회담을 원했다. 다행히도 나는 곧 있을 트럼프의 파리 방문을 준비하기 위해 파리로 떠날 예정이었으므로, 2018년 봄과 같은 상황은 피할 수 있을 것 같았다. 그러나 대통령 집무실에서 김영철을 봐야 한다는 생각만으로도 속이 뒤집히는 것 같았다. 그러다가 다행히 김정은의 방문이 취소되었다." 볼턴 회고록, 462쪽.

79 볼턴 회고록, 462쪽.

80 볼턴이 관철시킬 것을 명령한 두 가지 이슈(CVID와 일본인 피랍자 문제 포함) 때문에 실무회담의 합의안이 느닷없이 교체된 상황을 의미한다. 당시 북한은 밤샘 토론에서도 결론을 내지 못하고 김영철-폼페이오 조찬에서마저도 사실상 원안의 합의안을 지키지 못한 것으로 전해지고 있다.

81 볼턴 회고록, 166쪽.

82 「김여정 제1부부장 미국의 립장변화 없는 한 조미회담 무익하다」, 『조선중앙통신』, 2020년 7월 10일. http://www.kcna.co.jp/calendar/2020/07/07-10/2020-0710-001.html(검색일: 2025년 1월 27일).

IV

하노이 회담:

결렬 vs. 노딜

하노이 회담은 극적인 드라마였다. 하지만 이 회담이 단막극이 아니었던 만큼 전후 과정을 추적해 보면 복잡한 여러 진실들의 실타래가 드러난다. 북미 양국의 복잡한 손익 계산뿐 아니라 주변 여러 나라 국내 정치 세력들의 이해관계도 전 과정에 영향을 주고 있었음을 알 수 있다. 확신을 갖고 하노이 회담의 성패를 설파하는 많은 분들 중에 당시 회담의 세세한 내용에 그리 밝지 않은 분들이 많다는 점도 놀라운 일이다.

하노이 회담을 결렬이나 북한의 완패로 보다가도 트럼프-김정은의 6·30 판문점 회동을 보면 고개를 갸웃하게 된다. 북한이 판문점 회동을 매개로 시진핑 주석의 방북을 끌어내며 외교적 헤징에 나선 것은 무슨 의미일까를 생각하게 만들기 때문이다. 의문의 1패는 한국 정부뿐이었다는 생각을 하게 되기도 한다.

하노이 회담을 결렬이라 부르지 않고 노딜 그리고 노딜보다는 다음 협상을 전제한 '걸어 나오기' 전략이라고 부르는 한, 트럼프 2.0 시기에 하노이 회담은 여전히 진행형이다. 하노이 회담을 복기하지 않을 수 없는 이유다.

다만 6년이 지난 일인 만큼, 북한이 여전히 '을'인가라는 불편한 질문을 피해 가지 말고 바뀐 환경을 감안해 가면서 당시의 회담을 독해하기를 권하고 싶다.

1 또다시 논란이 된 장소 문제

2018년 10월 폼페이오 장관의 4차 방북은 정상회담 논의에 진전을 보지 못했다. 다만 핵 문제에서 북한이 (상응 조치를 전제로 한) '조건부' 이행을 약속하는 등 일부 성의 표시를 함으로써 회담의 모멘텀은 이어 갔던 것으로 보인다. 북한은 폼페이오 장관에게 7월부터 문제가 되어 왔던 "동창리 시험장의 완전한 해체와 파괴를 검증하기 위해 국제 전문가들을 초청하겠다."라고 약속하였고 또한 풍계리 핵 실험장에도 검증 팀이 방문할 수 있게 하겠다고 약속했다.[1] "10월 국무부장관 방북 당시 북한의 플루토늄과 우라늄 농축 시설의 해체와 파괴를 약속했습니다. 단순히 영변에 있는 시설 이외에도 이런 장소들은 북한의 플루토늄 재처리와 우라늄 농축 프로그램 전체를 아우르는 것입니다."라는 비건 특사의 연설은 10월 핵 협상에서 일부 진전이 있었음을 시사하고 있었다.[2]

하지만 문제는 이번에도 장소였다. 장소 문제를 둘러싼 폼페이오 장관과의 신경전은 공전에 공전을 거듭했고 논의에 진전이 없었다. 심지어 폼페이오 장관은 김정은 위원장과의 면담에서 전례 없이 사진사와 통역관의 참석을 제한당하였고, 실랑이 끝에 결국 앤드루 김 CIA 센터장이 통역을 하는 어처구니없는 상황을 겪었다고 토로했다.[3] 이런 진통 끝에 확정된 그나마 작은 합의 사항, 즉 북한 특사 김영철의 11월 미국

방문마저 사후에 취소됨으로써 10월 특사 방북에 대한 부정적 평가는 일파만파 이어졌다. 북미 간의 이런 긴장은 주지하다시피 남북관계에도 영향을 미쳐 김 위원장의 12월 서울 답방, 즉 4차 남북정상회담도 폐기되고 말았다.

이런 상황에 돌파구를 연 것은 12월 24일 트럼프 대통령의 친서와 25일 김정은 위원장의 답서였다. 트럼프 대통령이 크리스마스이브에 보낸 대북 친서를 통해 "조만간 당신을 만나길 기대합니다."라고 쓰자, 김정은 위원장은 답서에서 전격적으로 장소 문제를 양보하겠다는 의지를 피력했다. 수많은 장소 중에 김정은 위원장이 최종적으로 제안한 것은 '방콕'과 '하노이'였다. 이 두 장소는 김정은 위원장이 열차로 이동할 수 있는 거리에 있는 장소 중 중국과 러시아를 제외한 가장 가까운 곳이었다. 아마도 미국 측은 백악관 외에 마라라고, 하와이 등 미국 내의 지역을 제안한 것으로 보이지만, 싱가포르 회담 이후 김정은 위원장은 남의 나라 비행기를 빌려서 타야 하는 장소에서의 회담은 하지 않겠다는[4] 확고한 입장을 분명히 했다고 전해진다.

12월 25일 김정은 위원장의 특사 제안에 따라 1월 17일 김 위원장의 친서를 갖고 백악관을 방문한 김영철 특사를 면담한 트럼프 대통령

#14. 트럼프 대통령 → 김정은 위원장(2018. 12. 24.)

친애하는 김 위원장님,
우리는 멋진 2018년을 보냈습니다. 2019년도 환상적인 한 해가 되길 바랍니다. 곧 도래할 새해에는 우리의 다음 정상회담, 비핵화에 있어 실질적 진전, 그리고 위원장님의 영도 아래 북한 주민들을 위한 진짜 밝은 미래가 있길 기대합니다.

부디 당신의 아름다운 가족과 조선민주주의인민공화국 주민들에게도 따뜻한 안부 인사를 전해 주길 바랍니다. **조만간 당신을 만나길 기대합니다.**

#15. 김정은 위원장 → 트럼프 대통령(2018. 12. 25.)

각하,

(…) 저는 이미 가장 가깝고 신뢰하는 동료들과 유관 기관들에게 2차 조미정상회담 준비에 박차를 가하라고 지시하였으며, 각하와의 다음 만남에서 좋은 결과를 성취할 준비가 되어 있습니다.

그럼에도 불구하고, **양측이 정상회담 장소와 관련하여 각자의 입장만을 고집스럽게 내세우는 것처럼 보인다면 우리도 좋게 비쳐질 리 없어 우려됩니다.** 또한 이는 많은 시간의 낭비를 초래할 수 있습니다. 따라서, 조미 간 고위급 접촉을 시급히 열어 회담 장소와 관련된 문제들을 내부적으로(internally) [번역자 주: 은밀히(privately)] 논의하고 조율하자는 것이 제 입장입니다.

각하께서 2차 정상회담에서 성과들을 거두기 위해 다시 한번 큰 결단과 탁월한 지도력을 보여 주시길 바랍니다. 각하께서 성취하고자 하는 일들이 커다란 결실을 맺길 진정 소망합니다.

고귀한 영부인님과 당신의 가족, 친지분들의 건강과 행복, 큰 성공을 기원합니다.

#16. 트럼프 대통령 → 김정은 위원장(2018. 12. 28.)

친애하는 김 위원장님에게,

(…) 제가 매우 고대하고 있는 우리의 다음 정상회담의 장소는 저에게 그다지 문제가 되지 않습니다. 그리고 아마도 위원장님보다 제가 이동하는 것이 용이할 것이기에, 우리보다 당신의 나라와 더 가까운 곳에서 만나도 무방합니다. **수많은 개최지를 거절했다고 들었는데, 태국 방콕이나, 베트남 하노이는 수용할 만하다고 전해 들었습니다.**

위원장님께서 행복한 새해를 번창하고 활기차게 내딛길 바라며, 매우 이른 시일 내 만나길 기대합니다.

당신의 가족과 친구들에게도 행운을 빕니다.

#18. 김정은 위원장 → 트럼프 대통령(2019. 1. 17.)

대통령 각하,
연초부터 분주한 일정에도 불구하고, 조미관계 개선이라는 각하의 특별하고 강한 열망으로 제 특사와 고위급 대표단을 워싱턴 D.C.로 초청해 주신 대통령 각하께 진심으로 사의를 표합니다. (…)

이러한 측면에서, 2차 조미정상회담은 싱가포르 회담과 동등한 매우 긴요하고 중차대한 역사적 행사가 될 것입니다. 저는 2차 정상회담의 성공적인 개최를 위해 제 권한 내에서 할 수 있는 모든 것을 다하고 있으며, **김영철 특사와 고위급 대표단에게 회담 장소, 시간, 의제에 관한 제 의견을 대통령 각하와 미국 측에 전달하고 충실한 협의를 진행하도록 권한을 부여했습니다.**

이번 워싱턴에서의 조미 고위급 대화가 각하의 관심 덕분에 순조롭게 진행되고 좋은 합의에 이르렀다는 보고를 받을 것이라 믿어 의심치 않습니다.

우리의 가장 유의미한 만남에서 건강하고 활력이 넘치는 모습으로 대통령 각하를 조만간 뵐 수 있길 기대합니다.

#19. 트럼프 대통령 → 김정은 위원장(2019. 1. 18.)

위원장님,
훌륭한 만남과 메시지였습니다. 우리는 매우 역사적인 일을 함께 만들어 가고 있습니다. 곧 만납시다.

은 여기서 최종 장소를 하노이로 낙점하였다.[5] 당시 협상의 전권을 부여받은 특사 김영철 부장은 매우 불만스러운 표정과 고압적인 자세로 트럼프 대통령을 만났고, 6월 특사 면담 당시와는 달리 당시 그가 한 손으로 트럼프 대통령에게 친서를 전달하는 장면은 많은 이들의 주목을 받았다. "김영철 특사와 고위급 대표단에게 회담 장소, 시간, 의제에 관한 제 의견을 대통령 각하와 미 측에 전달하고 충실한 협의를 진행하도록 권한을 부여했습니다."라는 김정은 위원장의 친서를 통해 전권을 부여받았다는 사실 때문에 당시에는 아무도 이를 문제 삼지 않았지만, 하노이 회담 실패 이후 김영철 특사의 태도가 트럼프 대통령의 심기를 건드린 것이라는 평가는 대세가 되었다. 김영철 특사를 만난 직후의 1월 28일 트럼프 대통령의 진서는 불실하게도 유례없이 짧고 간결한 내용이었다.

2 비건 초안의 진실과 하노이 테이블의 네 가지 메뉴: 빅딜, 스몰딜, '스몰딜 + α' 그리고 노딜

스티븐 비건 미 국무부 대북정책특별대표는 하노이 회담을 한 달 정도 앞둔 시점에서, 스탠퍼드대학에서 연설(2019년 1월 31일)을 갖고 자신이 견지하고 있는 대북 협상론의 일단을 드러냈다. 아마도 예견된 북한과의 2월 6일 방북 실무협상에서 성과를 내기 위해 북한에 메시지를 보내기 위한 의도하에서 만들어진 세미나로 보였는데, 결과적으로 북한 협상팀을 설득하는 효과보다는 미국 국내의 반발을 결집시키는 역효과가 더 컸다는 평가가 지배적이었다.

당시 비건 대표가 사용한 가장 특이한 용어는 '동보적(simultaneously and in parallel)'이라는 표현이었다. 이는 북한의 '선'비핵화론을 포기하고 동시 행동론을 인정하겠다는 의도로 받아들여졌다. 북한의 '선'행동을 강조해 온 미국의 오랜 대북 비핵화 정책에서의 중대한 수정이었다. 비건 대표는 연설에서 "과거 우리의 정책을 간단하게 말씀드리면 밥(사회자 밥 칼린)이 허수아비로 묘사한 것과 비슷한데, 상대편이 모든 것을 먼저 하고 나면 우리는 그에 대한 대응으로 어떤 것을 할지 말지를 생각하기 시작하는 것이었습니다만, 이는 그동안 우리의 정책이 아니었고 현재도 아닙니다. …방법을 동시에 찾는 것"[6]이 중요하다며, 이제는 동시 행동이 필요하다는 대원칙을 확인했다. 비확산 정책에서 상대방의

'선' 행동을 일방적으로 강조해 온 미국으로서는 큰 변화를 수용한 것이었다.

> "목표는 이 모든 것을 동시에 묶는 것입니다."라며 "저는 이깃이 현재는 이상적이라는 것을 알고 있으며, 이것들은 각기 다른 방향으로 천천히 나아갈 것입니다. 하지만 이들은 상호 보완적일 수 있습니다. 서로가 관계에서 옳은 일을 하면, 핵무기(해체)에서도 옳은 일을 하기가 쉽습니다. 핵무기에서 옳은 일을 하면, 한반도에 영구적인 평화체제 구축이 훨씬 더 실현 가능해집니다. 결국 이 모든 일은 협력하여 이루어져야 합니다."[7]

그의 연설은 또한 '포괄적 합의', 즉 '총론 합의'가 꼭 필요하긴 하지만, 그것이 '이상적' 즉 현실적인 것만은 아니라는 점을 시인하는 것도 잊지 않았다. 완전한 비핵화의 상과 로드맵에 대한 '포괄적인 합의'가 선행되어야 한다는 원론까지 양보한 것은 아니었지만, 그 순서에 유연한 변화가 있을 수 있음을 시사한 것이다. 이 또한 폼페이오 장관이 2018년 7월 6일 방북 당시 강조했던 북한의 '선'신고 리스트 작성론(full baseline declaration)을 수정한 것이라는 점에서 주목을 받았는데, 전술하였듯이 당시 폼페이오 장관은 북한의 신고를 최우선 조치로 요구하면서, '신고 없이 종전 없다'는 강성 주장을 펴 회담을 위기로 내몰기도 했다. 이에 비하면 2019년 1월 31일 비건 대표의 연설은 신고 조치를 다른 몇 가지 조치들이 선행된 이후의 적절한 '어느 시점'으로 미룰 수 있다고 명기함으로써,[8] 미국 측이 양보 즉 어떤 결단을 내렸음을 강조하고 있었다. 이 연설이 주목받은 이유였다.

> 비핵화 과정이 최종적으로 이루어지기 전에 우리는 북한의 대량살상 미사일 프로그램 전체를 완전히 파악해야 합니다. 우리는 어느 시점에서 포괄

> 적인 신고를 통해 이를 달성할 것입니다. 국제 기준에 맞게 핵심적 시설과 장소에 대한 전문가 방문과 모니터링 체제에 대해서도 합의를 이루어야 합니다. 그리고 궁극적으로 우리는 북한이 보유한 핵분열물질, 무기, 미사일, 발사대, 그리고 기타 대량살상무기의 제거와 파괴를 확실히 해야 합니다.[9]

여기서 한발 더 구체적으로 나아간 점은, 비건 대표가 대량살상무기(WMD)는 '절대적'으로 해체되어야 하는 것이지만, 따라서 그것은 '절대적' 의미에서 반드시 '포괄적 합의'에 포함되어야 하는 것이지만, 동시에 이를 '상대적인 조건'에서도 다루겠다고 말한 부분이다.[10] 여기서 상대적이라는 말은 다른 문제들에 비해 순위를 조정할 수 있고 동시에 이를 위한 신뢰 구축 조치들과 바기닝(bargaining), 즉 쌍방 조치의 틀에서 바라보겠다는 의지로 해석된다.

> 상대적 조건에서 볼 때, 우리는 이 문제(대량살상무기)가 시작점이 되어야 한다고 요구하고 있지 않습니다. 말씀드렸다시피, 우리는 우리가 함께할 수 있고, 신뢰를 쌓아 국가가 그런 능력을 계속해서 보유하고 싶어 하지 않아도 되도록 위험이나 위협을 줄이기 위한 다른 많은 문제들을 기꺼이 동시에 생각해 볼 것입니다. 북한은 자신들이 대량살상무기를 가져야 안전하고 안정적인 국가가 된다고 생각할 필요가 없습니다.[11]

사실 대량살상무기는 1월 북한 특사단의 미국 방문과 실무회담 당시 김혁철 북한 측 대표가 언급한 비핵화 이후의 '추가 조치'에 대한 것이었다. '한 가지 더(and more)', 영변 이외(beyond Yongbyon) 그리고 플러스 알파(+ α) 등 하노이 협상 이후까지 논란이 되는 이 표현들은 어떤 시점에는 반드시 WMD 문제를 다루겠다는 것이므로, 비건 대표의 연설은 이 시점에 대해 북한과 논의하기를 원하고 있다는 점을 에둘러 표현한 것이었다.

비건 대표가 WMD 문제를 '출발점에 두지 않'겠다거나, '신뢰 구축과 위험 및 위협 감소'라는 용어를 사용한 것은 군비통제 협상이나 협력적 위협 감소(CTR) 프로그램을 염두에 둔 표현이라는 점도 빼놓을 수 없다. WMD의 '선'해체가 아니라 해체 협상 과정에서 신뢰 구축에 따라 순서를 정할 수 있다는 그의 연설은 비핵화와 핵무기, 운반수단 등 WMD 해체도 포괄적 합의의 장에 포함하여 군비통제 협상의 큰 틀에서 전반적인 신뢰 구축 프로세스의 큰 그림을 그리자는 중대 제안으로 평가되었다.[12]

요컨대 국무부 측의 변화된 생각은 "구체적인 달성 목표들, 협상과 신고의 로드맵, 앞으로의 협상과 신고 로드맵, 공동 노력을 통해 달성할 결과에 대한 공동의 인식" 등에 대한 '포괄적 합의',[13] 즉 총론에 대한 포괄 합의가 진행되면, 그것에 근거한 단계별 이행은 행동 대 행동인, 동시 행동의 거래 원칙하에서 수용할 수 있다는 말로 요약된다. 따라서 계획과 이행 과정을 나누고, 계획의 경우에는 포괄적 합의가 필요하지만, 이행 과정의 경우에는 포괄적 합의에서 순서를 정하면 '상호 행동 조치' 교환의 순서와 로드맵에 따라 이행하는 원칙을 받아들인다는 것으로 해석될 수 있었다.

비건 대표의 연설이 동시 행동과 이행 프로세스의 문제를 해결하는 데 기여했다고 자평하더라도, 그것이 하노이 회담의 성공을 보장하는 문제는 아니었다. 남는 문제는 계획과 전체 틀, '포괄적 합의'의 대상과 시점에 대해 실무회담에서 협상이 가능할 것인가, 가능하다면 어디까지 합의가 될 것인가라는 난제였다. 결국 비건 대표의 연설은 ① "하노이에서 포괄 합의를 약속하는 '포괄적 합의-단계적 이행'이라는" 빅딜 안을 검토해 보되, 이것이 어렵다면, ② "영변 비핵화에 국한해서 계획을 수립하고, 김정은 위원장이 각각 6월과 10월에 약속한[14] 동창리 사찰, 풍계리 '사찰'을 추가로 수행하는" 스몰딜을 합의할 것이냐, 조금 더 가능성이 있다면 ③ "영변 해체 계획에 더해 어느 시기에 대량살상무기에 대한 신고를 할 것인가"를 더 다루는 '영변 + α'라는 수정안으로 나아갈 것인가라는 세 개의 선택지를 염두에 두고 만들어진 것이었다. 이 점에서 비건 대표의 이 연설은 ①, ②, ③ 모두의 가능성을 열어 두고 북한과 협상하겠다는 의지를 전제로, 평양 측 실무진들이 전체 프로세스에 대한 로드맵, 즉 '포괄 합의'에 대해서 어느 정도까지 합의할 수 있는지, 북한이 미국의 제안을 어디까지 수용할 수 있을 것인가를 알아보기 위한 것이었다.[15]

[그림 1] 하노이 회담 당시의 네 가지 안 비교

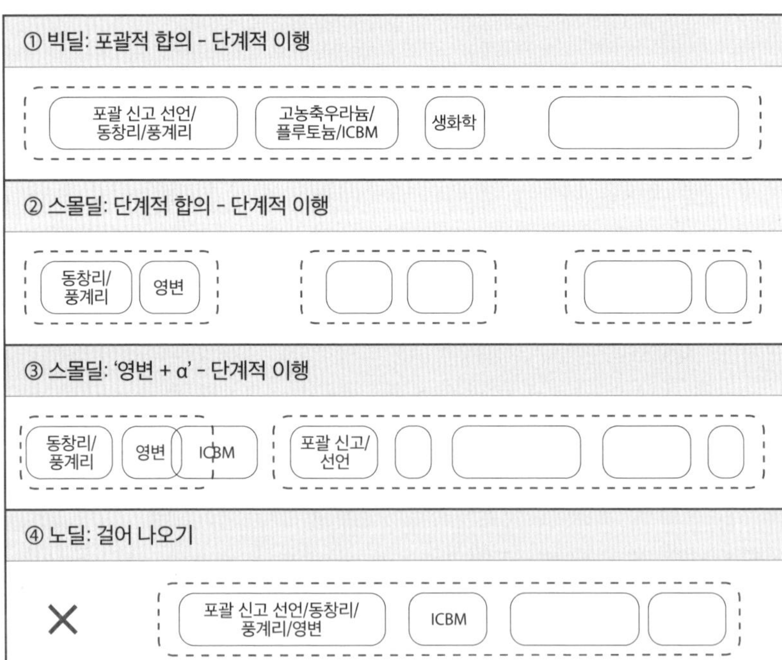

*점선은 포괄적 합의(총괄 합의), 범주선/실선은 이행 단계 의미.

하지만 그의 연설은 그 획기적 내용에도 불구하고 북미 양측의 강경파로부터 의구심의 대상이 되었다. 먼저 이 연설 직후인 2월 6일부터 8일까지 열린 평양 실무회담에서 북한 측은 비핵화 이행 로드맵에 대한 어떤 실무적 논의나 동의 없이 자신들의 관심사인 제재 완화 문제에만 집중적으로 관심을 보였다.[16] 협상에 진심이었던 국무부 팀들이 분노하였음은 물론이다.[17] 반대로 볼턴 등 미국 국내의 강경파들은 비건의 연설을 유화론이라고 비판하였고, 이후(2월 24일) 협상 직전에 제출된 비건 팀의 초안마저 양보에 양보를 거듭하여 '북한 측이 만든 것이나 마찬가지인 초안'이라고 비난받는 처지가 되고 말았다.

북한은 영변이라는 목표 이외에 다른 것들에 대해서는 합의할 수가 없고, 영변의 비핵화 조치만으로도 단계를 설정해 이행하는 데 많은 시간을 요하는 중차대한 문제라는 스몰딜 논리를 반복하고 있었다. 따라서 북한이 보기에 모든 핵시설과 대량살상무기 해체의 로드맵을 그리자는 '포괄적 합의'라는 목표는 터무니없는 것이었고, 이에 북한은 다가오는 하노이 회담에서는 영변이라는 단일 목표에만 국한하는 것이 현실적이라고 주장하고 있었다. 반면 볼턴 등 비확산론자들은 포괄적 목표에 대한 합의, 즉 총론 합의가 선행되어야 하고, 그 대상 범주는 핵뿐만 아니라 대량살상무기, 심지어 생화학 무기까지 포함해야 한다는 주장을 버리지 않고 있었다. 게다가 그들은 총론 합의 과정도 비확산의 일반 원칙인 북한의 '선'신고 원칙을 출발점으로 해야 한다는 주장을 버리지 않고 있었다. '선'신고가 이루어진다면 이행 단계에서는 유연성을 발휘할 수도 있다는 단서가 있었지만, 그런 단서는 북한에는 의미 없는 것이었다.

하노이 회담이 끝난 이후 전문가들은 미국의 입장을 '포괄적 합의-단계적 이행'으로, 북한의 주장을 '단계적 합의-단계적 이행'이라고 구분했다. 주지하다시피 미국 팀에서 볼턴 부류는 신고와 검증에 비확산의 모든 것이 있다고 보고 있었기 때문에, '포괄적 출발점으로서의 일괄 신고(full baseline declaration)'가 선행되지 않는 한 어떤 합의도 비확산 원칙을 위반한다는 초강경론을 견지하고 있었다. 하지만 1·31 연설에서 비건 대표는 이 중요한 원칙에서 유연한 접근이 가능하다는 입장을 내비치고 있었다. 즉 '포괄 합의'의 시점을 뒤로 늦출 수 있다는 중요한 협상안을 흘린 상태였다.

이렇게 본다면 하노이 회담에서 미국이 '포괄적 합의-단계적 이행' 안을 견지했다는 것은 트럼프 대통령이 비건이 아니라 볼턴의 손을 들어 줬다는 의미고, 결과적으로 비건 대표가 자신의 1·31 연설 안을 뒤집어 볼턴 부류의 선포괄 합의안으로 회귀했다는 것을 의미한다.

2월 24일 하노이로 출발하기 직전까지 비건 대표는 1·31 연설 안을 견지하고 있었고, 사실상 스몰딜에 가까운 협상안을 제출했던 것으로 보인다. 볼턴이 당일 받아 본 국무부 초안 즉 비건 안의 내용은 공개되어 있지 않지만, 볼턴이 "북한 사람이 만든 것 같다."라고 분개할 정도의 안이었던 것으로 보면, 아마도 ③의 '영변 + α'론이었을 가능성이 높다.

볼턴의 주장처럼 '포괄적 합의'만 강조할 경우 실패가 불 보듯 뻔하고, '포괄적 합의'를 북한 측이 동의하지 않는 조건에서, '단계적 합의-단계적 이행'으로 상징되는 영변만 협상하는 스몰딜을 수용할 경우, 북한의 협상 승리로 비판받게 될 것이 뻔한 상황이었다. 영변 논의가 너무 일찍부터 알려진 탓에 미국 내에서는 '스몰딜은 김정은의 승리'라는 공식을 내걸고 트럼프 행정부를 비판할 태세였기 때문이었다.[18] 코언 청문회에 내몰린 트럼프 대통령의 국무부 팀은 이런 상황에서 빅딜과 스몰딜의 중간 안인 '영변에 더해 한 가지 더(and more)'를 얻어 내는 것에 집중하는 전략에 몰두했던 것으로 보인다. '모든 핵시설'에 대한 포괄적 합의에는 못 미치더라도 영변만의 '단계적 합의'는 넘어서야 한다는 부담감이 협상 팀을 감돌고 있었음을 감출 수 없었다. '영변 + α'가 하노이 회담의 차선책이었던 이유였다.

하지만 볼턴은 역시 노련했다. 그가 보기에 포괄 합의인 '빅딜'은 불가능할 것이고 그렇다고 북한이 원하는 영변만을 대상으로 하는 단계적 합의인 '스몰딜'을 하는 것은 더 있을 수 없지만, '영변 + α'인 '단계적 합의 + α'도 스몰딜에 다름없는 것이었다. 볼턴이 고안한 것은 바로 ④ "'걸어 나오기(walking away)' 즉 노딜 안"이었다. 그는 2월 6~8일 비건 팀의 실무회담이 성과가 없다는 소식을 듣자, 2월 12일 백악관 회의에서 처음으로 '노딜' 안이 있다는 점을 트럼프 대통령에게 보고하고 총력으로 설득하기 시작했다.

요컨대 당시 하노이 회담장에서 논의된 안은 빅딜, 스몰딜, '영변 + α'딜의 세 가지만이 아니라, ④ 노딜 안을 포함하는 네 가지 안이었던 것이다.[19]

3 볼턴의 묘안: 노딜 혹은 걸어 나오기

볼턴은 하노이 회담을 준비하면서 그 어느 때보다 치밀한 준비 작업에 나섰다. 회담의 실패를 향한 볼턴의 집념은 대단했다. 2월 12일 45분짜리 백악관 준비 회담에서 볼턴은 대통령이 '영변 + α'에 합의하는 빅딜과 '영변 해체'만 합의하는 스몰딜 사이의 양자택일 상황에 빠지는 것을 피하기 위해, '걸어 나오기(walking away)'라는 제4의 안이 있음을 설득하는 데 모든 노력을 기울였다.

짧은 회의에서 트럼프 대통령을 설득하기 위해 영상 프로그램을 제작하는 등[20] 그의 집요한 노력은 통념으로는 상상하기 어려운 수준이었다. 평소 미국식 회의 분위기를 감안하면 도대체 누가 이런 영상을 만들어 주었을까라는 의문이 생길 정도로 치밀하게 준비된 당시 회의에서, 그는 트럼프 대통령의 마음을 사로잡는 데 결정적 역할을 한다. 카터 대통령 이래 모든 미국 대통령이 북한과의 회담 성과를 자랑하는 화면을 내보낸 뒤, 바로 그 뒤를 이어 북한의 도발 영상과 그 결과 북미회담이 실패로 끝나는 장면을 오버랩시킨 그의 작품(?)은 마지막에 '레이건-고르바초프의 레이캬비크 회담'을 보여 주는 것으로 마무리된다.[21] 레이캬비크 회담에서 레이건 대통령이 걸어 나오기, 즉 노딜을 통해 어떻게 고르바초프를 초조하게 만들어 압박하고 다음 회담의 승기를 잡았는가를 보여 줌으로써, 트럼프 대통령에게 양자택일이 아닌 다른 대안이 있음을 보여 주는 데 성공한 것이다.

트럼프 대통령은 이 회의를 보면서 매우 만족스러워했다는데, 집념의 사나이 볼턴은 트럼프에게 "노딜이 차라리 스몰딜보다는 좋다(No Deal is better than small Deal)."라는 점을 각인시키는 데 성공했다는 것이다.[22] 볼턴의 자화자찬이 맞다면 하노이 회담은 시작도 하기 전에 이미 노딜로 예정되었다는 것이고, 실제 트럼프 대통령이 하노이에서 보인 전략이 노딜이기도 했다. 하지만 하노이 회담 당시 트럼프 대통령의 생각이 꼭 이 방향으로만 고정되어 있었던 것은 아니었던 것으로 보는 게 적절하다. 이에 대해서는 하노이 회담의 쟁점을 다루는 다음 절에서 자세히 다룬다.

어쨌든 볼턴은 회담이 가까워오자 비건 대표의 하노이 협상 초안을 집중 공격한다. 국무부가 백악관과 상의 없이 만들어 낸 초안에 대해 "북한 측이 쓴 초안 같았다."[23]라며 비난을 퍼붓고 있는 볼턴은 비건 대표나 국무부 외교관의 비밀주의에 대한 적대감을 노골적으로 드러내 놓는다. 이어서 그는 펜스 부통령, 멀베이니(M. Mulvaney) 비서실장 등에게 전화를 걸어 트럼프 대통령이 비건 대표의 초안에 현혹되지 않게 해야 한다는 점을 재삼 강조한다.[24] 이미 에어포스원은 하노이로 출발한 이후였지만, 볼턴은 에어포스투로 리마에서 귀국 중인 펜스 부통령에게 전화를 걸어 트럼프 대통령에게 비건 초안을 거부하게 하라고 간곡히 요청한다. 그의 간절함 때문이었을까. 이유는 알 수 없지만 결국 하노이 회담은 볼턴의 의도대로 '걸어 나오기' 노딜로 귀결되고야 만다.

노딜 전략은 그 자체로 나쁜 것은 아니었다. 당장은 협상의 성과를 내지 않지만 그것 자체가 하나의 압박이 되어 다음 회담에서 더 큰 성과를 내고자 하는 방식이었기 때문이다. 다만 그런 성과를 기약하기 위해서는 그것이 결렬 선언이 되지 않게 하는 것이 중요했다. 그리고 이를 위해서는 상대방이 노딜의 이유를 이해할 수 있게 하는 것이 필요했다. 실제 트럼프 대통령은 하노이 협상이 결렬이 아니라 '노딜'이라는 점을 이해시키기 위해 노력했다. 회담 과정에서 스몰딜을 하면 자신이 선거에 질 수 있다고 강변하거나, 회담 직후 트럼프 대통령이 김정은 위원장에게 다음 회담을 기약하고 북한 측 대표단과 일일이 악수하고 그들과 사진을 찍거나 심지어 귀국길에 평양을 들러서 김 위원장을 내려 주고 가겠다고 제안하는 등과 같은 모습은 하노이 회담이 결렬이 아니라 노딜이라는 점을 알리기 위해 기획된 충실한 제스처였다.

북한 측의 입장에서도 노딜에 대한 당혹감과 배신감은 작지 않았다. 하지만 북한 측 역시 이 협상을 결렬이라고 선언하진 않았다. 김정은 위원장은 연말 시한을 두고 한 번은 더 만날 수 있다거나 적잖은 의문이 든다 등의 표현으로 회담에 대한 평가를 가름하고 있었다.

4 하노이 회담의 쟁점과 양측의 논리

폼페이오 4차 방북 이후 이미 워싱턴 D.C.에서는 굿딜, 배드딜, 노딜의 우선순위를 둘러싼 우스갯소리가 돌고 있었다. “나쁜 협상보다는 협상 파기가 우선(No deal is better than bad deal)”이라며 빅딜에 해당하는 굿딜은 불가능하고, 스몰딜을 의미하는 배드딜은 해서는 안 된다는 논의가 퍼져 있었다. 비건 대표의 1월 31일 연설에서 그 중간 안에 대한 고민의 흔적이 역력했던 것도 단순히 북한을 대상으로 한 연설이었기 때문만은 아니었다. 앞서 보았듯이 이런 양극단의 상황에서 비건 팀들이 고심한 안이 ‘영변 + α’였다면, 협상 결렬을 꿈꾸던 볼턴이 제시한 안은 ‘걸어 나오기’라는 고상한 이름의 노딜 안이었다.

트럼프 대통령이 2월 12일 준비 회의에서 볼턴이 제시한 걸어 나오기 안에 큰 관심을 보인 것도 사실이었지만, 그럼에도 불구하고 16명의 범부처 요원으로 구성된 협상 팀이 만든 초안이 처음부터 버려질 운명의 노딜 안은 아니었다. 이들은 북한과의 하노이 실무협상에서 자신들이 만들어 온 합의 초안을 북한 실무 팀에게 비공식적 외교 관행에 따른 방식으로 사본을 넘겨주었다(table-drop). 24일 앨리슨 후커 NSC 선임 보좌관은 특정 안이 북한 측에게 전달된 사실을 알리며 볼턴에게 그 초안의 존재를 처음 보고한다. 하노이 현장 실무회담이 21일에 시작되었기 때문에 이 초안이 언제 북한에 전달된 것인지는 분명하지 않지만, 21일에서 24일 사이에 그 초안이 전달된 것은 사실이고 그 후에 그 내용을 알게 된 볼턴은 국부무가 부처 합동 절차를 교묘하게 위반한 큰 사건이라며 비서실장, 부통령 등에게 문제 제기하고 나선다. 규정을 어기고 적성국에 협상 초안을 넘긴 것도 문제지만, 그 내용도 "북한 사람이 쓴 것"처럼 보일 정도로 북한에게 유리한 것이었다고 비난한 것이다.[25] 그러나 볼턴이 문제 제기한 이 사안은 2년 후 비건 대표가 이에 대해 입을 연 바에 따르면, 당시 북한에 넘겨준 초안은 부장관위원회의 적절한 채널을 통해 취급 허가를 받고 북한 측에게 넘겨준 것이었고, 당시 볼턴 팀의 NSC 멤버 인사도 그것을 확인, 동의했다는 것이다. 결과적으로 당시 볼턴은 근거 없는 비난으로 비건 초안에 흠집을 낸 것이었다.[26] 그 소동의 여파인지 알 수는 없지만 어쨌든 트럼프 대통령은 뒤늦게 멀베이니 비서실장에게서 이 초안을 건네받고 "너무 나갔다."라며 내켜 하지 않았다고 전해진다.[27]

1) 중재안, '영변 + α'의 두 가지 이슈

어쨌든 북한에 전달된 초안의 내용과는 별개로 비건 팀이 갖고 있던 협상안이었던 '영변 + α'는 하노이 회담이 결렬된 이후 두 가지 점에서 논란이 되었다. 하나는 소위 영변이라는 지리적 범주를 둘러싼 문제로서 'beyond Yongbyon'[28]이라는 표현과 관련된 것이었고, 다른 하나는 'and more'[29]로 표현되는 추가 프로그램에 대한 문제였다.

먼저 전자의 경우, 영변이 어디까지를 의미하는지 단순한 영변 단지를 의미하는지, 아니면 영변 지역 전체를 아우르는 것인지를 분명히 하지 못했다는 점이 문제가 되었다.[30] 마지막 순간까지 비건 팀은 북한이 의미하는 '영변' 해체의 지역적·기능적 범주를 분명히 하기를 원했는

데, 그것에 대해 북한 측은 뒤늦게 결론을 내려 주었다는 것이다. 다음과 같은 헤커 박사의 서술은 영변 문제의 범주가 쟁점화된 과정을 너무나 잘 보여 주고 있다.

> 그들이 나가 있는 동안 대기실에서는 비건이 최선희 외무성 부상에게서 영변 폐쇄에 어디까지가 포함되는지에 대해 명확한 답을 받아 내려 시도했다. 그녀는 김 위원장만이 거기에 답할 수 있다고 대답했다. 비건이 전한 바에 따르면 김정은에게 물어보러 그의 대기실에도 들르는 등 몇 번 왔다 갔다 하던 그녀가 돌아와서 비건에게 전했다. 김정은은 그것이 "영변에 있는 모든 것"을 뜻한다고 했다는 것이다. 비건은 최선희에게 "잘됐군요. 이제 다시 얘기해 봅시다."라고 말했다. 그러나 바로 그 순간, 이런 논의에서 빠져 있던 트럼프가 갈 시간이 되었노라고 결정해 버렸다. 나중에 비건은 "나에게 만약 김정은이 영변에 있는 모든 것이 포함된다는 얘기를 좀 더 빨리 했더라면 그로써 역사가 바뀌었을 것"이라고 말했다. 그랬을 수도 안 그랬을 수도 있다. 볼턴은 비건을 막고 합의를 막을 패를 손에 쥐고 있었다. 그는 트럼프에게 회담장을 떠나는 것이 그의 이익에 가장 부합한다고 믿게 만들어 놓았던 것이다.[31]

당시 국무부 대북정책특별부대표로 회담에 참석했고 현재 트럼프 행정부에서 안보 부보좌관에 임명된 알렉스 웡은 당시 북한은 제재 완화의 대가로 "불투명한 영변 핵시설의 일부"만을 내놓겠다고 '재차 제안'했다고 기억하고 있다.[32] 비건-최선희의 마지막 대화와는 결이 다른 이런 증언들까지 종합해 보면, 북한 팀은 초반부터 영변에 있는 모든 시설을 협상 대상으로 하겠다고 선언하지 않았고, 그 해체 대상에 대해서도 추가 협상을 해서 결정하자는 의사를 지니고 있었던 것으로 보인다. 결과적으로 북한은 영변의 일부만을 가지고는 협상을 할 수 없다는 마지노선을 견지하고 있던 미국 팀을 실망시켰던 것으로 보인다.[33] 이 같은 북한의 소탐대실 전술 탓인지는 불분명하지만, 영변의 공간적·지리적 범주를 조기에 분명히 제시하지 않은 북한의 협상 전략이 실패의 한 원인이 되었다는 것은 부인하기 어려운 사실이었다. 이에 대해서 미국 팀의 준비 부족에 원인을 돌리는 견해도 있었는데, 문재인 전 대통령은 "그날 트럼프 대통령과 미국의 협상 팀은 북한의 제안 내용조차 제대로 이해하지 못했다는 것을 보여 줍니다."[34]라고 하여 북한이 제안한 영변의 범주가 어디까지냐, 제재 해제가 전면 제재 해제냐 아니냐에 대해서도 뒤늦게 확인하는 등 미국 팀이 '영변 해체와 그 상응 조치'에 대한 북한의 의도를 제대로 모르고 협상에 임했던 것이 패착이었다고 주장하고 있다.

두 번째의 '+ α'는 영변 이외의 '한 가지 더(and more)'로 알려진, 추가 프로그램에 대한 것이다. 사실 비건 팀이 생각한 협상안은 바로 이것이었는데, 김정은 위원장이 이 한 가지를 추가해 준다면 협상이 성공이었다고 홍보할 생각을 갖고 있었던 것으로 보인다. 이들은 이 '한 가지 더'에서 ICBM 해체 문제를 생각하고 있었던 것으로 보인다. 실제 회담 과정에서 트럼프 대통령은 이 문제를 끄집어내었지만, 김정은 위원장의 대답은 단호했다고 한다.

> 트럼프는 여전히 김정은이 준비해 온 보따리를 채우려는 듯 미국을 목표로 하는 장거리 미사일을 없애는 것이 어떠냐고 제안했다…. 김정은은 동의하지 않았다. 단계적 조치를 밟아 가다 보면 결국에는 전체적인 윤곽이 드러날 것이라고만 우겨 댔다. 그는 싱가포르에서도 그랬듯이 북한은 안전을 보장받을 수 있는 어떤 법적 장치도 없다고 불평했다. 트럼프는 그러면 북한은 어떤 종류의 보장을 원하느냐고 물었다…. 그는 미국의 전함이 북한 수역에 진입하면 어떻게 합니까?라는 질문을 던졌고, 트럼프는 그럴

때는 자신에게 연락을 달라고 했다. 몇 차례 줄다리기가 더 오간 후, 마침내 트럼프는 이번 회담에서 상대방의 결심을 끌어낼 수 없다는 것을 깨달았다.[35]

트럼프 대통령은 '영변 + α' 안을 이렇게 끄집어냈지만, 김정은 위원장은 아직 그 단계가 아니라는 답변으로 수정안을 거부했다. 이를 지켜보고 있던 볼턴은 이제 협상을 파탄 내고 노딜로 갈 때가 되었다고 판단해 한술 더 떴다. "북한의 핵, 화학, 생물 무기 프로그램과 탄도미사일 프로그램에 대한 완전하고 철저한 신고"가 필요하다는 데 초점을 맞춰야 한다고 주장하기 시작했다. 그러나 북한의 관점에서는 이건 얘기를 하지 말자는 것이나 마찬가지였다.

이제 '+ α'라는 중재안을 향한 미국의 제안은 모두 거부당한 셈이었다. 그렇다면 트럼프 대통령의 다음 대응은 협상 결렬이냐 혹은 노딜이냐의 선택지로 좁아지게 되었을 텐데, 여기서 트럼프 대통령의 '협상의 기술'이 발동되었다. '+ α'를 얻어 내는 것도 협상의 승리이지만, 그것이 불가능할 때는 적게 주는 '- α'의 방법도 있을 터인데, 대통령이 바로 이 안을 끄집어냈기 때문이다.

트럼프는 김정은의 제안에 더 추가할 내용이 없는지 재차 물었다. 예컨대 제재의 '전면 해제'보다는 '일부 완화'를 요청할 생각은 없느냐는 것이었다. 트럼프의 입에서 이 말이 나온 것은 의심의 여지없이 회담 기간 중 최악의 순간이었다. 만약 그 자리에서 김정은이 예스라고 했다면 곧바로 거래가 성립되는 것이었다. 이는 미국으로서는 끔찍한 결과를 의미했다. 다행히 김정은은 이 제안을 받아들이지 않았다. 제재 완화에 대해서는 어떠한 언급도 없이 자신이 얻은 것은 아무것도 없다고만 말했다.[36]

[표 4] 영변 + α를 둘러싼 두 가지 구상의 비교

영변 + α					
범주		영변 + 장소		영변 + 프로그램	
비건의 용어		"비욘드 영변(Beyond Yongbyon)"		"앤드 모어(And More)"	
명분		전 핵물질 동결		비핵화 정의 확장	
하위 범주		A. 영변 범위	B. 추가 시설	C. ICBM	D. 합의 방식
목표		해체	동결	포괄적 합의 최종 상태와 로드맵	이행 단계별 목표 및 교환 내용 합의
하노이 쟁점	북 입장	"단지 영변만"	불가	'완전한 비핵화'만 다룸	단계적 합의/ 단계적 이행
	미 입장	최선희 안 수용	전체 추가 시설 요구	북한의 '선' 신고 탄도미사일, 생화학무기	포괄적 합의/ 단계적 이행
미국 상응 조치 제안		부분 제재 완화/ 종전선언 등 안보	남북협력/ 인도적 지원 허용	스냅 백 조항(snap back clause) 도입 혹은 부분 제재 완화	
북한 변화(6·30)		북한의 입장이 "영변만(only YB)"에서 "영변부터(From YB)"로 변화하여, 상황에 따라 '+ α' 수용 가능하다고 언급하였다는 것이 비건의 해석			

북한의 영변 해체 안에 대한 미국의 보상 규모를 줄이는 제안이 남아 있었던 것이다. 소위 순차적·비례적 제재 해제안으로 보이는 이 제안을[37] 들은 볼턴이 경악했다는 데서 짐작할 수 있듯이 실무 준비 과정에 아무도 이에 대해서는 생각해 보지 않았던 것으로 보인다. 이것이 스냅 백(snap back) 조항의 도입을 의미하는 것인지는 분명하지 않았지만,[38] 트럼프 대통령이 시종일관 노딜을 확정해 두고 협상에 임했다고 봐서는 안 된다는 점을 증거하는 장면이었다. 동시에 그것은 김정은 위원장의 유연하지 못한 모습에 아쉬움을 주는 순간이기도 했다.[39] 하지만 이 장면에 대해서 후일 김여정은 "그리고 미국은 내심 하노이에서와 같은 협상 조건으로라도 되돌아가고 싶어 할지도 모른다는 생각이 든다. 지금

에 와서 돌이켜 보면 미국은 바로 그때 2019년 초 하노이에서 부분적인 제재 해제를 해주는 것 같은 시늉을 내면서 얼마든지 우리의 핵중추를 우선적으로 마비시켜 놓고 우리의 전망적인 핵 계획을 혼탕시킬 수 있는 가능성을 가지고 있었다. 그때에는 우리가 거래 조건이 맞지 않음에도 불구하고 위험을 무릅쓰고서라도 제재의 사슬을 끊고 하루라도 빨리 우리 인민들의 생활 향상을 도모해 보자고 일대 모험을 하던 시기였다고 할 수 있다."[40]라고 하여, 김정은 위원장이 당시 트럼프 대통령의 부분적 제재 해제안을 받지 않은 것을 모험주의에 빠지지 않은 다행스러운 것으로 평가하고 있다.

2) 실패한 공동성명서 발표

트럼프 대통령과 김정은 위원장은 회담 막바지에 이르자 예정된 오찬도 취소하고 성명서 조율에 들어갔다. 미국 측은 처음에는 볼턴의 주장대로 북미 각국이 따로 성명서를 내는 두 개의 단독 성명서를 요구했다. 하지만 김정은 위원장은 하나의 공동성명서가 나가기를 원했다. 김정은 위원장은 이 성명서에서 "북측이 영변을 포함시켰고 미국 측이 이를 고려했다."라는 내용이 명기되기를 원했다고 한다. 논란이 오가는 가운데 트럼프 대통령은 공동성명서를 원하는 김정은 위원장의 주장을 지지하였고, 이에 폼페이오-김영철 라인에게 초안 작성을 맡겼다. 하지만 양자가 끝내 합의문 작성에 실패하자 트럼프 대통령은 "김정은의 제안을 수용한다면 자신이 선거에서 질지도 모른다."라며 김정은을 달래고 나섰다. 김 위원장은 "트럼프가 정치적으로 손해될 일을 하는 것은 전혀 자신이 원하는 바가 아니다."라고 답했다. 브로맨스의 한 장면이었다.[41] 이제 트럼프 대통령이 원했던 '걸어 나가기' 전략이 먹히는 순간이었다. 마지막 순간까지 공동성명에 미련을 버리지 못한 비건과 최선희 두 대표가 영변의 구체적 범주를 둘러싼 대화를 통해 일종의 합의를 이루었지만, 그 또한 트럼프 대통령을 돌려세우기에는 뒤늦은 시점이었다.

북한은 폼페이오 장관이 이 모든 실패의 원인이었다고 평가했다. 볼턴은 강경파이긴 하지만 트럼프 대통령에게 큰 영향을 미칠 수 있는 인물은 아니었다. 하지만 폼페이오 장관은 모든 실무 회담의 책임자로서 그가 가진 영향력은 무시할 수 없는 수준이었다. 바로 그 점 때문에 "폼페이오만 끼어들면 일이 꼬이고 결과물이 날아 나군" 한다며 북한의 리용호 외무상은 직격탄을 날렸다. 이미 2018년 9월 6일 친서에서 김정은 위원장이 폼페이오 장관이 대통령의 의중을 제대로 전달하지 않고 있다는 점을 지적했지만, 막상 하노이 회담이 실패하자 그에 대한 비난은 상상을 초월하는 수준으로 발전했다. "미국 외교의 독초"이자 북미협상의 "훼방꾼"[42]이라는 칭호를 받은 폼페이오 장관에 대해서 헤커 박사 역시 비슷한 평가를 내린다. 이런 헤커 박사의 평가는 폼페이오 장관이 얼마나 김정은 정권에 대해 경멸을 드러냈는지, 북한에 대한 제재와 압박에 진정이었는가를 알 수 있는 장면이다.

> 공개적인 자리에서 그는 언제나 트럼프 대통령과 그의 의제를 지지했다. 하지만 볼턴은 사적인 대화를 나눌 때의 국무부 장관은 자신의 의견과 별로 다르지 않았음을 시사했다. 리용호 외무상도 같은 느낌을 받았을 것이다…. 폼페이오가 볼턴이 한 것처럼 합의를 이루려는 대통령의 시도를 방해하지 않았을지는 모르지만, 그의 발언으로 미루어 볼 때 트럼프가 하노이에서 협상을 깨고 나왔을 때 그도 안도감을 느꼈으리라는 것은 틀림없었다.[43]

한편 헤커 박사는 김영철 부장에 대해서도 비슷한 평가를 내린다.

김영철 대장과 같은 어떤 이들에게는 지도자의 분노를 감당하는 것이 그가 하노이에서 공간을 내어주게 놔두는 것보다 나았을지도 모른다. 미국에 볼턴이 있었다면 북한에는 김영철이 있다고 해도 좋을 정도로 그는 훼방꾼으로서 비슷한 역할을 하고 있었다. 김영철은 오래전부터 정보총책으로 30여 년 전 김일성이 남한에 다가가는 것을 반대한 이력을 시작으로 워싱턴과의 타협에도 반대해 온 인물이었다.[44]

이런 두 인물이 최종 합의안의 조율을 맡았으니 그 결과는 뻔했을 것이다. 헤커 박사는 그런 점에서 두 협상파 비건과 최선희가 마지막 영변의 범주를 둘러싸고 뒤늦게 도달한 협상안이 시간 문제로 받아들여지지 못한 것이 더더욱 안타까웠는지 모르겠다.

3) 노딜과 북미 간 책임 공방전

하노이 회담이 끝난 직후 트럼프 대통령은 "많은 합의가 이루어졌으나 준비가 부족했다."라며, 북한 측이 '전면 제재 해제라는 무리한 요구를 했다'는 기자회견을 남기고 국내외의 축하를 받으며 귀국 비행기에 올랐다.[45]

이에 발끈한 북한의 리용호 외무상은 1일 0시 13분(현지 시각) 베트남 하노이에서 심야 긴급 기자회견을 소집해 두 가지 점을 반박했다.

> 이번 2차 조미수뇌상봉 회담 결과에 대한 우리의 입장을 알려드리겠습니다. 조미 양국의 수뇌분들은 이번에 훌륭한 인내력과 자제력을 가지고 이틀간에 걸쳐서 진지한 회담을 진행하셨습니다. 우리는 지난해 6월 싱가포르 회의 중 1차 조미수뇌상봉회담 공동인식으로 이룩된 신뢰조성과 단계적 해결 원칙에 따라 이번 회담에서 현실적 제안을 제기했습니다.

미국이 유엔 제재의 일부, 즉 민수경제와 인민생활에 지장을 주는 항목의 제재를 해제하면 우리는 영변 핵의 플루토늄과 우라늄을 포함한 모든 핵물질 생산시설을 미국 전문가들의 입회하에 두 나라 기술자들의 공동의 작업으로 영구적으로 완전히 폐기한다는 것입니다. 우리가 요구하는 것은 전면적인 제재 해제가 아니고 일부 해제, 구체적으로는 유엔 제재 결의 11건 가운데 2016년부터 2017까지 채택된 5건, 그 중 **민수경제와 인민생활에 지장을 주는 항목들만 먼저 해제**하라는 것입니다. 이것은 조미 양국 사이의 현 신뢰 수준을 놓고 볼 때 현 단계에 우리가 내짚을 수 있는 가장 큰 보폭의 비핵화 조치입니다. 우리가 비핵화 조치를 취해나가는 데서 보다 중요한 문제는 안전 담보 문제이지만 미국이 아직은 군사 분야 조치를 취하는 것이 부담스러울 것이라 보고 부분적 제재 해제를 상응 조치로 제안한 것입니다.

이번 회담에서 우리는 미국의 우려를 덜어 주기 위해서 핵실험과 장거리 로켓 시험 발사를 영구적으로 중지한다는 확약도 문서 형태로 줄 용의를 밝혔습니다. 신뢰조성 단계를 거치면 앞으로 비핵화 과정은 더 빨리 전진할 수 있을 것입니다. 그러나 회담 과정에 미국 측은 **영변 지구 핵시설 폐기 조치 외에 한 가지를 더 해야 한다고** 끝까지 주장했으며 따라서 미국이 우리의 제안을 수용할 준비가 돼 있지 않다는 것이 명백해졌습니다.

현 단계에서 우리가 제안한 것보다 더 좋은 합의가 이뤄질 수 있는 건지 이 자리에서 말하기 힘듭니다. 이런 기회마저 다시 오기 힘들 수 있습니다. 완전한 비핵화에로의 여정에는 반드시 이러한 첫 단계 공정이 불가피하며 우리가 내놓은 최대한의 방안이 실현되는 과정을 반드시 거쳐야 할 것입니다. 우리의 이런 원칙적 입장에는 추호도 변함이 없을 것이며 앞으로 미국 측이 협상을 다시 제기해 오는 경우에도 우리 방안에는 변함이 없을 것이다. 이상입니다.[46]

리용호 외무상이 회견에서 지적한 첫째는 '제재 해제 요구'의 범주에 대한 것이었다. 자신들이 요구한 것은 전면적인 제재 해제가 아니고 일부 해제라며 "구체적으로 유엔 제재 결의 11건 가운데 2016~2017년 채택된 5건" 그리고 "안보리 제재 5건도 100%가 아니라 군수용을 제외한 민수·민생용만 제재 해제를 요구한 것"이라고 말했다. 트럼프 미 대통령이 전면 제재 해제 운운한 것은 사실과 다르다는 주장이었다. 이날 기자회견에서 리용호 외무상은 자신들에게 가장 중요한 문제는 안전 담보 문제이지만, 미국의 부담감을 고려해 부분적 제재 해제를 상응 조치로 제안한 것이라는 설명을 덧붙였다. 이번 제재 해제 요구를 '미 측을 배려한 양보'라고 묘사한 것이다.[47]

사실 북한에 대한 제재가 효과가 없다는 지적이 일자, 2016년 안보리는 중국의 동의를 얻어 북한의 민수경제를 대상으로 하는 전면적이고 포괄적인 제재 프레임을 구축했다. 이렇게 2016년부터 시작된 포괄 제재가 막 효과를 볼 상황에서 북한이 대미 협상에 나섰고, 이제 북한이 그 핵심 제재를 풀어 달라고 한 것이었다. 북한의 요구는 실제로 민간 부문에 대한 일부 제재 해제였지만, 제재 전문가들에겐 가장 아픈 부위 그래서 가장 효과적인 제재 부분을 해제하라는 것으로 들렸기 때문에, 제재 팀들에게 민수-군수 구분은 무의미한 것이었다. '아전인수식 말장난'에 불과하다는 지적이 나온 것도 이런 이유에서였다. 실제 회담에서 트럼프 대통령은 5개 제재를 해제하면 북한이 연간 얼마나 큰 혜택을 보는지를 계산해 보라고 요구했고, 폼페이오로부터 그 구체적 금액을 듣자 트럼프 대통령은 북한이 너무 과도한 요구를 하고 있다고 답했다는 후문이 있다. 미국이 보기에 북한이 요구하는 민수 부문 제재 해제가 대북 제재를 사실상 무력화시킬 만큼 효과가 큰 규모였다는 뜻이다.

특히 제재 팀들은 "북한이 이런 제재 해제를 조건으로 제안한 영변 핵시설 폐기는 영변 단지 일부의 폐쇄였다."라고 분개했다. 알렉스 윙 당시 대북정책특별부대표 역시 "완전한 제재 완화의 대가로 불투명한 영변 핵시설의 일부 교환을 재차 제안했습니다. 당시 북한이 제시했던 제안은 분명 북한의 전체 핵과 미사일 프로그램은 물론 그들이 개발 중인 다른 대량살상무기를 포함하지 않았습니다."[48]라며, 북한이 영변은 부분을 말하면서 제재는 전면 해제를 원했다고 기억하고 있다. 그의 기억이 비건-최선희 간의 마지막 협상에서 나눈 영변에 대한 대화를 얼마나 반영한 것인지 알 수는 없지만, 비건 대표와 헤커 박사의 대화에서 나온 내용과는 다른 설명을 하고 있다는 점은 분명하다. 이런 불일치의 문제가 미국 관료 체제 내의 커뮤니케이션 문제인지, 북한의 이중 전략 탓인지는 다시 한번 복기가 필요할 것으로 보인다.

또 다른 하나는 한 가지 더(and more), 즉 '+ α'에 대한 문제였다. 리용호 외무상은 "미국 측은 영변 지구 핵 시설 폐기 조치 외에 한 가지를 더 해야 한다고 끝까지 주장했다."라며, "미국이 우리의 제안을 수용할 준비가 돼 있지 않다는 것이 명백해졌다."라고 반박했다. 리용호 외무상이 언급하고 있는 것은 트럼프 대통령이 언급한 ICBM 폐기 문제였다. 북한 측은 장거리 로켓 시험 발사를 영구적으로 중지한다는 확약을 문서 형태로 줄 용의를 밝혔는데도 미국 측은 그 이상의 조치를 원했다는 것이다.

리용호 외무상을 이어서 당일 기자 문답을 이어 간 최선희 부상은 "(북측의) 제안을 미국이 받아들이지 않은 것은 천재일우의 기회를 놓친 것"이라며 "이런 기회가 다시 미국 측에 차려지겠는지 장담하기 힘들다."라고 했다. 이어 "미국 측의 반응을 보면서 우리 국무위원장 동지께서 앞으로의 조미 거래에 대해서 좀 의욕을 잃지 않으셨나 하는 느낌을 받았다."라고도 했다. 그리고 최선희 부상은 당일 오후 한국 기자들을 만나 "미국의 거래 방식, 거래 계산법에 대해 굉장히 의아함을 느끼고 계시고 생각이 좀 달라지신다는 느낌을 받았다."라며 "이런 회담을 계속

해야 할 필요가 있을 것 같지 않다."라고 했다. 그는 "신년사로부터 시작해서 상응 조치가 없으면 '새로운 길'을 찾겠다는 입장도 표시했기 때문에 이제는 정말 뭐가 돼도 돼야 한다고 생각하고 있다."라고 했다. 그러면서 "우리 딴에는 최상의 안을 내놨다고 생각했는데 잘 안 됐다", "잘못된 화답이 왔다."라고도 했다. 대화 재개가 쉽지 않을 수 있다는 신호였다.

4) 비건 대표의 3·7 기자 회견과 최선희 부상의 3·15 기자 회견

비건 대표는 회담 직후인 3월 7일 익명의 기자회견[49]을 통해 미국 팀의 누구도 '단계적 접근법(step by step)'을 지지하는 사람은 없다는 점을 분명히 했다. 북한이 원하는 '단계적 합의-단계적 이행' 안을 반대한다는 점을 분명히 한 것이다. 그러나 단계론과 관련해서 비건 대표는 그동안 자신이 사용해 온 용어였던 동보적(simultaneously and in parallel)이나 '단계적, 동시적 행동 원칙(phased and synchronized)'이라는 표현으로 번역되어 사용되고 있던 용어가 아닌, 'step by step'이라는 단어를 사용했다. 사실 북한 측뿐만 아니라 한국에서도 비건 대표의 1·31 연설 중 동보적(simultaneously and in parallel)이란 용어나 싱가포르 회담의 'phased and synchronized approach'라는 용어를 단계적 접근법으로 이해하지 않은 사람은 없었다. 이제 와서 비건 대표가 자신들이 '단계적 접근법(step by step)'을 지지하지 않는다고 말한 것은 다소 의외였다. 영문 문구 자체를 따지면 다른 단어이므로 틀린 주장이 아니지만, 그렇게 된다면 싱가포르 합의문 당시 'phased and synchronized approach'를 단계적 동시 행동으로 국문 번역했던 것을 수정하지 않을 수 없게 되었다. 이미 합의된 성명서를 수정하기는 어렵지만, 결국 비건의 회견은 과거가 된 싱가포르 합의문의 성명서마저 단계론이 아니라 '국면적으로 조율된 접근법'

정도로 수정해서 이해하지 않을 수 없게 만드는 난센스를 범하고 있었던 것이었다. 협상파 비건의 고육지책을 이해하지 못할 바는 아니었지만, 그의 성명이 '맥락적 이해'의 관점에서 보면 잘못된 선례를 남긴 것도 사실이었다.

어쨌든 이 회견에서 비건 대표는 다음과 같이 하노이 회담에 대해 결론 내렸다.

첫째, 하노이 회담은 많은 점에서 합의에 도달한 생산적 회담이었고 그런 점에서 결렬이 아니라 노딜이었다. 둘째, 미국 팀에 단계적 접근법 그리고 점진적 접근법을 지지하는 사람은 한 사람도 없다. 셋째, 자신들의 접근법은 언제나 '완전한 비핵화'를 조건으로 모든 다른 조치들(steps)이 취해지는 방식이라고 정의하였다. 그것은 북한의 대량살상무기 체계와 운반 수단의 해체가 즉각적인 목표로 동시에 진행되어야 하

비건 대표의 익명 언론 간담회 발언 일부

국무부 고위 관리: 현 행정부 내 누구도 단계적 접근 방식(step-by-step approach)을 지지하지 않습니다. 어떤 경우든, 북한의 완전한 비핵화가 여타 모든 조치가 이행되기 위한 전제 조건이라는 점에 대한 기대가 존재합니다. 과거 협상의 특징은 이러한 문제를 장기간에 걸쳐 점진적으로 해결하려는 접근 방식이었으나, 솔직히 말해 그러한 방식은 과거 여러 차례에 걸쳐 양측이 최소한 표면적으로는 합의했던 결과를 실현하는 데 실패해 왔습니다. 이에 따라 이번에는 이전과는 다른 접근 방식을 시도하고자 하는 것입니다. 이러한 입장은 관련 모든 부처가 공동으로 지지하고 있는 바입니다. (…)

트럼프 대통령이 김 위원장에게 제안한 바가 있었음을 분명히 확인해 드릴 수 있는 바, 그것은 북한의 대량살상무기 프로그램의 완전한 폐기였습니다. 리 외무상이 언급한 '또 다른 하나(one more thing)'가 무엇을 의미하는지는 명확하지 않으나, 트럼프 대통령이 제시한 비전이 단지 북한 측이 이행해야 할 사항에만 국한된 것이 아니었다는 점 또한 분명히 말씀 드릴 수 있습니다.

는 전략임을 의미한다는 것이다. 그리고 네 번째로 비건 대표는 '영변 + α'의 "한 가지 더"에 대해서 리용호 외무상이 말한 'one more'가 무엇을 의미했는지는 모른다면서도 트럼프 대통령은 대량살상무기 프로그램의 완전한 해체를 요구했다고 하여, 사실상 '+ α'가 ICBM이라는 점을 시인했다. 비건의 회담에 대한 볼턴의 비판을 그대로 옮기면 그것은 '꼼수'로,[50] 회담이 결렬되지 않고 성과적이었음을 강조하면서 협상의 모멘텀을 이어가기 위한 회견이었던 것이다.

이어서 3월 12일 개최된 카네기 재단의 핵 정책 컨퍼런스에 기조 연설자로 출연한 비건 대표는 며칠 전 자신이 익명의 인터뷰에서 했던 동일한 내용을 반복함으로써 익명의 인터뷰이가 자신이었음을 명시적으로 확인해 주었다. 미국 내에 단계론 지지자는 없다는 점을 재강조한 비건 대표는 위 네 가지에 더해 다섯 번째 결론, 즉 영변이 무엇을 의미하느냐에 대해 이례적으로 구체적인 답을 주었다. 그는 영변에 대한 북한의 정의가 왔다 갔다 한다면서, 미국이 생각하는 영변은 2008년 6자 회담 당시에는 플루토늄 생산 시설이었고 그 10년 후에는 우라늄 생산 시설까지를 의미하는 것이었으며, 이제 영변은 플루토늄이나 농축우라늄 설비들만이 아니라 핵 주기와 핵무기 생산과 관련된 모든 차원의 위협을 제거하는 문제가 되었다고 강변한다.[51] 하노이 회담에서 영변의 범주를 둘러싼 논란을 해결하지 못한 이유에 대한 설명이었던 셈이다.

하지만 비건 대표의 이런 설명에 대해 대담의 참가자들은 1·31 스탠퍼드 대학 연설과 당일의 연설에 차이가 있다라던가, '영변 + α'에 생화학무기까지 포함시킨 것은 골포스트 옮기기나 마찬가지 아닌가, 그리고 당시에는 동시 행동론과 점진적 접근법을 채택하는 것처럼 설명한 바 있는데 이제 와서 이를 부인하는 것은 왜인가, 나아가 그러면서도 북한과의 생산적 회담을 가졌다고 하는 것을 믿을 수 있는가 등의 비판적 질문들이 쏟아졌다. 비건 대표의 답변들은 이전보다 더 선명해진 부분

이 많았지만, 협상파의 답이라고 보기에는 더 군색해진 면도 있었음을 감추기는 어려웠다.[52]

비건 대표의 연설 이후 얼마 지나지 않아 최선희 부상이 다시 무대에 올라섰다. 최선희 부상의 반박 발언은 네 가지로 요약된다.

첫째, 제재 문제에 대한 자신들의 요구는 유엔 안보리 제재 결의안 제2270호, 제2321호, 제2375호, 제2397호의 4개 결의안 중 '민수분야와 인민생활에 지장을 주는 항목'만 부분적으로 해제하자는 것이었는데, 이를 잘 아는 미국 측이 거짓말을 하고 있다는 주장이었다. 이는 트럼프 대통령이 스냅 백(snap back) 조항, 즉 "제재를 해제했다가도 조선이 핵활동을 재개하는 경우 제재는 가역적이다."라는 조항을 포함시킨다면 합의가 가능할 수도 있다는 신축성 있는 입장을 취한 데서도 알 수 있다고 주장해 트럼프 대통령이 스냅 백 조항을 제기했음을 폭로하였다.

둘째, 폼페이오 장관과 볼턴 보좌관은 방해자의 역할을 했다는 것인데, 다시 말해 기존의 적대감과 불신의 감정으로 의도적인 장애를 조성했다는 것이다. "미국 고위 관리들 속에서는 아주 고약한 발언들이 련발되고 있다. 특히 백악관 국가안보보좌관 볼턴은 대화 상대방인 우리에 대해 말을 가려 하지 못하고 자기 입에서 무슨 말이 나가는지도 모르고 마구 내뱉고 있다."라는 최선희 부상의 비판을 곱씹어 보면 사실은 그것이 볼턴만이 아니라 폼페이오 장관의 역할을 공개적으로 저격한 것임을 알 수 있다.

셋째, 미국의 셈법이 이상하다는 주장이다. 북한이 2014년 이래 주장한 쌍중단은 핵실험 및 미사일 실험 동결과 한미군사연습 중단을 하나의 패키지로 묶는 것이었다. 하지만 하노이 회담을 전후해 북한은 핵실험 및 미사일 실험 동결의 대가로 '한미군사연습 동결'뿐 아니라 '제재 동결'을 패키지로 묶자고 주장하기 시작한 것이다. 최선희 부상에 따르면 "우리의 핵 시험이나 대륙간탄도로케트시험발사를 걸고 나온 유엔 안보리사회 〈제재 결의〉들에는 〈조선민주주의인민공화국이 결의들을 준수하는 정도에 따라 제재를 강화, 수정, 보류, 해제할 준비가 되어 있다〉는 문구가 명백히 새겨져 있다."라는 것이다. 말인즉 북한이 '제재 결의안을 준수'하고 있는데도 불구하고 제재의 '보류'와 '해제'에 대한 어떤 조치도 없다는 불만이었다.[53] 이로써 북한의 쌍중단 셈법에 북한의 '핵 실험 및 ICBM 발사 중단'과 '제재 중단'이 한 묶음으로 묶이기 시작한 것이 분명해졌다. 북한의 새로운 셈법은 이미 싱가포르 회담 과정에서 김정은 위원장이 트럼프 대통령에게 "다음에는 제재 해제냐?"라고 질문하였을 때부터 시작된 것인데, 이를 미국 측이 간과하고 있었던 것이다. 미국 측이 생각하는 '제재 준수'는 북한이 추가 도발을 '동결'하는 억지(deterrence)에 머무르는 것이 아니라, '도발을 되돌려 원상복구'하는 강제(compellence)까지를 의미하는 것이었기 때문에, 북한의 셈법을 그대로 수용하기는 어려웠다.[54] 하노이 회담이 더욱 복잡하게 꼬인 이유 중의 하나였지만 이런 '새로운 셈법'에 대한 논란은 쉽게 풀릴 기미가 없는 것이었다.

마지막으로 최선희 부상은 자신들과 북한의 군수공업 부문 인사들은 이미 핵 포기를 반대하기 시작했고, 김정은 위원장 또한 이런 식의 회담이 더 이상 유의미하지 않다고 생각하기 시작했음을 경고했다. "이번 회담이 천재일우의 기회를 놓친 것"이라는 그녀의 회견은 조만간 북한 지도부의 결심이 있을 것이라는 최후통첩이나 마찬가지였다.

> 우리는 이번 수뇌회담에서 문제 해결의 유일한 출로이며 문제해결 로상에서 반드시 거쳐야 할 필수적인 경로를 쌍방의 리해관계에 맞게 설정하고 보다 진중하고 신뢰적인 조치들을 취할 결심을 피력하였다. 하지만 미국은 정치적 리해관계에 집착하면서 회담에 진정성을 가지고 림하지 않았다. 회담에서 우리가 현실적인 제안을 제시하자 **트럼프 대통령은 합의문**

에 〈제재를 해제했다가도 조선이 핵활동을 재개하는 경우 제재는 가역적이다〉는 내용을 더 포함시킨다면 합의가 가능할 수도 있다는 신축성 있는 립장을 취하였지만 미 국무장관 폼페오나 백악관 국가안보보좌관 볼턴은 기존의 적대감과 불신의 감정으로 두 수뇌분들 사이의 건설적인 협상 노력에 장애를 조성하였으며 결국 이번 수뇌회담에서는 의미 있는 결과물이 나오지 못하였다. 지금에 와서 우리는 이번 협상에서 무엇이 부족했고 무엇이 더 필요했는지에 대해 다시금 생각해 보았다. 이번에 미국은 **천재일우의 기회를 놓쳤다고 생각한다.** 우리 국무위원회 위원장 동지께서는 트럼프 대통령을 만나신 자리에서 싱가포르 회담 이후 260일간은 그 어느 때보다도 인내와 노력이 필요한 시기였다는 데 대하여 말씀을 하시였는데 이런 기회를 만드시기 위해 국내의 많은 반대와 도전과도 맞서오시였다. 사실 우리 인민들 특히 우리 군대와 군수공업부문은 우리가 절대로 핵을 포기하면 안 된다고 하면서 우리 국무위원회 위원장 동지께 수천 통의 청원 편지들을 올리고 있다….

(…) 우리의 핵시험이나 대륙간탄도로케트시험발사를 걸고 나온 유엔안보리사회 〈제재 결의〉들에는 〈조선민주주의인민공화국이 결의들을 준수하는 정도에 따라 제재를 강화, 수정, **보류**, **해제**할 준비가 되어 있다〉는 문구가 명백히 새겨져 있다. 이번 회담에서 내가 느낀 것은 미국의 계산법이 참으로 이상하다는 것이다. 미국이 우리가 지난 15개월 동안 핵시험과 대륙간탄도로케트시험발사를 진행하지 않고 있다고 말은 많이 하면서도 그에 상응하게 해당한 유엔 제재들을 해제하는 조치를 취하지는 않고 오히려 **여기에 뚱딴지같이 비핵화 문제까지 꺼들어 넣으면서 비핵화를 하지 않으면 제재를 해제할 수 없다는 얼토당토 않은 궤변을 늘여놓았다. 그렇다면 미국의 계산법은 대체 어디에 기초를 둔 계산법인가 하는 것이다….**[55]

이런 상태에서 서해(동창리) 발사대에서 이상한 움직임이 있다는 보도가 돌기 시작했다. 북한 서해 로켓 발사장을 3월 6일과 8일 촬영한 인공위성 사진을 분석한 결과 북한이 발사대와 수직 엔진시험장에서 준비 작업을 계속하는 것으로 나타났다고 미 전략국제문제연구소(CSIS)가 운영하는 북한 전문 사이트 비욘드 패럴렐(Beyond Parallel)이 9일(현지 시간) 밝혔기 때문이다.[56]

상황이 이렇게 돌아가자, 노딜을 유지하기 위해 다시 미국 팀이 움직이기 시작했다. 트럼프 대통령은 3월 22일 자 친서를 북한 측에 보냈다. 친서는 김정은 위원장과 트럼프 대통령은 서로 '친구'이므로, 이 브로맨스에 기반해 앞으로 다가올 수개월 혹은 수년간 무언가 성과를 내기를 바라고 있다는 내용을 쓰고 있었다. 하노이 회담이 결렬이 아니라 노딜이라는 점을 분명히 하고 다음 회담을 통해 성과를 마무리하자는 것이었다. 당시 트럼프 대통령이 어떤 경로를 통해 친서를 보냈는지는 분명하지 않지만, 앨리슨 후커 보좌관이 3월 29일 판문점을 방문한 것으로 알려짐에 따라 실제 친서 전달 시점이 그때였을 것이라고 추정된다.

#21. 트럼프 대통령 → 김정은 위원장(2019. 3. 22.)

친애하는 김 위원장님,
오늘 위원장님의 위대한 국가를 세운 김일성 주석의 탄신 기념일을 앞두고 따뜻한 안부 인사를 전하고자 편지를 씁니다. 위원장님께서는 주민들에 대한 그의 비전을 구현하려 하며, 비핵화 달성이라는 그의 유지를 완수할 역사적인 기회도 지금 주어져 있습니다. 저는 조선민주주의인민공화국이 당신의 영도 아래 다대한 잠재력을 달성하리라 확신합니다.

이번에 하노이까지 먼 발걸음을 해주셔서 다시 한번 감사드립니다. 우리가 헤어질 때 말씀드렸듯이, 위원장님은 **저의 친구이고**, 앞으로도 항상 그럴 것입니다. 우리의 만남에 대한 일부 언론 보도와 달리, 위원장님과 저는 엄청난 진전을 이루었습니다. 아직 해야 할 일들이 많이 남아 있지만, 위원장님과 제가 공통된 목표를 계속 견지한다면 앞으로 다가올 수개월, 수년 동안 무엇인가 함께 성취할 수 있다는 큰 희망과 기대를 갖고 있습니다.

당신의 아름다운 가족분들께도 따뜻한 안부를 전해 주기 바랍니다.

김정은 위원장에게 이 친서가 어떤 역할을 했는지는 알 수 없지만, 두 가지 점은 분명했다.

먼저 김 위원장이 이에 대해 공식적인 답서를 보내지는 않았다는 점이다. 김정은 위원장과 트럼프 대통령이 주고받은 다음 친서는 6월 10일 트럼프 대통령의 생일을 축하하는 친서이기 때문이다.

다음으로 김정은 위원장은 4월 12일 최고인민회의 연설로 트럼프 대통령의 친서에 대한 답을 가름하였다. 아래의 연설에서 김정은 위원장은 미국이 "실현 불가능한 방법에 대해서만 머리를 굴리"며 회담장에 왔고 "문제를 풀어 나갈 준비가 안 되어" 있었다며 트럼프 대통령이 자신이 준비가 안 되어 있다고 한 기자회견 내용을 정면으로 반박했다. 그리고 "대통령이 직접 중지를 공약한 군사연습을 재개"하는 등 적대시 정책 철회를 외면하고 있는 점에 대해 불쾌감과 우려를 표명하였다.

하지만 지난 2월 하노이에서 진행된 제2차 조미수뇌회담은 우리가 전략적 결단과 대용단을 내려 내짚은 걸음들이 과연 옳았는가에 대한 강한 의문을 자아냈으며 미국이 진정으로 조미관계를 개선하려는 생각이 있기는 있는가 하는 데 대한 경계심을 가지게 한 계기로 되었습니다. 우리는 제2차 조미수뇌회담에서 6·12 조미공동성명 이행을 위해 반드시 거쳐야 할 필수적인 단계와 경로를 조미쌍방의 이해관계에 부합되게 설정하고 보다 진중하고 신뢰적인 조치들을 취할 결심을 피력하였으며 이에 대한 미국의 화답을 기대하였습니다. 그런데 미국은 전혀 실현불가능한 방법에 대해서만 머리를 굴리고 회담장에 찾아왔습니다. 다시 말하여 우리를 마주하고 앉아 **문제를 풀어 나갈 준비가 안 되어 있었으며** 똑똑한 방향과 방법론도 없었습니다. 미국은 그러한 궁리로는 백 번, 천 번 우리와 다시 마주 앉는다 해도 우리를 까딱도 움직이지 못할 것이며 저들의 잇속을 하나도 챙길 수 없을 것입니다. 지금 미국에서는 우리의 대륙간탄도로케트 요격을 가상한 시험이 진행되고 미국 대통령이 **직접 중지를 공약한 군사연습들이 재개되는 등 6·12 조미공동성명의 정신에 역행하는 적대적 움직임들이 노골**화되고 있으며 이것은 우리를 심히 자극하고 있습니다. 나는 이러한 흐름을 매우 불쾌하게 생각합니다. **바람이 불면 파도가 일기 마련이듯이 미국의 대조선 적대시 정책이 노골화될수록 그에 화답하는 우리의 행동도 따라서게 되어 있습니다.** 최근 미국이 제3차 조미수뇌회담을 또 다시 생각하고 있으며 대화를 통한 문제해결을 강력히 시사하고 있지만 새로운 조미관계수립의 근본방도인 **적대시 정책 철회를 여전히 외면하고 있으며** 오히려 우리를 최대로 압박하면 굴복시킬 수 있다고 오판하고 있습니다. 우리도 물론 대화와 협상을 통한 문제해결을 중시하지만 일방적으로 자기의 요구만을 들이먹이려고 하는 미국식 대화법에는 체질적으로 맞지 않고 흥미도 없습니다. 미국이 대화를 통하여 문제를 해결하자고 하면서도 우리에 대한 적대감을 날로 더 고조시키는 것은 기름으로 붙는 불을 진화해 보겠다는 것과 다를 바 없는 어리석고도 위험한 행동입니다. 조미 사이에 뿌리 깊은 적대감이 존재하고 있는 조건에서 6·12 조미공동성명을 이행해 나가자면 쌍방이 서로의 일방적인 요구조건들을 내려놓고 각자의 이해관계에 부합되는 건설적인 해법을 찾아야 합니다. 그러자면 우선 미국이 지금의 계산법을 접고 새로운 계산법을 가지고 우리에게 다가서는 것이 필요합니다.[57]

5) 4·12 한미정상회담과 북한의 연말 시한부 대화론

하노이 회담의 실패를 둘러싸고 몇 가지 소문들이 떠돌았다. 한국 정부가 하노이 회담에 대해 너무 낙관하고 있었던 탓에, 미국 측의 '노딜' 전략에 대해서 전혀 대비가 없었다는 것이다. 물론 이런 풍문은 한국 정부가 백악관 정치를 너무 모르고 오로지 국무부와 비건 대표의 스탠퍼드 연설에만 과도한 기대감을 걸었던 탓이 아니었을까라는 추론이지, 정확한 원인과 정책결정 프로세스에 대한 분석에 기반한 것은 아니었다.

동시에 이런 한국의 낙관론이 북한 측에 전달되어 북한 역시 철저한 대비가 없었고 결과적으로 김정은 위원장이 플랜 B도 없이 회담에 참석한 놀라운 상황이 발생했다는 주장도 제기되었다. 더 우스운 상황은 이 때문에 김영철, 김혁철 등에 이어 통역관 신혜영 등 여러 인사들이 처벌받았다는 이야기였다. 볼턴 회고록에도 인용된 이런 가십성 기사들은,[58] 북한 내부 정치에 대한 소문이 언제나 그렇듯이 정확도가 떨어졌고 결국 사실이 아닌 것으로 밝혀졌다.

어쨌든 한국 정부는 뒤늦게나마 노딜 전략이 회담 실패나 결렬이라 볼 수 없다는 판단을 내리고, 다시금 중재 외교에 뛰어들었다. 트럼프 대통령이 북한에 친서를 보낸 즈음, 문재인 대통령 역시 다시 움직이기 시작했다. 이렇게 해서 만들어진 것이 4월 12일의 한미정상회담이었다. 이 정상회담의 진행 내용과 그 전후 북한의 대응은 앞서 '세 번의 한국 중재자론: 한국의 오지랖 vs. 북미 직접 채널'에서 이미 다루었으므로 여기서는 간략히만 서술하기로 한다.

볼턴에 따르면 4월 11일 오후(현지 시각) 한미정상회담 당시 문재인 대통령은 미국에 차기 북미회담과 관련해 비공개를 전제로 세 가지 사항을 제안했다.[59] 먼저, 시기는 6월 12일에서 7월 27일 사이에 트럼프 대통령이 방한할 때이고, 두 번째로 장소는 판문점 혹은 미 해군 함정에서이며, 그리고 세 번째, 방식은 실무회담 없는 3자 정상회담이다.

당시 정상회담에서 다룬 이상의 내용은 비공개였지만, 회담 직후의 기자회견에서 한미 정상은 네 가지 중요한 시그널을 발신하였다. 북미 3차 정상회담이 필요하고, 심지어는 남북미(3-way talk) 정상회담도 고려할 수 있다는 것이 첫 번째 시그널이었다. 한미정상회담의 개최 시각은 한국시간으로 4월 12일 새벽이었다. 김정은 위원장의 최고인민회의 시정연설을 10시간 정도 앞둔 시간이었다. 이 절묘한(?) 시간차 덕에 김정은 위원장은 한미정상회담의 기자회견도 볼 수 있었고, 그 기자회견 내용에 대응해 최고인민회의 연설이라는 형식을 통해 트럼프 대통령의 친서에 대한 (공개) 답신을 보낼 수도 있었던 것이었다. 이 연설에서 김정은 위원장은 연말까지 시한을 두고 한 번은 더 정상회담을 해볼 용의가 있다고 답하여 대화의 불씨를 살렸다. 당일 새벽 트럼프 대통령이 3차 북미정상회담이 가능하다고 발표한 것에 대해 화답한 것이었다. 하노이 회담에서 꺼질 뻔한 불씨는 이렇게 다시 지펴졌다.

> 지금 **미국이 제3차 조미수뇌회담 개최에 대해 많이 말하고 있는데** 우리는 하노이 조미수뇌회담과 같은 수뇌회담이 재현되는 데 대하여서는 반갑지도 않고 할 의욕도 없습니다. 하지만 트럼프 대통령이 계속 언급하는 바와 같이 **나와 트럼프 대통령 사이의 개인적 관계는 두 나라 사이의 관계처럼 적대적이지 않으며 우리는 여전히 훌륭한 관계를 유지하고 있으며 생각나면 아무 때든 서로 안부를 묻는 편지도 주고받을 수 있습니다**. 미국이 올바른 자세를 가지고 우리와 공유할 수 있는 방법론을 찾은 조건에서 제3차 조미수뇌회담을 하자고 한다면 **우리로서도 한 번은 더 해볼 용의가 있습니다**. 그러나 지금 이 자리에서 생각해 보면 그 무슨 제재해제 문제 때문에 목이 말라 미국과의 수뇌회담에 집착할 필요가 없다는 생각을 하게 됩니다. **어쨌든 올해 말까지는 인내심을 갖고 미국의 용단을 기**

다려 볼 것이지만 지난번처럼 좋은 기회를 다시 얻기는 분명 힘들 것입니다. 앞으로 조미쌍방의 리해관계에 다같이 부응하고 서로에게 접수가능한 공정한 내용이 지면에 씌어져야 나는 주저 없이 그 합의문에 수표할 것이며 그것은 전적으로 미국이 어떤 자세에서 어떤 계산법을 가지고 나오는가에 달려 있습니다. 명백한 것은 미국이 지금의 정치적 계산법을 고집한다면 문제해결의 전망은 어두울 것이며 매우 위험할 것입니다…. 동지들! **방금 말했지만 적대세력들의 제재해제문제 따위에는 이제 더는 집착하지 않을 것이며 나는 우리의 힘으로 부흥의 앞길을 열 것입니다.**[60]

두 번째 시그널로 트럼프 대통령은 자신이 생각하는 빅딜은 핵무기 해체에 대한 것이라며 비핵화의 최종 목표(end state)를 핵무기로 좁히는 듯한 발언을 하였다. 하노이 회담에서 볼턴 보좌관이 생화학무기와 모든 탄도미사일을 포함하는 포괄적 합의를 강조했던 것에 비교해 보면, 이번 기자회견에서 트럼프 대통령이 비핵화의 목표를 핵무기로 한정하는 듯한 발언을 한 것은 어쨌든 추가 협상의 부담을 덜어 준 것이었다. 이것으로 북한과의 빅딜 논쟁이 풀린 것은 아니지만, 최종 목표를 좁힌 것은 어쨌든 성과라 할 수 있겠다. 김정은 위원장 역시 이에 화답했다. "그 무슨 제재해제문제 때문에 목이 말라 미국과의 수뇌회담에 집착할 필요가 없다는 생각을 하게 됩니다."라며 제재 해재를 논의의 중심으로 삼았던 하노이 회담의 전략을 수정할 것임을 밝혔다. "적대세력들의 제재해제문제 따위에는 이제 더는 집착하지 않을 것이며 나는 우리의 힘으로 부흥의 앞길을 열 것입니다."[61]라는 결의를 밝혀 경제 문제 즉 '부흥'을 향한 앞길을 "우리의 힘으로" 열 것이라고 선언하기를 잊지 않았다. 12월 연말 중앙위원회 전원회의에서 내밷게 될 '정면돌파전'의 첫 버전이었던 것이다.

세 번째 시그널은 트럼프 대통령 스스로 '단계론'이라는 단어를 사용하였다는 점이다. 비건 대표는 3월 7일 기자 간담회에서 동보적 조치(simultaneously and in parallel)는 가능하지만 단계론(step by step)은 미 행정부 내에서 아무도 동의하지 않는다고 못 박았다. 그럼에도 불구하고 4월 한미정상회담에서 트럼프 대통령이 직접 단계론을 의미하는 'step by step'이라는 단어를 사용한 것은 매우 큰 변화였다.[62] 물론 그것이 미국의 빅딜론, 즉 포괄적 합의하의 'phased approach'를 표현한 것일 따름이라는 해석도 있지만, 북한이 주장해 온 'step by step'이라는 용어를 미국 대통령이 직접 사용한 것 자체가 협상의 여지를 살린 중요한 계기라고 평가할 만하다. 적어도 중재안을 마련할 수 있는 장이 마련된 것이기 때문이다.

그리고 네 번째 시그널, 바로 인도적 지원과 식량 지원 논의다.[63] 트럼프 대통령은 한국 정부가 독자적으로 할 일이 있고 그것을 존중하는데 특히 인도적 지원과 식량 지원에 대해서 자신은 한국의 역할을 흔쾌히 동의한다고 거듭 말한 것이다. 문 대통령이 한미정상회담에서 대북 식량지원의 필요성을 누누이 강조하였다는 후문에 비추어 본다면, 당시 트럼프 대통령의 회견문은 중요한 계기점을 마련한 것이었다. 이후 한미 정부는 북한이 호도반도에서 미사일을 발사한 직후에도 다시 한번 정상 간 통화를 통해서[64] 대북식량지원 의지를 재확인하였다.[65]

사실 하노이 회담이 결렬되던 날의 기자회견에서 트럼프 대통령은 "현재 굉장히 강력한 제재가 있는 상황에서 (추가 제재가) 더 필요하다고 생각하지는 않는다. 북한 주민들도 생계를 이어 가야 한다. 이것은 우리한테도 중요한 문제다. 김 위원장과 더 좋은 관계를 이어 가면서 내 태도가 많이 바뀌었다. 그들도 그들의 관점이 있다는 것을 알게 됐다."라고 하였다. 트럼프 대통령의 제재 철학에 변화가 있을 수도 있음을 보여주는 중요한 대목이었다. 그리고 그 한 달 뒤 인도적 지원을 용인한다는 한미정상회담에서의 트럼프 대통령의 발언은 북한과의 차기 회담을 끌어내는 데 긍정적 작용을 한 것이다. 하지만 제재와 대북 지원과 관련해서 이면에서의 트럼프 대통령의 태도는 일관되지 않았다. 4월까지는 미국이 북한에 직접 식량을 제공해야 한다며, 유엔 기구를 통한 원조가 재개되는 데 자신이 모든 지원을 아끼지 않겠다고 말하는 등 적극적인 모습을 보였지만, 북한의 5월 9일 미사일 발사 이후에는 또다시 입장을 바꿨다. 트럼프 대통령은 미사일 발사 직후인 9일 오후 볼턴에게 "제재를 무겁게 강화하세요."라고 지시했다는 것이다. 이후에도 트럼프 대통령의 태도는 변화무쌍했지만 북한이 이를 의식할 정도의 공식적인 변화를 보인 것은 아니었다.

김정은 위원장은 최고인민회의 연설에서 북미정상회담의 가능성을 살려 두긴 했지만, 한국 정부에 대해서는 불편한 심기를 감추지 않았다. 그는 연설에서 '오지랖 넓은 중재자, 촉진자 행세'를 하지 말고 '당사자'가 되라고[66] 거칠게 비판하였다. 이어 북한은 5월 4일과 5월 9일 잇따른 단거리 탄도미사일 발사로 남북관계에 대한 경고음을 울렸다. 단거리 미사일 발사가 남북관계를 겨냥한 것, 즉 한국 정부에 대한 불만의 표현이라는 것에 대해서는 재론의 여지가 없다.

> **미국은 남조선당국에 《속도조절》을 노골적으로 강박하고 있으며 북남합의 이행을 저들의 대조선제재압박정책에 복종시키려고 각방으로 책동하고 있습니다.** 이로 말미암아 우리 앞에는 조선반도의 긴장을 완화하고 북남관계 개선의 분위기를 계속 이어나가는가 아니면 전쟁의 위험이 짙어가는 속에 파국에로 치닫던 과거에로 되돌아가는가 하는 엄중한 정세가 조성되고 있습니다…. 나는 남조선당국이 진실로 북남관계 개선과 평화와 통일을 바란다면 판문점상봉과 9월 평양상봉 때의 초심으로 되돌아와 북남선언의 성실한 이행으로 민족 앞에 지닌 자기의 책임을 다해야 한다고 생각합니다. 남조선당국은 추세를 보아가며 좌고우면하고 분주다사한 행

각을 재촉하며 **오지랖 넓은 《중재자》, 《촉진자》 행세를 할 것이 아니라** 민족의 일원으로서 제정신을 가지고 제가 할 소리는 당당히 하면서 민족의 이익을 옹호하는 당사자가 되어야 합니다. 북남관계 개선의 분위기를 계속 살려 나가자면 적대적인 내외 반통일, 반평화 세력들의 준동을 짓부셔 비려야 한다는 것이 우리의 일관한 주장입니다. 미국과 함께 허울만 바꿔 쓰고 이미 중단하게 된 합동군사연습까지 다시 강행하면서 은폐된 적대행위에 집요하게 매달리는 남조선군부호전세력의 무분별한 책동을 그대로 두고, 일방적인 강도적 요구를 전면에 내들고 관계 개선에 인위적인 장애를 조성하고 있는 미국의 시대착오적인 오만과 적대시 정책을 근원적으로 청산하지 않고서는 북남관계에서의 진전이나 평화번영의 그 어떤 결실도 기대할 수 없다는 것을 때늦기 전에 깨닫는 것이 필요합니다…. 남조선당국이 진실로 북남관계 개선과 평화와 통일의 길로 나아갈 의향이라면 우리의 입장과 의지에 공감하고 보조를 맞추어야 하며 **말로써가 아니라 실천적 행동으로 그 진심을 보여 주는 용단을** 내려야 합니다.[67]

한국 정부에 대한 북한의 불만은 두 가지로 요약되는데, 일단 표면적인 것은 한미군사연습이다. KR(키 리졸브)를 취소하였지만 '동맹'이라는 이름의 다른 연습을 실행하였는데, 이것은 사실상 약속 위반이라는 주장이다. '동맹', '을지태극' 등 한국 정부의 새로운 군사연습에 대해 북한이 문제 제기하는 한, 남북 대화에 대한 북한의 부정적 기류를 전환시키기는 어려웠다.

두 번째 불만은 한국이 남북 대화보다는 북미 대화를 선행하고 있는 데 대한 불만이었다. 2018년 5월 북미회담이 일시적으로 결렬되었을 때, 한국 정부는 남북정상회담을 통해 북미회담을 중재하였다. 8월 말 폼페이오 장관의 방북이 취소되고 북미 간 냉각기가 도래한 듯했지만 한국 정부는 9·19 군사합의를 강행하였다. 그리고 문재인 대통령은 9월 말 뉴욕에서 9·19 남북정상회담의 의의를 설명하며 트럼프 대통령에게 북미정상회담의 재개를 강력히 설득하였다.

이에 비하면 2019년의 경우 한국 정부는 하노이 회담 직후 남북관계를 견인할 어떤 모멘텀도 보이지 않았다. 북한이 보기에 문 대통령은 남북관계에 어떤 진전을 위한 노력도 보이지 않는 상태에서 한미정상회담을 가진 것이다. 한미정상회담은 '남북 → 북미'라는 2018년 9월 시퀀스가 아니라 '한미 → 남북'이라는 시퀀스를 따른 것이었다. 북한이 불만을 표한 이유였다. 그들이 보기에 한국 정부의 이런 모습은 전형적인 '친미 사대주의 정부'의 모습이었다.

5 6·30 판문점으로 가는 길

문 대통령은 6월 정국이 다가오자 북한과 미국 각각을 향해 메시지를 발신했다. 2019년 6월 14일의 스톡홀름 연설이 북한에 대화와 신뢰 구축 방법론을 제안한 것이라면, 6월 26일의 세계 6대 뉴스 통신사 합동 서면 인터뷰는 미국을 향해 던진 제언이었다. 이 인터뷰에서 문 대통령이 영변 해체의 중요성을 특별히 추가 강조하고 나선 것은 하노이 합의가 불발로 끝난 이유가 영변 단지의 중요성을 간과한 데 있음을 미국에 상기시키기 위함이었다. 그것은 당면한 북미회담이 북한에도 충분히 의미 있는 회담이 될 수 있게끔 한국 정부가 돕겠다는 대북 메시지이기도 했다.

하지만 형식에서 볼 때 6·30 판문점 회담은 트럼프 대통령의 '트윗'과 이에 대한 북한의 즉답으로 마련된 이벤트였음을 부인하기 어렵다. 아래의 친서에서 확인할 수 있듯이 이 회동에 직접적으로 불을 지핀 계기도 역시 북 측이었다. 6월 10일 트럼프 대통령의 생일을 맞이해 김정은 위원장이 보낸 편지가 트럼프 대통령을 자극한 것이었다. 이는 북한이 판문점 회담에서 한국 정부의 역할을 인정하지 않는 이유이기도 하다. 남북관계에 대한 북한의 불만은 여전하고 따라서 북미회담이 되더라도 한국 정부를 포함시키는 남북미회담이 될지는 장담하기 어려웠다.

#22. 김정은 위원장 → 트럼프 대통령(2019. 6. 10.)

대통령 각하,

저는 6월 12일 싱가포르에서 우리의 만남 — 전 세계의 이목을 사로잡았고 제 기억 속에서도 여전히 잊혀지지 않는 족적을 남긴 중대한 역사적 순간 — **1주년이 가까워지고 있고, 당신의 생일도 며칠 안 남았기에 편지를 씁니다.** 각하께 이 같은 편지를 보낼 수 있는 것을 큰 영광이라고 생각합니다. (…)

서로에 대해 신뢰에 또 한 번의 기회를 부여한다는 의지로 우리가 위대한 결과를 만들어 내기 위해 마주 앉을 날이 언젠가 오리라 믿습니다. 이러한 날은 언젠가 올 것입니다. 그것은 역사에 또 하나의 환상적인 순간으로 기록될 수 있을 것입니다.

각하에 대한 저의 존경은 결코 변치 않으리라 장담합니다.

다시 한번 각하의 생일을 축하드립니다, 각하. 각하께서 항상 건강하시고 하시는 일도 성공을 거두길 바랍니다. 영부인님과 나머지 가족분들께도 제 가족을 대신하여 안부 인사를 전합니다.

#23. 트럼프 대통령 → 김정은 위원장(2019. 6. 12.)

친애하는 위원장님,

(…) 저는 위원장님에게 전적으로 동의합니다. 위원장님과 저는 특유의 관계와 특별한 우정을 맺고 있습니다. **오직 위원장님과 저만이, 힘을 합침으로써, 우리 양국 간 문제들을 해결하고 70여 년의 적대관계를 청산하여, 우리의 최대 기대치조차 초과할 번영의 시대를 한반도에 도래시킬 수 있습니다.** 위원장님은 그것을 주도하는 장본인이 될 것입니다. 이는 역사적일 것입니다!

저는 위원장님과 같은 의견이며, 우리가 다시 만난다면 훌륭한 일일 것이라고 생각합니다. 다만, 그날을 위해 준비해야 할 몇몇 작업이 남아 있습니다. 당신이 말씀하신 것처럼, 성공하려면 용기가 필요합니다. 그 같은 취지 아래, 1년 전 오늘 우리가 했던 공약들을 완수할 방안을 새롭게 검토하는 차원에서 **앞으로 수주 이내 우리 협상팀들이 다시 만나도록 합시다.** 위원장님의 연락을 기다리겠습니다.

언제나처럼, 위원장님의 건강과 큰 성공을 바랍니다. 위원장님의 아름다운 가족분들께도 따뜻한 안부를 전해 줄 것을 당부합니다.

주지하다시피 하노이 이후 트럼프 대통령의 방한이라는 무대를 만든 것은 전적으로 한국 정부의 노력이었고, 그것은 남북미 회동을 만들기 위한 한국 정부의 전략적 행보의 결과였다. 판문점에서 열리는 회담에 한국 정부가 참여하지 못하다면 그것이야말로 '의문의 1패'로 해석될 상황이었다. 4월 한미정상회담 이래 그 이면에 깔린 한국 정부의 이런 노력이 판문점 회담을 향한 평화적 추동력으로 기능하고 있었음을 생각해 보면 3자회담을 향한 문 대통령의 노력과 주장을 이해하기 어려운 것은 아니었다. 트럼프 대통령을 한국으로 오게 만들기까지의 그 외교적 노력은 중재자냐 촉진자냐 당사자냐를 둘러싼 이론적 유희가 아니라, 외교가 어떤 행보를 통해야만 실질적 성과를 내는가를 실증해 준 극적 장면이자 교본이었다는 점도 부인해서는 안 된다.

하지만 북한이 이런 뒷얘기를 이해하지 못해서인지, 냉혹한 실리외교에 흔들림이 없는 탓인지 알 수 없지만, 북한은 남북미 회동에 대해서 거부권을 행사하는 데 일체의 흔들림도 없었다.[68]

김정은 위원장과 트럼프 대통령의 친서가 다시 오간 후, 트럼프 대통령은 오사카 G20 행사를 마친 직후인 6월 29일 한국을 방문하였다. 트럼프 대통령은 5월에도 일왕 즉위식에 3박 4일의 시간을 내어 국빈방문하였지만 그때는 바로 미국으로 귀국하였다. 그러나 6월 28~29일 오사카 G20 회담에서는 이를 마치고 바로 한국을 방문하기로 한 결정을 사전에 공지하였다. 이 시기를 앞두고 트럼프 대통령은 트윗과 친서를 통해 김정은 위원장과의 만남을 요청하였던 것이다.

트럼프 대통령은 6월 29일 오전 7시 51분 트윗을 통해 김정은 위원장과의 회담을 제안했고, 이에 최선희 북한 외무성 제1부상이 5시간 남짓 만인 오후 1시께 "흥미로운 제안"이라는 담화로 화답했다. "분단의 선에서 조미수뇌상봉이 성사된다면 두 수뇌분들의 친분관계를 더욱 깊이하고 양국 관계 진전에서 또 하나의 의미있는 계기가 될 것"이라고

Donald J. Trump
@realDonaldTrump · 팔로우하기

After some very important meetings, including my meeting with President Xi of China, I will be leaving Japan for South Korea (with President Moon). While there, if Chairman Kim of North Korea sees this, I would meet him at the Border/DMZ just to shake his hand and say Hello(?)!

오전 7:51 · 2019년 6월 29일

11.3만 답글하기 공유하기

3.1만개의 답글 읽기

#24. 트럼프 대통령 → 김정은 위원장(2019. 6. 29.)

친애하는 김 위원장님에게,
이미 보셨겠지만, 저는 오늘 일본 오사카에서 한국으로 이동하는데, **위원장님과 매우 가까이 있게 되는 관계로 내일 오후 국경에서의 회동에 초대하고 싶습니다.** 저는 오후에 DMZ 근처에 있을 것인데, 군사분계선 남쪽 편에 있는 평화의 집에서 오후 3시 30분에 만날 것을 제안합니다. 특별한 의제는 없지만, 우리가 서로 매우 가까운 위치에 있게 되는 만큼 위원장님을 다시 만나게 된다면 정말 좋을 것입니다. 내일 뵙길 바랍니다!

회신한 것이다. 트럼프 대통령은 자신의 트위터에서 김정은 위원장이 10분 만에 전화를 걸어 왔다고 하지만, 전화 통화 사실 여부는 불확실하다. 공개된 바로는 유엔군사령부와 북한군 간의 직통전화를 통해 당일 저녁 비건 대표와 최선희 부상이 판문점에서 직접 만났고 현장에서 익일, 즉 30일 회동을 확정하였다. 이 과정에 북한은 트럼프 대통령의 공식 문서를 요구하였고, 이렇게 해서 탄생한 것이 6월 29일 자 트럼프 대통령의 친서였다.

이 회담은 그러나 생각만큼 매끄러운 것만은 아니었다. 김정은 위원장이 매우 공격적으로 회동의 의제를 제한했기 때문이었다. 김정은 위원장은 53분간의 회동 시간 중 반 이상을 할애하여, 다가오는 8월의 한미군사연습을 중단할 것을 대화의 선결 조건으로 반복, 제기하였다고 전해진다. 이 회동에서 트럼프 대통령을 짜증나게 만든 김정은 위원장의 태도는 후일 김여정 부부장이 지금은 '비핵화 대 제재해제'라는 하노이 회담의 의제 시기가 아니라 '적대시정책중단 대 대화재개' 단계가 되었다는 주장에서 이해될 수 있었다.[69] 북한은 하노이 회담 직후 실시된 한미군사연습으로 쌍중단이 무의미해졌다고 간주했고, 따라서 다음 단계는 '북한의 비핵화 논의 단계'가 아니라 '다시 대화를 재개하기 위한 단계'로 되돌아가 있다라는 새로운 원론을 내세웠던 것이었다. 이제 북한은 싱가포르 회담 이전에 그랬던 것처럼, 적대시 정책 철회 즉 군사연습중단 문제가 모든 대화 재개의 전제 조건이 되고 있음을 강조하지 않을 수 없게 된 것이었다.

판문점 회동에서 트럼프 대통령은 폼페이오 장관을, 김정은 위원장은 리용호 외무상을 각각 공식 배석시켰지만, 회담장 주변에서는 그의 딸 이방카 보좌관과 김여정 부부장이 얼굴을 드러내 마침내 가족 회동의 성격도 띠게 되었음도 주목할 지점이었다.[70] 이후 트럼프 대통령은 이 회동의 성사에 이방카 보좌관이 크게 기여하였다고 자랑하였는데, 일부 보도에 따르면 한국 정부가 이방카 트럼프를 통해 트럼프 대통령을 판문점 대화로 나오도록 설득했다는 후문도 따라 다녔다.[71] 1년 후인 2020년 7월에 김여정-이방카 회동 설이 나돈 것도 이런 추론에 연유한 것이었다.

트럼프 대통령은 회담 직후인 6월 30일 당일과 귀국 후인 7월 2일, 당시 사진을 동봉한 두 번의 친서를 보내 다시 한번 회담을 촉구하였다. 트럼프 대통령은 아마도 노딜 전략이 성공하고 있다고 판단했던 것 같았다.

#25. 트럼프 대통령 → 김정은 위원장(2019. 6. 30.)

친애하는 김 위원장님에게,
오늘 위원장님을 만난 것은 진정 놀라웠습니다. 심지어 모든 것이 나쁘다고 항상 떠들길 좋아하는 언론들조차 저를 당신의 나라로 초대한 위원장님에 대해 찬사를 늘어놓았습니다. 그들은 위원장님께서 매우 촉박하게 통보를 받고 공개를 통보를 받았음에도 회동을 받아들인 데 대해 훌륭한 식견과 용기를 보여 줬다고 했습니다. 가장 중요하게도 저 또한 우리의 만남이 매우 좋았다고 생각합니다. 위원장님의 나라가 가진 잠재력은 정말로 한계가 없으며, 우리가 계속 함께 노력한다면 미래에 믿을 수 없는 번영이 위원장님과 주민들을 기다리고 있으리라 자신합니다.

#26. 트럼프 대통령 → 김정은 위원장(2019. 7. 2.)

친애하는 김 위원장님에게,
싱가포르와 하노이에서 열린 우리의 중요한 정상회담과 2019년 6월 30일 공동경비구역에서의 역사적인 회동 당시 찍은 사진들을 동봉했습니다. 위원장님의 나라로 넘나들고 우리의 중요한 논의를 재개할 수 있어 영광이었습니다.

위원장님과 당신의 주민들을 엄청난 번영으로 이끌고, 당신의 핵 부담을 덜어 주며, 미래 세대들에게 영감을 줄 큰 거래를 성사시킬 대단한 능력이 우리에게 있다고 자신합니다.

이 사진들은 **저에게도 훌륭한 추억이며, 위원장님과 제가 발전시켜 온 독특한 우정을 표상하고 있습니다.**

※ 김정은 위원장에게 보낸 사진 22장이 포함되었음.

6 롤러코스터를 탄 북미관계와 '삶은 소대가리'마저 웃을 일이 된 남북관계

볼턴의 마지막 활약은 2019년 8월 워게임(war game)에 집중된다. 회고록에 따르면, 당시 트럼프 대통령은 6·30 회동에서 김정은 위원장과 나눈 대화에 근거해 한미연합연습을 '워게임'이라 부르며 그것을 중단하라고 지시한다. 7월 16일 폼페이오 장관과의 회의에서 볼턴은 자신이 한국과 일본을 방문한 이후 이 문제를 판단하자고 역제안해 한미군사연습 중단 결정을 미루는 합의에 성공한다.[72] 2019년 7월 25일, 방위비 협상차 방한한 그는 해리 해리스(H. Harris) 대사 관저에서 로버트 에이브럼스(R. Abrams) 한미연합사령관과의 3인 조찬회동을 갖는다. "이 자리에서 우리는 주둔 비용 문제에 관해 허심탄회하게 대화했다. (…) 아울러 곧 있을 한미연합훈련(즉, 도상훈련)에 대한 트럼프의 고민을 설명할 필요가 있었다. 나로서는 그들이 단지 트럼프의 의견에 반대만 할 것이 아니라 워싱턴에 있는 사람들이 이 문제를 해결하도록 도움이 되어 주기를 원했다. 에이브럼스나 해리스 모두 내 말을 듣는 자신의 귀를 의심했다. 그만큼 백악관 집무실에서 트럼프와 나누는 대화가 현장에서 이들이 겪는 위태로운 현실과 얼마나 동떨어져 있는지가 피부에 와닿는 순간이었다."[73] 이 자리에서 두 군인은 한미연합연습 중단은 양국의 '전투태세(Fight Tonight!)'에 심각한 영향을 미친다며, 대통령의 그런 결정에 경악했다고 볼턴은 회고록에 적고 있다.

그리고 한국 정부 인사들을 만나고 돌아간 그는 미국에 돌아가 워 게임을 지속해야 한다는 보고서를 올렸다.

> 워싱턴으로 돌아와 트럼프에게 주둔비 협상 건을 보고했다. 그는 최근 들어 부쩍 더 자주 하는 말을 다시 꺼냈다. 일본과 한국으로부터 연간 80억 달러와 50억 달러를 받아 내려면 미군 전체를 철수하겠다고 협박하는 수밖에 없다는 것이었다. 트럼프가 말했다. "그렇게 해야 협상에서 굉장히 유리한 고지를 차지할 수 있다"고, 트럼프는 한미연합 도상훈련을 한국 측과 협의할 수 있겠다는 내 보고에 기분이 많이 누그러진 것 같았다. 물론 그는 훈련 자체를 별로 좋아하진 않았지만 말이다. 다음 날 아침, 북한이 또 한 차례 미사일을 발사했다는 보고를 듣고 난 후, 그는 똑같은 시각을 다시 내비쳤다. "지금이 바로 돈을 내놓으라고 말할 때야." 당연히 주둔비 인상을 가리키는 말이었다.[74]

이에 트럼프 대통령이 생각을 바꿔 한미군사연습을 강행하기로 마음을 먹었던 것으로 보인다. 주지하다시피 6·30 판문점 회담으로 한국을 방문한 트럼프 대통령이 전날의 '한미' 정상회담에서 나눈 대화 주제 중 가장 중요한 것이 방위비 증액 문제였다. 문재인 대통령에 따르면 한 치의 양보도 없는 설전이 오갈 정도로 방위비 문제에 대한 한미의 입장은 팽팽했다. 이런 상태에서 볼턴이 어떤 보고를 올렸길래 트럼프 대통령이 마음을 바꾸었을까? 한국 정부가 한미군사연습을 원한다고 써서 트럼프 대통령이 그 대가로 방위비를 올릴 기회라고 한 것인지, 아니면 한국 정부가 방위비 문제에 미동도 보이지 않으니, 그런 상태에서 한미군사연습이 진행되고 이에 반발해 북한의 도발이 시작되면 주한미군철수 논의로 한국 정부를 압박해 얻을 것을 얻어 낼 수 있다는 주장이었는지, 당시의 볼턴은 무슨 얘기라도 할 수 있는 처지에 몰려 있어서 그 속 사정을 알 길은 없다.

결국 이에 반발한 북한은 2019년 8월에 들어서면서 대대적인 반격에 나선다. 한국을 사거리로 하는 신형 로켓들을 연이어 발사한 것이다. KN-22, 23, 24, 25 혹은 북한식 이스칸데르, 북한판 에이테킴스, 초대형 방사포 등의 이름이 대중화된 시기가 바로 이때부터였다.

이처럼 북한이 로켓을 발사하며 강력히 반발하자 트럼프 대통령은 8월 14일 백악관 회의에서 군사연습을 강행한 자신의 결정을 후회한다. 이어 20일로 예정된 훈련 종료일에 맞춰 단 하루도 연장하지 말고 군사연습을 끝내라고 지시한다. 하지만 상황은 늦은 듯했다. 김정은 위원장은 그가 보낸 마지막 친서인 8월 5일 자 장문의 친서에서 트럼프 대통령과 한국 정부에 대한 노골적인 비난을 시작했다.[75]

한미 당국이 군사연습을 강행함에 따라 북한의 불만은 걷잡을 수 없을 정도로 커졌다. 2018년에 중단된 한미군사연습이 2019년 3월에 이어 8월에까지 강행된 것을 북한은 사실상 적대시 정책의 부활과 북미회담의 결렬 선언으로 인식하고 있었던 것이다.

당시 문 대통령은 임기 내 전작권 반환이라는 공약 실행을 위해서

[표 5] 조건에 의한 전작권 반환의 조건

전작권 전환조건 #1	• '연합방위 주도를 위해 필요한 군사적 능력' • 미래연합사는 기본운용능력(IOC), 완전운용능력(FOC), 완전임무수행능력(FMC) 평가를 통해 임무수행능력의 확보 여부를 검증
전작권 전환조건 #2	• '동맹의 포괄적인 북한 핵·미사일 위협 대응능력'으로 탐지, 결심, 격퇴, 방어 분야의 능력
전작권 전환조건 #3	• '안정적인 전작권 전환에 부합하는 한반도 및 역내 안보환경'

는 8월 한미군사연습의 실행이 불가피하다는 한국 군부의 논리를 수용하고 있었다. 당시 한미 간 전작권 전환 논의는 '조건에 의한 전작권 반환'이라는 이름하에서, 1단계의 IOC(Initial Operational Capability, 기본운용능력), FOC(Full Operational Capability, 완전운용능력) 그리고 FMC(Full Mission Capability, 완전임무수행능력)를 점검해 합격점을 받는 것을 조건으로, 전작권 전환 여부의 다음 단계 논의로 넘어간다는 합의에 구속받고 있었다. 따라서 한국 정부는 문 대통령 임기 내 전작권 전환을 위해서는 '조건에 의한 전작권 반환'을 위한 수행 능력 평가를 통과해야 하고, 이를 위해서는 한미합동연습이 불가피하다는 규범 논리와 현실론을 북한에 설명하고 북한의 이해를 요구하고 있었다.

문제는 이 같은 우리 측 사정을 북한이 수용할 여유가 있었는가 하는 데 있었다. 전작권 전환의 긍정·부정 판단 여부와 무관하게 북한은 한국 정부에 적대시 정책의 공동책임론을 묻기 시작했다. 혹시나 볼턴의 보고서에 한국 정부가 전작권 전환을 위해 8월 워게임을 적극적으로 원했다고 쓰여 있었다면, 그것은 사실의 왜곡이었을까? 그리고 그 책임은 볼턴에게만 있었을까? 소위 한국이 군사적 자주권을 추구하는 것이 남북 간의 군비경쟁을 자극하여 안보 딜레마가 생기는 '자주의 역설'이 남북 간에 작동하고 있음을 확인하는 한 장면이라 하겠다.

#27. 김정은 위원장 → 트럼프 대통령(2019. 8. 5.)

각하, 저는 30일 전 우리 양국의 전문가들이 수주 이내 마주 앉아 각하와 제가 미래에 해야 할 일들에 대해 논의토록 하겠다고 약속했던 것을 생생히 기억합니다. 그런데, 현 상황은 그 당시와 달라져 있습니다. 저는 우리가 중요한 문제를 계속 논의하게 될 실무급 양자협상을 앞두고 도발적인 연합군사훈련이 취소 또는 연기될 것으로 믿었습니다. **한반도 남부에서 실시되는 연합군사훈련은 도대체 누구에**

대한 것이며, 봉쇄시키려하며 물리치고 공격하려는 대상이 누구입니까? 한국군이 지구 반대편에 있는 부족이나 7만 킬로미터 떨어져 있는 이란 육군과 싸우고자 **전시작전통제권 문제를 논의하고 있는 것은 아닐 것입니다.** 개념적으로나 가설적으로, 전쟁 준비 연습의 주요 타깃은 우리의 군대입니다. 이는 우리의 오해가 아닙니다.

마치 우리의 인식을 뒷받침하기라도 하듯이, 며칠 선 한국의 이른바 **국방부장관이라고 불리는 자**는 우리의 재래식 상용 무기 현대화를 "도발"과 "위협"으로 간주하고, 우리가 계속 "도발하고" "위협하면" 우리 정권과 군대를 "적"으로 규정할 것이라고 말했습니다. 지금이나 미래에나, 한국군은 우리의 적수가 될 수 없습니다. 각하께서도 어느 시점에 지적하셨듯이, 우리는 특별한 수단을 필요로 하지 않는 강한 군대를 보유하고 있으며, 한국군은 제 군대의 상대가 되지 않는다는 것이 주지의 사실입니다. (…)

저는 분명히 기분이 상했고, 이를 각하에게 숨기고 싶지 않습니다. 분명히, 저는 정말로 기분이 상했습니다. 각하는 우리가 만난 이후 기회가 있을 때마다 더 이상 인공적인 지진도 없고, 하늘을 날아가는 물체도 없을 것이라고 말씀하셨습니다. 또한, 각하는 억류자들이 석방, 송환되었고, 유해도 송환됐다고 말했습니다. 이러한 방식으로 저는 우리의 신뢰를 유지하기 위해 매우 호응적·실용적으로, 현 단계에서 제가 할 수 있는 것보다 그 이상을 했습니다. 하지만, 각하께서 해주신 것은 무엇이며, 저는 우리가 만난 이후 무엇이 바뀌었는지에 대해 인민들에게 어떻게 설명해야 합니까? 어떠한 조치들이 완화되었다든가 제 국가의 대외 환경이 개선되기라도 했습니까? 군사훈련이 중단되었습니까? 미국이 이를 압박과 대화를 통한 대북정책의 성공으로 자평한다면 큰 실수일 것입니다. 저는 언제라도 각하를 실망시킬 어떤 일도 하고 싶지 않을뿐더러, 그렇게 할 계획도 없습니다. 각하께서 우리의 관계를 오직 당신에게만 득이 되는 디딤돌로 여기는 것이 아니라면, 저를 주기만 하고 아무런 반대급부도 받지 못하는 바보처럼 보이도록 만들지는 않을 것입니다. (…)

그리고 제가 언젠가 언급했듯이, 연말까지 약 5개월 정도가 남아 있습니다. **좋은 합의를 도출하는 데 있어, 이 5개월이라는 시간은 우리가 무엇을 하느냐에 따라 길게 보일 수도, 짧게 보일 수도 있습니다. 한국과의 "군사 게임"과 "전쟁 연습"이 끝났을 때 제게 다시 연락을 주기 바랍니다. 그때에 실무급 대화의 시간과 장소를 논의할 것입니다.**

모든 국가들이 하는 아주 작은 미사일들의 성능 향상 실험을 하는 동안 각하께서도 언급하셨듯이, 우리는 남쪽의 바보들을 약간 놀라게 했고 이는 퍽 재밌었습니다.

대통령님, 당신이 항상 건강하길 바라며, 더 큰 성취를 이룩하길 기원합니다.

당신의 존경받는 영부인님과 사랑스러운 가족들에게도 제 따뜻한 소망과 인사를 전합니다.

김정은 위원장의 8월 5일 자 친서는 첫째, 한미가 군사연습을 강행함에 따라 6·30 회동의 정신을 이어 갈 수 없게 되었다는 점을 분명히 했다. 당시 약속한 실무회담은 국내 분위기도 좋지 않고 외국에서도 자신들을 바보라고 생각할 것이라면서 현시점에서 실무회담을 밀고 나갈 동력이 없다는 점을 확인하였다.

둘째, 북한은 여지껏 쌍중단의 약속을 지키고 있지만 미국은 무엇을 지키고 있느냐는 항의였다. 자신들은 핵실험과 ICBM 실험 동결 약속을 지키고 있는데, 그리고 유해 송환 약속도 지켰는데 미국은 무엇 하나 대가로 준 것이 없다는 불만이었다.

셋째, 이번 한미군사연습이 한국의 전작권 전환을 위해 불가피한 것이라는 한국 측의 해명은 수용할 수 없다는 것이다. 전작권 전환을 위한 연습이 멀리 중동의 이란 군을 가상 적으로 하는 것도 아니고 결국은 인민군을 대상으로 하는 것인데, 이를 이해하라는 것은 어불성설이라는 것이다. 심지어 김정은 위원장은 한국의 정경두 국방부장관이 인준 청문회에서 인민군을 '주적'이라고 표현한 것에 특히 분개하면서, 한국은 어떤 경우에도 군사적으로는 (이미 비대칭 전력에서 우위를 갖고 있는) 자신들의 상대가 아니라는 점을 강조하고 있다.

넷째, 이번 북한의 미사일 실험들은 미국을 겨냥한 것이 아니고, 남측의 '바보'들을 겨냥한 것이며, 따라서 북한 내 강경파들의 반대는 있지만 북미 실무회담의 문을 닫고 있는 것은 아니라는 점을 확인시켰다. 대화의 문을 완전히 닫은 것은 아니니 한미군사연습이 끝난 후 실무회담을 하자는 것이었다. 덧붙여 김정은 위원장은 자신이 트럼프 대통령에게 기분이 상한 것을 감출 수는 없지만, 동시에 대통령에 대한 믿음을 버리지 않고 이를 지키기 위해 노력하고 있다는 점을 확인하는 것도 잊지 않았다.

이런 소용돌이의 한가운데에 8·15가 다가왔다. 전통적으로 광복절 연설은 남북관계에 대한 중요한 계기를 만드는 데 활용되어 왔다는 점을 감안하면 당시 문 대통령의 8·15 연설에 대한 북한의 관심은 작지 않았을 것이다. 직간접적으로 하노이 회담과 판문점 회담이라는 판을 만들었다고 자부하는 한국 정부가 이어진 8·15 연설에서 무엇을 제안하는가, 어떻게 움직일 것인가에 기대를 가질 만했기 때문이다. 실제 북한은 2019년 1월 신년사에서 금강산, 개성 협력을 제안했고, 하노이 회담에서도 미국 측에 개성과 금강산 협력 문제에 대한 제재 해제를 따로 요청하는 등 남북 경협에 대한 한국 측의 답을 기다리고 있었다. 일부 전언에 따르면, 북한은 적어도 8·15 연설에서 문재인 대통령이 스스로 장담했던 금강산, 개성 합의에 대해 어떤 명시적 조치와 그를 위한 의지를 보일 것이라는 기대가 있었다는 것이다. 그러나 실제 연설에서 문 대통령은 남북관계에 대한 포괄적 선언 외에 어떤 구체적 제안도 하지 않았다. "정부 차원에서 상당 기간 남북 문제가 뒷전이 되는, 우선순위에서 밀리는 상황이 되어 버렸죠."[76]라는 문 대통령의 회고에서도 드러나듯이 오히려 당시 연설은 아베 총리의 느닷없는 7월 도발에 대응한 '한일 대전'에 초점을 맞추고 있었다. 아베 총리가 한국 반도체에 사용되는 소재 부품 장비 수출에 제재를 가했기 때문에, 이에 대한 대응 조치로 나온 지소미아(GSOMIA)의 '조건부' 종료에 연설의 상당 부분을 할애했고, 예상되었던 8·15 남북관계 드라이브는 오히려 후퇴시키는 인상이었다.

한일 대전을 앞두고 북한 문제로 한미 갈등을 초래할 수 없다는 사정 변경론이 작동한 것으로 보이지만, 이에 대한 북한의 실망은, 특히 책임 부처인 통전부의 당혹감은 예상하기 어렵지 않았다. 이를 집약하여 표현한 것이 8월 16일의 조국평화통일위원회 성명이었다. 성명에서 통일전선부는 "태산명동 서일필"[77]이라며 "삶은 소대가리도 앙천대소할 노릇" 운운하는 울분을 토했다. 이전까지의 대남 비방이 중재자론에 대한 비판과 당사자론 권고에 초점이 있었다면, 이후로는 대남 성명이 한국 책임론 그 자체로 치달을 것임을 보여 준 신호탄이었다. 한국 정부는 한일 대전이 시작된 와중에, 이미 방위비 증액 문제로 금이 가기 시작한 한미관계에 남북관계 이견으로 한미 간 긴장을 더하면, 지소미아로 시작될 한일 대전에서 미국이 일본을 지지하고 나서는 상황이 될 것을 우려했다. 8·15 연설에서 문 대통령이 남북관계를 사실상 후순위에 둔 이유였다. 하지만 나름대로 갈 길 바쁜 북한이 이를 이해하고만 있을 리 만무했다. 한미군사연습이라는 대북 '적대시 정책'은 전작권 반환 문제 때문이라고 이해해 달라지 않나, 신년사 때부터 약속한 개성, 금강산 문제와 같은 남북협력 이슈에 대해서는 한일 대전 때문에 생략할 수밖에 없었다고 강변하지 않나, 자신들에 대한 적대시 정책도, 자신들을 초라하게 만든 무시 정책도 모두 이해하라는 '남조선'의 기막힌 처세는 목불인견이라는 것이다. 그런 '친미사대' 정책으로 회귀하고 있는 '남조선 당국'이 평화경제를 건설하고 평화체제를 구축하고 있다고 강변한다면 그것은 "삶은 소대가리도 앙천대소할 노릇"이라고 격분했던 것이다.[78]

> **태산명동에 서일필이라는 말이 있다.** 바로 남조선당국자의 《광복절 경축사》라는 것을 두고 그렇게 말할 수 있다. 섬나라 족속들에게 당하는 수모를 씻기 위한 똑똑한 대책이나 타들어가는 경제상황을 타개할 뾰족한 방

안도 없이 말재간만 부리였으니《허무한 경축사》,《정신구호의 라렬》이라는 평가를 받을 만도 하다.

한마디 짚고 넘어가지 않을 수 없는 것은 남조선당국자가 최근 북조선의 몇 차례《우려스러운 행동》에도 불구하고 대화 분위기가 흔들리지 않았다느니, 북조선의《도발》한 번에 조선반도가 요동치던 이전의 상황과 달라졌다느니 뭐니 하면서《광복절》과는 인연이 없는 망발을 늘어놓은 것이다. 남조선당국자의 말대로라면 저들이 대화 분위기를 유지하고 북남협력을 통한 평화경제를 건설하며 조선반도 평화체제를 구축하기 위해 노력하고 있다는 소리인데 **삶은 소대가리도 앙천대소할 노릇이다.**

지금 이 시각에도 남조선에서 우리를 반대하는 합동군사연습이 한창 진행되고 있는 때에 대화 분위기니, 평화경제니, 평화체제니 하는 말을 과연 무슨 체면에 내뱉는가 하는 것이다. 더욱이 우리 군대의 주력을 90일 내에《괴멸》시키고 대량살륙무기제거와《주민생활안정》등을 골자로 하는 전쟁씨나리오를 실전에 옮기기 위한 합동군사연습이 맹렬하게 진행되고 있고 그 무슨 반격훈련이라는 것까지 시작되고 있는 시점에 뻐젓이 북남 사이의《대화》를 운운하는 사람의 사고가 과연 건전한가 하는 것이 의문스러울 뿐이다.

정말 보기 드물게 뻔뻔스러운 사람이다. 말끝마다 평화를 부르짖는데 미국으로부터 사들이는 무인기와 전투기들은 농약이나 뿌리고 교예비행이나 하는 데 쓰자고 사들였다고 변명할 셈인가? 공화국북반부 전 지역을 타격하기 위한 정밀유도탄, 전자기임풀스탄, 다목적대형수송함 등의 개발 및 능력확보를 목표로 한《국방중기계획》은 또 무엇이라고 설명하겠는가. 명백한 것은 이 모든 것이 우리를 괴멸시키자는 데 목적이 있다는 것이다.

남조선국민을 향하여 구겨진 체면을 세워 보려고 엮어 댄 말일지라도 바로 곁에서 우리가 듣고 있는데 어떻게 책임지려고 그런 말을 함부로 뇌까리는가 하는 것이다. 아래사람들이 써준 것을 그대로 졸졸 내리읽는 남

> 조선당국자가 웃겨도 세게 웃기는 사람인 것만은 분명하다. 북쪽에서 사냥총소리만 나도 똥줄을 갈기는 주제에 애써 의연함을 연출하며 북조선이 핵이 아닌 경제와 번영을 선택할 수 있도록 하겠다고 력설하는 모습을 보면 겁에 잔뜩 질린 것이 력력하다. 력사적인 판문점 선언 리행이 교착상태에 빠지고 북남대화의 동력이 상실된 것은 전적으로 남조선당국자의 자행의 산물이며 자업자득일 뿐이다.
>
> 남조선당국이 이번 합동군사연습이 끝난 다음 아무런 계산도 없이 계절이 바뀌듯 저절로 대화국면이 찾아오리라고 망상하면서 앞으로의 조미대화에서 어부지리를 얻어 보려고 목을 빼들고 기웃거리고 있지만 그런 부실한 미련은 미리 접는 것이 좋을 것이다. **두고 보면 알겠지만 우리는 남조선 당국자들과 더 이상 할 말도 없으며 다시 마주 앉을 생각도 없다.**[79]

요컨대 전작권 반환을 위한 한미군사연습 강행과 한일 대전을 둘러싼 대미 구애전이라는 두 가지 상황 변경은 한국 정부에 대한 북한의 배신감을 더 크게 자극하는 계기가 된 것이 분명하다.

북한 외무성도 같은 날 미국에 메시지를 발표했다. 김정은 위원장의 8월 5일 친서의 내용처럼 미국이 한미군사연습을 강행한 것에 대해 날 선 메시지를 보냈다. "미국이 일방적으로 자기의 공약을 리행하지 않음으로써 우리가 미국과 한 공약에 남아 있어야 할 명분도 점점 사라져 가고 있다."라며 미국이 자신들에 대한 적대시 정책인 한미군사연습을 중단하지 않는 한, 자신들의 공약 사항인 핵실험과 장거리 미사일 발사 중단 조치도 이행할 수 없다는 경고였던 것이다.

> 미국과 남조선이 오는 8월 우리를 겨냥한 합동군사연습《동맹 19-2》를 강행하려 하고 있다…. 합동군사연습중지는 미국의 군통수권자인 트럼프 대

통령이 싱가포르 조미수뇌회담에서 온 세계가 지켜보는 가운데 직접 공약하고 판문점 조미수뇌상봉 때에도 우리 외무상과 미국무장관이 함께 있는 자리에서 거듭 확약한 문제이다. 우리가 핵시험과 대륙간탄도로케트시험발사를 중지하기로 한 것이나 미국이 합동군사연습을 중지하기로 한 것은 어디까지나 조미관계 개선을 지향하여 한 공약이지 그 무슨 지면에 새겨 넣은 법률화된 문건은 아니다. 우리는 조미공동성명을 리행하기 위하여 이미 취한 중대조치들에 이어 아무런 전제 조건 없이 인도주의적 조치들도 취하였다. 그러나 미국은 판문점 조미수뇌상봉이 있은 때로부터 한 달도 못 되어 **최고위급에서 직접 중지하기로 공약한 합동군사연습을 재개하려 하고 있다**…. 미국이 일방적으로 자기의 공약을 리행하지 않음으로써 우리가 미국과 한 공약에 남아 있어야 할 명분도 점점 사라져 가고 있다. 타방은 지키지도 않고 류념조차 하지 않는데 지킨다고 하여 득이 될 것도 없는 판에 일방만 그것을 계속 지켜야 할 의무나 법이 있겠는가.[80]

7 볼턴 해임과 스톡홀름 회담 결렬 그리고 공포의 '크리스마스 선물'

볼턴에 따르면 트럼프 대통령은 김정은 위원장의 8월 5일 자 친서를 받은 이후 한미군사연습을 강행한 것에 대해 매우 후회했다고 쓰고 있다. 주지하듯이 트럼프 대통령은 8월 14일 NSC 회의에서 한미군사연습을 강행한 결정을 후회한다면서, 20일로 예정된 훈련 종료일에 맞춰 단 하루도 시한을 연장하지 말고 군사연습을 끝내라고 지시하였다.

> 하지만 트럼프는 다음 주제로 금세 넘어갔다. 한국에서 진행 중인 한미연합훈련에 관한 얘기였다. 트럼프는 나에게 "훈련이 진행되도록 당신이 내버려 두지 말았어야 합니다."라고 말했다. 하지만 트럼프는 사전에 연합훈련에 동의했었고, 야외 기동 훈련이 아니라 모의 훈련이라는 점을 알고 있었다. "나는 사이코와 화해하려고 하고 있습니다. 연합훈련은 큰 실수입니다. 내가 동의하지 말았어야 했어요. (한국의 미군기지 지원에 필요한) 50억 달러짜리 협상을 못 따내면 거기서 철수합시다. 우리는 한국과 무역을 하면서 380억 달러나 손해를 봅니다. 거기서 철수합시다." 그는 연합훈련이 언제 끝나는지 여러 번 물었고, 대답은 8월 20일이었다. 트럼프는 "이틀 만에 끝내세요. 단 하루도 연장하지 말고요."라고 지시했다.[81]

김정은 위원장의 8월 5일 친서의 영향이었을까, 북한의 연이은 미사일 도발의 영향이었을까, 그것도 아니면 한미방위비 협상이 진척이 없는 데 대한 분노였을까? 트럼프 대통령은 한미군사연습이 도상훈련이었음에도 이를 후회하기 시작했다. 그리고 조금 더 시간이 흐른 후 왜인지는 분명하지 않지만 트럼프 대통령은 볼턴에게 사임을 요구한다. 볼턴이 묘사하고 있는 그의 마지막 장면은 다음과 같다.

> 9월 9일 월요일 오후 2시 15분쯤에 트럼프는 나를 대통령 집무실로 불렀다. "당신을 좋아하지 않는 사람이 많습니다. 사람들은 당신이 정보를 유출했고 팀플레이어가 아니라고 말합니다." (…) 물론 트럼프가 평소에 하는 불평은 국가안전보장회의 직원 중에 '딥 스테이트'에 속한 사람이 너무 많다는 것이다…. 그때쯤에 나는 '결단의 책상' 앞에 있던 의자에서 일어났다. 그러고는 "제가 관두시기를 바란다면 관두겠습니다."라고 말했다. 트럼프는 "아침에 다시 얘기하죠."라고 얘기했다. 나는 2시 반쯤에 대통령 집무실에서 나와서 내 사무실로 돌아갔다. 나는 몇 달 전에 써둔 사직서를 내 비서에게 주면서….[82]

15분 만에 끝난 볼턴의 9월 해임을 계기로 북미 간에 다시 화해모드가 오는가 했다. 한미군사연습도 끝났고 강경파 볼턴도 백악관을 떠났기 때문에 새로운 계기가 마련되는가 하는 기대가 재부상했다. 9월 20일 김명길 순회대사는 "시대적으로 낡아빠진 틀에 매여달려 모든 것을 대하던 거치장스러운 말썽꾼" 볼턴이 사라졌고, 트럼프 대통령이 리비아식이 아니라 새로운 방식을 검토하고 있다고 발표하였으므로, 그것이 북한이 원해 온 단계적 접근법이 될 수 있다는 기대를 갖고 미국을 주시하겠다는 성명을 냈다.

나는 **트럼프 미국 대통령이 《리비아식 핵포기》 방식의 부당성을 지적하고 조미관계 개선을 위한 《새로운 방법》을 주장**하였다는 보도를 흥미롭게 읽어 보았다. 조미실무협상 우리 측 수석대표로서 나는 시대적으로 낡아빠진 틀에 매여달려 모든 것을 대하던 거치장스러운 **말썽군이** 미 행정부 내에서 사라진 것만큼 이제는 보다 실용적인 관점에서 조미관계에 접근해야 한다는 트럼프 대통령의 현명한 정치적 결단을 환영한다. 우유부단하고 사고가 경직되였던 전 미 행정부들이 지금 집권하고 있다면 의심할 바 없이 조선반도에 통제불가능한 상황이 조성되었을 것이며 이것이 미국의 안보에 직접적인 위협으로 될 것이라는 것은 누구도 부인하지 못할 것이다. 트럼프 대통령이 언급한 《새로운 방법》에 어떤 의미가 함축되어 있는지 그 내용을 나로서는 다 알 수 없지만 조미쌍방이 서로에 대한 신뢰를 쌓으며 실현가능한 것부터 **하나씩 단계적으로 풀어나가는 것이** 최상의 선택이라는 취지가 아닌가 싶다. 발언 내용의 깊이를 떠나서 낡은 방법으로는 분명히 안 된다는 것을 알고 새로운 대안으로 해보려는 정치적결단은 이전 미국 집권자들은 생각조차 하지 않았고 또 할 수도 없었던 트럼프 대통령 특유의 정치감각과 기질의 발현이라고 생각한다. 나는 미국 측이 이제 진행되게 될 조미협상에 제대로 된 계산법을 가지고 나오리라고 기대하며 그 결과에 대하여 락관하고 싶다.[83]

7일 뒤 김계관 외무성 고문은 미국은 "대통령이 직접 중지를 공약한 합동군사연습을 재개하고 대조선 제재압박을 한층 더 강화하면서 조미관계를 퇴보시켰"으며 "《선 핵포기》 주장이 살아 있고 제재가 우리를 대화에 끌어낸 것으로 착각하는 견해가 란무하고 있는" 실정이어서 '회의심'을 떨칠 수 없다면서도 트럼프 대통령이 "전임자들과는 다른 정치적 감각과 결단력을 가지고" 현명한 선택과 용단을 내릴 것이라고 기대해 본다는 양면적 성명을 냈다.

수뇌회담에서 합의된 문제들을 리행하기 위한 실제적인 움직임이 따라서지 못하고 있는 것으로 하여 앞으로의 수뇌회담 전망은 밝지 못하다. 조미사이의 신뢰구축과 조미공동성명리행을 위하여 우리는 반공화국 적대행위를 감행하여 우리나라에 억류되었던 미국인들을 돌려보내고 미군 유골을 송환하는 등 성의 있는 노력을 기울여 왔다. 그러나 미국은 공동성명리행을 위하여 전혀 해놓은 것이 없으며 오히려 대통령이 직접 중지를 공약한 합동군사연습을 재개하고 대조선제재압박을 한층 더 강화하면서 조미관계를 퇴보시켰다. 아직도 워싱톤 정가에 우리가 먼저 핵을 포기해야 밝은 미래를 얻을 수 있다는 《선 핵포기》 **주장이 살아 있고 제재가 우리를 대화에 끌어낸 것으로 착각하는 견해가 란무하고 있는 실정에서 나는 또 한 차례의 조미수뇌회담이 열린다고 하여 과연 조미관계에서 새로운 돌파구가 마련되겠는가 하는 회의심을 털어 버릴 수 없다.**

하지만 트럼프 대통령의 대조선 접근방식을 지켜보는 과정에 그가 전임자들과는 다른 정치적 감각과 결단력을 가지고 있다는 것을 알게 된 나로서는 앞으로 트럼프 대통령의 현명한 선택과 용단에 기대를 걸고 싶다. 나와 우리 외무성은 미국의 차후동향을 주시할 것이다.[84]

우여곡절 끝에 10월 5일 스톡홀름에서 북미 간 실무회담이 이루어지지만, 결국 작심하고 회담에 나온 북한의 일방적 성명으로 대화는 결렬되었다. 일부 회담 소식통들은 북한은 처음부터 미국 측 설명을 들을 생각이 없었고 자신들의 주장만 일방적으로 반복하다가, 북한에서 준비해 온 결렬 설명을 일방적으로 읽고 돌아갔다고 전한다. 김명길 대사는 자신의 결렬 성명에서 적대시 정책 철회를 반복적으로 강조했고, 이는 예전과 달라진 점이 없었으나, 그동안 잘 사용하지 않던 생존권과 발전권이라는 표현을 사용하기 시작했다. 제재 해제 요구를 하지 않겠다는 김정은 위원장의 최고인민회의 연설 이후 나타난 북한의 변화였다.

그의 회견에서 특이한 점은 스스로 세 가지 질의 내용을 명기하고 하나의 포괄적 성명으로 세 질문에 대한 답을 가름했다는 것이다. 이 회견에서 김명길은 미국이 북한이 원해 온 계산법을 수용하지 않았다고 했고, ICBM 등 연말 동결론에 대해서는 미국에 달려 있지만 대화와 협상의 방법은 유지한다고 답하여 연말까지의 숙고 기간은 유효하다고 했다. 다만 앞으로 미국이 변할 가능성이 있는가라는 질문에 대해서는 부정적 전망으로 끝을 맺었다.

> 이번 협상이 조선반도 정세가 대화냐 대결이냐 하는 기로에 들어선 관건적 시기에 진행된 만큼 우리는 이번에 조미관계 발전을 추동하기 위한 결과물을 이뤄 내야 한다는 책임감, 미국이 옳은 계산법을 가지고 나옴으로써 조미관계의 긍정적 발전이 가속되리라는 기대감을 안고 협상에 왔습니다. 그러나 협상은 우리 기대에 부응하지 못하고 결렬됐습니다. 나는 이에 대해서 매우 불쾌하게 생각합니다….
>
> 우리는 이번 협상에서 미국의 잘못된 접근으로 하여 초래된 조미 대화의 교착상태를 깨고 문제 해결의 돌파구를 열 수 있는 현실적인 방도를 제시했습니다. 핵 시험과 대륙간탄도로케트 시험 발사 중지, 북부 핵 시험장의 폐기, 미군 유골 송환과 같이 우리가 선제적으로 취한 비핵화 조치들과 신뢰 구축 조치들에 미국이 성의 있게 화답하면 다음 단계의 비핵화 조치들을 위한 본격적인 논의에 들어갈 수 있다는 입장을 명백히 했습니다…. 싱가포르조미수뇌회담 이후에만도 미국은 열다섯 차례에 걸쳐 우리를 겨냥한 제재 조치들을 발동하고 대통령이 직접 중지를 공약한 합동군사연습마저 하나둘 재개했으며 조선반도 주변에 첨단 전쟁 장비들을 끌어들여 우리의 생존권과 발전권을 공공연히 위협하였습니다.
>
> 우리의 립장은 명백합니다…. 조선반도 핵 문제를 탄생시키고 그 해결을 어렵게 하고 있는 미국의 위협을 그대로 두고 우리가 먼저 핵 억제력

을 포기해야 생존권과 발전권이 보장된다는 주장은 말 앞에 수레를 놓아야 한다는 소리와 마찬가지입니다. 우리는 미국 측이 우리와의 협상에 실제적인 준비가 되어 있지 않다고 판단한 데 따라 협상을 중단하고 **연말까지 좀 더 숙고해 볼 것을 권고**하였습니다….

<질문 답변>

질문 1: 미국 측에서 체제 보장에 대해서 긍정적인 생각이나 의사 표시를 전혀 하지 않았다는 말인가.

질문 2: 대륙간탄도미사일(ICBM) 핵실험 중지에 대해서는 연말까지 유지할 것인가.

질문 3: 만약 미국 쪽에서 또 다른 계산법을 들고나온다면 올해 중으로 다른 협상에 나올 의향이 있는가.

답변: 우리가 협상 진행 과정에 거론된 내용을 구체적으로 여기서 다 말할 수는 없습니다. 그러나 한 가지 명백한 것은 미국이 우리가 요구한 계산법을 하나도 들고나오지 않았다는 것입니다. 우리가 요구하는 계산법은 미국이 우리의 안전을 위협하고 우리의 발전을 위협하는 모든 제도적 장치들을 완전무결하게 제거하려는 조처를 할 때만이 그것을, 또 그리고 그것을 실천으로 증명해야 한다는 것입니다. 새로운 계산법과 인연이 없는 낡은 각본을 만지작거리면 그것으로서 조미 사이의 거래가 막을 내릴 수 있다는 데 대해서 이미 명백히 입장을 표명했습니다

우리의 핵 시험과 ICBM 시험 발사 중지가 계속 유지되는가 그렇지 않으면 되살리는가 하는 것은 전적으로 미국의 입장에 달려 있습니다.

조선 반도 문제를 대화와 협상을 통해서 해결하려는 우리의 입장은 불변합니다. 다만 미국이 독선적이고 일방적이고 고담에 구태의

> 연한 입장에 매달린다면은, 백 번이고 천 번이고 마주 앉아도 대화가 의미가 없다는 것입니다. 그래서 협상을 위한 협상을 하면서 아까운 시간을 낭비하는 것이 미국에는 필요할지 모르겠지만 우리에게는 전혀 필요가 없습니다. 감사합니다.[85]

북한은 다음 날인 10월 6일 본국의 외무성 대변인이 직접 나서 다시 한번 스톡홀름 대화 결렬을 뒷받침하는 성명을 발표했다. 그 요지는 "대조선 적대시 정책을 완전하고도 되돌릴 수 없게 철회하기 위한 실제적인 조치를 취하기" 전에는 이런 '역스러운 협상'을 다시 할 생각이 없다는 것이었다. 다만 "협상을 위한 협상을 하면서 시간 낭비할 필요가 없다."라면서도 '예의 연말 시한부론'을 확인하는 것을 잊지 않았다.[86] 북한이 처음부터 이번 회담을 결렬시키기 위해 준비해 온 것처럼 보인다는 비판이 나온 이유였다.

이후 11월에 들어 연말 대화에 대한 북한의 기대는 점점 사라져 간 것으로 보였다. 11월 14일 김명길 순회대사는 비건 대표가 "최근 미 국무성 대조선정책특별대표 비건은 제3국을 통하여 조미 쌍방이 12월 중에 다시 만나 협상하기를 바란다는 의사를 전달해 왔다."라는 사실을 전격 폭로하였다. "나의 직감으로는 미국이 아직 우리에게 만족스러운 대답을 줄 준비가 되어 있지 않으며 미국의 대화 제기가 조미 사이의 만남이나 연출하여 시간벌이를 해보려는 술책으로밖에 달리 판단되지 않는다. 다시 한번 명백히 하건대 나는 그러한 회담에는 흥미가 없다."[87]라며 미국의 대북 면담 제안을 사실상 거절하였다.[88]

이로써 2018년 벽두부터 시작된 2년간의 북미 대화 국면은 종지부를 찍는 듯 보였다. 대국 미국이 이 같은 모멸감을 견디면서까지 북한과의 협상을 재차 요구할 이유는 없어 보였다. 문제는 북한이 지켜 온 핵실험과 ICBM 동결 조치를 유지할 것인가 아니면 이를 무력화시키고 다시 도발의 사이클로 복귀할 것인가였다. 북한이 '크리스마스 선물' 운운하며[89] 연말 시한부를 설정한 상태에서 대형 도발에 나설 경우, 트럼프 대통령의 노딜, 즉 걸어 나가기 전략은 결과적으로 실패로 낙인찍힐 것이었기 때문에, 트럼프 대통령 역시 그런 극한적 상황을 피하고 싶었을 것이다. 이것이 비건 대표가 포기하지 않고 협상론을 견지한 이유였다.

주

1 "At the last North-South summit in Pyongyang, Chairman Kim committed to allow access for international experts to verify the complete dismantlement and destruction of Tongchang-ri. During the Secretary of State's October meetings in Pyongyang, Chairman Kim likewise committed to invite American experts to ensure the complete destruction of Punggye-ri." Stephen E. Biegun, "Remarks on DPRK at Stanford University," U.S. Department of State(2019. 1. 31). https://2017-2021.state.gov/remarks-on-dprk-at-stanford-university/index.html(검색일: 2023년 1월 23일).

2 "In addition to the commitments on Tongchang-ri and Punggye-ri, Chairman Kim also committed, in both the joint statement from the aforementioned Pyongyang summit as well as during the Secretary of State's October meetings in Pyongyang, to the dismantlement and destruction of North Korea's plutonium and uranium enrichment facilities. This complex of sites that extends beyond Yongbyon represents the totality of North Korea's plutonium reprocessing and uranium enrichment programs." Stephen E. Biegun, "Remarks on DPRK at Stanford University," U.S. Department of State(2019. 1. 31). https://2017-2021.state.gov/remarks-on-dprk-at-stanford-university/index.html (검색일: 2023년 1월 23일).

3 『동아일보』, 2018년 10월 12일. https://www.donga.com/news/Politics/article/all/20181012/92375091/1(검색일: 2024년 11월 18일).

4 문재인 회고록, 308쪽.

5 이때에도 미국 측은 마지막 순간까지 하노이보다는 다낭을 선호한 것으로 알려졌고, 북한과의 실랑이 끝에 하노이로 최종 결정되었다고 전해진다.

6 "In the past, the shorthand interpretation of our policy is more or less what Bob helpfully laid out as a strawman, which is, you do everything first and then we'll begin to think about whether or not we're going to do anything in response, and that is not our policy and has not been our policy. What we're talking about is simultaneously looking at ways to improve relations, looking at ways to advance a more stable and peaceful, and ultimately, a more legal peace regime on the Korean Peninsula – how we advance denuclearization." Stephen E. Biegun, "Remarks on DPRK at Stanford University," U.S. Department of State(2019. 1. 31). https://2017-2021.state.gov/remarks-on-dprk-at-stanford-university/index.html(검색일: 2023년 1월 23일).

7 "Now, that's an ideal, I know, and these things are going to move haltingly along

different courses. But they also can be mutually reinforcing, because if we're doing the right thing with each other in relations, it makes it easier to do the right thing with each other on nuclear weapons." Stephen E. Biegun, "Remarks on DPRK at Stanford University," U.S. Department of State(2019. 1. 31). https://2017-2021.state.gov/remarks-on-dprk-at-stanford-university/index.html(검색일: 2023년 1월 23일).

8 일부 언론에서는 이 부분을 비건 대표의 1·31 연설의 가장 중요한 내용으로 적시하기도 하였다. 『연합통신』, 2019년 2월 28일. https://www.yna.co.kr/view/AKR20190228151900504(검색일: 2024년 11월 15일).

9 "Before the process of denuclearization can be final, we must also have a complete understanding of the full extent of the North Korean weapons of mass destruction missile programs. We will get that at some point through a comprehensive declaration. We must reach agreement on expert access and monitoring mechanisms of key sites to international standards. And ultimately, we need to ensure the removal and destruction of stockpiles of fissile material, weapons, missiles, launchers, and other weapons of mass destruction." Stephen E. Biegun, "Remarks on DPRK at Stanford University," U.S. Department of State(2019. 1. 31). https://2017-2021.state.gov/remarks-on-dprk-at-stanford-university/index.html(검색일: 2023년 1월 23일).

10 "상대적인 조건인 동시에 절대적인 조건에서 다뤄야 합니다." 비건 연설 중에서. https://2017-2021.state.gov/remarks-on-dprk-at-stanford-university/index.html(검색일: 2023년 1월 23일).

11 "But in relative terms, we're also not demanding that this be the starting point. As I said, in parallel we're willing to look at a lot of other things that we can do together that also build the confidence and reduce the sense of risk or threat that would potentially drive a country to want to sustain that kind of capacity. It's not necessary for North Korea to be a safe and stable country to have weapons of mass destruction." Stephen E. Biegun, "Remarks on DPRK at Stanford University," U.S. Department of State(2019. 1. 31). https://2017-2021.state.gov/remarks-on-dprk-at-stanford-university/index.html(검색일: 2023년 1월 23일).

12 물론 하노이 회담 과정에 볼턴이 전격적으로 제기한 생화학무기 해체가 여기에 포함되었는가에 대해서도 논란이 있는데, 비건 대표의 1월 연설에서는 언급되지 않았다고 보는 것이 정설이다.

13 비건 대표는 포괄적 합의라는 표현을 직접적으로 사용하고 있지는 않지만, '포괄적 합의'의 내용과 대상은 대체로 아래 연설 파트에서 드러난다. "We expect to hold working-level negotiations with our North Korean counterparts in advance of the summit, with the intention of achieving a set of concrete deliverables, a roadmap of negotiations, and declaration - a roadmap of negotiations and declarations going forward, and a shared understanding of the desired outcomes of our joint efforts."

14 "지난 평양 남북정상회담에서 김정은 위원장은 동창리 시험장의 완전한 해체와 파괴를 검증하기 위해 국제 전문가들을 초청하겠다고 약속했습니다. 그리고 폼페이오 장

관이 지난 10월 방북했을 때에도 김 위원장은 풍계리의 완전한 해체를 확인하기 위해 미국 전문가들을 초청하겠다고 말했습니다. (…) 동창리와 풍계리에 관련한 약속 이외에도, 김 위원장은 앞서 말씀드린 평양 남북정상회담 공동성명에서, 그리고 10월 국무장관 방북 당시 북한의 플루토늄과 우라늄 농축 시설의 해체와 파괴를 약속했습니다. 단순히 영변에 있는 시설 이외에도 이런 장소들은 북한의 플루토늄 재처리와 우라늄 농축 프로그램 전체를 아우르는 것입니다. 김 위원장은 북한의 플루토늄과 우라늄 농축 시설에 관해서는 미국에 상응 조치가 있을 때라고 한정을 했습니다." https://2017-2021.state.gov/remarks-on-dprk-at-stanford-university/index.html(검색일: 2023년 1월 23일).

15 비건 대표의 1·31 연설에서 제기된 비핵화 순서를 필자가 추론해 보면 다음과 같다. 북한 선조치 및 핵무기 생산 '동결' → 미국 상응 조치(북한의 제재 해제에 대한 요구 수준에 따라 집행, 북한은 금강산, 개성 포함되기를 요청) → 영변 플루토늄 및 농축 우라늄 핵 시설 순차적 검증과 파괴 → "추가로": 포괄적 신고 및 핵무기, ICBM 폐기. 이런 순서의 협상을 염두에 둔 것이 아닌가 생각된다.

16 신범철·최강, 2019, 「하노이 정상회담의 재구성」, 아산정책연구소 정책 브리프, 2019년 11월. https://www.asaninst.org/contents/%ED%95%98%EB%85%B8%EC%9D%B4-%EC%A0%95%EC%83%81%ED%9A%8C%EB%8B%B4%EC%9D%98-%EC%9E%AC%EA%B5%AC%EC%84%B1-%EB%AF%B8%EA%B5%AD%EC%9D%98-%EC%9D%B8%EC%8B%9D%EA%B3%BC-%EC%A0%91%EA%B7%BC/(검색일: 2024년 11월 21일).

17 "평양에서 비건 대표가 별다른 성과 없이 돌아온 뒤 협상 대표단은 '대북 강공'으로 나가는 데 의견 일치를 봤다. 다른 소식통은 '비건 대표가 스탠포드대에서 연설하던 때만 하더라도 미국 정부 내에서 비핵화에 관한 여러 입장이 존재했다'며 '그러나 평양 실무협상 이후 강공으로 나가는 데 모두의 의견이 모아진 것으로 안다'고 밝혔다. 미국 협상대표단은 그럼에도 일단 모든 가능성을 열어두고 정상회담에 임했던 것으로 알려졌다. 김정은 북한 국무위원장의 '통 큰 결단'이 나올 수 있다는 기대감에서다. 그러나 미국 대표단이 원했던 '총론에서의 합의'는 결국 이뤄지지 못했고, 도널드 트럼프 미국 대통령이 시나리오대로 판을 깨고 나왔다는 것이다. 협상팀에선 회담 막판까지 '스몰딜'에 대한 검토도 했으나 정치적으로 역풍이 불 수 있다는 우려에 거부하기로 결정한 것으로 전해졌다. 소식통은 '스몰딜을 해서는 국내에서 높은 평가를 받기가 어렵다는 생각을 했던 것으로 보인다'고 말했다. 트럼프 대통령이 지난달 28일 회담이 결렬된 직후 가진 기자회견에서 '백 퍼센트 오늘 뭔가 서명할 수 있었고 선언문도 준비돼 있었지만 (서명하기) 적절치 않았다'고 한 것은 이러한 배경 속에서 나온 발언으로 보인다." 「미, 평양 실무회담 이후 판 깰 각오했다」, 『매일경제』, 2019년 3월 12일. https://www.mk.co.kr/news/politics/8723095(검색일: 2024년 11월 21일).

18 문재인 대통령 역시 이 문제를 다루고 있다. 다만 문 대통령의 입장은 영변을 너무 일찍 공개한 것이 문제라는 시각은 본질적인 접근이 아니라는 입장을 피력하고 있다.

19 비건 대표가 숨죽여 원했던 이 세 번째 타협안이 협상 테이블에 등장했지만, 그러나 결국 김정은 위원장은 이를 수용하지 못했던 것으로 알려졌다. 마지막 순간에 최선

희-비건팀이 추가의 실무회담을 열어 '+α'에 대해서 논의했지만, 이때는 이미 비건팀 스스로도 '포괄적 합의'로 다시 회귀한 상황이어서 시계를 뒤로 돌리기엔 늦었던 것이다.

20 2월 12일 1차 회의 16:45~17:30(45분) - 동영상 상영 / 2월 15일 2차 회의 약 14시(45분) - 북한 선전 영상 발췌 장면 시청 / 2월 21일 3차 최종회의(45분) - 트럼프 대통령, 아베 총리와 통화 직후.

21 "시작 부분에 역대 미국 대통령, 카터와 클린턴, 부시, 오바마가 하나같이 북한과 대단한 협상을 이뤄냈다고 말하는 장면이 나왔다. 그런 다음 북한이 싱가포르 회담 이후 실제로 어떻게 행동했는지, 그들이 어떻게 지금도 우리를 속이고 있는지에 관한 설명이 이어졌다. 마지막은 레이건 대통령이 1986년 레이캬비크에서 고르바초프와 정상회담을 여는 내용이었다. 레이건이 말하는 요점은 확고한 태도를 고수하는 편이 무조건 양보하는 것보다 훨씬 더 나은 협상을 이뤄낼 수 있다는 것이었다." 볼턴 회고록, 464쪽. "We showed a film, opening with news clips of Carter, Clinton, Bush, and Obama all saying they had achieved great deals with North Korea, then turning to North Korea's actual conduct since Singapore and how they were still deceiving us. The film ended with clips of Reagan describing his 1986 Reykjavik Summit with Gorbachev. Reagan's point was that when you held firm, you got better deals than when you gave in." John Bolton, 2020, op. cit., p. 290.

22 "2월 12일 백악관 종합상황실에서 하노이 회담을 준비하는 첫 회의가 열렸다. 회의는 4시 45분에 시작되어 45분간 진행되었다. 이 자리에서 동영상 한 편이 상영되었다. (…) 회의를 마칠 때쯤, 트럼프가 먼저 핵심 포인트를 다음과 같이 정리했다. '주도권은 내가 쥐고 있다', '서두를 필요 없다', '언제라도 협상장을 박차고 나갈 수 있다.'" 볼턴 회고록, 464-465쪽. "The first Hanoi prep session was on February 12 in the Sit Room, starting at four forty-five and lasting forty-five minutes. … When we finished, Trump himself said the key points he carried away were: "I've got the leverage,""I don't need to be rushed," and "I could walk away."" John Bolton, 2020, ibid., pp. 320-321.

23 "I left for Hanoi early on February 24. Flying toward our refueling stop in Anchorage, we received a draft US-North Korea statement. The NSC's Allison Hooker said Biegun had "table-droppped" it at a meeting with the North, without previously clearing it. **It read as if drafted by North Korea**, enumerating all Trump's prior "concessions" to Kim Yong Chol in the Oval Office without seeking anything in return beyond another vague statement that North Korea would agree to define "denuclearization."" John Bolton, 2020, ibid., p. 323. "2월 24일 일찌감치 하노이로 출발했다. 비행기가 재급유를 위해 앵커리지로 향하던 즈음 북미 성명서 조안을 받아 들었나. 국가안보회의의 앨리슨 후커에 따르면 비건은 이 문서를 사전 승인도 없이 북한과의 회담 자리에서 불쑥 꺼내놓았다고 한다. 혹시 북한이 작성한 것이 아닌지 의심될 정도의 내용이었다. 일전에 트럼프가 백악관 집무실에서 김영철에게 '양보'했던 내용이 쭉 열거되어 있었다. 북한이 기꺼이 동의할 만한 '비핵화'에 대한 모호한 정의 말고는 아무것도 얻어낼 것이 없었다." 볼턴 회고록, 467-468쪽.

24 "I had Kupperman show the draft to Mulvaney and Stephen Miller in Washington, and Mulvaney agreed it was both a first-magnitude political mistake and a deliberate violation of the established interagency process. They were flying with Trump to Hanoi on Air Force One and explained the problems to him en route. Trump was completely unaware of the draft, so Biegun had no authority from on high. I also called Pence on Air Force Two, as he flew back to Washington from the Lima Group meeting in Bogota, and he had the same reaction to the Biegun draft that I did." John Bolton, 2020, ibid., pp. 292-293. "쿠퍼먼에게 워싱턴의 멀베이니와 스티븐 밀러에게 초안을 보여주라고 했다. 그랬더니 멀베이니도 이것이 중대한 정치적 실수일 뿐 아니라 부서 간 업무 절차를 고의로 위반한 행위라는 점에 동의했다. 그들은 하노이로 향하는 대통령 전용기에 동승해 대통령에게 이 문제를 설명했다. 트럼프는 초안에 관해서는 전혀 모르고 있었다. 따라서 비건에게는 처음부터 그런 문서를 작성할 권한이 없었던 셈이다. 나는 부통령 전용기에 탑승하고 있던 펜스와도 통화했다. 그는 콜롬비아 보고타에서 열린 리마그룹 회의를 끝내고 워싱턴으로 돌아가던 참이었다. 비건의 초안 건을 듣더니 그도 역시 나와 똑같은 반응을 보였다." 볼턴 회고록, 486쪽.

25 시그프리드 헤커, 2023, 앞의 책, 516쪽.

26 시그프리드 헤커, 2023, 위의 책, 517쪽.

27 시그프리드 헤커, 2023, 위의 책, 517쪽.

28 "This complex of sites that extends beyond Yongbyon represents the totality of North Korea's plutonium reprocessing and uranium enrichment programs." Stephen E. Biegun, "Remarks on DPRK at Stanford University," U.S. Department of State(2019. 1. 31). https://2017-2021.state.gov/remarks-on-dprk-at-stanford-university/index.html(검색일: 2023년 1월 23일).

29 "Finally and importantly, in describing to us their commitment to dismantle and destroy their plutonium and uranium enrichment facilities, the North Koreans have also added the critical words 'and more.'" Stephen E. Biegun, "Remarks on DPRK at Stanford University," U.S. Department of State(2019. 1. 31). https://2017-2021.state.gov/remarks-on-dprk-at-stanford-university/index.html(검색일: 2023년 1월 23일).

30 북한은 '영변 핵시설'을 '영변'이라고 이해했고, 미국은 '영변군'을 '영변'이라고 이해했다는 설명도 있다. 즉, 미국은 분강 우라늄 농축 공장을 포함하여 영변군 전체의 핵시설을 '영변'이라고 보았으며, 북한은 기존에 국제사회에 이미 공개된 영변 핵시설을 '영변'이라고 이해했다는 것이다. 미국의 KH-12 정찰위성과 한국의 탈북자 신문을 통해, 한미 정보 당국은 영변 핵시설 외곽에 지하 비밀 핵시설이 있다고 보았는데, 이들 지하 은닉 핵시설들이 전체적으로는 모두 영변군에 위치하고 있었으므로 북한이 영변 전체를 수용하는가 아닌가 하는 것은 신뢰의 문제이기도 했다는 것이다. https://ko.wikipedia.org/wiki/분강_우라늄_농축_공장(검색일: 2024년 11월 10일).

31 시그프리드 헤커, 2023, 앞의 책, 525쪽.

32 알렉스 웡, 2021, RFA 인터뷰. https://www.rfa.org/korean/news_indepth/ussksummit-05282021150343.html(검색일: 2024년 11월 5일).

33 “2019년 하노이에서 열린 2차 북미 정상 회담에서 트럼프 대통령은 김정은에게 키홀(Key-Hole) 정찰위성으로 1㎝ 해상도로 촬영한 핵 시설 5곳을 보여 주며 모든 핵 시설 리스트를 요구했다는 후문이다.” 『중앙일보』 한용섭 칼럼, 2024년 11월 28일. https://www.joongang.co.kr/article/25295885(검색일: 2024년 11월 29일).

34 문재인 회고록, 290-291쪽.

35 볼턴 회고록, 475-476쪽.

36 볼턴 회고록, 474-475쪽.

37 “Kim stressed again how significant the Yongbyon “concession” was for North Korea and how much coverage the idea was getting in the US media. Trump asked again if Kim could add something to his offer, such as asking only for a percentage reduction in the sanctions rather than completely removing them. … Fortunately, he wasn't biting, saying he was getting nothing, omitting any mention of the sanctions being lifted.” John Bolton, 2020. op. cit., p. 328. “김정은은 영변을 ‘양보’하는 것이 북한에 얼마나 중대한 일인지, 또 미국 언론이 그 점을 얼마나 중요하게 다루는지 다시 한 번 강조했다. 트럼프는 김정은의 제안에 더 추가할 내용이 없는지 재차 물었다. 예컨대 제재의 전면 해제보다는 일부 완화(비례적 완화)를 요청할 생각은 없느냐는 것이었다. (…) 만약 그 자리에서 김정은이 예스라고 했다면 곧바로 거래가 성립되는 것이었다. 이는 미국으로서는 끔찍한 결과를 의미했다. 다행히 김정은은 이 제안을 받아들이지 않았다. 제재 완화에 대해서는 어떠한 언급도 없이 자신이 얻은 이익은 아무것도 없다고만 말했다.” 볼턴 회고록, 474-475쪽. 마지막 부분과 관련해서 영문 원문은 김정은이 미끼를 물지 않았다고 쓰고 있으나, 한국판은 “이 제안을 받아들이지 않았다”라고만 번역하여 뉘앙스가 조금 다르게 전달되고 있다.

38 스냅 백은 국가 간에 이루어진 합의가 이행되지 못하는 상황이 발생하게 될 경우, 관세 혜택 등을 철회할 수 있는 일종의 무역 보복 조치다. 합의 불이행 시, 이에 대한 혜택이 자동으로 철회되는 장치로서 북한이 약속을 이행하지 않을 경우 해제된 제재가 자동으로 부활하는 조치를 의미한다. 최선희 부상은 3월 15일 평양 기자회견에서 “트럼프 대통령은 스냅 백 방식의 제재 해제안을 제안했는데, 폼페이오 장관과 볼턴이 이를 반대했다”고 말하고 있다. https://www.newsis.com/view/NISX20190325_0000598643(검색일: 2024년 11월 1일).

39 볼턴은 트럼프 대통령의 일부 제재 해제안에 대해 앞에서 보았듯이 “김정은 위원장이 제재에 대해서는 어떠한 언급도 없”었다며 “미끼를 물지 않았다”며 이 제안을 거절한 것이라고 쓰고 있다. 볼턴 회고록, 475쪽. 이에 반해 헤커 박사는 일부 ‘제재 완화’ 제안에 대해서 북한이 거절한 것인가에 대해서는 볼턴과는 달리 유보적 판단을 내리며 김정은의 반응을 분명히 ‘노’라고 규정하기 어렵다고 해석하고 있다. “김정은의 대답에 미묘한 어감 차이가 있었는데, 그것을 미국 측이 놓친 것인지, 아니면 김정은이 이것을 비밀로 했다가 때가 무르익었을 때 타협책으로 공개하려고 했던 것인지, 그것도 아니면 그저 그가 악수를 둔 것인지 우리는 알 수 없다.” 시그프리드 헤커, 2023, 앞의 책, 521쪽.

40 「김여정 제1부부장 미국의 립장변화 없는 한 조미회담 무익하다」, 『조선중앙통신』,

2020년 7월 10일. http://www.kcna.co.jp/calendar/2020/07/07-10/2020-0710-001.html(검색일: 2025년 1월 27일).

41 볼턴 회고록, 476쪽.

42 "개꼬리 삼년 두어도 황모 못 된다고 역시 폼페이오는 갈 데 올 데 없는 미국 외교의 독초이다…. 가는 방망이 오는 홍두깨라고 폼페이오가 인간의 초보적인 의리도, 외교 수장으로서의 체면도 다 줴버리고 우리에 대한 악설을 쏟아낸 이상 나 역시 그와 같은 수준에서 맞대응 해줄 수 있다…. 그럼에도 불구하고 폼페이오가 사실을 오도하며 케케묵은 제재 타령을 또 다시 늘어놓은 것을 보면 확실히 그는 이성적인 사고와 합리적인 판단력이 결여되어 있고 조미협상의 앞길에 어두운 그늘만 던지는 훼방꾼이 분명하다. 일이 될 만하다가도 폼페이오만 끼어들면 일이 꼬이고 결과물이 날아 나군 하는데 이것을 보면 그가 미국의 현 대외정책보다 앞으로의 보다 큰《정치적포부》를 실현하는 데 더 큰 관심을 두고 있는 것이 틀림없다." 리용호 담화문, 2019년 8월 23일. https://www.newspim.com/news/view/20190823000372(검색일: 2024년 11월 4일).

43 시그프리드 헤커, 2023, 앞의 책, 534-535쪽.

44 시그프리드 헤커, 2023, 위의 책, 527쪽.

45 하노이 회담 당일, 추가 제재를 묻는 기자들의 질문에 대해서 트럼프 대통령은 "현재 굉장히 강력한 제재가 있는 상황에서 더 필요하다고 생각하지는 않는다. 북한 주민들도 생계를 이어 가야 한다. 이것은 우리한테도 중요한 문제다. 김 위원장과 더 좋은 관계를 이어 가면서 내 태도가 많이 바뀌었다. 그들도 그들의 관점이 있다는 것을 알게 됐다"라고 하였다. 트럼프 대통령이 볼턴 보좌관이 마련한 추가 제재안을 거부한 것도 싱가포르와 하노이에서의 잇단 만남이 만들어 낸 최소한의 신뢰가 있었기 때문에 가능했던 것으로 보인다.

46 「北리용호·최선희 심야 기자회견 발언」, 『연합뉴스』, 2019년 3월 1일. https://www.yna.co.kr/view/AKR20190301006451504(검색일: 2024년 11월 1일).

47 리용호가 언급한 결의 5건은 2016년 1월 6일 4차 핵실험을 시작으로 본격화한 북한의 핵·미사일 실험들에 대응해 안보리가 구축한 고강도 대북 제재망의 골간이다. 이에 대해서는 아래 설명을 참조. "유엔 안보리가 채택한 대북 제재 결의는 2006년 7월(1695호)부터 2017년 12월(2397호)까지 총 11건이다. 종전엔 대량살상무기(WMD) 관련 물품 수입 금지 같은 '한정적 제재'에 머물렀던 유엔 안보리 제재는 2016년부터 민수 군수를 아울러 북한 경제 자체를 봉쇄하는 '포괄적 제재'로 강력해졌다…. 심지어 북한의 6차 핵실험 이후 채택된 2375호(2017년 9월)는 유류 공급 제한이 핵심이었다. 대북 유류 공급 30% 감축과 함께 대북 투자·합작사업을 금지했고, 북한의 대표 수출품이던 의류 완제품 수출도 막았다. 북한의 화성 15호 시험 발사의 대응 조치인 2397호(2017년 12월)는 대북 정유 제품 공급량의 연간 상한선을 200만 배럴에서 50만 배럴로 감축했고, 해외 파견 노동자의 24개월 이내 송환 등을 포함시켰다. 이에 따라 북한은 지난해 대중(對中) 수출이 88% 급감했다. 일반적 무역까지 불법화한 초강력 제재였기 때문이다." 「리용호, 최선희 하노이 긴급 기자회견 "우리가 요구하는 것은 전면적인 제재 해제 아니라 일부 해제"」, 사단법인 샌드연구소, 2019년 4월 15일. https://sand.or.kr/kr2/situation/trend_data.php?bgu=view&idx=21285&ckattempt=3

(검색일: 2024년 11월 5일).

48 알렉스 웡, 2021, RFA 인터뷰. https://www.rfa.org/korean/news_indepth/ussksummit-05282021150343.html(검색일: 2024년 11월 5일).

49 국무부 자료, 비건 익명 간담회. https://2017-2021.state.gov/senior-state-department-official-on-north-korea/(검색일: 2024년 11월 25일).

50 볼턴 회고록, 479쪽.

51 "Yongbyon in the 2008 declaration as part of the six-party talks was a plutonium reactor and a plutonium reprocessing facility. We also know that at — over the course of that decade that the North Koreans had developed a undeclared highly enriched uranium capability at Yongbyon. And so obviously the production of fissile material at Yongbyon comes from both a uranium facility as well as a plutonium facility, both of which are usable in the development of nuclear weapons. The Yongbyon is much more than that too. Yongbyon is a whole industrial complex involved in the nuclear fuel cycle and nuclear weapons development in North Korea. Consists of dozens if not hundreds of facilities spread across a large area that is generically referred to as Yongbyon. What we're asking the North Koreans to do in the process of denuclearization is to eliminate all dimensions of the nuclear fuel cycle and the nuclear weapons program. And so our definition of Yongbyon would be quite expansive. In our discussions with the North Koreans — I won't go into every detail of how they have chosen to describe Yongbyon, but let me just say, you know, in general it's been shifting." 비건 대표, 카네기 핵 컨퍼런스 대담, 2019년 3월 12일. https://s3.amazonaws.com/ceipfiles/pdf/NPC19-SpecialRepresentativeBiegun.pdf(검색일: 2024년 11월 25일).

52 언론들은 3월 12일 비건 대표의 발언이 1월 발언과는 완전히 달라졌다는 평가를 내리고 있었다. "단계적인 비핵화 해법에 반대하고, 북한이 핵무기 외에 생화학무기 등 모든 대량살상무기를 폐기해야 하며, 대북 제재는 비핵화 완료 이후에 해제될 수 있다는 발언은 볼턴 보좌관이 그동안 밝혀온 입장과 정확히 일치합니다. 미국 언론들은 얼마 전까지만 해도 비핵화 협상을 놓고 볼턴 보좌관과 비건 대표의 입장이 다르다고 보도했었습니다. 비건 대표의 어제 발언은 이런 관측이 틀렸음을 보여 주고 있습니다. (…) 볼턴 보좌관의 견해라기보다는 트럼프 대통령의 방침을 따르는 것으로 봐야 합니다. 트럼프 대통령이 하노이 정상회담을 전후해 대북 협상 원칙을 확립하고 '교통정리'를 한 것으로 보입니다. '미국 정부는 북한의 비핵화를 점진적으로 진행하지 않을 것이라는 데 완전히 단결돼 있다'는 비건 대표의 어제 발언은 이런 관측을 뒷받침합니다." 윤국한, 2019, 「비건 발언으로 공식화 된 미국의 비핵화 협상 원칙」, 『VOA』, 2019년 3월 12일. https://www.voakorea.com/a/4825373.html(검색일: 2025년 1월 27일).

53 또한 유엔 제재 조항에는 2013년의 대북 제재 2094호부터 포함된 트리거 조항이 있는데, 이는 북한이 추가의 도발을 감행할 경우 북한에 대한 유엔 제재를 자동으로 강화하게 해놓은 조항이다. 이는 대북 제재의 목표가 징벌이 아니라 추가 도발 방지에 있다는 해석을 뒷받침하는 조항으로 북한식 셈법의 한 근거로 되기도 한다. 유엔 안보리 대북 제재 결의안 2397호 28항(2017년 12월 23일) 참조. "조선민주주의인민공화국의

추가 핵실험 또는 발사가 있을 경우 추가적인 중대한 조치들을 취할 것이라는 결의를 표명하고 조선민주주의인민공화국이 추가 핵실험 또는 대륙간 사거리 도달 능력을 갖춘 탄도미사일 체계 발사 또는 이러한 탄도미사일 체계 개발에 기여할 수 있는 탄도미사일 체계 발사를 실시할 경우 안보리가 조선민주주의인민공화국에 대한 유류 수출을 추가적으로 제한하는 조치를 취할 것을 결정한다."

54 이론적으로 강압(coercion)에는 억지(deterrence)와 강제(compellence)가 있는데, '억지'가 대체로 추가의 도발을 막는 현상 유지가 목표인 경우가 다수라면, '강제'는 이미 도발한 것을 되돌려 원상복구시키는 경우가 다수다. 물론 강압에는 도발하지 않고 있는 상대방을 위협하여 후퇴시키는 경우인 공갈 상황도 포함하지만, 대북 제재에는 공갈은 해당 상황이 없다.

55 최선희 부상 2019년 3월 15일 평양회견문. https://www.newsis.com/view/NISX20190325_0000598643(검색일: 2024년 11월 1일).

56 「CSIS "北서해 발사장 움직임 활발…발사대·엔진시험장 준비작업 계속"」, 『동아일보』, 2019년 3월 11일. https://www.donga.com/news/Inter/article/all/20190311/94474185/1(검색일: 2024년 11월 20일).

57 김정은 위원장 최고인민회의 시정연설, 2019년 4월 12일. https://www.yna.co.kr/view/AKR20190413021200504(검색일: 2024년 11월 20일).

58 볼턴 회고록, 480쪽.

59 "Moon arrived at the White House at noon, and after the usual press scrum in the Oval, Pompeo and I stayed with Trump to meet in a smaller setting with Moon, Kang and Chung. Trump said he was getting a lot of credit for the way Hanoi had turned out, since it was better to walk away than to sign a bad deal. Moon thought that was fine, but he wanted something dramatic to generate momentum for what he thought could be the summit of the century. **He urged a dramatic approach on timing, venue, and form, which could in turn lead to dramatic results, suggesting meeting either at Panmunjom or on a US naval vessel.**" John Bolton, 2020, op. cit., p. 338. "문재인은 정오에 백악관에 도착했다. 그리고 늘 그렇듯이 대통령 집무실에 모여든 기자들의 카메라 세례를 받았다. 그런 후 폼페이오와 나는 트럼프와 함께 문재인, 강경화, 정의용과의 소규모 회담에 들어갔다. 트럼프는 하노이 회담의 결과로 자신은 점수를 많이 땄다고 말했다. 나쁜 협상을 하느니 협상을 파기하는 편이 나았기 때문이라는 설명이 뒤따랐다. 문재인은 잘하신 일이라고 하면서도, 자신은 세기적 회담이 될 만한 극적인 결과가 나오기를 바랐다고 말했다. **그는 시간과 장소, 형식 면에서 극적인 방법을 써야 극적인 결과도 낳을 수 있다고 주장했다. 그러면서 판문점이나 미해군 함정에서 회담을 열자는 제안을 내놓았다.**" 볼턴 회고록, 489쪽. "Moon, however, was still worried about form rather than substance, but **what was really uppermost for him was stressing he was available to join Kim and Trump**. Trump was not biting, insisting that there had to be a deal to eliminate North Korea's nuclear weapons before there was another summit." John Bolton, 2020, ibid., pp. 338-339. "그런데도 문재인은 여전히 실질적인 내용보다는 형식에 매달렸다. 그러나 **그에게 무엇보다도 중요했던 것은 김정은**

과 트럼프가 만나는 자리에 자신도 동참하고 싶다고 말하는 것이었다. 하지만 트럼프는 그의 말을 받아들이지 않았다. 북한의 핵무기를 없애는 협상을 마무리해야 다른 회담도 할 수 있다고 말이다." 볼턴 회고록, 489쪽. "Moon ended by saying that when he returned to Seoul, **he would propose to the North a third US-North Korea summit between June 12 and July 27**. Trump said that any date was fine, but only if there were a deal beforehand." John Bolton, 2020, ibid., p. 340. "문재인은 마무리 발언을 통해 서울로 돌아가면 북한 측을 상대로 **6월 12일에서 7월 27일** 사이에 3차 북미회담을 제의하겠다고 말했다. 트럼프는 시기는 어느 때나 상관없지만, 사전 협상이 이루어져야 회담을 할 수 있다고 말했다." 볼턴 회고록, 491쪽.

60 김정은 위원장 최고인민회의 시정연설, 2019년 4월 12일. https://www.yna.co.kr/view/AKR20190413021200504(검색일: 2024년 11월 20일).

61 김정은 위원장 최고인민회의 시정연설 2019년 4월 12일. https://www.yna.co.kr/view/AKR20190413021200504(검색일: 2024년 11월 20일).

62 트럼프 대통령 회견, 2019년 4월 11일. "I'd have to see what the deal is. There are various smaller deals that maybe could happen. Things could happen. You can work out, step by step, pieces. But, at this moment, we're talking about the big deal. The big deal is we have to get rid of the nuclear weapons." Foreign Policy, 2019, "Remarks by President Trump and President Moon Jae-in of the Republic of Korea Before Bilateral Meeting." https://trumpwhitehouse.archives.gov/briefings-statements/remarks-president-trump-president-moon-jae-republic-korea-bilateral-meeting/(검색일: 2025년 1월 27일).

63 트럼프 대통령 회견 2019년 4월 11일. "Well, we are discussing certain humanitarian things right now, and I'm okay with that, to be honest. I think you have to be okay with that. And South Korea is doing certain things to help out with food and various other things for North Korea." Oval Office, 2019, "Remarks by President Trump and President Moon Jae-in of the Republic of Korea Before Bilateral Meeting." https://trumpwhitehouse.archives.gov/briefings-statements/remarks-president-trump-president-moon-jae-republic-korea-bilateral-meeting/(검색일: 2025년 1월 27일).

64 5월 7일 22시 한미정상통화 관련 서면 브리핑. "양 정상은 최근 WFP/FAO가 발표한 북한 식량 실태 보고서에 대해 의견을 교환하였으며, 트럼프 대통령은 한국이 인도적 차원에서 북한에 식량을 제공하는 것이 매우 시의적절하며 긍정적인 조치가 될 것이라고 평가하고 이를 지지했습니다." 청와대, 2019, 「한미 정상 전화 통화 관련 서면브리핑」. https://www.korea.kr/briefing/presidentView.do?newsId=148860628&pageIndex=&startDate=2023-08-30&endDate=2024-08-30&srchWord=(검색일: 2025년 1월 27일). 이에 대해 백악관 세라 허커비 샌더스 대변인은 8일(현지 시각) "기자들이 '북한이 추가 도발을 한 것으로 보이는데도 한국이 북한에 식량을 보내는 것을 트럼프 대통령이 괜찮다고 보느냐'는 질문에 "한국이 그 부분에 있어서 진행해 나간다면 우리는 개입하지 않으려고 한다"고 말했다. 샌더스 대변인은 다만 "북한에 관한 우리 입장은 최대 압박 캠페인을 계속해 나간다는 것"이라며 "우리의 초점은 비핵화에 있다"고 밝

혔다. 황준범, 2019, 「백악관 "대북 압박은 계속…한국 식량 지원은 간섭 않겠다」, 『한겨레신문』, 2019년 5월 9일. https://www.hani.co.kr/arti/international/international_general/893214.html(검색일: 2025년 1월 27일).

65 9일 구성 지역에서 북한의 미사일 발사에 대해서 트럼프 대통령은 폴리티코와의 인터뷰에서 관련 질문에 "그것들은 단거리(미사일)이고 나는 전혀 신뢰 위반(breach of trust)으로 생각하지 않는다"며 "언젠가는 그렇게 생각할지도 모르지만, 지금 시점에선 아니다"라고 밝혔다. 그는 이어 "이것들은 단거리 미사일들이었다"면서 "매우 일반적인 것(very standard stuff)이었다."라고 말했다. 『경향신문』, 2019년 5월 11일. https://www.khan.co.kr/world/world-general/article/201905110953001(검색일: 2024년 11월 10일).

66 김정은 위원장 최고인민회의 시정연설, 2019년 4월 12일. "지난해 우리가 3차에 걸쳐 력사적인 북남수뇌상봉과 회담들을 진행하고 북남선언들을 채택하여 북남관계에서 극적인 전환을 가져온 것은 각일각 전쟁의 문어구로 다가서는 엄중한 정세를 돌려세우고 조국통일을 위한 새로운 려정의 출발을 선언한 대단히 의미가 큰 사변이였습니다. 남조선당국은 추세를 보아가며 좌고우면하고 분주다사한 행각을 재촉하며 오지랖 넓은《중재자》,《촉진자》행세를 할 것이 아니라 민족의 일원으로서 제정신을 가지고 제가 할 소리는 당당히 하면서 민족의 리익을 옹호하는 당사자가 되여야 합니다…. 미국과 함께 허울만 바꿔 쓰고 이미 중단하게 된 합동군사연습까지 다시 강행하면서 은페된 적대행위에 집요하게 매달리는 남조선군부호전세력의 무분별한 책동을 그대로 두고…."

67 김정은 위원장 최고인민회의 시정연설, 2019년 4월 12일. https://www.yna.co.kr/view/AKR20190413021200504(검색일: 2024년 11월 20일).

68 "이와 관련하여 저들이 조미관계를 《중재》하는 듯이 여론화하면서 몸값을 올려보려 하는 남조선당국자들에게도 한마디하고 싶다. 지금 남조선당국자들은 저들도 한판 끼여 무엇인가 크게 하고 있는 듯한 냄새를 피우면서 제 설 자리를 찾아보려고 북남 사이에도 여전히 다양한 경로로 그 무슨 대화가 진행되고 있는 듯한 여론을 내돌리고 있다. 조미대화의 당사자는 말 그대로 우리와 미국이며 조미적대관계의 발생근원으로 보아도 남조선당국이 참견할 문제가 전혀 아니다. 세상이 다 알고 있는 바와 같이 조미관계는 우리 국무위원회 위원장 동지와 미국 대통령 사이의 친분관계에 기초하여 나가고 있다. 우리가 미국에 련락할 것이 있으면 조미 사이에 이미 전부터 가동되고 있는 련락통로를 리용하면 되는 것이고 협상을 해도 조미가 직접 마주 앉아 하게 되는 것만큼 남조선 당국을 통하는 일은 절대로 없을 것이다. 남조선당국자들이 지금 북남 사이에도 그 무슨 다양한 교류와 물밑대화가 진행되고 있는 것처럼 광고하고 있는데 그런 것은 하나도 없다. 남조선당국은 제집의 일이나 똑바로 챙기는 것이 좋을 것이다." 권정근 외무성 미국담당국장, 「조선외무성 국장 시간적 여유는 많지 않다고 미국에 경고」, 『조선중앙통신』, 2019년 6월 27일. http://www.kcna.co.jp/calendar/2019/06/06-27/2019-0627-010.html(검색일: 2025년 1월 27일).

69 2020년 7월 10일 김여정 담화. "그러나 2019년 6월 30일 판문점에서 조미수뇌회담이 열렸을 때 우리 위원장동지는 북조선경제의 밝은 전망과 경제적지원을 설교하며 전제

조건으로 추가적인 비핵화조치를 요구하는 미국 대통령에게 화려한 변신과 급속한 경제번영의 꿈을 이루기 위해 우리 제도와 인민의 안전과 미래를 담보도 없는 제재해제 따위와 결코 맞바꾸지 않을 것이라는데 대하여서와 미국이 우리에게 강요해온 고통이 미국을 반대하는 증오로 변했으며 우리는 그 증오를 가지고 미국이 주도하는 집요한 제재봉쇄를 뚫고 우리 식대로, 우리 힘으로 살아나갈 것임을 분명히 천명하시였다. 이후 우리는 제재해제문제를 미국과의 협상의제에서 완전 줴던져버렸다." 「김여정제1부부장 미국의 립장변화 없는 한 조미회담 무익하다」, 『조선중앙통신』, 2020년 7월 10일. http://www.kcna.co.jp/calendar/2020/07/07-10/2020-0710-001.html(검색일: 2025년 1월 27일).

70 당시 회동을 보도한 조선중앙TV의 특집 영상을 참조. https://www.youtube.com/watch?v=DB7YkDnDhtw(검색일: 2024년 11월 20일).

71 『매일경제』, 2019년 7월 19일. https://m.mk.co.kr/amp/8905107(검색일: 20204년 11월 20일).

72 볼턴이 폼페이오를 설득하는 장면은 발견하지 못하였으나 볼턴이 트럼프에게 간청하는 장면은 서술되어 있다. "Back in Washington, on July 16, Pompeo and I spoke about yet another Trump demand to stop a joint US-South Korea military exercise that agitated the ever-sensitive Kim Jong Un. … Today, it was almost all done by computer. Despite repeated assurances that there were no Marines hitting the beaches with B-52s flying overhead, Trump wanted them canceled. I pleaded with Trump to let me make my planned visit to Japan and South Korea to talk about base costs before he made a decision, to which eh agreed." John Bolton, 2020, op. cit., p. 355. "7월 16일, 백악관으로 돌아온 폼페이오와 나는, 트럼프가 다시 한번 한미합동군사훈련을 중지하라고 하는 바람에 그 어느 때보다 민감한 김정은이 더욱 달아오르게 된 사태를 논의했다. (…) 지금은 거의 모든 훈련이 컴퓨터상에서 진행된다. B-52 폭격기가 머리 위를 날아가는 가운데 해병대가 해상을 침투하는 그런 일은 없다고 그토록 설명했건만, 트럼프는 합동훈련을 중지하기를 원했다. 나는 트럼프에게 내가 한국과 일본을 방문해서 주둔 비용 문제를 논의한 다음에 결정을 내려줄 것을 간청했다. 그가 동의했다." 볼턴 회고록. 512쪽.

73 "In South Korea the next day, July 24, Ambassador Harris hosted breakfast at his residence with General Robert Abrams, commander of US Forces Korea, and me, just the three of us, to discuss base costs candidly. … I also need to explain Trump's angst over the upcoming tabletop military exercise, so they could help those of us in Washington to resolve the problem, rather than simply fighting it. Neither Abrams nor Harris could believe what they were hearing, which proved how far removed chatter in the Oval Office with Trump was from the dangerous real world these men inhabited." John Bolton, 2020, ibid., pp. 358-359.

74 "When I got back to Washington, I debriefed Trump on the base negotiations, and he said, as he did more and more frequently, that the way to get the $8 and $5 billion annual payments, respectively, was to threaten to withdraw all US forces. "That puts

you in a very strong bargaining position," said Trump. Fortunately, he was mollified enough by my report **to agree the joint tabletop military exercises with South Korea** could proceed, although he wasn't happy about it. He repeated his view the next day after hearing more about North Korea's most recent missile launches, saying, "**This is a good time to be asking for the money, meaning the increased base payments.**" John Bolton, 2020, ibid., pp. 359-360.

75 2020년에도 코로나 관련 건으로 두 편의 친서를 교환했다고 보도되었지만 내용이 확인되지 않고 있다. 『동아일보』, 2024년 11월 27일. https://www.donga.com/news/Inter/article/all/20241127/130513586/1(검색일: 2024년 11월 27일).

76 문재인 회고록, 341쪽.

77 "태산이 떠나갈 듯 요동쳤으나 나온 것은 쥐 한 마리뿐이다"라는 뜻의 이 문구는 2019년 1월 신년사부터 남북 간에 개성, 금강산 협력 등 5대 협력 사업 논의를 진행해 왔고, 8·15를 맞아 문 대통령이 모종의 결단을 내릴 것으로 기대해 왔는데, 막상 뚜껑을 열어보니 8·15 연설은 한일관계에만 집중하는 등 한국 정부가 자신들을 농락했다는 의미로 사용된 것이었다.

78 "남조선당국자의 말대로 하면 저들이 대화 분위기를 유지하고 북남협력을 통한 평화경제를 건설하며 조선반도 평화체제를 구축하기 위해 노력하고 있다는 소리인데, 삶은 소대가리도 앙천대소할 노릇." 박민희, 2019, 「북한, 문대통령 경축사 비난…"남과 다시 마주 앉을 생각없어"」, 『한겨레신문』, 2019년 8월 16일. https://www.hani.co.kr/arti/politics/defense/905984.html(검색일: 2025년 1월 27일).

79 조국평화통일위원회 성명, 2019년 8월 16일. https://www.jajusibo.com/46785(검색일: 2024년 11월 20일).

80 외무성 대변인 성명, 2019년 8월 16일. https://chosonsinbo.com/2019/07/kcna_190716/(검색일: 2024년 11월 20일).

81 "but Trump was off to his next point, the ongoing war games in South Korea. "You shouldn't have let them go on," he said to me, notwithstanding that he had agreed to them, knowing they were tabletop exercises, not field maneuvers. "I'm trying to make peace with a psycho,"The war games are a big mistake. I never should have agreed to the exercises," he finally said. "Get out of there if we don't get the five-billion-dollar deal [for South Korean support of US bases]. We lose $38 billion in trade in Korea. Let's get out." He asked several times when the current exercises ended, which was on August 20, and he said, "End them in two days; don't extend them even for a day." John Bolton, 2020, op. cit., p. 434.

82 볼턴 회고록, 691-693쪽.

83 김승욱, 2019, 「北김명길 순회대사 북미 실무협상 결렬 성명」, 『연합뉴스』, 2019년 10월 6일. https://www.yna.co.kr/view/AKR20191006002400108(검색일: 2025년 1월 27일).

84 북한 김계관 외무성 고문 성명, 『조선중앙통신』, 2019년 9월 27일.

85 김명길 순회대사 스톡홀름 성명, 2019년 10월 5일.

86 “미국이 우리 국가의 안전을 위협하고 우리 인민의 생존권과 발전권을 저해하는 대조선적대시정책을 완전하고도 되돌릴 수 없게 철회하기 위한 실제적인 조치를 취하기 전에는 이번과 같은 역스러운 협상을 할 의욕이 없다. 우리는 이미 미국이 새로운 계산법과 인연이 없는 낡은 각본을 또다시 만지작거린다면 조미 사이의 거래는 그것으로 막을 내리게 될 수도 있다는 것을 천명한 바 있다. 우리가 문제해결의 방도를 미국 측에 명백히 제시한 것만큼 앞으로 조미 대화의 운명은 미국의 태도에 달려있으며 그 시한부는 올해 말까지이다.” 「조선외무성 미국이 적대시정책 철회하기 전에는 협상의욕 없다」, 『조선중앙통신』, 2019년 10월 6일. http://www.kcna.co.jp/calendar/2019/10/10-06/2019-1006-009.html(검색일: 2025년 1월 27일).

87 김명길 순회대사 성명, 「조선외무성 순회대사 미국의 시간벌이 회담에는 흥미 없다」, 『조선중앙통신』, 2019년 11월 14일. http://www.kcna.co.jp/calendar/2019/11/11-14/2019-1114-014.htm(검색일: 2025년 1월 27일).

88 12월 16일에는 비건 대표가 “타당성 있는 단계(feasible steps)” “유연성(flexibility)” “균형 잡힌 합의” 등 북한식 접근법을 수용하는 듯한 발언을 하면서까지 공개적으로 대북 회동을 제안하였지만, 북한의 반응은 냉담했다. https://www.hani.co.kr/arti/politics/diplomacy/921040.html(검색일: 2024년 11월 24일).

89 리태성 외무성 미국 담당 부상, 2019년 12월 3일. “우리가 미국에 제시한 년말시한부가 하루하루 다가오고 있다…. 이제 남은 것은 미국의 선택이며 다가오는 크리스마스 선물을 무엇으로 선정하는가는 전적으로 미국의 결심에 달려 있다.” https://www.yna.co.kr/view/AKR20191203092451504(검색일: 2024년 11월 20일).

V

북한의 전략국가론

김정은 시대 15년간 북한의 노동당이 경험한 변화는 극적이다. 2010년 이래 변화하는 국제 정세에 대항해 노동당이라는 엘리트 조직을 이끌고 가는 김정은 위원장이 북한 체제의 정상성(normalcy), 통약성(commensurability) 그리고 자율성(independence) 확보를 위해 내려온 전략적 결단의 일단은 김정은 체제의 리질리언스를 부정하기 어렵게 만들고 있다.

2016년 '사회주의 강성국가'라는 생존전략형 목표와 "자주, 선군, 사회주의"라는 선군유훈을 제도화하여 7차 당대회를 마친 김정은 위원장이 북미회담을 통해 국제 무대에 등장해 5년 만인 2021년 선군 체제를 탈피하고 당-국가 체제라는 정상성과 통약성을 강조한 것은 극적인 변화였다. 당시 북한을 글로벌 체제로 끌어낸 트럼프 대통령의 북미회담을 위한 결단이 북한의 그런 변화를 이끌어 낸 한 요인이었다는 점은 부정하기 어렵다.

2025년 현재 북한은 스스로를 전략국가라며 수정주의 국가로의 행보를 지속하고 있다. 한반도가 2017년 '8월의 포성' 당시처럼 또 다른 위험으로 치닫고 있다는 경고의 목소리도 높다. 글로벌 세계가 온통 갈등으로 치닫고 있는 오늘의 세계에서 과연 트럼프 1기와 같은 극적인 북미 회동이 다시 가능할까? 김정은 위원장은 말한다. 당시의 브로맨스를 높이 사지만 북러동맹의 시대라는 또 다른 글로벌 환경 아래에서 자신의 나라를 과거의 틀로 재단하지 말라고.

트럼프 2기, 북미회담에 대한 기대는 높고 그 같은 기대를 가진 사람들은 미국이 회담의 열쇠를 쥐고 있다고 생각하곤 한다. 하지만 김정은 위원장의 대답은 다르다. 언제나 회담의 열쇠는 자기들이 쥐고 있었고 지금도 그러하다고.

1 북한의 정면돌파전: 세 가지 해석론과 불확실성으로의 재진입

2019년 12월 크리스마스도 지났고 연말이 되었지만, 북한으로부터 특별한 '선물'은 없었다. 오히려 7기 6차 중앙위원회 전원회의가 개최된다는 소식이 들려왔다. 4월 12일 최고인민회의 연설에서 김정은 위원장이 연말 시한을 설정하였을 때의 결기에 비하면 조용한 연말이었다. 하지만 3박 4일간의 긴 시간의 회의를 통해 발표한 전원회의 보고 자료는 매년 발표해 오던 신년사를 대체할 정도로 중요한 성명이 되었다. "정면돌파전"으로 명명된 김정은 위원장의 새 노선이 성명의 중심이 되었다.

> 조미 간의 교착상태는 불가피하게 장기성을 띠게 되어 있다고 하시면서 근간에 미국이 또다시 대화재개 문제를 여기저기 들고 다니면서 지속적인 대화 타령을 횡설수설하고 있는데 이것은 애당초 대조선 적대시 정책을 철회하고 관계를 개선하며 문제를 풀 용의가 있어서가 아니라 사면초가의 처지에서 우리가 정한 년말 시한부를 무난히 넘겨 치명적인 타격을 피할 수 있는 시간벌이를 해보자는 것일 뿐이라고…. 세기를 이어 온 조미대결은 오늘에 와서 **자력갱생과 제재와의 대결**로 압축되어 명백한 대결그림을 그리고 있습니다…. 정면돌파전은 우리 혁명의 **당면임무**로 보나 **전망적인 요구**로 보나 반드시 수행해야 할 시대적 과제입니다. 만일 우리가 제

재해제를 기다리며 자강력을 키우기 위한 투쟁에 박차를 가하지 않는다면 적들의 반동공세는 더욱 거세어질 것이며 우리의 전진을 가로막자고 덤벼들 것입니다….

조선로동당 위원장동지께서는 우리가 조미 사이의 신뢰 구축을 위하여 **핵시험과 대륙간탄도로케트시험발사를 중지하고 핵시험장을 폐기**하는 선제적인 중대조치들을 취한 지난 2년 사이에만도 미국은 이에 응당한 조치로 화답하기는커녕 대통령이 직접 중지를 공약한 크고 작은 합동군사연습들을 수십 차례나 벌려 놓고 첨단전쟁 장비들을 남조선에 반입하여 우리를 군사적으로 위협하였으며 10여 차례의 단독제재조치들을 취하는 것으로써 우리 제도를 압살하려는 야망에는 변함이 없다는 것을 다시금 세계 앞에 증명해 보이였다고 말씀하시였다. 이러한 조건에서 지켜 주는 대방도 없는 공약에 우리가 더 이상 일방적으로 매여 있을 근거가 없어졌으며 이것은 세계적인 핵군축과 전파방지를 위한 우리의 노력에도 찬물을 끼얹고 있다는 데 대하여 언급하시였다…. 우리의 외부환경이 **병진의 길을 걸을 때에나 경제건설에 총력을 집중하기 위한 투쟁을 벌리고 있는 지금이나** 전혀 달라진 것이 없고 여전히 적대적 행위와 핵위협 공갈이 증대되고 있는 현실에서 우리는 가시적 경제성과와 복락만을 보고 미래의 안전을 포기할 수 없다고 단언하시면서 이제 세상은 곧 멀지 않아 조선민주주의인민공화국이 보유하게 될 **새로운 전략무기**를 목격하게 될 것이라고 확언하시였다.

조선로동당 위원장동지께서는 미국의 본심을 파헤쳐 본 **지금에 와서까지 미국에 제재해제 따위에 목이 매여 그 어떤 기대 같은 것을 가지고 주저할 필요가 하나도 없으며** 미국이 대조선 적대시 정책을 끝까지 추구한다면 조선반도 비핵화는 영원히 없을 것이라는 것, 미국의 대조선 적대시가 철회되고 조선반도에 항구적이며 공고한 평화체제가 구축될 때까지 국가안전을 위한 **필수적이고 선결적인 전략무기개발을 중단없이 계속**

줄기차게 진행해 나갈 것임을 단호히 선언하시였다. 조선로동당 위원장 동지께서는 미국의 핵위협을 제압하고 우리의 장기적인 안전을 담보할 수 있는 강력한 핵억제력의 경상적 동원태세를 항시적으로 믿음직하게 유지할 것이며 우리의 억제력 강화의 폭과 심도는 미국의 금후 대조선 립장에 따라 상향 조정될 것이라는 데 대하여 언급하시였다.[1]

북한이 발표한 '정면돌파전'을 두고 그것이 무엇을 의미하는지 논란이 시작되었다. 조만간 도발을 하겠다는 것인지, 협상을 다시 하자는 것인지, 그것도 아니면 이도 저도 아닌 자력갱생의 길을 무소의 뿔처럼 가겠다는 것인지 해석이 분분했다. "제재해제 따위에 목을 매지 않고", "새로운 전략무기를 목격", 그리고 "경상적 동원태세" 유지 등과 같은 새로운 표현들이 도발과 협상을 반복한 옛길로의 전략적 회귀냐, 2018년부터 이어 온 협상 체제의 연속성을 견지하는 것이냐, 이도 저도 아니라면 그야말로 문자 그대로 제재를 정면돌파하는 또 다른 새로운 길이냐 등을 두고 갑론을박이 이어졌다.

2019년 12월 북한이 선언한 '정면돌파전'이 사실은 옛길, 즉 도발과 협상을 반복하는 분쟁지대전략으로의 회귀라는 첫 번째 주장의 근거는 불분명했다. 대남 공세에서 그런 조짐이 있기는 했지만 여전히 이중적이었고, 미국과 대화를 거부하고 있지만 대미 도발은 없었기 때문이다.

다른 한편으로 미국과의 협상론이라고 보기에는 미국에 대한 북한의 경계심은 여전했고, 정면돌파전이 미국의 위선을 더욱 강조하고 있는 '외교 레토릭'이라는 점에서 협상론으로 보는 것 또한 비현실적이었다. 굳이 정면돌파전에서 유화정책의 요인을 찾는다면 그것이 친중 전략이 아니냐는 해석, 즉 북중동맹이라는 뒷배를 배경으로 하는 냉전형 경제발전 전략이라는 주장이 있었지만 그 역시 근거는 뚜렷하지 않았다. 시진핑 주석 방북 이후 북중 상호 친선을 강조하는 레토릭의 수위는 매우 높지만, 중국의 대북 제재에 대한 북한의 불만이나 북한의 대중 경계심을 감안하면 이런 해석 또한 유보적이다.

세 번째 주장, 즉 북한 스스로 말하는 새로운 길과 정면돌파전이 제3의 길과 새로운 안보관을 염두에 둔 전략적 모호성 전략이라고 주장하는 견해도 경청할 만했지만, 이런 식의 해석은 새로운 안보관이나 제3의 길이 무엇이냐에 따라 또 다른 해석이 가능하다는 점에서 여전히 불확실한 전망에 불과했다.

'정면돌파전'은 어의상으로는 일단 '경제제재에 대한 정면돌파'를 의미하는 것으로 받아들이는 것이 가장 적절했다. 따라서 "병진의 길을 걸을 때에나 경제건설에 총력을 집중하기 위한 투쟁을 벌리고 있는 지금"이라는 김정은의 표현에서 드러나듯이 정면돌파전이 병진으로 돌아가는 것은 아니라는 점 또한 분명했다. 남북관계에 대해서 경고성 멘트가 심화되었지만 당장 전운이 감도는 위기 조성 전략으로 돌아간다는 의미도 아니었다. 따라서 대결과 대화 모두에 준비되어야 한다는 식의 조건부 담론과 전략적 모호성으로 대미 대남 전략을 포장하고 있던 김정은 위원장의 정면돌파가 무엇을 어떻게 돌파하겠다는 것인지 그 의도를 파악하는 데는 시간이 더 필요했다. 더욱 문제를 어렵게 만든 것은 정면돌파전이 막 시작되던 2020년 1월 20일경, 북한이 조기에 코로나19 방역 체제로 돌입했다는 점이다. 당시에는 그것이 수년간 지속될 장기 방역 체제가 되리라고는 아무도 예상하지 못했지만, 북한은 어느 나라보다도 신속하게 그리고 오랫동안 방역 체제를 고수해 왔다. 북한이 선택한 방역 체제는 자기 봉쇄적 방역이라는 매우 야만적 봉쇄 방식이기는 했지만, 북한의 낙후한 보건 의료 환경을 반영하면 나름의 합리성에 따른 것이었다. 결국 방역 때문에 정면돌파전이 수정된 것인지 정면돌파전이 방역을 품고 가고 있는 것인지 추가의 판단이 필요한 상황까지 더해지며, 정면돌파전은 방역에 묻혀 그 진의가 불투명해진 상태로 장기화되고 있었다.

2 남북연락사무소 폭파 사태와 김여정 7·10 담화

대미 관계에 대한 북한의 태도는 불확실한 점이 여전히 많았다. 특히 트럼프 대통령과 김정은 위원장의 신뢰 관계가 작동하는 한, 북미관계가 완전히 파탄 날 만한 조치를 북한이 취하기는 쉽지 않을 것으로 보였다. 이에 비해 남북관계에서 북한은 가혹한 입장을 분명히 했다. "삶은 소대가리 앙천대소" 발언 이후 봇물처럼 터져 나온 북한의 대남 공세는 입에 올리기 어려울 만한 내용들이 허다했다.

이런 가운데 북한은 행동전에 돌입했다. 2020년 6월 코로나 봉쇄 중인 북한을 향해 탈북민들이 보낸 전단과 삐라가 발단이었다. 이에 반발해 북한은 6월 9일 직통 연락선을 차단한 데 이어, 13일 김여정 당 중앙위원회 제1부부장 명의의 담화로 "확실하게 남조선 것들과 결별"하기 위한 행동전에 돌입했다.

> 말귀가 무딘 것들이 혹여 협박용이라고 오산하거나 나름대로 우리의 의중을 평하며 횡설수설해 댈 수 있는 이런 담화를 발표하기보다는 이제는 련속적인 행동으로 보복해야 한다…. 확실하게 남조선 것들과 결별할 때가 된 듯하다. 우리는 곧 다음 단계의 행동을 취할 것이다. 나는 위원장 동지와 당과 국가로부터 부여받은 나의 권한을 행사하여 대적사업련관부서들

에 다음 단계 행동을 결행할 것을 지시하였다. 머지않아 쓸모없는 북남공동련락사무소가 형체도 없이 무너지는 비참한 광경을 보게 될 것이다. 남조선 당국이 궁금해할 그다음의 우리의 계획에 대해서도 이 기회에 암시한다면 다음번 대적 행동의 행사권은 우리 군대 총참모부에 넘겨주려고 한다….[2]

북한은 김여정 부부장 담화 3일 뒤인 6월 16일 전격적으로 남북연락사무소 폭파 작업을 단행했다. 전 국민에게 충격을 준 이 장면은 그동안 실낱같이 유지되어 오던 남북관계를 얼음장처럼 얼어붙게 만들어 버렸다. 다음 날 김여정 부부장은 한국이 특사 파견을 제안한 사실까지 폭로하며 "남조선 당국이 특사 파견을 간청하는 서푼짜리 광대극을 연출하였다. 뻔한 술수가 엿보이는 이 불순한 제의를 철저히 불허한다는 립장을 알리었다."[3]라며 특사 면담을 거절하는 독설을 퍼부었다. 최강의 경제 제재와 이에 더한 자기봉쇄형 방역이라는 최악의 조합하에서 근근이 버티고 있던 북한의 고립감이 한미군사연습이나 삐라 살포 등의 사태에 직면하자 파괴적 본능이 폭발한 것이다.

한편 2019년부터 대남 비난을 서슴지 않아 이름을 알린 권정근 외무성 미국 담당 국장도 남북관계가 파탄 난 이 상황에서 한국이 개입할 근거가 없다는 비난 성명을 다시 한번 발표했다. 이 성명은 그러나 '북미정상회담론'이 있다는 점을 언급하고, '중재자 노력을 해보는 것이 정 소원이라면 해보라는' 등 냉소와 비난으로 가득찬 성명 속에서도 뭔가가 진행 중이라는 암시를 띠고 있어 흥미를 끌었다.

때아닌 때에 떠오른 《조미수뇌회담설》과 관련하여 얼마 전 우리 외무성 제1부상은 담화를 통하여 명백한 립장을 발표하였다. 담화에서는 때도 모르고 또다시 조미수뇌회담 중재 의사를 밝힌 오지랖이 넓은 사람에 대하여서도 언급하였다. 사실 언어도 다르지 않기에 별로 뜯어보지 않아도 쉽게 알아들을 수 있게 명명백백하게 전한 우리의 립장이었다. 그럼에도 불구하고 말귀가 어두워서인지 아니면 제 좋은 소리를 하는 데만 습관되어서인지 지금도 남쪽 동네에서는 조미수뇌회담을 중재하기 위한 자기들의 노력에는 변함이 없다는 헷뜬 소리들이 계속 울려나오고 있다. 지어 어떤 인간들은 우리 외무성 제1부상의 담화가《미국이 행동하라는 메쎄지》이고《좀 더 양보하라는 일종의 요구》라는 아전인수격의 해석까지 내놓고 있다. 점점 더 복잡하게만 엉켜 돌아가는 조미관계를 바로잡는다고 마치 그 무슨《해결사》나 되는 듯이 자처해 나서서 제 코도 못 씻고 남의 코부터 씻어 줄 걱정을 하고 있으니 참으로 가관이라 해야 할 것이다. 이제는 삐치개질 좀 그만할 때도 된 것 같은데 그 버릇 떼기에는 약과 처방이 없는 듯하다. 이처럼 자꾸만 불쑥불쑥 때를 모르고 잠꼬대 같은 소리만 하고 있으니 북남관계만 더더욱 망칠 뿐이다. **참으로 보기에도 딱하지만《중재자》로 되려는 미련이 그렇게도 강렬하고 끝까지 노력해 보는 것이 정 소원이라면 해보라는 것이다. 그 노력의 결과를 보게 되겠는지 아니면 본전도 못 찾고 비웃음만 사게 되겠는지 두고 보면 알게 될 것이다.** 다시 한번 명백히 하는데 우리는 미국사람들과 마주 앉을 생각이 없다.[4]

이런 상태에서 김여정 부부장은 7월 10일 "미국은 대선 전야에 아직 받지 못한 크리스마스 선물을 받게 될까 봐 걱정하고 있을 것이다…. 우리는 미국에 위협을 가할 생각이 전혀 없으며 이에 대해서는 위원장 동지도 트럼프 대통령에게 분명한 립장을 밝히신 적이 있다. 그저 우리를 다치지만 말고 건드리지 않으면 모든 것이 편하게 흘러갈 것이다."라고 하여 2020년 선거를 앞둔 트럼프 대통령에게 대미 도발이 없을 것이라는 메시지를 보낸 것이다. 조건부이긴 하지만 대미 도발을 삼가겠다는 김여정 담화의 전체 맥락은 "트럼프 대통령의 사업에서 반드시 좋은 성과가 있기를 기원한다는" 김정은 위원장의 지시에 따른 것이라며 트럼프 대통령의 선거를 돕기 위한 것임을 분명히 했다. 트럼프에 대한 김정은의 인간적 신뢰를 확인시켜 주는 메시지였던 것이다.

> 나는 최근 며칠어간 미국사람들이 련일 발신하고 있는 우리와 관련한 괴이한 신호들을 보도를 통하여 듣고 있다. 나중에는 **조미수뇌회담 가능성까지 시사하게** 된 미국사람들의 심리변화를 TV 보도를 통해 흥미롭게 시청하는 것은 아침식사 시간의 심심풀이로서는 그저 그만이였다. 어디까지나 내 개인의 생각이기는 하지만 모르긴 몰라도 조미수뇌회담과 같은 일이 올해에는 일어나지 않을 것이라고 본다. 하지만 또 모를 일이기도 하다. 두 수뇌의 판단과 결심에 따라 어떤 일이 돌연 일어날지 그 누구도 모르기 때문이다….
>
> 더우기 올해 중 조미수뇌회담은 그 가능성 여부를 떠나 미국이 아무리 원한다고 해도 우리가 받아들여 주면 안 된다고 생각한다. 그 리유를 간단하게 세 가지로 말한다면 첫째, 그것이 필요하다면 미국 측에나 필요했지 우리에게는 무익하다는 것이며, 둘째, 새로운 도전을 해볼 용기도 없는 미국사람들과 마주 앉아야 또다시 우리의 시간이나 떼우게 될 뿐이고 **그나마 유지되어 오던 수뇌들 사이의 특별한 관계까지 훼손될 수 있는 위험이 있기 때문이며**, 셋째, 쓰레기 같은 볼튼이 예언한 것이기 때문에 절대로 그렇게 해줄 필요가 없기 때문인 것이다. 실지 미국에 있어서 당장 필요한 것은 수뇌회담 자체나 그 결과가 아니라 우리와의 관계에서 수뇌들 간의 친분관계를 내세워 자기들에게 정치적으로 재앙거리가 될 일이 일어나지 않도록 우리를 눅잦히고 발목을 잡아 안전한 시간을 벌자는 데 목적이 있을 것이다. 그리고 지금 수뇌회담을 한다면 또 그것이 누구의 지루한 자랑거리로만 리용될 것이 뻔하다. 미국은 대선 전야에 아직 받지 못한 **크리스마스 선물을 받게 될까 봐 걱정하고 있을 것이다**. 나는 미국이

그런 골치아픈 일에 맞다 들려 곤혹을 치르게 되겠는가 아니겠는가 하는 것은 전적으로 자기들이 처신하기에 달려 있다고 생각한다….

나는《비핵화조치 대 제재해제》라는 지난 기간 조미협상의 기본 주제가 이제는《적대시철회 대 조미협상재개》의 틀로 고쳐져야 한다고 생각한다. 제재를 가해 온다고 우리가 못 사는 것도 아닌데 무엇 때문에 미국에 끌려다니겠는가 하는 것이다. 미국이 지금에 와서 하노이의 회담탁에 올랐던 일부 제재해제와 우리 핵개발의 중추신경인 녕변지구와 같은 대규모 핵시설의 영구적 폐기를 다시 흥정해 보려는 어리석은 꿈을 품지 않기 바란다.

트럼프 현 미국 대통령에 대한 우리 위원장 동지의 개인적 감정은 의심할 바 없이 굳건하고 훌륭하지만 우리 정부는 **현 미국 대통령과의 관계 여하에 따라 대미전술과 우리의 핵계획을 조정하면 안 된다. 우리는 트럼프 대통령과도 상대해야 하며 그 이후 미국 정권, 나아가 미국 전체를 대상해야 한다.** 가까운 며칠어간 미국의 고위 당국자들의 발언만 놓고 보아도 대통령과의 관계와는 무관하게 우리가 앞으로 해야 할 일을 알 수 있게 한다. 미 국무성이 대화의지를 피력하는가 하면 대통령까지 나서서 우리 지도부와의 좋은 관계를 거듭 밝히며 조미수뇌회담 가능성까지 시사하는 마당에서 미 국방장관이라는 사람은 또다시 그 무슨《CVID》를 운운하며 우리 국가를 향해《불량배국가》라는 적대적 발언을 숨기지 않았다. **대통령과 그 아래에서 심심치 않게 엇박자를 내는 것이 의도적인 흉계인지, 대통령의 불확실한 권력장악력으로부터 산생되는 일인지는 평하고 싶지 않다. 어쨌든 조미수뇌들 사이의 관계가 좋다고 해도 미국은 우리를 거부하고 적대시하게 되어 있다**….

나는 원래 남조선을 향해서라면 몰라도 미국사람들을 향해서는 이런 글을 쓰기를 원하지 않았다. 끝으로 며칠전 TV 보도를 통해 본 미국독립절기념행사에 대한 소감을 전하려고 한다. 가능하다면 앞으로 독립절기념

행사를 수록한 DVD**를 개인적으로 꼭 얻으려 한다는 데 대하여 위원장 동지로부터 허락을 받았다. 위원장동지는 트럼프 대통령의 사업에서 반드시 좋은 성과가 있기를 기원한다는 자신의 인사를 전하라고 하시였다.**[5]

때마침 폼페이오 국무장관은 7·10 김여정 담화가 나오던 것과 거의 같은 시점인 7월 9일(미국 시각) 회견에서 "우리는 정상회담의 바로 아래 수준(the levels beneath the summit)에서든, 시니어 리더들이 다시 모이는 정상회담에서든"이라고 하여 바로 정상회담을 갖기 어려우면 준정상회담 수준의 회담을 고려하고 있다는 생각을 내비쳤다.[6] 김여정 부부장이 당일 담화에서 정상회담은 "수뇌들 사이의 특별한 관계까지 훼손될 수 있는 위험이 있다."라며, 미국이 원하더라도 정상회담에 응해서는 안 된다는 견해를 전제로 "가능하다면 앞으로 독립절기념행사를 수록한 DVD를 개인적으로 꼭 얻으려 한다는 데 대하여 위원장 동지로부터 허락을 받았다."라고 하여 준정상회담에 김여정 부부장 자신이 직접 나설 수 있다는 의향을 드러낸 것과 때를 맞춰 나온 묘한 담화였다.

이쯤 되면 김여정 담화의 아리송한 마지막 구절은 2000년 클린턴 대통령의 오벌 오피스를 방문한 조명록 차수의 방미를 연상시킨다. 하노이 회담 당시 스몰딜에 머무르면 재선이 불리해진다는 트럼프 대통령의 말을 듣던 김정은 위원장이 그러면 자신도 트럼프 대통령에게 불리한 스몰딜을 더 이상 고집하지 않겠다며 물러섰다는 일화는, 트럼프-김정은의 인간적 신뢰라는 명분하에 미국 대선을 염두에 둔 이벤트가 이어질 수 있다는 상상력을 자극하고 있었다.

하지만 여전히 김여정 부부장이 내건 조건은 "나는《비핵화조치 대 제재해제》라는 지난 기간 조미협상의 기본 주제가 이제는《적대시철회 대 조미협상재개》의 틀로 고쳐져야 한다고 생각한다."라는 주장에서 벗어나지 않았다. 지금이 '협상 재개' 단계라는 지적은 '비핵화 대 제재해제'라는 프레임이 실패하였고, 자신들이 정면돌파전을 하고 있는 조건에서 더 이상 가능하지도 않은 '제재해제를 미끼로 한' 비핵화 논의는 수용할 수 없다는 선언이기도 했다. 주지하다시피 '비핵화조치 대 제재해제'라는 프레임은 2018년 9·19 남북정상회담에서 북한이 영변 해체안을 제시한 후, 종전선언 논의를 뛰어넘어 바로 제재해제 논의 단계로 전환하자고 주장한 데서 시작된 북한의 논점이었다. 그러나 '비핵화 대 제재해제'라는 하노이 회담의 이슈는 평행선으로 이어졌고, 영변 이상을 내놓을 수 없는 북한과 영변만 합의할 수는 없는 미국의 무한 대결은 끝을 볼 수 없었다.

2020년 김여정 부부장의 7·10 담화는 이 같은 교착상태를 인정하고 협상 프레임을 하노이 회담 이전, 즉 싱가포르 회담의 논점으로 돌아가자고 제안했다는 점에서 매우 흥미로웠다. '적대시철회 대 조미협상재개'라는 프레임은 2018년 6월 싱가포르에서 '종전선언'이 논의되던 상황으로 돌아가 신뢰를 재구축함으로써, 후속 회담 재개의 모멘텀을 만들자는 제안으로 해석될 여지가 있었기 때문이었다. 북한이 '안보-경제' 프레임이 아니라 다시 '안보-안보' 프레임으로 돌아가자는 의미로 이런 주장을 제시한 것이라면, 미국으로서는 더욱 많은 선택지를 가질 수 있을 듯 보였다. 일부 논자들은 '김여정 담화'가 명시하는 적대시 정책 철회가 주한미군 철수를 의미하는 등, 협상의 문턱을 높이는 전형적 회담 지연책이라고 주장하기도 했다. 하지만 북한 외무성의 '군축 및 평화연구소'가 그 직전인 2020년 6월 25일 발표한 「미국의 대조선 적대시 정책 철회는 조선반도의 평화와 안정을 위한 필수불가결의 선결조건」이라는 보고는[7] 주한미군 철수를 전혀 언급하지 않고 있다. 오히려 북미 간 교전관계, 교전 당사자 관계를 강조하며 한미군사연습의 위협성을 부각하는 데 방점을 두고 있다. 이 보고가 북한의 진의라고 해석한다면, 북한이 원하는 적대시 정책 철회란 2018년 8월 당시처럼 한미가 연합군사연습을 중단하라는 의미로 좁게 해석하는 것도 가능했다. 그렇게 본다면 김여정의 7·10 담화가 협상의 문턱을 높인 것이 아니라 오히려 낮춘 것이라는 기대도 틀리지 않았다는 해석이다. 당시 8월 한미군사연습을 앞두고 북한이 2019년 판문점 회동에서 한 제안을 다시 한번 트럼프 대통령에게 상기시키며 성의 표시를 요구하는 성명을 낸 것이었다면, 미국으로서는 다시 2019년 7월 상황으로 돌아가 판단할 여지가 생긴 것이었다.

하지만 2020년 7월 김여정 부부장의 이런 제안이 이방카 보좌관과의 면담 이벤트를 염두에 두고 있었다는 소문만 무성한 채, 북미관계 역시 더 이상 진전을 보지 못하고 기회의 창은 닫히고 말았다. 트럼프 대통령의 입장에서 당시 선거를 앞두고 '독설가'를 자처한 김여정 부부장을 만나는 것이 오히려 선거운동에 도움이 되지 않을 가능성이 크다고 판단했을 수도 있었다. 추론만 난무한 가운데, 코로나에 감염된 트럼프 대통령에게 김정은 위원장이 친서를 보냈다는 소문을 끝으로 북미 친서 외교와 세기의 정상회담은 막을 내렸다.

"대통령과 그 아래에서 심심치 않게 엇박자를 내는 것이 의도적인 흉계인지, 대통령의 불확실한 권력 장악력으로부터 산생되는 일인지는 평하고 싶지 않다. 어쨌든 조미수뇌들 사이의 관계가 좋다고 해도 미국은 우리를 거부하고 적대시하게 되어 있다."라는 김여정 부부장의 냉정한 현실론은 북한의 대미 인식의 기초가 되고 있었다.

3 정면돌파전과 전략국가론의 결합

1) 전략국가론의 재등장: 다극화론과 북러동맹

북한의 정면돌파전은 어느 날부터 전략국가론으로 변모하고 있었다. 2020년 정면돌파전이 코로나19 셀프 봉쇄와 맞물려 북한 경제의 어려움을 가중시키고 있던 와중에, 미국에서는 트럼프 대통령이 물러나고 바이든 행정부가 들어섰다. 하지만 바이든 행정부의 북한에 대한 태도는 냉담했고 오바마 행정부의 무시 전략이 다시 부활하는 인상이었다. 바이든 대통령에게 김정은 위원장은 '불량배(thug)'이거나 잘해야 '북한의 지도자'일 뿐이었다. 트럼프 대통령이 항상 사용했던 '의장(chairman)'이라는 칭호는 북한의 지도자에게 가당치 않은 것으로 생각되는 분위기였다. 문재인 대통령이 제안한 2차 '종전선언' 논의에 북한이 호응하는 듯했지만, 바이든 행정부는 급할 이유가 없었다. 한미일 3자 군사협력 시대를 여는 것이 필요했던 바이든 행정부의 대전략에 북한이라는 단어는 없었기 때문이다.

이런 와중에 2022년 우크라이나 전쟁이 발발했다. 북한이 "전략국가 지위"라는 개념을 다시 내세우기 시작한 것도 이때부터였다. 이제 북한의 정면돌파전은 남북관계에서는 '고도의 격동태세', 대외관계에서는 '전략국가 지위'라는 표현으로 진화하고 있었다. 전자가 2020년 6월 개성 연락사무소 폭파 등과 같은 조치로 이어졌다면, 후자는 모라토리엄 해제 검토에[8] 이은 중거리탄도미사일, 즉 화성 12호 발사(2021년 1월 30일)로 나타났음은 물론이다.[9]

북한의 전략국가론은 미국 패권의 약화를 강조하여 반사적 이익을 얻기 위한 '다극화론'과 다른 한편으로 북한 스스로 강대국 사이에서 자율성 외교를 실현하는 '지정학적 요충지론'의 두 가지 내용을 담는 개념이다. 일차적으로는 미국 단극체제의 '다극체제'로의 전환이 초래한 새로운 질서에 대한 기대를 대전제로 하고 있는 것이었고, 다른 한편 외교적으로는 '지정학적 요충지론'을 강조하여 자신들이 강대국 사이에서 '헤징'할 수 있는 외교 역량을 갖게 되었음을 전제하는 것이었다.[10] 북한의 주장대로 '우리국가제일주의시대'와 결합된 전략국가론은 '자기의 품위를 스스로 지키는 자존'[11] 즉 '인정투쟁'의 성공 신화로 그려질 법하다. 이런 전망은 '궤도가 다른 대외정책'이라는 개념을 통해 이제는 대미 '벼랑 끝 전술'이 아니라, 스스로 전쟁 억지가 가능한 국방 자위력을 기르고 있음을 의미한다는 자신감으로 드러나기도 했다.[12] 앞서 보았듯이 이런 북한의 전략국가론 역시 완성된 개념은 아니고, 여전히 진화 중인 전략이다. 그러나 분명한 점은 북한이 정면돌파전을 선언한 이래 전략국가론이 본격화되어 나오는 지금까지 몇 가지 특징들이 드러나고 있다는 사실이다.

첫째, 북한은 정면돌파전을 수행하면서도 트럼프 대통령과 김정은 위원장 사이의 인간적 신뢰를 반복 강조하면서, 트럼프 대통령 임기 기간 내에 핵실험과 ICBM 실험을 중단하겠다고 한 약속을 끝내 지켰다.

둘째, 북한은 미국과의 제재 해제 협상을 포기하고 제재를 정면돌파하기로 선언하였지만, 결국 북한에게 제재 문제는 중국의 대북 제재였다. 중국이 제재를 대북 외교의 수단으로 삼는 것을 포기하지 않는다는 것을 잘 알고 있던 북한은, 그리고 특히 바이든 행정부가 들어선 이후 중국이 다시 대북 제재를 미국과의 협조 카드로 사용하고 있음을 '느낀' 북한은 그것이 언젠가는 자신들의 권력 자율성을 얽매는 것이 될 것이라고 생각한 듯했다. 결과적으로 북한은 정면돌파전 기간 내내 북한 내 시장을 재조직하여 국가통제하에 복속시키는 데 더 큰 관심을 뒀다. 북한의 시장이 이미 중국의 종속 경제로 되어 있음을 알고 있었기 때문에, 북한 당국은 이런 상태를 그대로 두고는 '전망적으로' 즉 장기적으로 정치적·외교적 자율성 확보가 어렵다는 사실을 잘 알고 있었기 때문이었다. 이런 점에서 정면돌파전을 "우리 혁명의 당면 임무로 보나 전망적인 요구로 보나 반드시 수행해야 할 시대적 과제입니다."라고 한 2019년 연말 전원회의 보고는 단순히 '당면 임무'로서 미국만을 겨냥한 것은 아니었다.

셋째, 정면돌파전 당시에는 예상하지 못했던 우크라이나 전쟁과 그로부터 시작된 북러동맹이 대북 제재 전선을 붕괴시키면서, 북한은 미국이 전혀 예상치 못한 '새로운 전략동맹'의 후원을 업어 가고 있다. 2024년 북러동맹이 가시화되자 러시아는 유엔 안보리 북한제재위원회 전문가 패널의 연장을 반대하여 그 기능을 종료시켜 버렸다. 사실상 북한에 대한 제재를 감시할 기구가 효력을 상실하면서 대북 제재를 위한 유엔 공조 체제에 급속한 균열이 발생한 것이다. 탈냉전 이후 지난 30년간 중국의 대아시아 전략의 종속변수이자 미중 협조 체제의 미끼가 되어 온 북한이, 러시아와의 전략동맹 과정에서 새로운 역할을 부여받게 된다면, 그것은 정면돌파전을 돌파구로 제시한 김정은 위원장의 대전략이 6자회담 이래의 미중 협조 체제에 돌파구를 내고 새로운 지형을 형성한 계기로 평가될지도 모를 상황이 되었다. 전략국가는 "스스로 정세를 추동하는 능력에 따라 대외적 지위에서 상승적 변화가 일어난 결과로 확보된 지위"를 의미한다는 북한의 주장이 2018년에 이어 2025년의 정국의 관심사가 될 전망이라는 의미다.[13] 요컨대 정면돌파전을 선언한 이후 5년간 북한의 경제는 어려웠지만 '제재에 대한 정면돌파전'으로 대외 경제 의존도를 줄였으며, 새로운 동맹을 통해 유엔 제재 체제를 붕괴시키는 성과(?)를 거뒀다. 외교적으로는 중국의 궤도국가(orbit state)임을 거부하고 대국을 상대로 하는 외교라는 이름하에 중국과의 관계를 재정립하고 있는 인상을 주고 있기도 하다.

넷째, 군사전략상으로는 "대화와 대결에 모두 준비"라는 모토하에, 화성 19호로 상징되는 고체연료 ICBM과 그 다탄두화 능력을 과시함으로써 미국 본토를 공격할 수 있는 3대 국가의 하나가 되었음을 과시(?)하려고 시도하고 있다. 바이든의 무시 전략과 제재 일변도 정책의 빈틈을 최대한 노려 그 틈새를 공략한 결과다. 스스로 전략국가임을 믿어 의심치 않는 북한이 "지금도 적지 않은 나라들이 대국들의 눈치를 보며 제할 소리도 못 하고 있으나 자기 힘을 키워 자기 힘에 의거하여 하고 싶은 것을 다 해낸 조선은 그러지 않다."(『조선신보』, 2022년 10월 20일)라며 빈말만이 아닌 위협에 나서는 이유다.

2) 지정학적 요충지론과 헤징 외교

전략국가의 첫 번째 요소가 '미국 쇠퇴'와 다극화라는 시대 요인이라면, 두 번째 요소는 지정학적 요충지론이다. 지정학적 요충지론은 과거와 다른 군사역량을 갖춘 조건하에서 더 이상 자신을 '강대국의 눈치나 보며 제 할 소리 못 하는 나라'로 취급하지 말라는 것이었다. 이 같은 요충지론은 북한이 초강대국 사이에서 헤징할 수 있는 역량을 갖추게 되었고 따라서 이를 통해 새로운 대(對)강대국 외교에 나서고 있다는 의미였다.

실제로 2018년부터 2019년까지 북한의 외교는 헤징 외교의 단초를 보여 줬다. 하노이 북미정상회담의 좌절과 남북관계 단절에만 초점을 맞춰 북한 외교가 실패했다고 보는 시각에서 벗어나, 조금 더 큰 틀에서 북한의 행보를 보면 북한이 주장하는 바의 실체적 진실에 조금 더 다가서게 된다. 당시 2년간 북한은 트럼프 대통령과 3번의 정상회담을 가졌지만, 동시에 한국 정부와도 3번의 정상회담을 가졌다. 이뿐만 아니라 중국의 시진핑 주석과는 5번의 정상회담을 가졌다. 또한 미래 북러동맹의 전초가 될 푸틴 대통령과의 정상회담 역시 빼놓지 않아서 2019년 4월 25일 블라디보스토크로 날아가 정상회담을 가진 것이다. 2010년 젊은 지도자로 무대에 등장한 이래 김정은 위원장이 주변 4개국과 이처럼 교차 정상회담을 가진 것은 특기할 만한 일이었다.

중국의 시진핑 주석은 2013년 장성택 숙청 사건 이후로 김정은 위원장을 압박하는 정책을 취해 왔고, 2016년 이후에는 북한에 대한 초유의 경제 제재에 동참하여 북한을 굴복시키는 데 적극 앞장섰다. 그랬던 중국이 2018년 트럼프-김정은 정상회담이 확정되자, 입장을 변화시켜 북한과의 관계 재정립에 나선 것은 이례적이었다. 북한이 북미정상회담을 어느 일국에 치우치는 외교 과정으로 운영하지 않고 주변국과의 긴장 관계를 해소하는 여러 계기로 활용하면서, 미중 사이에서 스스로를 지정학적 요충지로 만드는 일에 열심이었기 때문에 가능했던 일이었다.

실제 김정은 위원장은 폼페이오 장관의 1차 방북(30일) 직전인 2018년 3월 28일 자신의 첫 해외 순방을 중국으로 정하고, 시진핑 주석과 첫 정상회담을 가졌다. 그리고 5월 8일 폼페이오 국무부장관의 2차 평양 방북 직전, 시진핑 주석과 다롄에서 2차 정상회담을 가졌다. 당시 폼페이오 장관은 북한으로부터 억류자 석방 차 9일 평양을 방문하기로 예정되어 있었는데, 그 직전에 김정은 위원장이 중국을 방문한 것이었다.[14] 트럼프 대통령으로서는 기분 나쁜 일이었지만,[15] 헤징 외교를 시작한 북한이라면 상대 미국의 그런 반응 정도는 무시할 수 있어야 했다.

이어서 6월 19일 김정은 위원장은 3차 방중을 통해 싱가포르 북미회담 직후 그 내용을 중국에 '보고'하는 형식을 취했고, 다음 해인 2019년에는 1월 8일 4차 방중을 통해 곧 확정될 하노이 정상회담을 앞둔 4차 북중정상회담을 가졌다. 그 직후 북한은 김영철 특사를 미국으로 파견해 하노이 회담을 확정했다.

하노이 회담이 결렬된 이후에는 연말 시한부 정상회담론을 내걸긴 했지만 북한의 외교는 확실히 북방 외교로 되돌아가는 인상을 주었다. 푸틴과 시진핑의 방북을 추진한 것이었다. 하노이 회담에서 뜻밖의 노딜, 걸어 나가기 전략에 허를 찔린 김정은 위원장이 이번에도 다시 북미 간의 6·30 회동에 모든 것을 걸 것이라고 보기는 어려웠다. 먼저 4월 25일 푸틴 대통령과의 블라디보스토크 정상회담을 진행했다. 상대적으로 소원했던 북러관계를 복구시키는 듯하던 북한은 동시에 6·30 회동을 활용해 시진핑 주석의 방북 계기를 만들어 갔다. 누가 봐도 6·30 회담의 성사 여부는 북한이 키를 쥐고 있는 상황이었고, 이런 상황에서 북한은 북미회담에만 올인하지 않았다. 오히려 내심 대중 외교에 더 큰 비중을 두기 시작했을지도 모를 일이었다. 세 번째 북미정상회담을 앞둔 북한은 다섯 번째 북중정상회담을 평양에서 갖기 위해 뛰고 또 뛰었다. 이로써 2013년 시진핑 등장 이래 악화된 북중관계를 회복시키기 위해, 북미회담을 마중물로 삼던 북한의 전략은 비로소 성과를 냈다. 북미정상회담이 임박하다는 소식을 접한 상황에서 평양 초청을 거부하기 어려웠던 시진핑 주석은 결국 방북을 결심했고, 시진핑 주석의 1박 2일 방북에서 매스게임 '인민의 나라'는 빛을 발했다. 이 공연을 통해 시진핑 주석으로부터 받은 3대 불변론의 확약을 공개한[16] 북한은 판문점에서 더욱 강도 높게 트럼프 대통령에게 한미군사연습의 중단을 요구하며 한국 정부를 압박하였다. 어찌 보면 북한이 6·30 판문점 회담 당시 남북미 정상회담을 그렇게 반대한 것도 이 같은 헤징 외교에서 중국을 자극할 필요가 없었기 때문이었을 수도 있다. 북중정상회담을 가진 직후 굳이 3자 종전선언처럼 중국이 싫어하는 형식의 남북미 3자 정상회담을 가질 필요가 없었기 때문이다.

우리는 하노이 노딜이 갖는 충격 때문에 북한이 좌절하고 있다고 평가했지만 북한은 북방외교 회복이라는 성과를 향해 외교적 좌표를 전환하고 있었던 것이다. 2018~2019년 2년간 북한은 결과적으로 북미관계와 북중관계를 두고 저울질을 할 수 있는 헤징의 기회를 잡고 있었고 이를 놓치지 않았다. 3번의 북미정상회담과 5번의 북중정상회담 그리고 북러정상회담이라는 외교적 이벤트들은 북한이 스스로를 '전략적 요충지'라고 부르는 전략국가론의 부상으로 이어졌다.

헤징 외교는 장점만 있는 것이 아니라 양쪽으로부터 방기(abandonment)당할 수 있는 위험성을 안고 있다는 점에서 약소국이 함부로 취할 수 없는 전략이다. 하지만 특정한 내구력을 갖추고 있을 경우 양쪽으로부터 구애의 대상이 되는 장점이 있다는 점에서 몇몇 중강국들이 취할 수 있는 중요한 외교 전략의 하나인 것도 사실이다. 북한은 오래전부터 소련과 중국 사이에서 이런 헤징 외교를 취해 왔다. 때로는 그것이 '비동맹 외교'나 '자주 외교'로 불리기도 하고 때로는 '3각 외교'로 불리기도 했지만, 기본적으로 북한의 외교가 대(對)강대국 외교에서 기교를 발휘해 온 역사를 지니고 있었다는 점은 분명하다. 북한 스스로가 전략국가로서 '지정학적 요충지론'을 들고나온 것은 이 같은 역사적 자평에 근거한 것이었을 가능성이 높다.

4 트럼프 2기, 트럼프-김정은 '브로맨스' 어디로 가나?

2018~2019년 북한의 대강대국 외교는 일부의 낙관론에도 불구하고 결국 아무런 성과도 내지 못하고 끝나고 말았다. 이어 북한은 정면돌파를 외치며 새로운 길을 간다고 선언했지만, 예상치 못한 코로나19 방역을 맞아 지구상의 어느 나라보다도 오랫동안의 방역 체제를 끌어갔다. 그리고 지난해부터 다시 국제 무대에 복귀하기 시작한 북한은 이번에는 철저한 군사국가의 면모를 보이고 있다. 초유의 러시아 파병과 전쟁동맹 형태의 전략국가 북한의 행보는 모든 이들에게 충격을 주고 있다. 탈냉전 이후 30여 년, 즉 한 세대를 소원히 지냈던 러시아와의 군사동맹 복구가 어떤 변화를 가져올 것인가에 대해서는 현재로서는 가늠이 불가능하다. 지난 30년 북중관계 아래에 있던 북한에 비해 전쟁동맹인 북러동맹 아래에 있는 북한은 지금까지와는 차원이 다른 체제가 될 가능성이 높다. 한반도의 미래가 불확실성에 빠져들고 있는 이유다.

이런 상태에서 풍운아 트럼프 대통령이 다시 돌아왔다. 더 세진 힘을 갖고 트럼프 2기 행정부의 시작을 알리고 있다. 흔히 '브로맨스'로 알려진 트럼프-김정은 친서 외교 혹은 러브레터 외교의 부활을 점치는 사람들이 있지만, 그 사이 북한의 대강대국 외교는 더욱 치열해졌다. 4년 전과 또 다른 버전의 전략국가, 수정주의 체제인 북한을 하노이 시절의 북한과 혼동해서는 안 될 노릇이다.

김정은 위원장은 말한다. 자신은 "미국과의 협상에서 갈 곳까지 가 봤지만", 초대국의 공존 의지를 발견하지 못하였다고. 미국과의 대화 재개라는 환상을 경계하는 목소리였다.

> 우리가 이 자리에서 반드시 짚고 넘어가야 할 또 하나의 문제는 오늘날 조선반도 지역에 조성된 극단한 정세가 결코 상대에 대한 오해로 빚어진 것이 아니라는 것입니다. **우리는 이미 미국과 함께 협상 주로의 갈 수 있는 곳까지 다 가보았으며 결과에 확신한 것은 초대국의 공존의지가 아니라 철저한 힘의 립장과 언제 가도 변할 수 없는 침략적이며 적대적인 대조선 정책이였습니다.** 현재까지도 미국의 정객들이 버릇처럼 입에 올리는 미국은 절대로 적대적이지 않다는 그 교설이 세상 사람들에게 이상한 괴설로 들린 지는 이미 오랩니다. 우리의 사상과 제도를 기어이 말살하고 우리 인민을 깡그리 절멸시키려는 미제와 추종 무리들의 극악한 야망은 추호도 변하지 않았으며 오히려 금세기에 무분별한 실행 단계에로 촉진되고 있습니다. 군사력의 충돌로 과열되고 있는 현 세계에서 자위를 포기한 나라는 진정 주권국가라고 할 수 없으며 힘이 렬세한 나라는 기필코 폭제에 짓밟히게 되고 침략의 참화를 면할 수 없습니다. 제반 현실은 적을 압도할 수 있는 최강의 국방력, 이것만이 유일한 평화수호이고 공고한 안정과 발전의 담보임을 매일, 매시각 절감케 하고 있습니다.[17]

북한은 여전히 군사국가로서의 미래를 전망하고 있다. "힘이 렬세한 나라는 기필코 폭제에 짓밟히게 된다."라며 최강의 국방력이 평화수호라는 김 위원장의 2024년 무장장비전시회 개막 연설에서, 전쟁동맹을 통한 정면돌파에 성공의 키를 두고 있다는 인상을 지울 수 없다.

트럼프-김정은 브로맨스가 북한의 이런 폭주를 돌려세울 수 있을까?

김정은 위원장이 전략적 전환을 선언하면서도 트럼프 대통령과의 브로맨스를 해치지 않고 있었던 것은 주지의 사실이다. 김 위원장은 하노이에서 회담 결렬의 상황에 직면해 격렬한 토론이 오가는 중에도 트럼프 대통령에게 "정치적으로 손해될 일을 하는 것은 전혀 자신이 원하는 바가 아니라"며 물러섰고,[18] 이듬해 선거 기간에는 "트럼프 대통령의 사업에서 반드시 좋은 성과가 있기를 기원한다는 자신의 인사를 전하"라며 선거 승리를 기원하기도 했다.[19] 하지만 김 위원장의 브로맨스가 낭만적인 것만은 아니었다. 때로는 브로맨스로 트럼프 대통령의 심기를 다독이기도 했지만, 그가 할 말을 하지 않은 적은 한 번도 없다. 2019년 4·12 최고인민회의 연설에서 "개인적 관계는 두 나라 사이의 관계처럼 적대적이지 않으며 우리는 여전히 훌륭한 관계를 유지하고 있으며 생각나면 아무 때든 서로 안부를 묻는 편지도 주고받을 수 있습니다."라면서도 그 친서에 답장도 보내지 않은 채, 대미 비판에 열을 올리고 연말 시한부 도발론을 제기했다.[20] 2019년 8월 5일 친서에서는 "각하와 이처럼 특별한 관계를 갖게 된 것을 영광으로 여기고 있습니다. 저는 대통령님 당신에 대한 믿음을 지키기 위해 더 많은 노력을 기울일 것입니다."라면서도 트럼프 대통령의 한미군사연습 강행을 신랄하게 비판하는 장문의 편지를 썼다. 그의 글과 말에는 두 사람의 브로맨스는 어디까지나 개인적인 관계이고, 그것이 북미 대립에 영향을 미치는 변수가 아니라는 냉철함이 절절히 배어 있었다. 김정은 위원장의 무장장비전시회 연설이나, "미국에서 그 누가 집권하든 우리는 일개 행정부가 아니라 미국이라는 국가 실체를 상대할 것"이라는 김성 유엔 대사의 유엔 총회 연설은 미국에 대한 환상은 없다는 냉혹한 인식을 전제하고 있다. 개인적 브로맨스에도 불구하고 국가 지도자로서 김정은 위원장의 합리성은 그런 낭만적 전망을 용납하지 않는다는 뜻이었다. 하노이에서의 절망을 반복하지 않겠다는 경계심이기도 했다.

트럼프 대통령 역시 김 위원장에게 수많은 신뢰를 보내왔다. 미국의 어느 지도자와도 다른 그의 태도, "위원장님은 저의 친구이고, 앞으로도 항상 그럴 것입니다. 우리의 만남에 대한 일부 언론 보도와 달리, 위원장님과 저는 엄청난 진전을 이루었습니다."[21]라는 친서나 "전염병 사태의 심각한 위협으로부터 자기 인민을 보호하기 위해 힘쓰고 있는 김정은 국무위원장의 노력에 대한 감동"을 피력하는 친서들이 보여 주듯 트럼프 대통령의 김 위원장에 대한 태도 또한 미국 대통령들이 보인 일반적인 혐오와는 격이 다른 것이었다.

하지만 김여정 제1부부장이 주장하듯이 북미관계는 "두 수뇌들 사이의 친서가 아니라 두 나라 사이에 력학적으로나 도덕적으로 평형이 유지되고 공정성이 보장되어야"[22] 관계 개선이 가능한 '숙적관계'이다. "우리는 여전히 지금 이 순간도 미국이 열정적으로《제공》해 주는 악착한 환경 속에서 스스로 발전하고 스스로 자기를 지키기 위해 열심히 일하고 있다."라며 대북 제재를 비꼬는 그녀의 연설에서는 "두 나라의 관계가 두 수뇌들 사이의 관계만큼이나 좋아질 날을 소원"해 본다는 냉소를 읽을 수밖에 없다. 개인적 관계로 국가 간 대립을 대치하는 낭만성은 없다는 북한의 남매 지도자들이 배운 교훈은 냉혹했다.

김 위원장은 알려진 27편의 친서 외에도 트럼트 대통령과 몇 번의 친서를 더 교환한 것으로 알려져 있고, 심지어 퇴임 후에도 연락 채널을 통해 통신을 주고받았다고 전해진다. 그것은 문재인 대통령과도 마찬가지여서 신랄한 남북관계에도 불구하고 문재인 대통령의 퇴임을 맞이한 2022년 4월 김 위원장의 친서가 문 대통령에게 전달되기도 하였다고 알려져 있다.

미국은 어느 때보다 트럼프 대통령의 개인 리더십이 강화되고 있지만 대통령 개인이 미국의 시스템을 이길 수는 없다. 북한의 수령제는 김정은 위원장의 권한을 무한대로 강화시켜 놓았지만 그 자체가 하나의 시스템임을 모르는 이가 없다. 김정은 위원장의 서울 답방을 정치국 전원회의 의결로 금지시켜 놓는 그런 시스템에서 김여정의 독설이 개인의 독설이 아님을 잊어서는 안 된다.

요컨대 브로맨스는 양념이 될 수는 있을지언정 그것이 끼니를 대체하는 식사가 될 수는 없다. 두 지도자의 대화록 연구를 통해 우리 안의 혐오를 제거하는 것도 중요하지만, 그 노력만큼이나 합리적으로 '북미대립'과 '숙적관계'에 대한 더 많은 성찰도 필요하다. 박근혜 정부의 대결이라는 유산을 물려받은 문재인 정부가 이 점에서 힘겨운 외교를 했던 것이 사실이지만, 그만큼 그 시절의 시행착오가 주는 교훈은 곱씹을수록 큰 교훈을 주는 것도 사실이다. 역사에서 교훈을 찾지 못하면 고통은 반복될 따름이다. 어려운 시기이지만 이룬 성과에 자신감을 가질수록 냉철함은 배가된다.

주

1 조선로동당 7기 5차 전원회의 결론, 2019년 1월 1일. https://chosonsinbo.com/2020/01/kcna_200101/(검색일: 2024년 11월 20일).

2 김여정 담화, 「김여정제1부부장 멀지 않아 북남공동련락사무소 형체 없이 무너질 것」, 『조선중앙통신』, 2020년 6월 13일. http://www.kcna.co.jp/calendar/2020/06/06-13/2020-0613-012.html(검색일: 2025년 1월 27일).

3 『조선중앙통신』, 2020년 6월 17일.

4 권정근 외무성 미국 담당 국장 담화, 2020년 7월 7일. https://www.tongilnews.com/news/articleView.html?idxno=132662(검색일: 2024년 12월 20일).

5 조선로동당 중앙위원회 김여정제1부부장 담화, 「김여정제1부부장 미국의 립장변화 없는 한 조미회담 무익하다」, 『조선중앙통신』, 2020년 7월 10일. http://www.kcna.co.jp/calendar/2020/07/07-10/2020-0710-001.html(검색일: 2025년 1월 27일).

6 "We're very hopeful that we can continue to have this conversation, whether that's at levels beneath the summit, or if it's appropriate and there is a useful activity to take place, to have senior leaders get back together as well," Pompeo told reporters in Washington when asked whether another summit is possible before the U.S. presidential election in November. Matt Spetalnick and Hyoheen Shin, 2020, "Pompeo leaves door open to possible U.S.-North Korea summit despite tensions," *Rueters*, July 10,

7 '군축 및 평화 연구소' 발표는 6월 23일 김정은 위원장이 중앙군사위원회 예비회의를 통해 대남 작전을 '보류'한 직후에 나온 보고로 대미 및 대남 메시지의 성격이 강하다. 실제 이 연구소는 2018년 9월 4일 김용국 소장 명의로 "조선반도에서의 평화체제구축은 시대의 절박한 요구"라는 담화로 당시 현안이던 종전선언 채택에 대한 북한의 공식 입장을 정리, 제시한 바 있다. 이 점에서 북한이 요구하는 적대시 정책 철회 단계의 안보 요구 사항이 무엇인가에 대한 고민이 제기되었다. 조선외무성 군축 및 평화연구소, 「미국의 적대시정책철회는 선결조건」, 2020년 6월 25일. http://kcna.co.jp/calendar/2020/06/06-25/2020-0625-005.html(검색일: 2025년 1월 27일)

8 로동당 정치국회의, 「조선로동당 제8기 제6차 정치국회의-김정은총비서 참석」, 『조선중앙통신』, 2022년 1월 20일. http://kcna.co.jp/calendar/2022/01/01-20/2022-0120-001.html(검색일: 2025년 1월 27일).

9 이정철, 2022, 「북한의 전략국가 지위론과 한반도 리스크관리」, 『역사와 현실』 123호 참조.

10 "조선이 국가핵무력을 완성시켜 조미대결구도를 바꾸어놓게 되자 미국과 대립각을 세

웠던 중국과 로씨야도… 조선과의 친선우호관계를 발전시키는 데 외교의 초점을 맞추게….” 『조선신보』, 2022년 10월 20일.

11 “우리국가제일주의시대는 자존과 번영의 새시대이다. 자기의 품위를 스스로 지키는 자존은 조선의 본태이며 나라의 존립과 전진을 떠밀어주는 동력이다.” 『조선신보』, 2022년 10월 20일.

12 김지영, 2022, 「우리국가제일주의시대의 국방력 발전계획」, 『조선신보』, 2022년 2월 2일.

13 “2018년에는 전략국가의 지위에 오른 조선의 자주로선과 전략적 결단에 의하여 대내외정세에서 커다란 변화가 일어나고 있었다.” 김지영, 2022, 「우리국가제일주의시대 ① 내 나라, 내 조국이 제일이라는 긍지와 자부」, 『조선신보』, 2022년 10월 8일. https://chosonsinbo.com/2022/10/07-108/(검색일: 2025년 1월 27일).

14 당시 2차 방중은 싱가포르까지 가는 항공기를 중국으로부터 대여하기 위한 방중이라고 문재인 대통령은 설명하고 있다. 어쨌든 이 방중 직후 평양에서 김정은 위원장을 면담한 폼페이오 장관이 2차 북미정상회담 장소를 싱가포르로 확정하였다. 시진핑 주석과의 항공기 대여 문제가 해결되었기 때문에 가능한 발표였던 것으로 추론된다.

15 “Trump still wondered what Xi Jinping was telling Kim Jong Un, and I told him for sure it wasn't helpful. I gave one-pager I had drafted entirely on my own speculating on what Xi might be saying, based on my years of involvement in these issues.” John Bolton, 2020, op. cit., p. 112. “트럼프는 여전히 시진핑이 김정은에게 무슨 말을 하고 있는지 궁금해하고 있어서 내가 분명 도움이 되는 말은 아닐 거라고 말했다. 나는 이 문제에 다년간 관여한 경험을 바탕으로 순전히 내 추측에 따라 한 페이지짜리 문서를 작성해서 트럼프에게 건냈다.” 볼턴 회고록, 181쪽.

16 3대 불변론은 1) 북중관계 〈당 대 당, 정부 대 정부〉의 공고와 발전, 2) 중국 인민의 대북 친선 우의, 3) 사회주의 북한에 대한 불변의 지지라는 세 가지였다.

17 김정은 위원장의 2024년 무장장비전시회 개막식 기념 연설, 『조선중앙통신』, 2024년 11월 21일(검색일: 2024년 11월 21일).

18 볼턴 회고록, 476쪽.

19 「김여정제1부부장 미국의 립장변화 없는 한 조미회담 무익하다」, 『조선중앙통신』, 2020년 7월 10일, http://www.kcna.co.jp/calendar/2020/07/07-10/2020-0710-001.html(검색일: 2025년 1월 27일.

20 김정은 최고인민회의 연설, 「김정은 위원장 최고인민회의 제14기 제1차회의 시정연설」, 『조선중앙통신』, 2019년 4월 13일. http://www.kcna.co.jp/calendar/2019/04/04-13/2019-0413-002.html(검색일: 2025년 1월 27일).

21 2019년 3월 22일 트럼프 대통령 친서.

22 2020년 3월 22일 김여정 담화. 「[전문] 김여정 담화, “두 수뇌, 개인적 관계는 매우 훌륭하다” / 트럼프, 김정은에 친서…‘코로나 방역 협조의향’ 표명…」, 『부산우리민족서로돕기운동』, 2020년 3월 23일. http://www.onecorea.com/bbs/board.php?bo_table=newss&wr_id=1935&sst=wr_hit&sod=asc&sop=and&page=363(검색일: 2024년 11월 25일).

| 찾아보기 |

ㄱ

고르바초프, 미하일(Gorbachev, Mikhail) 242
9·19 공동성명(2005) 31, 50, 51, 65, 93
9·19 남북공동선언(2018) 212
구테흐스, 안토니우(Guterres, António) 118
권정근 216, 320
김계관 128, 131, 134, 175, 292
김명길 185, 291, 293, 294, 296
김상균 206
김성(유엔 대사) 336
김, 성(Kim, Sung) 42, 95, 98, 189
김, 앤드루(Andrew, Kim) 229
김양건 102
김여정 123, 124, 190, 191, 195, 250, 277, 319-326, 337, 338
김영남 123, 124
김영철 126, 132, 134, 135, 175, 177, 178, 196, 204-207, 209, 215, 229, 230, 232, 233, 251-253, 266, 332
김용국 184
김정숙 124
김혁철 236, 266

ㄷ

던퍼드, 조지프(Dunford, Joseph) 206
덴마크, 에이브러햄(Denmark, Abraham) 75

ㄹ

랩후퍼, 미라(Rapp-Hooper, Mira) 73-75
레이건, 로널드(Reagan, Ronald) 11, 242
레이캬비크 회담 242
류윈산(劉雲山) 98, 99
리용호 252-256. 259, 277
리태성 190
링컨, 에이브러햄(Lincoln, Abraham) 116

ㅁ

매티스, 제임스(Mattis, James) 10, 90, 111, 112, 114, 116, 117, 146, 198, 199, 206
맥매스터, 허버트(McMaster, Herbert) 90, 109, 110, 119, 127
멀베이니, 믹(Mulvaney, Mick) 243, 246
메르켈, 앙겔라(Merkel, Angela) 128
문재인 8-13, 38, 52, 90, 92, 116-122, 124-126, 128, 132-141, 143, 148-150, 164-168, 173, 179, 181, 183, 189, 193, 195, 198, 201, 207, 211-215, 248, 266, 269, 271-273, 275, 280-282, 285, 286, 327, 337, 339

ㅂ

바이든, 조(Biden, Joe) 9, 12, 13, 17, 29-40, 46-49, 52, 68, 73, 74, 77, 189, 192, 193, 195, 327, 329, 330
바흐, 토마스(Bach, Thomas) 125
박, 정(Park, Jung) 74, 75
박근혜 68, 104, 164, 338
반기문 101
볼턴, 존(Bolton, John) 8, 10, 11, 13, 38, 39, 66, 67, 90-92, 128, 129, 133-137, 140, 141, 143, 149, 173, 176, 177, 185, 187-189, 195, 202, 203, 205, 206, 209, 210, 215, 239-243, 245-247, 249-253, 259, 260, 262, 266, 268, 270, 279-282, 290, 291
부시, 조지 W.(Bush, George W.) 26, 29-32, 40, 41, 47, 64-66, 105, 109, 176, 179
브룩스, 빈센트(Brooks, Vincent) 120, 176
블링컨, 토니(Blinken, Tony) 59
비건, 스티븐(Biegun, Stephen) 185, 209, 229, 234-241, 243, 245-248, 250, 251, 253, 256-260, 266, 269, 276, 296, 297

ㅅ

4·27 판문점 선언 66, 67, 144, 150, 165-171, 180, 181, 186
서훈 126, 132, 206
설리번, 제이크(Sullivan, Jake) 34, 35, 37, 192
셔먼, 웬디(Sherman, Wendy) 189
송민순 93
스톡홀름 36, 139, 273, 290, 293, 296
시진핑(習近平) 6, 12, 68, 148-150, 228, 317, 331, 332
CTR 26, 65-67, 237
CVID 12, 63, 64, 66, 67, 103, 128, 129, 175, 187, 188, 200, 201, 208, 323
신혜영 266
싱가포르수뇌회담 공동성명 186

ㅇ

아베 신조(安倍晋三) 39, 123-125, 141, 143, 195, 285
에이브럼스, 로버트(Abrams, Robert) 279
FFVD 67, 200
오바마, 버락(Obama, Barack) 5, 9, 10, 25, 28-31, 34, 35, 37, 38, 40-42, 45-47, 50, 55, 61, 66, 68, 94-96, 102, 104-108, 142, 147, 327
요르단-이스라엘 평화조약 182
우드워드, 밥(Woodward, Bob) 8, 10, 46, 90-92, 94, 104-107, 112, 114, 116
6자회담 29, 31, 50, 51, 54, 55, 65-67, 100, 179, 259, 329
윤건영 206
이방카(Ivanka) 277, 326
2·29 합의 30
2·13 협상 30
이집트-이스라엘 평화조약 182
임종석 92
정의용 126, 140-143, 145, 206

ㅈ

제네바 체제 26, 27, 64, 65
젱킨스, 보니(Jenkins, Bonnie) 72-75
조명록 324
조선국가우주개발국장 98

ㅊ

차, 빅터(Cha, Victor) 42, 103, 104
천해성 206
최선희 128, 130, 132-134, 140, 175, 216, 247, 250, 251, 253, 256, 257, 260, 261, 275, 276

ㅋ

카터, 지미(Carter, Jimmy) 242
캠프데이비드 협약 182
켈리, 제임스(Kelly, James) 176, 177
코언, 마이클(Cohen, Michael) 39, 240
클래퍼, 제임스(Clapper, James) 55, 68, 104-106, 142
클린턴, 빌(Clinton, Bill) 27, 30, 37, 39, 105, 324

ㅌ

터크먼, 바버라(Tuchman, Barbara) 116
틸러슨, 렉스(Tillerson, Rex) 109, 112, 127

ㅍ

팬더, 앤킷(Panda, Ankit) 75
펜스, 마이크(Pence, Mike) 123-126, 128-130, 134, 175, 177, 206, 243
펠트먼, 제프리(Feltman, Jeffrey) 118, 140
포틴저, 매슈(Pottinger, Matthew) 46
폼페이오, 마이크(Pompeo, Mike) 90, 127, 133, 134, 148, 149, 172-174, 177, 181, 186-188, 199-212, 214-216, 229, 235, 245, 251, 252, 255, 260, 262, 271, 277, 279, 324, 331
푸틴, 블라디미르(Putin, Vladimir) 6, 12, 22, 57, 59, 331, 332

ㅎ

하스, 리처드(Haass, Richard) 74
해리스, 해리(Harris, Harry) 204, 279
헤커, 시그프리드(Hecker, Siegfried) 8, 90, 92, 144, 247, 252, 253, 256
후커, 앨리슨(Hooker, Allison) 245, 263
힐, 크리스토퍼(Hill, Christopher) 93

부록

트럼프 - 김정은 친서

* 본 전문은 전현직 미국 주재 특파원 모임인 한미클럽이 발행하는 외교안보 전문 계간지 『한미저널』 10호를 통해 공개된 자료입니다. 자료를 공유해 주신 전 한미클럽 이강덕 회장님께 감사를 표합니다.

#1

트럼프 대통령 → 김정은 위원장 (2018. 4. 1.)

[백악관 편지지에 작성]

김 위원장님,

저희에게 만나자고 제안해 주셔서 감사드립니다. 우리 양국이 나아갈 방향을 논의하기 위해 위원장님을 기꺼이 만날 것입니다.

그리고 평양에서 폼페이오 국장을 초빙해 주신 데에도 사의를 표합니다. 그는 우리의 만남을 준비하는 데 있어 제 대표로서 전적인 신임을 받고 있습니다.

저는 양국 관계의 획기적 개선을 위해, 그리고 북한과 전 세계에 보다 안전하고 나은 미래를 함께 만들어 나가기 위해 위원장님과 협력할 수 있기를 고대합니다.

Trump to Kim

〔on White House stationery〕

Dear Chairman Kim,

Thank you for extending an invitation for us to meet. I would be glad to meet with you to discuss a way forward for our two countries.

I would like to convey my thanks as well for hosting Director Pompeo in Pyongyang. He has my total confidence as my representative in preparing for our meeting.

I look forward to working with you toward greater improvement in our relations and to mutually creating a better and safer future for North Korea and the world.

#2

김정은 위원장 → 트럼프 대통령(2018. 4. 1.)

김 위원장
국무위원회 위원장
조선민주주의인민공화국

친애하는 각하:

친히 숭고한 의중을 표명하신 편지를 보내 주셔서 감사한 마음입니다. 더욱이, 각하의 신임받는 대표로 폼페이오 국장을 보내 주신 데에도 사의를 표하고자 합니다.

각하의 친서와 폼페이오 국장의 상세한 설명을 통해, 각하의 구상과 결심을 완전히 이해하게 되었으며, 이에 매우 고무되어 있습니다. 각하의 원대한 구상과 마찬가지로, 나 또한 두 나라 사이에 존재하는 문제들을 해결하고 부정적인 양자 관계를 끝내기 위해 큰 걸음을 내디딜 용의가 있습니다.

나는 과거에 아무도 성취하지 못했고 전 세계가 예상치 못하는 위업을 달성하기 위해 진심과 헌신을 다해 각하와 협력할 준비가 되어 있습니다.

그리고 우리의 첫 만남이 그러한 성과로의 적극적 추동으로 이어질 것으로 자신합니다. 각하의 중대한 결심을 매우 고대합니다.

존경을 담아,
국무위원회 위원장, 조선민주주의인민공화국 김정은
2018년 4월 1일, 평양

Kim to Trump

Chairman Kim
Chairman State Affairs Commission
Democratic People's Republic of Korea

Dear Excellency:

I am thankful for the personal letter you sent that explicitly laid out your great intentions. In addition, I would like to express my gratitude for sending Director Pompeo as your entrusted delegate to Pyongyang. Through your personal letter and detailed explanation from Director Pompeo, I fully acknowledge your plans and determination, and I am very encouraged by them. In addition to your great plan, I intend to take big steps to resolve existing issues between our two countries and end negative bilateral relations.

I'm prepared to cooperate with you in sincerity and dedication to accomplish a great feat that no one in the past has been able to achieve and that is unexpected by the whole world. And I am confident that our first meeting will lead to proactive pursuit in this achievement. I eagerly await your momentous decision.

With respect,

Chairman State Affairs Commission,
Democratic People's Republic of Korea
Kim Jong Un
1 April 2018, Pyongyang

#3

트럼프 대통령 → 김정은 위원장(2018. 4. 3.)

[백악관 편지지에 작성되었고, 날짜는 명기되어 있지 않으나 구석에 2018년 4월 3일이라 수기로 적혀 있음]

김정은 각하
조선민주주의인민공화국 국무위원회 위원장 평양

친애하는 위원장님,

폼페이오 CIA 국장이 전달해 준 위원장님의 편지를 매우 감사하게 생각합니다. 위원장님의 모든 말씀에 동의하며, 우리의 만남이 양국은 물론 전 세계에도 중대한 사건이 되리라 추호도 의심하지 않습니다. 앞으로 몇 주 내 당신을 만나길 기대합니다.

진심을 담아,
[트럼프 대통령 서명]

Trump to Kim

〔on White House stationery, undated; 4/3/18 is handwritten in the corner〕

His Excellency Kim Jong Un
Chairman of the State Affairs Commission of the Democratic People's Republic of Korea
Pyongyang

Dear Mr. Chairman,

I greatly appreciate your letter, which was passed to me by Central Intelligence Agency Director Pompeo. I agree with everything you said and have very little doubt that our meeting will be a momentous one for both our countries and for the rest of the world. I look forward to meeting you in coming weeks.

Sincerely,
〔signed Donald J. Trump〕

#4 공개 취소 편지

트럼프 대통령 → 김정은 위원장 (2018. 5. 24.)

[백악관 편지지에 작성]

김정은 가하

조선민주주의인민공화국 국무위원회 위원장 평양

친애하는 위원장님,

6월 12일 싱가포르에서 개최 예정이던, 양측의 오랜 염원인 정상회담에 관한 협의에서 당신이 투입한 시간과 인내심, 노력에 대단히 감사드립니다. 우리는 비록 이번 만남을 북측이 먼저 제안한 것으로 알고 있지만, 그 사실은 우리에게 전혀 중요하지 않습니다.

저는 위원장님과 그곳에서 함께하길 매우 고대하고 있었습니다. 애석하게도, 위원장님께서 가장 최근 성명을 통해 표출한 엄청난 분노와 공개적 적대감으로 비추어, 현시점에서는 우리가 오랫동안 계획해 온 만남을 갖는 것이 부적절하다고 느껴집니다. 그러므로 이 서한을 빌려 전 세계에는 손해겠지만 양측의 이익을 위해 정상회담이 열리지 않을 것임을 알려드립니다.

위원장님께서는 본인의 핵 능력을 거론하셨지만, 우리의 핵 역량은 결코 사용되는 일이 없도록 하나님께 기도할 정도로 정말 거대하고 강력합니다. 위원장님과 아주 멋진 대화가 오가는 것을 느끼고 있었는데, 궁극적으로 중요한 것은 오직 대화입니다. 언젠가 위원장님을 뵐 수 있길 매우 고대합니다.

한편으로, 억류자들을 석방해 주신 데에 사의를 표하고 싶은 바, 그들은 이제 집에서 가족과 함께 지내고 있습니다. 아름다운 제스처였으며, 정말 감사한 일이었습니다.

만일 위원장님께서 이 가장 중요한 정상회담을 두고 마음을 바꾸신다면, 주저하지 말고 제게 전화하시거나 편지를 써주시길 바랍니다. 전 세계, 특히 북한은 항구적 평화 및 엄청난 번영과 부를 이룩할 기회를 잃어버렸습니다. 이 기회를 놓친 것은 역사적으로 진정 슬픈 순간입니다.

이만 줄이겠습니다.

[트럼프 대통령 서명]

Trump to Kim

〔on White House stationery〕

His Excellency Kim Jong Un
Chairman of the State Affairs Commission of the Democratic People's Republic of Korea
Pyongyang

Dear Mr. Chairman,

We greatly appreciate your time, patience and effort with respect to our recent negotiations and discussions relative to a summit long sought by both parties which was scheduled to take place on June 12 in Singapore. We were informed that this meeting was requested by North Korea, but that to us is totally irrelevant.

I was very much looking forward to being there with you. Sadly, based on the tremendous anger and open hostility displayed in your most recent statement, I feel it is inappropriate, at this time, to have this long-planned meeting. Therefore please let this letter serve to represent that the Singapore summit for the good of both parties but to the detriment of the world will not take place.

You talk about your nuclear capabilities, but ours are so massive and powerful that I pray to God they will never have to be used. I felt a wonderful dialogue was building up between you and me and ultimately it is only the dialogue that matters. Someday I look very much forward to meeting you.

In the meantime, I want to thank you for the release of the hostages who are now home with their families. That was a beautiful gesture and was very much appreciated.

If you change your mind having to do with this most important summit, please do not hesitate to call me or write. The world, and North Korea in particular, has lost a great opportunity for lasting peace and great prosperity and wealth. This missed opportunity is a truly sad moment in history.

Yours truly.
〔signed Donald J. Trump〕

#5

김정은 위원장 → 트럼프 대통령(2018. 5. 29.)

도널드 J. 트럼프 대통령
미합중국, 워싱턴 D.C.

존경하는 각하,

이 기회를 빌려 각하께서 다가오는 우리의 만남을 역사적 순간으로 만들고자 기울이고 있는 노력에 대해 큰 감사를 전합니다.

나 자신도 전 세계가 주목하고 있는 조미정상회담에 큰 기대를 품고 기다리고 있습니다. 우리 사이에 처음으로 열리는 예정된 만남이 조미관계 개선은 물론 역내 평화와 안보 보장을 위한 노력에 이정표가 될 것임을 믿어 의심치 않습니다.

이와 동시에, 결코 적지 않은 고역(苦役)을 거쳐 갖게 될 우리의 첫 만남이 더욱 멋지고 의미 있는 만남으로 이어지길 진심으로 바랍니다.

6월 12일 각하와 중요한 만남을 가질 수 있길 바랍니다.

김정은 위원장
평양
2018년 5월 29일

Kim to Trump

Donald J. Trump, President
United States of America, Washington

Esteemed Your Excellency,

Allow me to take this opportunity to highly appreciate the efforts Your Excellency President is extending with a view to making our upcoming meeting a historic moment.

It is with great expectations that I myself await the DPRK-US summit, an event the entire world is focusing on. I have no doubt that our scheduled meeting, the first ever between us, will be a milestone in the efforts aimed at improving relations between the DPRK and the United States as well as ensuring peace and security in the region.

At the same time, I sincerely hope that our first meeting, about to happen at no small pains, will lead to more wonderful and meaningful meetings.

I look forward to having a significant meeting with your Excellency on June 12.

Kim Jong Un
Pyongyang
May 29, 2018

#6

트럼프 대통령 → 김정은 위원장(2018. 6. 15.)

[백악관 편지지에 작성]

김정은 각하
조선민주주의인민공화국 국무위원회 위원장 평양

친애하는 위원장님,

저는 미국에 방금 도착했는데, 북한과 위원장님에 대한 언론 보도들은 환상적이었습니다. 그들은 위원장님과 당신의 나라를 매우 존경하고 있습니다. 또한 저는 우리가 얼마나 잘 어울렸고 서로 호감을 가졌는지도 전달했습니다. 이는 사실입니다. 곧 뵙겠습니다.

진심을 담아,
도널드 트럼프

※ '사실입니다'는 트럼프 대통령의 검은색 매직펜으로 밑줄이 그어져 있음.

Trump to Kim

〔on White House stationery〕

His Excellency Kim Jong Un
Chairman of the State Affairs Commission of the Democratic People's Republic of Korea
Pyongyang

Dear Mr. Chairman,

I just have arrived back in America, and the media for North Korea and you has been fantastic. They have great respect for you and your country. I also reported how well we got along and that we like each other very much – true. See you soon.

Sincerely,
〔signed Donald J. Trump〕
〔Note: "true" above is underlined in Trump's black magic marker.〕

#7

트럼프 대통령 → 김정은 위원장(2018. 7. 3.)

[백악관 편지지에 작성]

김정은 각하
조선민주주의인민공화국 국무위원회 위원장 평양

친애하는 위원장님께,

싱가포르에서의 정상회담은 진정으로 역사적인 이벤트였습니다. 위원장님과 저는 엄청난 일을 해냈습니다. 우리의 공동성명은 양국 관계를 — 그리고 세계의 안보를 — 새로운 시대로 인도하기 위한 공통된 결의를 보여 주었습니다.

우리는 싱가포르 정상회담이 역사적 전환점으로 기억될 수 있도록 정상회담 공동성명에 담긴 공약들에 대해 신속히 진전을 이루어야 합니다. 양국이 그 공약들을 이행하기 위한 조치들, 이제까지 취한 적이 없는 조치들을 취하고 있다고 최대한 빨리 발표할 수 있다면 멋질 것입니다.

이를 실현하기 위해, 저는 마이크 폼페이오 국무장관을 평양으로 보내 실질적 진전을 이루기 위한 지시들을 내렸습니다. 첫째, 폼페이오 장관은 전쟁 포로/실종자 유해의 1차 반환에 관한 합의를 최대한 빨리 도출하길 희망합니다. 둘째, 폼페이오 장관은 당신이 싱가포르에서 폐쇄키로 약속했던 미사일엔진시험장에 기술전문가들의 방문을 허용하는 데 동의해 줄 것을 희망합니다. 가장 중요한 사안이기도 한 셋째, 폼페이오 장관은 위원장님과 함께 한반도의 최종적이고 완전히 검증된 비핵화 및 양국 간 보다 평화적인 미래를 향한 첫 번째 주요 조치들에 대해 합의를 도출해 볼 것을 저로부터 지시받았습니다.

우리의 공통된 목표를 향한 진전 소식을 듣길 기대합니다.

진심을 담아,
도널드 트럼프
미 대통령
※ 친필 서명이 없음.

Trump to Kim

〔on White House stationery〕

His Excellency Kim Jong Un
Chairman of the State Affairs Commission of the Democratic People's Republic of Korea
Pyongyang

Dear Mr. Chairman,

Our summit in Singapore was a truly historic event. You and I accomplished a great deal. Our joint statement demonstrated the determination we both share to bring our nations' relationship – and the security of the world – into a new era.

To ensure the Singapore summit is remembered as a turning point in history, we must make fast progress on the commitments we made in the summit joint statement. It would be a beautiful thing if we could announce as soon as possible that our two countries are taking steps to implement those commitments steps we have never taken before.

To make this happen, I have sent Secretary of State Mike Pompeo to Pyongyang with directions to achieve substantial progress. First, Secretary Pompeo hopes to reach agreement on the return of an initial set of POW/MIA remains as soon as possible. Second, the secretary hopes to gain your agreement to permit a visit by technical experts to the missile engine test site you pledged in Singapore to shut down. Third and most importantly, Secretary Pompeo is under my instructions to find agreement with you on taking the first major steps toward the final, fully verified denuclearization of the Korean Peninsula and toward a more peaceful future between us.

I look forward to hearing of progress toward our mutual goals.

Sincerely yours,
Donald J. Trump
President of the United States
〔Note: not personally signed〕

#8 트럼프 대통령이 원본 직접 트윗

김정은 위원장 → 트럼프 대통령(2018. 7. 6.)

도널드 트럼프 대통령 각하에게,

24일 전 싱가포르에서 각하와의 뜻깊은 첫 만남과 우리가 함께 서명한 공동 싱명은 참으로 유의미한 여정의 시작이었습니다.

저는 양국의 관계 개선과 공동성명의 성실한 이행을 위해 대통령 각하가 기울이고 있는 열정적이고 놀라운 노력에 깊은 사의를 표합니다.

조미 간 새로운 미래를 개척하려는 저와 대통령 각하의 강한 의지와 진지한 노력, 독특한 접근법은 분명 결실을 맺게 될 것이라고 굳게 믿고 있습니다.

대통령 각하에 대한 변함없는 믿음과 신뢰가 앞으로 실용적 조치들을 취하는 과정에서 더욱 공고해지기를 바라며, 저는 조미관계 개선의 획기적 진전이 우리의 다음 번 만남을 앞당겨 주리라고 확신합니다.

Kim to Trump

To President Donald J. Trump,

The significant first meeting with Your Excellency and the joint statement that we signed together in Singapore 24 days ago was indeed the start of a meaningful journey.

I deeply appreciate the energetic and extraordinary efforts made by Your Excellency, Mr. President, for the improvement of relations between the two countries and the faithful implementation of the joint statement.

I firmly believe that the strong will, sincere efforts and unique approach of myself and Your Excellency Mr. President, aimed at opening up a new future between the DPRK and the US will surely come to fruition. Wishing that the invariable trust and confidence in your Excellency Mr. President will be further strengthened in the future process of taking practical actions, I extend my conviction with the epochal progress in promoting the DPRK-US relations will bring our next meeting forward.

#9

김정은 위원장 → 트럼프 대통령(2018. 7. 30.)

대통령 각하에게,

각하가 첫 정상회담에서 우리가 맺은 훌륭한 관계에 대해 확고한 믿음을 갖고서, 그 역사적인 날에 행한 약속을 지키고자 최선을 다하고 있는 데에 깊은 감사를 표합니다.

각하처럼 강력하고 걸출한 정치인과 좋은 인연을 맺게 되어 기쁘게 생각하지만, 기대했던 종전선언이 없는 것에 대해 아쉬운 감이 있습니다. 종전선언은 양국 간 관계의 발전을 장려하고 세계 평화와 안보를 증진하는 세계사적 사건으로 이른 시일 내 분명 빛을 보게 될 것이라 확신합니다.

조미관계 개선의 첫걸음은 싱가포르 정상회담에서 유의미한 방식으로 내딛었으며, 우리의 다음 만남은 조미 양국에 더 큰 기쁨과 만족을 안겨 줄 아름다운 결실을 맺을 것입니다.

저는 각하와의 다음 만남이 더 중요한 결과를 도출할 수 있을 것이라는 흔들리지 않는 믿음을 갖고 있으며, 그 결과물을 기필코 낳기 위한 노력과 준비를 계속할 것입니다.

각하의 건강과, 공직 수행에 있어 더 큰 성공을 기원합니다. 또한 영부인님과 각하의 가족분들에게도 진심 어린 따뜻한 안부 인사를 전합니다.

김정은 위원장

2018년 7월 30일

Kim to Trump

Your Excellency Mr. President,

I express my deep appreciation to Your Excellency for having a firm faith in the excellent relations established between us during the first summit and exerting yourself to honor the promise made in that historic day.

I feel pleased to have formed good ties with such a powerful and preeminent statesman as Your Excellency, though there is a sense of regret for the lack of anticipated declaration on the termination of war. I am convinced that the declaration of the termination of war would surely see the light of day at an early date as a world-historic event that encourages the development of relations between the two countries and promotes global peace and security.

The first step in improving DPRK-US relations was taken in a meaningful way at the Singapore summit, and the next meeting between us will come to a beautiful fruition bringing even greater delight and satisfaction to both countries of the DPRK and the US.

I have an unwavering confidence that my next meeting with your Excellency would produce a more significant outcome, and I will make continued efforts and preparations to deliver that outcome without fail.

I wish Your Excellency good hearth and bigger success in the fulfillment of your official duties. I also extend my heartfelt and warmest greetings to the First Lady and the family members of Your Excellency.

Kim Jong Un
July 30, 2018

#10

트럼프 대통령 → 김정은 위원장(2018. 8. 2.)

[백악관 편지지에 작성]

김정은 각하
조선민주주의인민공화국 국무위원회 위원장 평양

친애하는 위원장님,

위원장님의 편지에 감사드리는 바, 한국에서 저를 대표하는 탁월한 해리 해리스 대사를 통해 잘 받았습니다. 해리스 대사와 김영철 부위원장 간 면담 내용에 대해 브리핑을 받았고, 그들이 진솔하고 건설적인 대화를 나눈 것으로 이해합니다.

싱가포르에서 역사적인 정상회담을 가진 지 거의 두 달이 됐습니다. 위원장님과 제가 이루어 낸 합의는 훌륭한 것이었고, 우리가 서명한 공동성명 이행에 진전이 있어 기쁩니다.

우리 군인들의 유해 송환 절차에 착수하겠다는 당신의 공약을 지켜 주고, 미래 공동 발굴 작업도 계획해 준 데에 감사드립니다. 이는 중요한 단계였으며, 미국인들에게도 상당한 의미가 있습니다.

이제는 완전한 비핵화를 비롯, 우리가 했던 다른 공약들에 대해서도 진전을 이루어야 할 시점입니다. 이러한 목표를 진전시키고자, 저는 마이크 폼페이오 국무장관이 위원장님을 만나 다음 단계들을 세우도록 다시 평양에 보내고 싶습니다. 위원장님과 제가 서로 편리한 시간에 다시 만나야 한다는 데에 동의합니다. 폼페이오 장관의 평양 방문은 우리의 다음 만남이 또 하나의 위대한 성공이 되는 데 필요한 진전을 이룩하는 것을 보장할 기회가 될 것입니다.

당신의 답변을 곧 듣길 기대합니다. 멜라니아에게 위원장님의 따뜻한 안부 인사를 전하겠습니다. 위원장님의 가족분들께도 제 안부를 전해 주시길 바랍니다.

진심을 담아,
도널드 트럼프
미 대통령
※ 검은색 매직펜으로 '곧 만나길 기대합니다'라는 문구가 적혀 있음.

Trump to Kim

〔on White House stationery〕

His Excellency Kim Jong Un
Chairman of the state Affairs commission of the Democratic People's Republic of Korea
Pyongyang

Dear Mr. Chairman,

Thank you for your letter, which I received through Ambassador Harry Harris, my excellent representative to the Republic of Korea. I've been briefed on Ambassador Harris' meeting with Vice chairman Kim Yong Chol and understand they had a candid and constructive conversation.

It has been almost two months since our historic summit in Singapore. The deal you and I made was an excellent one, and I am pleased that there has been progress implementing the joint statement we signed. Thank you for fulfilling your commitment to begin the process of returning the remains of our soldiers and planning for future joint recovery operations. This was an important step, and it meant so much to the American people.

It is now time to make progress on the other commitments we made, including complete denuclearization. To advance this goal, I would like to send secretary of state Mike Pompeo back to Pyongyang to meet with you to plan next steps. I agree you and I should meet again at a mutually convenient time. Secretary Pompeo's visit to Pyongyang would be an opportunity to ensure we make the progress necessary for our next meeting to be another great success.

I look forward to hearing your response soon. I will convey your warm greetings to Melania. Please give my best to your family as well.

Sincerely,
Donald J. Trump
President of the United States
〔written in black magic marker.〕 I look forward to seeing you soon

#11

김정은 위원장 → 트럼프 대통령(2018. 8. 12.)

대통령 각하에게,

각하의 의지와 의중이 담긴 훌륭한 편지를 받았습니다. 일전의 편지에도 밝혔듯이, 저는 훌륭한 리더십, 정치적 감각, 그리고 결단력을 갖춘 (각하와 같은) 강력한 정치 지도자와 관계를 맺어 행복합니다. (더욱이) 각하에 대한 호의를 지난 두 달 만에 품게 됐습니다.

마이크 폼페이오 국무장관의 평양 방문 제의에 전적으로 동의합니다. 저는 각하께서 임명하신 국무장관과 미래 계획에 대해 진지하게 논의할 준비가 되어 있습니다. 우리가 현재 계획하고 있는 일은 더욱 유의미할 것이며, 훌륭한 협상으로 이어져 훌륭한 결과를 낳을 것입니다.

두 달 전 우리의 역사적인 만남이 조미관계의 새로운 시작을 알리는 신호였다면, 각하와의 다음 만남은 안전하고 탄탄한 미래를 구상하기 위한 기회가 될 것입니다. 각하와 제가 기울이고 있는 노력이 만족스러운 결과를 계속 낳을 것이라 확신합니다.

대통령 각하의 건강을 기원하며,

김정은

2018년 8월 12일

Kim to Trump

Your Excellency Mr. President,

I received your great letter that contained your will and intent. Per my previous letter, I am happy to have established a relationship with a strong political reader (like yourself) who has great leadership, political sense and decisiveness. (Further) I have fostered this goodwill toward you in the past two months.

I fully agree with your proposal for secretary of State Mike Pompeo to visit Pyongyang. I am prepared to seriously discuss future plans with the Secretary of State, whom you have appointed. The work we are currently planning will even be more meaningful and will lead to a great negotiation resulting in a great outcome.

If our historic meeting two months ago signaled a new beginning to the DPRK-US relationship, my next meeting with you will be an opportunity to plan for a safe and solid future. I'm sure that the effort you and I are putting forth will continue to bring about satisfactory results.

Your Excellency Mr. President, wishing you good health,

Kim Jong Un

August 12, 2018

#12

김정은 위원장 → 트럼프 대통령 (2018. 9. 6.)

대통령 각하에게,

우선 각하께서 계획하셨던 폼페이오 국무장관의 평양 방문이 취소된 불행한 상황으로 인해 한 순간만이라도 각하의 심기를 상하게 한 데 양해를 구하고자 합니다. 저로서는 각하의 의중을 충실히 대변할 수 있으리라 생각하기 어려운 폼페이오 장관과 우리 양측을 갈라놓는 사안에 대해 설전을 벌이기보다는, 탁월한 정치적 감각을 타고난 각하를 직접 만나 비핵화를 포함한 중요 현안들에 관해 심층적으로 의견을 교환함이 더 건설적일 것이라는 생각입니다.

싱가포르 정상회담에서 서명한 역사적인 공동성명을 성실히 이행하겠다는 제 결의에는 변함이 없으며, 우리가 앞서 취한 조치들에 더하여 핵무기 연구소나 위성 발사장의 전면 가동 중단, 핵물질 생산시설의 불가역적 폐쇄 등 유의미한 조치들을 계속 취할 동력을 유지하기 위해서는, 우리가 기울이는 노력이 결코 헛되지 않았음을 증명해 줄 우리 주변 환경의 변화를, 약간만이라도, 느낄 필요가 있습니다.

80여 일 전 센토사섬에서 단계적·동시적 행동이라는 원칙하(on the principle of phased, synchronized actions) 비핵화 문제를 해결하기 위해서는 우리 양국의 불행한 과거사를 종식하고, 아직 그 누구도 한 적이 없는 양국의 밝은 미래를 열기 위해 함께 노력해야 할 필요성에 대해 대통령 각하와 나눴던 대화를 아직도 생생하게 기억하고 있습니다. 우리의 선의와 진지한 노력들이 제대로 평가받고 미국이 단계적 방식으로 보다 실질적인 조치와 행동들을 취한다면, 전 세계적 주목 대상인 비핵화 문제에 중대한 진전을 이룩할 것입니다.

각하께서 이미 공개적으로 거론한 2차 조미정상회담 구상을 전적으로 지지하며, 대통령 각하께서 편리하신 시간 언제든지 기꺼이 만날 것입니다. 오히려 각하께서 이에 대해 어떻게 생각하시는지 궁금하며, 긍정적인 답변을 진심으로 기대합니다.

각하처럼 강력하고 걸출한 미합중국 대통령과 훌륭한 관계를 맺은 데 대해 항상 기쁘게 생각하며 이를 소중히 여기고 있습니다. 각하에 대한 이 믿음은 결코 변치 않을 것입니다. 우리가 올해 모든 이들의 상상을 뛰어넘어 이룩한 여러 기적적인 변화들이 각하와 저 사이에 존재하는 훌륭한 관계를 토대로 미래에도 더 많이 잇따를 것으로 굳게 확신합니다.

대통령 각하의 건강과 함께, 수행하는 모든 중요한 업무에 있어 더 큰 성공을 기원합니다. 영부인님과 다른 가족분들께도 따뜻한 안부 인사를 전합니다.

부디 최고의 경의를 받아주시길 바랍니다.

김정은 위원장

2018년 9월 6일

Kim to Trump

Your Excellency Mr. President,

I would first like to seek your understanding for having hurt your feelings even for a moment under unfortunate circumstances in which Secretary of State Pompeo's visit to Pyongyang that Your Excellency had planned was cancelled. It is my thought that instead of having a war of words on issues that divide our two sides with secretary Pompeo, who it is difficult for me to think can fully represent Your Excellency's mind. It would be more constructive to meet in person with Your Excellency who are endowed with an outstanding political sense and have an in-depth exchange of views on important issues including the denuclearization.

I would like to affirm that I remain unchanged in my resolve to faithfully implement the historic joint statement signed at the Singapore summit and that in addition to the steps that we have taken up front, we are willing to take further meaningful steps one at a time in a phased manner, such as the complete shutdown of the Nuclear Weapons Institute or the Satellite Launch District and the irreversible closure of the nuclear materials production facility. However, in order for us to sustain the momentum for continuing to take these steps we need to feel some changes in our surroundings, even a little, to prove that the effort we make are by no means in vain.

I still vividly remember the conversation I had with Your Excellency Mr. President 80-odd days ago on the Sentosa Island in which we talked about the need to terminate the history of unfortunate past of our two countries to resolve the issue of denuclearization on the principle of phased, synchronized actions and to work together to open a bright future for the two countries - something no one has done before. If our goodwill and sincere efforts are properly appreciated and the United States to take more substantive steps and actions in a phased manner, significant progress will be made in the issue of denuclearization that is the focus of the world. And this indeed will be recorded in history as your Excellency's great achievement. I fully support the idea of a second DPRK-US summit that your Excellency have already mentioned in public and will be glad to meet with Your Excellency Mr. president at any time of your convenience. I am rather curious to know how your Excellency would think about this, and I really am looking forward to a positive reply.

I am always pleased about and cherish the excellent relationship that I have formed with such a powerful and preeminent president of the United States of America as your Excellency. This confidence that I have in your Excellency will never change. I am deeply convinced that the many miraculous changes that we have brought about this year beyond the imagination of everyone will lead to many more in the future on the basis of the excellent relationship that exists between Your Excellency and myself.

I wish Your Excellency Mr. President even greater success in all your important work as well as your good health. I extend my warm greetings to the First Lady and other members of your family.

Please accept the assurances of my highest consideration.

Kim Jong Un
September 6, 2018

#13

김정은 위원장 → 트럼프 대통령(2018. 9. 21.)

대통령 각하에게,

가까운 미래에 우리가 다시 만나는 것이 우리 양국 간 불신을 제거하고 신뢰를 구축하며 한반도 비핵화 문제에 큰 진전을 이룩하는 데에 매우 유용할 것임을 인정합니다. 각하께서 이에 대해 어떻게 생각하고 있을지 확신할 수 없지만, 우리가 다시 만났을 때 각자의 입장을 서로 확인하고 결실을 맺게 될 합의에 확실히 이를 수 있다고 자신합니다. 각하와의 다음 만남에서 매우 좋은 결과가 도출될 것이라는 느낌이 들며, 그렇게 되도록 열심히 노력할 것입니다.

저는 향후 한국의 문재인 대통령이 아니라, 각하와 직접 한반도 비핵화 문제를 논의하길 희망하며, 지금 문 대통령이 우리의 문제에 대해 표출하고 있는 과도한 관심은 불필요하다고 생각합니다. 각하께서도 저와 동의하신다면, 이른 시일 내 폼페이오를 평양으로 다시 보내 주시길 바랍니다. 저는 각하로부터 권한을 위임받은 사람을 만나, 우리가 만날 시간과 장소를 포함하여, 앞으로의 단계들을 논의하고 계획할 것입니다.

일전의 편지에서도 썼듯이, 우리 양국 관계의 현 실태와 전망에 대해서는 물론, 비핵화 문제를 미래에 해결하려는 우리의 구상에 대해 많은 이들이 회의적이지만, 각하에 대한 제 믿음과 존경은 절대 변치 않을 것입니다. 저는, 각하와 함께, 그들이 틀렸음을 기필코 증명할 것입니다. 우리의 훌륭한 관계는 우리가 미래에 성취할 훌륭한 업적들의 토대가 될 것이며, 이 같은 믿음은 우리의 모든 성공적 작업의 원동력이 될 것입니다.

대통령 각하께서 하시는 중요한 업무에 있어 큰 성공을 진심으로 기원합니다. 영부인님께도 따뜻한 안부 인사를 전합니다.

부디 각하께서, 최고의 경의를 받아 주시길 바랍니다.

김정은 위원장
2018년 9월 21일

Kim to Trump

Your Excellency Mr. President,

I acknowledge that our meeting again in the near future will be very useful for removing distrust and building confidence between our two countries and making big progress in the issue of denuclearization of the Korean Peninsula. I am not sure how Your Excellency would think about this, but I am confident that when we meet again we can confirm our respective positions and certainly reach an agreement that will come to fruition. I have a feeling that very good results may come about in my next meeting with Your Excellency and I will work hard to make that happen.

I hope to discuss the issue of denuclearization of the Korean Peninsula directly with Your Excellency, not with President Moon Jae-in of South Korea, in future and I think the excessive interest President Moon is showing as now in our matter is unnecessary. If Your Excellency agrees with me, please do send Pompeo to Pyongyang again at an early date. I will meet with the person with the authority delegated by Your Excellency and discuss and plan the steps forward, including the time and venue of our meeting.

As I wrote in my previous letter, my confidence and respect for Your Excellency will never change, though many people are skeptical about the current status and the prospects of the relations between our countries about our ideas of resolving the issue of denuclearization in the future. I, together with Your Excellency, will definitely prove them wrong. The excellent relations between us will serve as the basis for the wonderful achievements we will make in the future and such a belief will be the driving force for all our successful work.

I sincerely wish Your Excellency Mr. president great success in your important work. I extend my warm greetings to the First Lady.

Please accept, Your Excellency, the assurances of my highest consideration.

Kim Jong Un
September 21, 2018

#14

트럼프 대통령 → 김정은 위원장(2018. 12. 24.)

[백악관 편지지에 작성]

김정은 각하
조선민주주의인민공화국 국무위원장 평양

친애하는 김 위원장님,

우리는 멋진 2018년을 보냈습니다. 2019년도 환상적인 한 해가 되길 바랍니다. 곧 도래할 새해에는 우리의 다음 정상회담, 비핵화에 있어 실질적 진전, 그리고 위원장님의 영도 아래 북한 주민들을 위한 진짜 밝은 미래가 있길 기대합니다.

부디 당신의 아름다운 가족과 조선민주주의인민공화국 주민들에게도 따뜻한 안부 인사를 전해 주길 바랍니다. 조만간 당신을 만나길 기대합니다.

※ 검은 매직펜으로 트럼프 대통령 서명

Trump to Kim

〔on White House stationery〕

His Excellency Kim Jong Un
Chairman of the State Affairs Commission of the Democratic People's Republic of Korea
Pyongyang

Dear Chairman Kim,

We had a great 2018. I wanted to wish you a wonderful 2019. I look forward to our next summit and to making real progress on denuclearization and a really bright future for your people under your leadership in the year ahead.

Please give my warmest regards to your beautiful family and the people of the Democratic People's Republic of Korea. Looking forward to seeing you soon.

〔signed Donald Trump in black magic marker〕

#15

김정은 위원장 → 트럼프 대통령(2018. 12. 25.)

각하,

지난 6월 싱가포르에서의 역사적인 조미정상회담으로부터 200일이나 흘렀고, 올해도 거의 다 지나갔습니다. 전 세계가 지대한 관심을 가지고 지켜보는 가운데 아름답고 성스러운 장소에서 각하의 손을 꼭 맞잡았던 역사적인 순간을 지금까지도 잊을 수 없습니다. 당시에도 말씀드렸지만, 각하와 같은 인물과 훌륭한 관계를 맺게 되어 매우 영광스럽게 생각합니다.

2019년 새해가 다가오는 가운데, 더 높은 이상과 목표들을 향한 끝없는 노력을 요구되는 중요한 이슈들이 여전히 우리 앞에 놓여 있습니다. 각하께서도 솔직하게 언급했듯이, 전 세계는 새해 들어 그리 멀지 않은 미래에 판타지 영화의 한 장면을 연상시키는 각하와 저 사이의 또 하나의 역사적 만남을 목도하게 될 것입니다.

저는 이미 가장 가깝고 신뢰하는 동료들과 유관기관들에게 2차 조미정상회담 준비에 박차를 가하라고 지시하였으며, 각하와의 다음 만남에서 좋은 결과를 성취할 준비가 되어 있습니다.

그럼에도 불구하고, 양측이 정상회담 장소와 관련하여 각자의 입장만을 고집스럽게 내세우는 것처럼 보인다면 우리도 좋게 비쳐질 리 없어 우려됩니다. 또한 이는 많은 시간의 낭비를 초래할 수 있습니다. 따라서 조미 간 고위급 접촉을 시급히 열어 회담 장소와 관련된 문제들을 내부적으로(internally)[번역자 주: 은밀히(privately)] 논의하고 조율하자는 것이 제 입장입니다.

각하께서 2차 정상회담에서 성과들을 거두기 위해 다시 한번 큰 결단과 탁월한 지도력을 보여 주시길 바랍니다. 각하께서 성취코자 하는 일들이 커다란 결실을 맺길 진정 소망합니다.

고귀한 영부인님과 당신의 가족, 친지분들의 건강과 행복, 큰 성공을 기원합니다.

대통령 각하를 향한 변함 없는 존경을 담아 진심으로,
국무위원회 위원장
조선민주주의인민공화국 김정은

2018년 12월 25일

Kim to Trump

Your Excellency,

It has been 200 days since the historic DPRK-US summit in Singapore this past June, and the year is now almost coming to an end. Even now I cannot forget that moment of history when I firmly held Your Excellency's hand at the beautiful and sacred location as the whole world watched with great interest and hope to relive the honor of that day. As mentioned at that time, I feel very honored to have established an excellent relationship with a person such as your Excellency.

As the new year 2019 approaches, critical issues that require endless effort toward even higher ideals and goals still await us. Just as Your Excellency frankly noted, as we enter the new year the whole world will certainly once again come to see, not so far in the future, another historic meeting between myself and Your Excellency reminiscent of a scene from a fantasy firm.

I have already instructed my closest and most trusted colleagues and the relevant organs to speed up the preparations for holding a second DPRK-US summit and am prepared to achieved good results with Your Excellency during the next meeting.

Nevertheless, what worries me is that it may not reflect positively on us should both sides appear to stubbornly insist on our respective positions regarding the location of the summit. It could also result in wasting a lot of time. Therefore, my position is to urgently hold senior-level contact between the DPRK and the us to internally (translator's note: privately) discuss and coordinate issues regarding the location.

I hope that Your Excellency will once again demonstrate great decisiveness and excellent leadership to accomplish results in the second DPRK summit. I wholeheartedly hope that the things that Your Excellency seeks to achieve will come to great fruition.

I wish the honorable First Lady, your family and those close to you good health, happiness and great success.

Sincerely, with unchanging, respect for your Excellency the President,
Chairman State Affairs Commission
Democratic People's Republic of Korea
Kim Jong Un
25 December 2018

#16

트럼프 대통령 → 김정은 위원장(2018. 12. 28.)

[백악관 편지지에 작성]

김정은 각하
조선민주주의인민공화국 국무위원장 평양

친애하는 김 위원장님에게,

보내 주신 편지를 방금 잘 받았고, 위원장님의 따뜻한 마음과 생각에 감사드립니다. 저도 위원장님과 마찬가지로 우리 양국 사이에 훌륭한 결과가 도출될 것이며, 이를 해낼 수 있는 지도자는 위원장님과 저 두 사람밖에 없다는 것을 의심하지 않습니다.

제가 매우 고대하고 있는 우리의 다음 정상회담의 장소는 저에게 그다지 문제가 되지 않습니다. 그리고 아마도 위원장님보다 제가 이동하는 것이 용이할 것이기에, 우리보다 당신의 나라와 더 가까운 곳에서 만나도 무방합니다. 수많은 개최지를 거절했다고 들었는데, 태국 방콕이나, 베트남 하노이는 수용할 만하다고 전해 들었습니다.

위원장님께서 행복한 새해를 번창하고 활기차게 내딛길 바라며, 매우 이른 시일 내 만나길 기대합니다. 당신의 가족과 친구들에게도 행운을 빕니다.

진심을 담아,
도널드 트럼프
※ "행운을 빕니다" 문구 아래 검은 매직펜으로 밑줄이 그어져 있음.

Trump to Kim

〔on White House stationery〕

His Excellency Kim Jong Un
Chairman of the State Affairs Commission of the Democratic People's Republic of Korea
Pyongyang

Dear Chairman Kim,

I just received your letter and very much appreciate your warm feelings and thoughts. Like you, I have no doubt that a great result will be accomplished between our two countries, and that the only two leaders who can do it are you and me. The location of our next summit, to which I am very much looking forward, will not be a problem for me. Also I do not mind meeting closer to your country than mine, 〔in? and?〕 that travel is probably far easier for me than for you. I have heard that numerous locations have been rejected but that Bangkok, Thailand or Hanoi, Vietnam would be acceptable.

I wish you a prosperous and joyful start to a happy new year and look forward to meeting you very soon. Best wishes to your family and friends.

Sincerely,
Donald Trump
〔"Best wishes" above is underlined in black magic marker.〕

#17

트럼프 대통령 → 김정은 위원장(2019. 1. 8.)

[백악관 편지지에 작성]

김정은 각하
조선민주주의인민공화국 국무위원회 위원장 평양

친애하는 김 위원장님,

당신의 생일이라고 들었는데, 행복한 하루이길 바랍니다. 위원장님께서는 수많은 축하와 성공의 해를 맞이하게 될 것입니다. 위원장님의 나라는 곧 역사적인, 번영의 길로 접어들 것입니다.

진심을 담아,
도널드 트럼프

Trump to Kim

(on White House stationery)

His Excellency Kim Jong Un
Chairman of the State Affairs Commission of the Democratic People's Republic of Korea
Pyongyang

Dear Chairman Kim,

I heard it was your birthday and I wanted to wish you a happy day. You will have many great years of celebration and success. Your country will soon be on a historic and prosperous path.

Sincerely,
Donald Trump

#18

김정은 위원장 → 트럼프 대통령(2019. 1. 17.)

대통령 각하,

연초부터 분주한 일정에도 불구, 조미관계 개선이라는 각하의 특별하고 강한 열망으로 제 특사와 고위급 대표단을 워싱턴 D.C.로 초청해 주신 대통령 각하께 진심으로 사의를 표합니다. 우리의 훌륭한 관계가 지속되리라는 기대를 갖고 2019년 새해를 시작하게 되어 참 기쁘고 안심이 되며, 새해에 우리가 손을 맞잡고 함께하는 모든 일들이 세계를 뒤흔들 중대한 사건들이 되길 진심으로 소망합니다.

지난해는 조미 간 해묵은 적대관계를 끝내고 새로운 미래를 약속한 유의미한 한 해였으며, 올해는 양자 관계가 새롭고 더 높은 단계로 발전하는 것을 목도하게 되는 더 중요한 한 해가 될 것이라 믿습니다.

이러한 측면에서, 2차 조미정상회담은 싱가포르 회담과 동등한 매우 긴요하고 중차대한 역사적 행사가 될 것입니다. 저는 2차 정상회담의 성공적인 개최를 위해 제 권한 내에서 할 수 있는 모든 것을 다하고 있으며, 김영철 특사와 고위급 대표단에게 회담 장소, 시간, 의제에 관한 제 의견을 대통령 각하와 미국 측에 전달하고 충실한 협의를 진행하도록 권한을 부여했습니다.

이번 워싱턴에서의 조미 고위급 대화가 각하의 관심 덕분에 순조롭게 진행되고 좋은 합의에 이르렀다는 보고를 받을 것이라 믿어 의심치 않습니다.

우리의 가장 유의미한 만남에서 건강하고 활력이 넘치는 모습으로 대통령 각하를 조만간 뵐 수 있길 기대합니다.

진심을 담아,
김정은 위원장

Kim to Trump

Your Excellency Mr. President,

I express my sincere appreciation to Your Excellency Mr. President for inviting my special envoy and high-level delegation to Washington out of your special and strong aspiration for better relations between the DPRK and the US despite your busy schedule in the beginning of the year. It is indeed a pleasure and relief for me to start the new year 2019 with the expectation that the great relationship between us would continue, and it is my sincere hope that in the new year all the work we do together, hand in hand, will become momentous events that will shake the world.

I would like to believe that while last year was a meaningful one in which we put an end to the longstanding hostile relations between the DPRK and the US and made a commitment to a new future, this will be a more significant year that will see our bilateral relations develop into a new higher stage.

In this respect, a second DPRK-US summit will be a very crucial and weighty historic event equal to the Singapore meeting. I am doing everything possible in my power for the successful opening of a second summit, and I have authorized my special envoy Kim Yong-chol and the high-level delegation to convey my thoughts on the venue, time and agenda for the meeting to Your Excellency Mr. President and your side and have full discussions.

I have no doubt that I would receive a report that this DPRK-US high-level talks in Washington went smoothly and reached a good agreement thanks to the attention of Your Excellency.

I look forward to seeing you again soon, Your Excellency Mr. President, in good health and full of energy in our most meaningful meeting.

Sincerely,
Kim Jong Un

#19

트럼프 대통령 → 김정은 위원장 (2019. 1. 18.)

[백악관 편지지 전체에 걸쳐 흑색 매직펜으로 비스듬히 친필로 적혀 있음]

위원장님,

훌륭한 만남과 메시지였습니다. 우리는 매우 역사적인 일을 함께 만들어 가고 있습니다. 곧 만납시다.

당신의 친구,
도널드 트럼프

Trump to Kim

〔written by hand in black magic marker, with a slant, covering a whole piece of White house stationery:〕

Mr. Chairman,

A great meeting and message. We are together doing something very historic. I will see you soon.

Your friend,
Donald J. Trump

#20

트럼프 대통령 → 김정은 위원장(2019. 2. 19.)

[백악관 편지지에 흑색 매직펜으로 수기로 적혀 있음]

위원장님,

다음 주에 만나길 기대합니다. 훌륭한 만남이 될 것입니다!

행운을 빌며,
도널드 트럼프

[그들의 만나고 있는 사진 4장이 실린 별도의 종이가 있으며, 북한 신문으로부터 발췌했을 가능성이 있음. 흑색 매직펜으로 다음의 문구가 적혀 있음.]

위원장님, 너무 훌륭합니다. 좋은 사진들입니다.
행운을 빕니다.

Trump to Kim

〔written by hand in black magic marker on White House stationery:〕

Chairman,
I look forward to seeing you next week. It will be great!

Best wishes,
Donald J. Trump

〔There is page of four pictures of the two of them meeting, possibly from a North Korean newspaper. A note in black magic marker reads〕
Chairman so great.
Good pictures. Best wishes.

#21

트럼프 대통령 → 김정은 위원장(2019. 3. 22.)

[백악관 편지지에 작성]

김정은 각하
조선인민민주주의공화국 국무위원회 위원장 평양

친애하는 김 위원장님,

오늘 위원장님의 위대한 국가를 세운 김일성 주석의 탄신 기념일을 앞두고 따뜻한 안부 인사를 전하고자 편지를 씁니다. 위원장님께서는 주민들에 대한 그의 비전을 구현하려 하며, 비핵화 달성이라는 그의 유지를 완수할 역사적인 기회도 지금 주어져 있습니다. 저는 조선민주주의인민공화국이 당신의 영도 아래 다대한 잠재력을 달성하리라 확신합니다.

이번에 하노이까지 먼 발걸음을 해주셔서 다시 한번 감사드립니다. 우리가 헤어질 때 말씀드렸듯이, 위원장님은 저의 친구이고, 앞으로도 항상 그럴 것입니다. 우리의 만남에 대한 일부 언론 보도와 달리, 위원장님과 저는 엄청난 진전을 이루었습니다. 아직 해야 할 일들이 많이 남아 있지만, 위원장님과 제가 공통된 목표를 계속 견지한다면 앞으로 다가올 수개월, 수년 동안 무엇인가 함께 성취할 수 있다는 큰 희망과 기대를 갖고 있습니다.

당신의 아름다운 가족분들께도 따뜻한 안부를 전해 주기 바랍니다.

진심을 담아,

도널드 트럼프

※ "당신의… 따뜻한 안부(warm regards to your)" 문구 아래에 흑색 매직펜으로 밑줄이 그어져 있음.

Trump to Kim

〔on White House stationery〕

His Excellency Kim Jong Un
Chairman of the State Affairs Commission of the Democratic People's Republic of Korea
Pyongyang

Dear Chairman Kim,

I am writing today to send you warm greetings for the upcoming anniversary of the birth of President Kim Il Sung, the founder of your great country. You have carried forward his vision for your people and you now have an historic opportunity to fulfill his dying wish – to achieve denuclearization. I am certain, that under your leadership, the Democratic People's Republic of North Korea will achieve its enormous potential. Thank you again for making this long journey to Hanoi. As I said to you when we parted ways, you are my friend and always will be. Contrary to some media reports about our meeting, you and I have made tremendous progress. Although there is still a lot of work to do, I have great hope and expectation about what you and I can accomplish together in the months and years to come if we remain committed to our shared goals. Give my warm regards to your beautiful family.

Sincerely,
Donald J. Trump
〔Note: "warm regards to your" above is underlined in black magic marker〕

#22

김정은 위원장 → 트럼프 대통령(2019. 6. 10.)

대통령 각하,

저는 6월 12일 싱가포르에서 우리의 만남 — 전 세계의 이목을 사로잡았고 제 기억 속에서도 여전히 잊히지 않는 족적을 남긴 중대한 역사적 순간 — 1주년이 가까워지고 있고, 당신의 생일도 며칠 안 남았기에 편지를 씁니다. 각하께 이 같은 편지를 보낼 수 있는 것을 큰 영광이라고 생각합니다.

각하의 생일을 맞아 진심 어린 따뜻한 안부를 전합니다. 영부인님과 나머지 가족분들, 그리고 당신의 국민들에게도 안부를 전하고자 합니다. 모두 건강하고 행복하길 기원하며, 모든 이들의 꿈이 아름다운 현실로 이뤄지길 바랍니다.

1년 전 싱가포르에서 함께 보낸 짧은 시간처럼, 103일 전 하노이에서 함께 보낸 매 순간도 여전히 소중한 추억으로 남아 있는 영광의 시간이었습니다. 각하를 향한 흔들림 없는 존경 속에 간직하고 있는 이 같은 소중한 기억은 미래에 우리가 다시 만날 그날 서로를 향해 마주 걸어갈 때 발걸음을 내딛는 원동력이 될 것입니다.

그리고 우리 사이의 심오하고 특별한 우정은 우리가 성취하고자 하는 발전을 실현해 나가는 과정에서 맞닥뜨릴 장애물들을 제거해 주면서 조미 관계의 진전을 이끌 마법과도 같은 힘으로 작용할 것으로 믿습니다.

대통령 각하, 저는 당신이 우리의 첫 만남에서 그 누구도 시도한 적이 없었던, 우리 특유의 관계에 대해 결심하고 새로운 역사를 쓰기 위해 보여 주신 의지와 결단력을 여전히 존중하며, 거기에 희망을 걸고 있습니다. 새로운 접근법과 그에 수반되는 용기가 없다면, 우리의 문제가 해소될 전망은 암울할 수밖에 없는 것이 작금의 현실입니다.

서로에 대해 신뢰에 또 한 번의 기회를 부여한다는 의지로 우리가 위대한 결과를 만들어 내기 위해 마주 앉을 날이 언젠가 오리라 믿습니다. 이러한 날은 언젠가 올 것입니다. 그것은 역사에 또 하나의 환상적인 순간으로 기록될 수 있을 것입니다.

각하에 대한 저의 존경은 결코 변치 않으리라 장담합니다.

다시 한번 각하의 생일을 축하드립니다, 각하. 각하께서 항상 건강하시고 하시는 일도 성공을 거두길 바랍니다. 영부인님과 나머지 가족분들께도 제 가족을 대신하여 안부 인사를 전합니다.

진심을 담아,
김정은 위원장
2019년 6월 10일

Kim to Trump

Your Excellency Mr. President,

I am writing this letter to you as we are nearing the first anniversary of our meeting in Singapore on June 12 – the historic moment of great significance that captured the attention of the world and left an imprint still indelible in my memory – as well as to congratulate you on your birthday, which is just days away. I take it as a great honor to be able to send such a letter to Your Excellency.

I extend my sincere and warm regards to Your Excellency on the occasion of your birthday. My regards also to the First Lady and the rest of your family and all your people, and I wish everyone good health and happiness and hope that everyone's dream will become a beautiful reality.

Like the brief time we had together a year ago in Singapore, every minute we shared 103 days ago in Hanoi was also a moment of glory that remains a precious memory. Such a precious memory that I have in my unwavering respect for you will provide an impetus for me to take my steps when we walk toward each other again someday in the future.

I also believe that the deep and special friendship between us will work as a magical force that leads the progress of the DPRK-US relations, clearing all the hurdles we face in the process of bringing about the developments we seek to achieve.

Your Excellency Mr. President, I still respect and lay my hopes on the will and determination that you showed in our first meeting to resolve the issue of our unique style that nobody had ever tried, and to write a new history. Today's reality is that without a new approach and the courage it takes, the prospects for resolution of the issue will only be bleak.

I believe the one day will come sooner or later when we sit down together to make great things happen, with the will to give another chance to our mutual trust. Such a day should come again. It may well be recorded as yet another fantastic moment in history.

I assure Your Excellency that my respect for you will never change.

Happy birthday once again, Your Excellency. I hope Your Excellency will always be in good health and achieve success in your work. I extend my best wishes on behalf of my family to the First Lady and the rest of your family.

Sincerely yours,
Kim Jong Un
June 10, 2019

#23

트럼프 대통령 → 김정은 위원장(2019. 6. 12.)

[백악관 편지지에 작성]

김정은 각하
조선민주주의인민공화국 국무위원장 평양

친애하는 위원장님,

당신의 연락을 받게 되어 정말 좋습니다. 위원장님의 편지와 따뜻한 생일 축하에 감사드립니다. 저 역시 위원장님과 가족분들께서도 잘 지내고 있길 바랍니다.

싱가포르에서의 역사적인 첫 만남으로부터 만 1년이 지났다는 점이 믿기지 않습니다. 1년 전 바로 그날, 당신과 저는 서로에게 여러 특별한 약속을 했습니다. 위원장님께서는 완전히 비핵화하기로 공약했고, 저는 안전 보장을 제공하기로 약속했습니다. 우리는 양국 간 새로운 관계를 형성하고, 한반도에 항구적이고 안정적인 평화체제를 구축하기로 약속했습니다.

저는 위원장님에게 전적으로 동의합니다. 위원장님과 저는 특유의 관계와 특별한 우정을 맺고 있습니다. 오직 위원장님과 저만이, 힘을 합침으로써 우리 양국 간 문제들을 해결하고 70여 년의 적대관계를 청산하여, 우리의 최대 기대치조차 초과할 번영의 시대를 한반도에 도래시킬 수 있습니다. 위원장님은 그것을 주도하는 장본인이 될 것입니다. 이는 역사적일 것입니다!

저는 위원장님과 같은 의견이며, 우리가 다시 만난다면 훌륭한 일일 것이라고 생각합니다. 다만, 그날을 위해 준비해야 할 몇몇 작업이 남아 있습니다. 당신이 말씀하신 것처럼, 성공하려면 용기가 필요합니다. 그 같은 취지 아래, 1년 전 오늘 우리가 했던 공약들을 완수할 방안을 새롭게 검토하는 차원에서 앞으로 수주 이내 우리 협상팀들이 다시 만나도록 합시다. 위원장님의 연락을 기다리겠습니다.

언제나처럼, 위원장님의 건강과 큰 성공을 바랍니다. 위원장님의 아름다운 가족분들께도 따뜻한 안부를 전해 줄 것을 당부합니다.

진심을 담아,

도널드 트럼프

※ "건강과 큰 성공" 아래에 흑색 매직펜으로 밑줄이 그어져 있음.

Trump to Kim

〔on White House stationery〕

His Excellency Kim Jong Un
Chairman of the State Affairs Commission of the Democratic People's Republic of Korea
Pyongyang

Dear Mr. Chairman,

It is great to hear from you. Thank you for your letter and warm birthday wishes. I hope you and your family are doing well.

It is hard to believe that a full year has passed since our historic first meeting in Singapore. It was on that day, one year ago, that you and I made a number of extraordinary commitments to one another - you committed to completely denuclearize, and I committed to provide security guarantees. We both committed to establish new relations for our two countries and to build a lasting and stable peace regime on the Korean peninsula.

I completely agree with you. You and I have a unique style and a special friendship. Only you and I, working together, can resolve the issues between our two countries and end nearly 70 years of hostility, bringing an era of prosperity to the Korean peninsula that will exceed all our greatest expectations and you will be the one to lead. It will be historic!

I agree with you and think it would be a great thing for us to meet again. There's some work to be done to prepare for that day. As you said, success requires courage. So in that spirit, let us direct our teams to meet again in the coming weeks to take a fresh look at ways to fulfill the commitments you and I made one year ago today. I look forward to hearing from you. As always, I wish you great success. Please give my warm regards to your beautiful family.

Sincerely,
Donald Trump

〔Note: "good health and great success" above are underlined in black magic marker〕

#24

트럼프 대통령 → 김정은 위원장(2019. 6. 29.)

[백악관 편지지에 작성]

김정은 각하
조선민주주의인민공화국 국무위원장 평양

친애하는 김 위원장님에게,

이미 보셨겠지만, 저는 오늘 일본 오사카에서 한국으로 이동하는데, 위원장님과 매우 가까이 있게 되는 관계로 내일 오후 국경에서의 회동에 초대하고 싶습니다. 저는 오후에 DMZ 근처에 있을 것인데, 군사분계선 남쪽 편에 있는 평화의 집에서 오후 3시 30분에 만날 것을 제안합니다. 특별한 의제는 없지만, 우리가 서로 매우 가까운 위치에 있게 되는 만큼 위원장님을 다시 만나게 된다면 정말 좋을 것입니다. 내일 뵙길 바랍니다!

진심을 담아,
도널드 트럼프

Trump to Kim

〔on White House stationery〕

His Excellency Kim Jong Un
Chairman of the State Affairs Commission of the Democratic People's Republic of Korea
Pyongyang

Dear Chairman Kim,

As you may have seen, I am traveling today from Osaka, Japan to the Republic of Korea, and since I will be so close to your I would like to invite you to meet me at the border tomorrow afternoon. I will be near the DMZ in the afternoon and propose a meeting at 3:30 at the Peace House on the southern side of the military demarcation line. I have no specific agenda for our meeting, but think it would be great to see you again since we will be so close to each other. Hope to see you tomorrow!

Sincerely,
Donald Trump

#25

트럼프 대통령 → 김정은 위원장(2019. 6. 30.)

[백악관 편지지에 작성]

김정은 각하
조선민주주의인민공화국 국무위원장 평양

친애하는 김 위원장님에게,

오늘 위원장님을 만난 것은 진정 놀라웠습니다. 심지어 모든 것이 나쁘다고 항상 떠들길 좋아하는 언론들조차 저를 당신의 나라로 초대한 위원장님에 대해 찬사를 늘어놓았습니다. 그들은 위원장님께서 매우 촉박하게 통보를 받고 공개를 통보를 받았음에도 회동을 받아들인 데 대해 훌륭한 식견과 용기를 보여 줬다고 했습니다. 가장 중요하게도 저 또한 우리의 만남이 매우 좋았다고 생각합니다. 위원장님의 나라가 가진 잠재력은 정말로 한계가 없으며, 우리가 계속 함께 노력한다면 미래에 믿을 수 없는 번영이 위원장님과 주민들을 기다리고 있으리라 자신합니다.

※ 흑색 매직펜으로 수기로 "위원장님과 함께한 것은 훌륭했습니다!"라고 적혀 있음.

진심을 담아,
도널드 트럼프

※ 상기 "훌륭했습니다!"는 아래에 흑색 매직펜으로 밑줄이 그어져 있음.

※ 2019년 7월 1일 자 『뉴욕타임스』 1면에 전면 복사본이 있음. 거기에는 드럼프 대통령과 김정은 위원장의 사진이 있으며, 기사 제목은 "트위터 서곡 이후 트럼프 대통령과 김은 북한 땅에서 만나다"임. 단어들을 알아보기 어려움. 트럼프 대통령은 흑색 매직펜으로 다음을 적었음. '위원장님, 멋진 당신 사진입니다. 대단 그 자체입니다.'

Trump to Kim

(on White House stationery)

His Excellency Kim Jong Un
Chairman of the state Affairs commission of the Democratic People's Republic of Korea
Pyongyang

Dear Chairman Kim,

Being with you today was truly amazing. Even the media, which always likes to say that everything is bad, is giving you accolades for inviting me into your country. They said, you demonstrated great foresight and courage in accepting a meeting on such short notice and very public notice. Most importantly I thought our meeting went very well. The potential of your country is truly limitless, and I am confident that incredible prosperity awaits you and your people in the future as we continue to work together.

(handwritten in black magic marker:)
Great being with you!

Sincerely,
Donald Trump

〔"Great" above is underlined with black magic marker〕
〔There is a photocopy of the whole NYT front page from July 7, 2019.
There is a picture of Trump and Kim The headline of the story is "After Twitter overture, Trump and Kim North Korean soil." The words are hard to make out. In magic, Trump writes:〕
Chairman, great picture of you, big time.

#26

트럼프 대통령 → 김정은 위원장(2019. 7. 2.)

[백악관 편지지에 작성]

김정은 각하
조선민주주의인민공화국 국무위원장 평양

친애하는 김 위원장님에게,

싱가포르와 하노이에서 열린 우리의 중요한 정상회담과 2019년 6월 30일 공동경비구역에서의 역사적인 회동 당시 찍은 사진들을 동봉했습니다. 위원장님의 나라로 넘나들고 우리의 중요한 논의를 재개할 수 있어 영광이었습니다.

위원장님과 당신의 주민들을 엄청난 번영으로 이끌고, 당신의 핵 부담을 덜어 주며, 미래 세대들에게 영감을 줄 큰 거래를 성사시킬 대단한 능력이 우리에게 있다고 자신합니다.

이 사진들은 저에게도 훌륭한 추억이며, 위원장님과 제가 발전시켜 온 독특한 우정을 표상하고 있습니다.

※ 김정은 위원장에게 보낸 사진 22장이 포함되었음.

Trump to Kim

〔on White House stationery〕

His Excellency Kim Jong Un

Chairman of the State Affairs Commission of the Democratic People's Republic of Korea
Pyongyang

Dear Mr. Chairman,

Enclosed are photographs taken at our momentous summits in Singapore and Hanoi and at our historic meeting on June 30, 2019 at the joint security area. It was an honor to cross into your country and to resume our important discussion.

I have tremendous confidence in our ability to strike a big deal that leads to immense prosperity for you and your people, shed you of your nuclear burden, and inspires generations to come.

These images are great memories for me and capture the unique friendship that you and I have developed.

(Copies of 22 photos were included in what was sent to Chairman Kim.)

#27

김정은 위원장 → 트럼프 대통령(2019. 8. 5.)

각하,

우리가 지난 6월 30일 적대와 대결의 상징인 남북 군사분계선에서 유의미한 재회를 가진 지 30일 이상 경과했습니다. 당시를 돌이켜 보면, 진정으로 얼마나 대단한 순간이었는지 스스로 놀라게 됩니다.

각하께서 엄선한, 특별한 의미가 담겨 있고, 제 기억에 계속 남아 있게 될 그 중차대하고 역사적인 날의 사진들을 받게 되어 너무 기쁩니다. 그 사진들은 지금 제 집무실에 걸려 있습니다. 각하께 제 사의를 표하며, 그 순간을 영원히 기억하겠습니다.

각하께서는 대단한 역사적 유산을 이룩했으며, 앞으로 계속 나아간다면 역사상 위대한 변혁으로 이어질 것입니다.

각하, 저는 30일 전 우리 양국의 전문가들이 수주 이내 마주 앉아 각하와 제가 미래에 해야 할 일들에 대해 논의토록 하겠다고 약속했던 것을 생생히 기억합니다. 그런데, 현 상황은 그 당시와 달라져 있습니다.

저는 우리가 중요한 문제를 계속 논의하게 될 실무급 양자 협상을 앞두고 도발적인 연합군사훈련이 취소 또는 연기될 것으로 믿었습니다. 한반도 남부에서 실시되는 연합군사훈련은 도대체 누구에 대한 것이며, 봉쇄시키려 하며 물리치고 공격하려는 대상이 누구입니까?

한국군이 지구 반대편에 있는 부족이나 7만 킬로미터 떨어져 있는 이란 육군과 싸우고자 전시작전통제권 문제를 논의하고 있는 것은 아닐 것입니다. 개념적으로나 가설적으로, 전쟁 준비 연습의 주요 타깃은 우리의 군대입니다. 이는 우리의 오해가 아닙니다.

마치 우리의 인식을 뒷받침하기라도 하듯이, 며칠 전 한국의 이른바 국방부 장관이라고 불리는 자는 우리의 재래식 상용 무기 현대화를 "도발"과 "위협"으로 간주하고, 우리가 계속 "도발하고" "위협하면" 우리 정권과 군대를 "적"으로 규정할 것이라고 말했습니다. 지금이나 미래에나, 한국군은 우리의 적수가 될 수 없습니다. 각하께서도 어느 시점에 지적하셨듯이, 우리는 특별한 수단을 필요로 하지 않는 강한 군대를 보유하고 있으며, 한국군은 제 군대의 상대가 되지 않는다는 것이 주지의 사실입니다.

군사력의 차이는 차치하고, 저는 한국을 공격하거나 전쟁을 시작할 의도가 없습니다. 저는 그럴 생각이 진정 없습니다. 문제는 이 훈련을 하면서, 왜 그 누구도 생각하기를 꺼리는 잔혹한 동족상잔의 전쟁이 있을 것이라는 전제하 자신들이 대비하는 것이라고 말하며 소란을 피우느냐는 것입니다. 그보다 우리와의 관계를 개선시켜 군사적 긴장을 완화하는 방안을 강구하는 편이 오히려 더 현명할 것입니다.

더욱 마음에 들지 않는 것은 미군이 한국 사람들과 함께 이 같은 편집증적이고 과민한 행동에 관여하고 있다는 것입니다. 우리가 매우 중요한 회담을 내다보고 있는 시점에, 우리가 위협적인 것으로 간주하는 "전쟁 연습"을 실시하는 목적을 이해할 수 없습니다. 현재로서는, 저와 제 인민들이 당신의, 그리고 한국 당국의 결정과 행동을 이해하기 매우 어렵습니다. 당신 측이 골칫거리로 인식하는 "미사일 위협"과 핵 문제의 가장 중요한 원인은 우리의 안전을 위협하는 당신 측과 한국군의 군사적 행동들입니다. 이러한 요인들이 제거되기 전까지는 이전과 다른 결과를 기대할 수 없습니다.

저는 분명히 기분이 상했고, 이를 각하에게 숨기고 싶지 않습니다. 분명히,

저는 정말로 기분이 상했습니다. 각하는 우리가 만난 이후 기회가 있을 때마다 더 이상 인공적인 지진도 없고, 하늘을 날아가는 물체도 없을 것이라고 말씀하셨습니다. 또한, 각하는 억류자들이 석방, 송환되었고, 유해도 송환됐다고 말했습니다.

이러한 방식으로 저는 우리의 신뢰를 유지하기 위해 매우 호응적 · 실용적으로, 현 단계에서 제가 할 수 있는 것보다 그 이상을 했습니다. 하지만, 각하께서 해주신 것은 무엇이며, 저는 우리가 만난 이후 무엇이 바뀌었는지에 대해 인민들에게 어떻게 설명해야 합니까? 어떠한 조치들이 완화되었다든가 제 국가의 대외 환경이 개선되기라도 했습니까? 군사훈련이 중단되었습니까? 미국이 이를 압박과 대화를 통한 대북정책의 성공으로 자평한다면 큰 실수일 것입니다.

저는 언제라도 각하를 실망시킬 어떤 일도 하고 싶지 않을뿐더러, 그렇게 할 계획도 없습니다. 각하께서 우리의 관계를 오직 당신에게만 득이 되는 디딤돌로 여기는 것이 아니라면, 저를 주기만 하고 아무런 반대급부도 받지 못하는 바보처럼 보이도록 만들지는 않을 것입니다.

편지가 길어졌는데 제 요점을 말씀드리자면, 유감스럽게도 지금은 실무급 대화를 가질 시점이 아니라는 것입니다. 제 국가 내 분위기도 좋지 않으며, 현 시점에서 실무급 대화를 밀고 나간다면 외부 세계는 물론 국내적으로도 우리 수뇌부를 이상하게 바라볼 것입니다. 실무급 대화는 제가 그렇게 강력히 중단을 요청했던 미국과 한국의 "전쟁 연습"이 지난 주말의 문제가 되어 버린다 해도 재고할 일은 없을 것입니다. 도대체 어떠한 종류의 실무급 대화가 가능하겠습니까? 제가 간절히 원했던 제재 완화 문제에 대한 것도 아닐 것이며, 4차 정상회담의 장소에 대한 것도 아닐 것입니다.

달리 표현하자면, 우리는 서두를 이유가 없다는 것입니다. 지금이 불과 몇 달 전 제가 더 나은 삶의 시작을 앞당기려는 꿈을 계속 간직하고 있던 하노이 때와 유사한 상황이라면, 얘기가 다를 것입니다. 그러나 우리는 그때와 다른 상황에 처해 있고, 서두를 이유가 없습니다.

그리고 제가 언젠가 언급했듯이, 연말까지 약 5개월 정도가 남아 있습니다. 좋은 합의를 도출하는 데 있어, 이 5개월이라는 시간은 우리가 무엇을 하느냐에 따라 길게 보일 수도, 짧게 보일 수도 있습니다. 한국과의 "군사 게임"과 "전쟁 연습"이 끝났을 때 제게 다시 연락을 주기 바랍니다. 그때에 실무급 대화의 시간과 장소를 논의할 것입니다.

각하, 당신과 이렇게 솔직한 생각들을 주고받을 수 있는 관계를 맺어 대단히 자랑스럽고 영광스럽게 생각합니다. 각하께서는 강력한 힘을 가진 정치인입니다. 각하와 이처럼 특별한 관계를 갖게 된 것을 영광으로 여기고 있습니다. 저는 대통령님 당신에 대한 믿음을 지키기 위해 더 많은 노력을 기울일 것입니다.

모든 국가들이 하는 아주 작은 미사일들의 성능 향상 실험을 하는 동안 각하께서도 언급하셨듯이, 우리는 남쪽의 바보들을 약간 놀라게 했고 이는 퍽 재밌었습니다.

대통령님, 당신이 항상 건강하길 바라며, 더 큰 성취를 이룩하길 기원합니다.

당신의 존경받는 영부인님과 사랑스러운 가족들에게도 제 따뜻한 소망과 인사를 전합니다.

진심을 담아,
김정은 위원장
2019년 8월 5일

Kim to Trump

Your Excellency,

More than 30 days have passed since we have had a meaningful reunion on June 30 at the North-South Military Demarcation line, a symbol of hostility and confrontation. Truly even as I recall it again I'm struck at what a great moment it was.

I'm delighted to receive each and every single picture you specifically chose from that day, which holds special meaning and will remain an internal memory from that momentous and historic day. Those photographs now hang in my office. I express my appreciation to you, and I will remember that moment forever.

Your Excellency has left an extraordinary historical legacy, and going forward will continue to lead a great change in history.

Your Excellency, I remember clearly the promise I made 30 days ago to have experts from our two countries sit down face-to-face in a few weeks' time to discuss the work that Your Excellency and I need to do in the future. However, the current environment is different from that day.

My belief was that the provocative combined military exercises would either be cancelled or postponed ahead of our two countries' working-level negotiations where we would continue to discuss important matters. Against whom is the combined military exercises taking place in the southern part of the Korean Peninsula, who are they trying to block, and who are they intended to defeat and attack?

It can't be that the South Korean forces are discussing the issue of wartime operational control in order to fight a tribe on the other side of the earth or to fight against the Iranian army 70,000 kilometers away.

Conceptually and hypothetically, the main target of the war preparatory exercises is our own military. This is not our misunderstanding.

As if to support our view, a few days ago the person who they call the minister of national defense of South Korea said that the modernization of our conventional commercial weapons was deemed a "provocation" and a "threat" and that if we continue to "provoke" and "threaten" they will classify my administration and military as an "enemy." Now and in the future, South Korean military cannot be my enemy. As you mentioned at some point, we have a strong military without the need of special means and the truth is that South Korean military is no match against my military.

Putting aside the disparity in military strength, I have no intention of either attacking South Korea or of starting a war. I truly do not have those thoughts. The problem is, why do they engage in this noisy commotion with these exercises, saying that they are preparing themselves with the assumption that there will be a bloody fratricidal war that nobody wants to think about it? Instead it would be wiser for them to think of ways to reduce military tensions by improving relations with us.

The thing I like even less is that the US military is engaged in these paranoid and hypersensitive actions with the South Korean people. I do not understand the purpose of having these "wargames" that we consider as threatening at the time when we are Rooking ahead of this very important meeting. At present, it is very difficult for me and my people to understand your side's and the South Korean authority's decisions and actions. The most important cause of what your side considers the headache of "missile threats" and nuclear problem is the military actions of your side and the South Korean military that threatens our safety. And until these elements are eliminated, no changed outcome can be anticipated.

I am clearly offended and I do not want to hide this feeling from you. I am really, very offended. At every opportunity after we met, you said there are no more artificial earthquakes and no objects flying in the sky. You also said that the detainees have been released and returned and the remains have been returned. In this vein, I have done more than I can at this present stage, very responsively and practically in order to keep the trust we have. However, what has Your Excellency done and what am I to explain to my people about what has changed since we met? Have actions been relaxed or any my country's external environments been improved? Have military exercises been stopped? It would be a big mistake if US self-assesses this as an accomplishment of US policy toward DPRK through use of pressure and dialogue.

I do not wish to do anything to disappoint you any time soon, nor do I plan to do so. If you do not think of our relationship as a stepping stone that only benefits you, then you would not make me look like an idiot that will only give without getting anything in return.

My letter has gone long, but to state my main point, regrettably now is not the time to engage in working-level talks. It is not the right atmosphere in my country, and if we were to move forward with working-level talks now, our leadership would be viewed as strange by the outside world and by us as well. We will not have to reconsider the working-level talks when the "wargames" of the US and South Korea that I so strongly asked to be stopped becomes a thing of the past weekend. What kind of working level talks could we possibly have? It obviously would not be about the sanctions relief, which I very much wanted, nor will it be about the location of our fourth summit talks.

To put it another way, we are not in a hurry. If this were like Hanoi, just a few months ago, when I held onto the dream of hastening the start of a better life, it would be different. But we are in a different situation, and we are not in a hurry.

And there are now about five months left until the end of the year, which I commented on at one point. In coming up with a good agreement, these months can be seen as long or as short depending on what we do. Please reach out to me again when the "military game" and "wargame" with South Korea has ended. At that time, we will discuss the time and location of the working level talks.

Your Excellency, I am immensely proud and honored that we have a relationship where I can send and receive such candid thoughts with you. You are a statesman with great might. I consider it an honor to have this special relationship with you. I will put in even greater effort, Mr. President, to protect my faith in you.

As you also commented while we were improvement testing very small missiles, which all nations do, we slightly surprised the fools in the south and it was quite amusing.

I hope that you always enjoy good health, Mr. President, and my wish is for you to realize even greater accomplishments.

To your respected First Lady [and?] your loving family, I send my warm wishes and greetings.

Sincerely,
Kim Jong Un
August 5, 2019